PLUTON

(NASA/Southwest Research Institute/Alex Parker)

OLIVIER DE GOURSAC

PLUTON

LA QUÊTE
L'EXPLORATION
LA POLÉMIQUE

DELACHAUX ET NIESTLÉ

SAF

À Audouin Dollfus et à Albert Ducrocq, qui m'ont tant appris :
cet ouvrage aurait pu être le leur.

À ma famille qui m'a soutenu pendant toutes ces années de travail.

L'auteur tient aussi à remercier particulièrement :

- François Forget, planétologue, directeur de recherche au CNRS, Institut Pierre Simon-Laplace, Paris. Membre de l'Académie des sciences ;
- Bruno Sicardy, professeur, Sorbonne Université et Observatoire de Paris ;
- à la Société astronomique de France : Sylvain Bouley (président), Gilles Dawidowicz (vice-président) et Patrick Baradeau (secrétaire général)

pour leur soutien et leurs témoignages qui ont permis le bon aboutissement de ce projet d'ouvrage.

Sommaire

Avant-propos

14 juillet 2015. Nous sommes au cœur de l'été.

La petite sonde américaine New Horizons survole silencieusement Pluton, une planète presque inconnue, située aux confins obscurs de notre Système solaire. Cette visite, les chercheurs l'attendaient depuis bien trop longtemps déjà. Car Pluton est si éloignée du Soleil que les meilleurs télescopes n'en montrent, aujourd'hui encore, qu'un point minuscule.

Après la découverte de Pluton et l'envoi des premières sondes automatiques dans le Système solaire, toutes les tentatives pour partir l'explorer avaient malheureusement été abandonnées, faute de budgets et de volonté politique. Finalement, c'est la pugnacité de quelques-uns qui a permis de réaliser l'exploit. Car l'histoire de Pluton, c'est avant tout une belle aventure humaine. Depuis près de soixante ans, jamais planète n'a concentré autant de passions. Elle est si lointaine que les promoteurs des missions ont dû faire preuve de ténacité contre leurs détracteurs, et se montrer tout aussi motivés que ces derniers l'étaient à l'abandonner. C'est ainsi que New Horizons a vu le jour après de durs combats, de nombreux échecs, de faux espoirs, d'âpres discussions et des retournements de situation imprévus. Finalement, la sonde s'est envolée en 2006..., à peine quelques mois avant que Pluton, au terme de vifs débats, ne se voie détrônée et exclue de la famille des planètes majeures !

Mais pourquoi l'équipe de New Horizons a-t-elle qualifié Pluton de « nouvelle Mars » ? Certes, cet astre lointain présente peu de ressemblances avec la Planète rouge, mais c'est par cette comparaison que peut être le mieux résumée l'étonnante diversité de ce monde tourmenté. On peut comprendre les astronomes : le choc qu'ils ont ressenti en regardant les premières images rapprochées de Pluton est très similaire à celui qu'avaient reçu leurs aînés en découvrant, en 1971, les volcans et des canyons géants de Mars avec la mission Mariner 9.

L'idée de vous faire partager cette belle aventure à travers la rédaction de cet ouvrage est née grâce à Philippe Coué, un vrai passionné de conquête spatiale, et lui-même auteur de plusieurs ouvrages (voir références bibliographiques, p. 283). Celui-ci m'a contacté peu après le succès de la mission New Horizons et m'a proposé le plan d'un livre. Il savait que je suivais les projets de près depuis 1989, mais de là à tout condenser et le synthétiser dans un livre, c'était un pari un peu fou ! Et sans le soutien de la Société astronomique de France (SAF), je n'aurais jamais pu partager avec vous les exploits des astronomes et des ingénieurs, qui constituent également une belle aventure humaine.

D'ailleurs — et si incroyable que cela puisse paraître —, la SAF s'est retrouvée dès le début au cœur de la quête de la « Planète X », qui allait devenir Pluton. Elle avait été lancée par un génial aventurier de l'astronomie : Percival Lowell. Sa découverte des œuvres de Camille Flammarion, fondateur de la SAF, l'avait poussé à consacrer toute sa vie à l'astronomie. Lowell n'eut de cesse, par la suite, de venir se ressourcer à Paris, auprès de celui qu'il considérait comme son maître à penser. La SAF l'aida ainsi à la diffusion de ses idées et de celles de ses brillants successeurs, en mettant à sa disposition ses moyens administratifs, son vaste réseau mondial de correspondants et son magazine de réputation internationale : *L'Astronomie*.

Aujourd'hui, après un voyage de 6,4 milliards de kilomètres, vous aussi faites le « salut de Pluton » et partez à la découverte de ce nouveau monde !

Olivier de Goursac

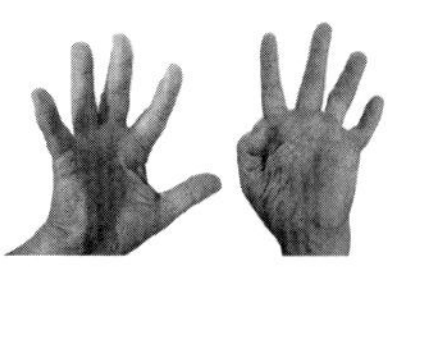

Cet ouvrage est édité en partenariat avec la Société astronomique de France (SAF), une association sans but lucratif, reconnue d'utilité publique et agréée comme association nationale de jeunesse et d'éducation populaire.

La SAF est ouverte à tous. Elle propose en permanence un choix varié d'activités astronomiques et s'adresse au public à de multiples occasions, comme celles organisées lors de festivals d'observation du ciel ou d'évènements célestes. Elle est aussi un des rares lieux privilégiés de rencontres et de collaborations entre astronomes professionnels et astronomes amateurs. Elle publie chaque mois le magazine *L'Astronomie*, disponible en kiosque ou sur abonnement.

Créée en 1887 par l'astronome Camille Flammarion, auteur de la célèbre *Astronomie Populaire*, la SAF poursuit, depuis lors, toujours les mêmes objectifs : diffuser les sciences de l'Univers et faire participer le plus grand nombre à leur progrès. Elle fait la promotion des nouvelles avancées en astronomie qui permettent de mieux comprendre l'histoire de l'Univers, sa structure, ses galaxies, ses étoiles et leurs planètes.

Chapitre 1

L'exploit des astronomes

Percival Lowell, en observation avec sa lunette de 24 pouces sous le dôme de son observatoire de Flagstaff. *(Lowell Observatory archives)*

La Planète X : la bonne solution aux hypothèses ? • Pluton : le triomphe de la méthodologie • Quel nom pour la nouvelle planète ? • Charon, la grosse lune de la petite planète • Pluton possède une atmosphère ! • Un monde plus petit et plus complexe que prévu • Quatre petits satellites de plus ! • Observer soi-même Pluton : les défis à relever

L'exploit des astronomes

Pluton et son histoire commencent comme un joli conte de Noël, le 25 décembre 1893, lorsqu'un homme d'affaires américain du nom de Percival Lowell (1855-1916) reçoit en cadeau, à Boston, l'ouvrage *La Planète Mars et ses conditions d'habitabilité*, écrit par Camille Flammarion (1842-1925) et publié l'année précédente à Paris. Cet évènement va changer toute la vie de Lowell, un observatoire va être construit, et une nouvelle planète va être découverte : Pluton.

Très bon mathématicien et passionné d'astronomie dès 1870, Percival Lowell fut diplômé de l'université d'Harvard en 1876. En 1877, il passait des heures, la nuit, à observer les planètes avec une lunette de 50 mm et il s'enthousiasma lorsque la découverte des « canaux » martiens fut annoncée par l'astronome italien Giovanni Schiaparelli (1835-1910). Mais son père le poussa à embrasser la carrière des affaires et, quelques années plus tard, au début des années 1890, Lowell avait déjà parcouru la moitié du globe, était devenu un homme riche et prospère et s'était constitué un beau réseau de décideurs influents.

Ce fut la lecture de l'ouvrage de Camille Flammarion qui changea sa vie en ce jour de Noël 1893. Il le lut d'un trait — scolarisé de 1864 à 1866 à Paris, il parlait et lisait couramment le français —, l'annota et, le choc émotionnel passé, décida de consacrer toute son énergie à l'astronomie. La prochaine opposition[1] de Mars dans le ciel arrivant dès octobre 1894, Lowell proposa début janvier à deux astronomes d'Harvard qu'il connaissait bien, William Pickering (1858-1938) et Andrew Douglass (1867-1962), de chercher le meilleur endroit où il pourrait faire rapidement construire un observatoire (le futur observatoire Lowell) et d'où il pourrait scruter la Planète rouge. Les deux hommes dénichèrent un endroit idéal à 2 210 m d'altitude sur le bord d'un plateau dominant d'une centaine de mètres la petite ville de Flagstaff, dans l'Arizona. Le ciel y était noir à souhait et propice aux observations poussées. Pickering y érigea un petit dôme provisoire où une lunette de 18 pouces (45 cm) fut installée... et les observations de la planète Mars débutèrent dès le 24 mai 1894 ! La stabilité de l'atmosphère y était si bonne (quasiment dépourvue de turbulences), l'air si clair et les nuits si belles que Lowell décida de pérenniser

Percival Lowell vers 1904. Dès 1906, cet infatigable observateur va orienter la quête de son observatoire vers la Planète X. *(Library of Congress Prints and Photographs Division Washington, D.C. 20540 USA)*

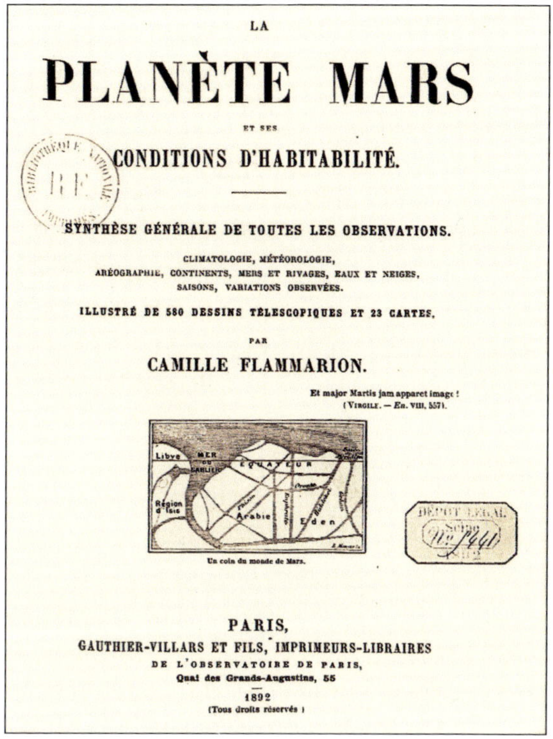

LA

PLANÈTE MARS

ET SES

CONDITIONS D'HABITABILITÉ.

SYNTHÈSE GÉNÉRALE DE TOUTES LES OBSERVATIONS.

CLIMATOLOGIE, MÉTÉOROLOGIE,
ARÉOGRAPHIE, CONTINENTS, MERS ET RIVAGES, EAUX ET NEIGES,
SAISONS, VARIATIONS OBSERVÉES.

ILLUSTRÉ DE 580 DESSINS TÉLESCOPIQUES ET 23 CARTES.

PAR

CAMILLE FLAMMARION.

Et major Martis jam apparet imago!
(VIRGILE. — En. VIII, 557).

Un coin du monde de Mars.

PARIS,
GAUTHIER-VILLARS ET FILS, IMPRIMEURS-LIBRAIRES
DE L'OBSERVATOIRE DE PARIS,
Quai des Grands-Augustins, 55

1892
(Tous droits réservés)

En 1892, Camille Flammarion (ci-dessus) publie son ouvrage *La Planète Mars*. C'est le début d'une grande aventure. Un brillant homme d'affaires américain passionné d'astronomie, Percival Lowell, va le dévorer d'une traite et toute sa vie va changer. Il va ériger un observatoire à Flagstaff, en Arizona, où une nouvelle planète sera plus tard découverte : Pluton. Lowell adhère en 1894 à la Société astronomique de France (SAF, fondée par Camille Flammarion en 1887) et, l'année suivante, il rencontre à Paris son mentor : « Flammarion n'est rien d'autre que l'Astronomie », confie-t-il alors à ses proches. *(À gauche : collection Société astronomique de France. À droite : gallica.bnf.fr / Bibliothèque nationale de France)*

l'observatoire et fit l'acquisition d'une spectaculaire lunette de 24 pouces (61 cm) auprès de la célèbre firme Alvan Clark & Sons, à Cambridgeport, dans le Massachusetts. L'optique fut installée en 1896 dans un bâtiment flambant neuf.

En 1898, Lowell publia ses premières annales photographiques et comptes rendus d'observations visuelles de la Planète rouge. Mais ses idées concernant l'existence, sur Mars, d'une civilisation qui avait bâti des canaux pour irriguer les déserts avec les glaces fondues des pôles, mirent mal à l'aise le corps des astronomes américains, qui ne le considéraient pas vraiment comme l'un des leurs. Ces idées le rendirent néanmoins populaire ; il avait souvent les honneurs de la presse. En 1902, Lowell fut finalement nommé professeur d'astronomie externe au célèbre Massachusetts Institute of Technology (MIT). Une vraie consécration ! En 1895, après avoir rencontré son maître à penser, Camille Flammarion, chez lui, rue Cassini, à Paris, Lowell allait multiplier les visites en France. Il encouragea son plus fidèle allié, William Pickering, et ses deux plus proches collaborateurs à l'observatoire, les deux frères Earl et Vesto Slipher, à venir donner des conférences à la Société astronomique de France (SAF), fondée par Camille Flammarion en 1887. Lowell ne tarissait pas d'éloges sur ce dernier, affirmant qu'il n'était « rien d'autre que l'Astronomie ». De son côté, Flammarion était fasciné par Lowell : un homme jeune, sportif, plein d'énergie, riche, entreprenant, très francophile... et qui avait surtout choisi de changer complètement de vie pour assumer sa passion de l'astronomie. Il lui faisait l'effet d'un jeune cousin venu apporter son élan d'outre-Atlantique. Le Français suivait avec grande attention la progression de ses travaux à Flagstaff et l'introduisit à la Sorbonne afin qu'il pût y donner des conférences : l'auditoire était stupéfait par sa parfaite maîtrise de la langue française, ce qui contribua beaucoup à la diffusion de ses idées sur l'habitabilité de Mars dans la presse et les cercles parisiens.

De retour de ses voyages, Lowell élargit naturellement aux autres planètes le champ de ses discussions avec ses confrères américains. Il s'attela à des études complémentaires qui le guidèrent naturellement vers le problème, jusqu'alors non résolu, de l'existence possible d'une neuvième planète dans le système solaire. Se lançant dans les calculs en 1906, il tenta par tous les moyens de la photographier. En 1915, il publia son *Memoir on a trans-Neptunian planet* (« Mémoire sur une planète transneptunienne »), qu'il avait nommée « Planète X ». L'histoire de la découverte de Pluton était en marche !

La Planète X : la bonne solution aux hypothèses ?

Le sujet d'une planète pouvant circuler derrière Neptune n'était pas nouveau lorsque Lowell s'en empara : il avait déjà fait l'objet de nombreux calculs et de supputations. Dans l'Antiquité, les hommes ne connaissaient que cinq mondes en plus du nôtre : Mercure, Vénus, Mars, Jupiter et Saturne. Il fallut attendre 1781 et 1846 pour que fussent découvertes les planètes Uranus et Neptune : deux géantes glacées situées loin derrière Saturne. Par ailleurs, l'existence de Neptune avait été déduite non par l'observation, mais par la puissance du raisonnement, en trouvant la source des perturbations mesurées sur l'orbite d'Uranus. Pourtant, il demeurait des différences non expliquées entre les positions calculées de Neptune et celles qui étaient observées. D'aucuns imaginèrent réutiliser la même méthode pour expliquer ces variations. Une neuvième planète existait-elle plus loin encore ?

Ce fut le physicien et astronome français Jacques Babinet (1794-1872) qui publia en 1848 le premier article prédisant l'existence d'une planète au-delà de Neptune. Ses calculs étaient basés sur les différences constatées entre l'orbite observée de la planète Neptune et les orbites calculées à partir des perturbations mesurées sur celle d'Uranus par John Couch Adams (1819-1892) et Urbain Le Verrier (1811-1877) avant leur découverte historique de Neptune en 1846. Même si leurs résultats avaient permis de localiser Neptune, il subsistait quelques différences et Babinet en conclut que les perturbations d'Uranus étaient dues aux effets combinés de deux planètes : Neptune tout juste découverte, et un corps encore inconnu qui circulait au-delà et qu'il nomma Hypérion.

Après quelques alertes vite démenties, le sujet redevint d'actualité en 1866 avec la publication, par l'astronome américain Simon Newcomb (1835-1909), d'un ouvrage compilant les mesures du mouvement de Neptune et ses perturbations résiduelles sur 19 ans. Il y faisait remarquer que les observations étaient en accord avec la théorie et qu'on ne pouvait pas s'en servir pour localiser une planète transneptunienne. En revanche, ses conclusions orientèrent la communauté des astronomes vers une autre piste, celle de la coïncidence pouvant exister entre les aphélies (point le plus éloigné du Soleil) des orbites cométaires et les orbites des planètes extérieures qui les influencent. C'est ainsi que Camille Flammarion souligna, en 1879, que deux comètes aux aphélies d'environ 47 et 49 unités astronomiques[2] (UA) pourraient indiquer l'existence d'une neuvième planète à découvrir à ces distances. En 1880, George Forbes (1849-1936), professeur

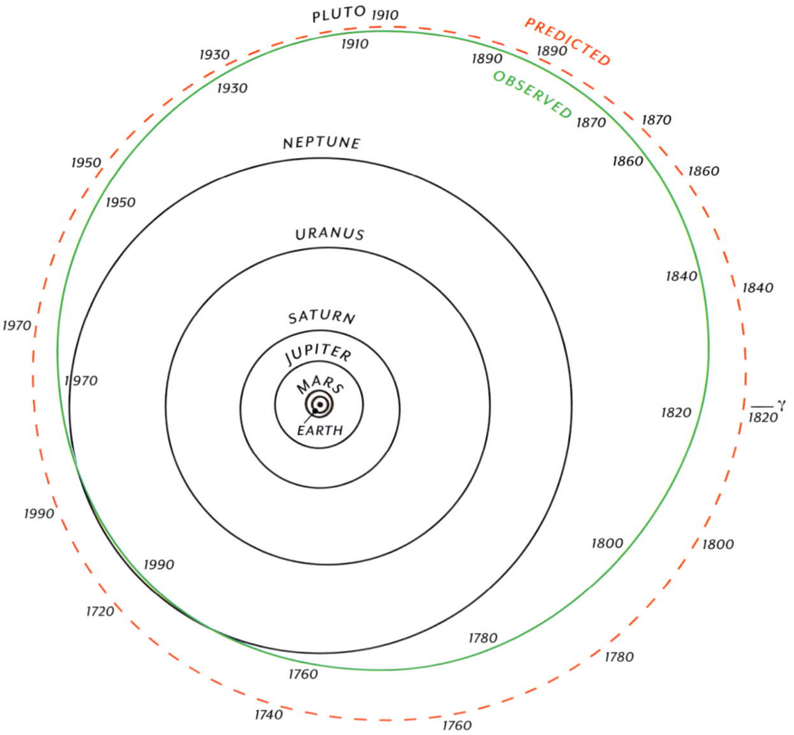

L'orbite de la Planète X (en pointillé), calculée par Percival Lowell, comparée à celle existante de Pluton (ligne pleine). La Planète X tournerait autour du Soleil en 282 ans, à une distance de 43 unités astronomiques (UA) du Soleil, et avec une excentricité de 0,202. Les valeurs de Pluton sont : 248 ans, 39,4 UA et 0,249. *(D'après Lowell Observatory archives)*

d'astronomie à l'université de Glasgow, annonça, quant à lui, qu'il pourrait y avoir deux planètes qui circulent après Neptune, tournant respectivement à 100 et 300 UA avec des périodicités de 1 000 et 5 000 ans. Ce qui fit que Camille Flammarion affirma en 1884 qu'il existait bien une planète au-delà de Neptune. C'est ainsi qu'au tournant du XXe siècle l'hypothèse de l'existence d'une planète transneptunienne fut largement admise, et le sujet était déjà très popularisé par la presse.

Des études poussées allaient désormais être lancées outre-Atlantique. Le 30 novembre 1908, l'astronome américain William Pickering annonça qu'il avait trouvé des preuves de l'existence d'une planète inconnue, qu'il nommait « Planète O », tournant au-delà de Neptune et il indiquait les coordonnées où la chercher. Située à 51,9 UA du Soleil, elle en aurait fait le tour en 373 ans. Des photographies furent prises aux endroits indiqués, malheureusement sans résultat, mais le chercheur persévéra et publia sur ce sujet plus que tout autre. Brillant astronome qui, en 1899, avait découvert Phœbé, le neuvième satellite naturel de Saturne, Pickering reçut en 1909 le Prix Jules Janssen, la plus haute distinction de la Société astronomique de France. Ses convictions allaient dynamiser à nouveau la recherche de ce monde inconnu et de nombreux chercheurs allaient publier alors leurs critiques et leurs hypothèses contradictoires.

Indépendamment de Pickering, Lowell s'était passionné pour cette énigme et avait effectué quelques calculs préliminaires. En 1906, il jugea ses premiers résultats tellement prometteurs qu'il poussa le personnel de son observatoire, à Flagstaff, à chercher visuellement la planète transneptunienne. Lowell s'attendait à découvrir un monde similaire à Neptune, de densité équivalente (1,64 g/cm^3), lumineux et visible comme un minuscule disque large d'une seconde d'arc. Mais les campagnes de prises de vues en 1906 et 1907 se révélèrent décevantes, et Lowell se demanda si les données qu'il avait utilisées n'étaient pas faussées. En 1908, il décida de reprendre toutes ses hypothèses et il engagea une équipe de mathématiciens. Il partit des perturbations résiduelles non expliquées de l'orbite d'Uranus entre 1750 et 1903 : celles-ci étaient finalement réduites de 71 % si l'on introduisait certaines caractéristiques orbitales d'une Planète X tournant au-delà de Neptune, et de 95 % si l'on tenait compte de certaines erreurs d'observation mesurées de 1750 à 1903.

Lowell reprit en parallèle les calculs de la découverte de l'orbite de Neptune en 1846 par Urbain Le Verrier et put enfin proposer une solution en avril 1914. À l'observatoire, sous l'impulsion des frères Slipher, on tenta tout son possible pour dénicher la Planète X : de nombreuses photographies furent prises plusieurs nuits de suite avec des temps de pause de trois heures, permettant de voir des objets très peu lumineux jusqu'à la magnitude 16. Elles étaient ensuite comparées pour voir si un corps avait bougé entre-temps (ce sera d'ailleurs la méthode utilisée pour découvrir Pluton). Malheureusement cette initiative ne fut pas couronnée de succès. La Planète X, d'une magnitude supposée de 12-13, était-elle plus sombre que prévu ? Cet échec resta la grande déception de Lowell, qui allait mourir le 12 novembre 1916, à Flagstaff, d'une attaque d'apoplexie, exténué après plusieurs nuits blanches à calculer l'orbite précise d'Amalthée, satellite de Jupiter.

La quête active de la Planète X devait être poursuivie grâce à William Pickering. Celui-ci utilisa dès lors le réseau international des correspondants de la SAF et son secrétariat pour échanger ses idées et ses calculs avec d'autres astronomes. En septembre 1919, il plaça sa Planète O à une distance de 55,1 UA du Soleil, avec une périodicité de 409 ans. En avril 1928, il publia une étude corrélant les perturbations de Saturne, d'Uranus et de Neptune et indiquant une nouvelle position pour la Planète O… mais sans grande conviction. Il pensait maintenant que ce n'était pas un, mais jusqu'à trois objets qui pourraient circuler au-delà de Neptune. En mars 1929, découragé par les échecs de ses observations et par celles de ses confrères, il conclut : « Il a été suggéré dans les journaux que tous les grands observatoires ont commencé à chercher en février la Planète X là où elle se trouve peut-être en opposition. Je tiens à déclarer que j'ai moi-même les plus grands doutes sur cette quête. Si quelqu'un la cherche et la trouve, j'en serai très heureux[3]. » Mais sans qu'il le sache, deux mois avant l'annonce de sa conclusion, le jeune Clyde Tombaugh avait été engagé comme assistant à l'observatoire Lowell (cf. p. 16) pour seconder Vesto Slipher, qui voulait relancer la quête de la Planète X. Le souhait de Pickering allait bientôt être exaucé.

Pluton : le triomphe de la méthodologie

Lorsque Percival Lowell décède soudainement en novembre 1916, son épouse conteste immédiatement le testament qui lègue la plupart de ses biens à l'observatoire. Cette procédure prive les chercheurs de ressources au moment même où Vesto Melvin Slipher (1875-1969) — « VM », comme il aimait à se faire nommer — reprend le flambeau. Il avait été l'un des plus proches collaborateurs de Lowell, qui l'avait nommé directeur assistant en 1915, car il avait décelé chez lui de bonnes capacités de manager. Une nomination à juste titre, car les deux hommes se complétaient fort bien. Lowell se considérait sans complexe comme un astronome « amateur », était d'un tempérament exubérant, enthousiaste, et doté d'une volonté à soulever des montagnes. Mais bien que brillant mathématicien, il dérangeait la communauté des chercheurs par ses méthodes issues du monde des affaires. Elles étaient souvent jugées iconoclastes par les astronomes. En outre, il ne maîtrisait pas toujours les savoir-faire très concrets d'ingénierie et d'atelier nécessaires à la vie dans un observatoire : on disait de lui que « sa seule idée pour surmonter une difficulté mécanique était de faire un chèque ». À l'inverse, Slipher était ingénieux, réfléchi, minutieux, diplomate, patient, organisé et capable d'accumuler rapidement une grande somme de connaissances dans des domaines très variés, allant de la recherche scientifique la plus poussée aux négociations juridiques, en passant par la gestion des ressources humaines. Ce sont justement ces qualités qui allaient lui permettre non seulement de sauver l'observatoire après la disparition de Lowell, mais aussi de le doter des moyens techniques et humains qui devaient mener à la découverte de Pluton.

Alors qu'il est déjà un astronome reconnu, notamment pour ses travaux sur les spectres d'étoiles et de planètes, et pour avoir découvert l'existence de la poussière interstellaire, Slipher va subir malgré lui une formation accélérée en droit des affaires, en gestion d'entreprise et en organisation de tours de table avec des donateurs pour les nécessaires levées de fonds. L'observatoire entre en période de disette budgétaire et Slipher, empruntant les chemins tracés par Lowell, va démontrer à son tour une forte inventivité pour trouver des sources de financements et régler les frais d'avocats. Il se fait entrepreneur et ouvre un magasin de meubles à Flagstaff, achète un ranch qui vend ses produits fermiers et du bétail, et lance la fondation par souscription du premier hôtel de la ville, le *Monte Vista*, qui reste aujourd'hui l'un de ses lieux les plus emblématiques pour avoir accueilli de nombreuses vedettes de Hollywood. C'est au moment même de son inauguration, en 1927, que le litige de la succession Lowell est enfin résolu au bénéfice de l'observatoire. Slipher, qui en avait été nommé directeur en 1926 (il le restera jusqu'à sa retraite en 1954), avait profité de cette décennie pour publier ses observations des spectres des nébuleuses galactiques et extragalactiques[4] et ses mesures des vitesses de rotation des planètes.

Il décide alors de relancer la quête de la Planète X en construisant un nouveau télescope spécialement dédié à cette tâche. Justement, la firme Eastman Kodak vient régulièrement le

Vesto Slipher a adhéré à la Société astronomique de France en 1904. Ici, en 1916, alors qu'il vient d'être nommé directeur adjoint par Lowell, il doit assumer la lourde charge de sa succession. Courageusement, il trouve des solutions imaginatives permettant à l'observatoire de Flagstaff de survivre au moment même où il se trouve totalement privé de fonds. *(Lowell Observatory archives)*

Vesto Slipher photographié en 1952, peu avant de prendre sa retraite de directeur de l'observatoire Lowell. Non seulement il a relancé avec succès la quête de la Planète X, mais il fut un astronome remarquable et un manager très avisé, toujours en quête de solutions pour faire vivre l'observatoire Lowell et ses collaborateurs en dépit des imprévus. *(Lowell Observatory archives)*

visiter pour lui proposer de nouvelles plaques photographiques, dotées d'émulsions ayant une sensibilité plus large dans l'infrarouge. Slipher se dit qu'elles pourraient permettre d'étendre le champ des observations planétaires : la Planète X, un corps lointain et froid, aurait des chances de s'y faire voir plus facilement. En examinant par le menu détail des photographies prises avec ce télescope plus performant, peut-être remarquerait-on un point lumineux qui bougerait sur un fond d'étoiles ?

Malheureusement, l'administrateur testamentaire meurt soudainement, privant l'observatoire de ressources financières. Mais Abbott Lawrence Lowell (1856-1943), frère de Percival Lowell et président de l'université d'Harvard, vient le secourir en apportant les fonds nécessaires. En 1928, le miroir du nouveau télescope est poli, sa structure assemblée et, l'année suivante, l'instrument est enfin érigé. Slipher le baptise fièrement « télescope Lawrence Lowell ». C'est l'une des optiques les plus performantes de son époque : elle prend des images du ciel sur de larges plaques photographiques en verre de 14 × 17 pouces (35 × 43 cm). En une heure de temps de pose, 300 000 étoiles peuvent s'y révéler ! Mais le travail promet d'être fastidieux, car la Planète X ne sera qu'un point minuscule noyé parmi des myriades d'étoiles et les fausses alertes risquent d'être nombreuses.

Secondé par son frère Earl Charles Slipher (1883-1964), astronome comme lui, Vesto Slipher photographie le ciel en longeant l'écliptique, en commençant par la constellation des Gémeaux, la région, indiquée par Lowell peu avant son décès, où rechercher la Planète X. Des plaques photographiques sont alors exposées et l'opération est renouvelée sur la même zone quelques jours plus tard. Les plaques sont ensuite introduites par couples, côte à côte, dans un appareil spécial : le comparateur à clignotements. Celui-ci permet d'observer les deux plaques en alternance rapide : un objet en transit apparaît alors d'une plaque à l'autre comme un point surgi de nulle part. La Planète X est photographiée dès le début, mais les frères Slipher ne la remarquent pas, trop fatigués par leurs tâches respectives. Vesto est très absorbé par ses charges administratives, tandis qu'Earl fait de l'observation de la planète Mars sa grande priorité. Fin juin 1929, les deux hommes sont épuisés par ces tâches répétitives et Vesto décide de confier cette mission à un jeune astronome amateur de 21 ans, Clyde William Tombaugh (1906-1997) qu'il a recruté en janvier de la même année.

Clyde Tombaugh est un garçon plein de ressources et doué d'une ténacité peu commune. Ses parents, agriculteurs, font face courageusement depuis toujours aux aléas de la vie. Après qu'une tempête de grêle a détruit les récoltes de

Clyde Tombaugh, le futur découvreur de la Planète X, photographié en 1928 avec un des télescopes qu'il a fabriqués. *(Lowell Observatory archives)*

Clyde Tombaugh en poste à l'observatoire Lowell, tenant sous le bras une plaque photographique. *(Lowell Observatory archives)*

la ferme familiale, les privant de revenus pour envoyer leur fils au collège, celui-ci s'est débrouillé pour étudier seul les mathématiques, la géométrie et la trigonométrie. Passionné d'astronomie, il a construit son propre télescope en 1926, mais, déçu par ses performances, il a approfondi sa maîtrise de l'optique afin d'usiner lui-même ses miroirs, et a pu ainsi assembler deux nouveaux instruments. En 1928, une nouvelle tempête qui a détruit les récoltes familiales le décide à embrasser la vie exaltante des astronomes, et il envoie quelques croquis de Mars et de Jupiter à l'observatoire Lowell. Vesto Slipher est très impressionné par la qualité de son travail, mais surtout par la maturité dont a fait preuve le jeune homme en concevant lui-même ses instruments. À cette époque, tout astronome professionnel se doit d'être capable d'assembler lui-même ses expériences dans l'atelier de son observatoire, dont les équipements ne diffèrent parfois guère de ceux d'un réparateur automobile. Tombaugh est alors engagé comme assistant. Dès son arrivée à Flagstaff en janvier 1929, Slipher va le former à la photographie astronomique, à la manipulation des plaques et à leur développement, très délicat car elles cassent facilement. Puis, le jugeant enfin apte, il lui confie la responsabilité des prises de vues pour dénicher la Planète X. C'est ainsi que Tombaugh va commencer, en livrant aux frères Slipher des clichés du ciel que ceux-ci examinent au comparateur. Las ! Fin juin, harassés par leurs autres tâches, ils n'ont plus la force de poursuivre la quête.

C'est alors que le jeune homme va continuer seul d'assumer ce travail fastidieux. Finalement, après quantité de plaques cassées, de fausses alertes causées par des astéroïdes, des dizaines de vues voilées par de fins nuages ou mal exposées, il va prendre, les 23 et 29 janvier 1930, les deux fameux clichés historiques (cf. p. 18). Le 18 février 1930, dans l'après-midi, il remarque, au comparateur, le déplacement, dans la constellation des Gémeaux, d'un point minuscule et faiblement lumineux, situé, justement, aux abords des coordonnées visées initialement par Vesto Slipher. Il en informe immédiatement ce dernier et, les nuits suivantes, l'objet céleste est à nouveau repéré et photographié par les membres de l'équipe. Dès lors, le doute n'est plus permis : il s'agit bien d'une nouvelle planète ! Vesto Slipher sait combien cette nouvelle va pouvoir conforter la réputation de l'observatoire Lowell, qui doit non seulement justifier ses dépenses auprès du nouvel administrateur testamentaire, mais aussi lever régulièrement des fonds auprès de riches donateurs.

Les jours suivants, l'équipe va simuler la luminosité de la planète. Car les premiers résultats sont déconcertants. Le 20 février, elle est observée avec la lunette de 24 pouces, mais, en dépit

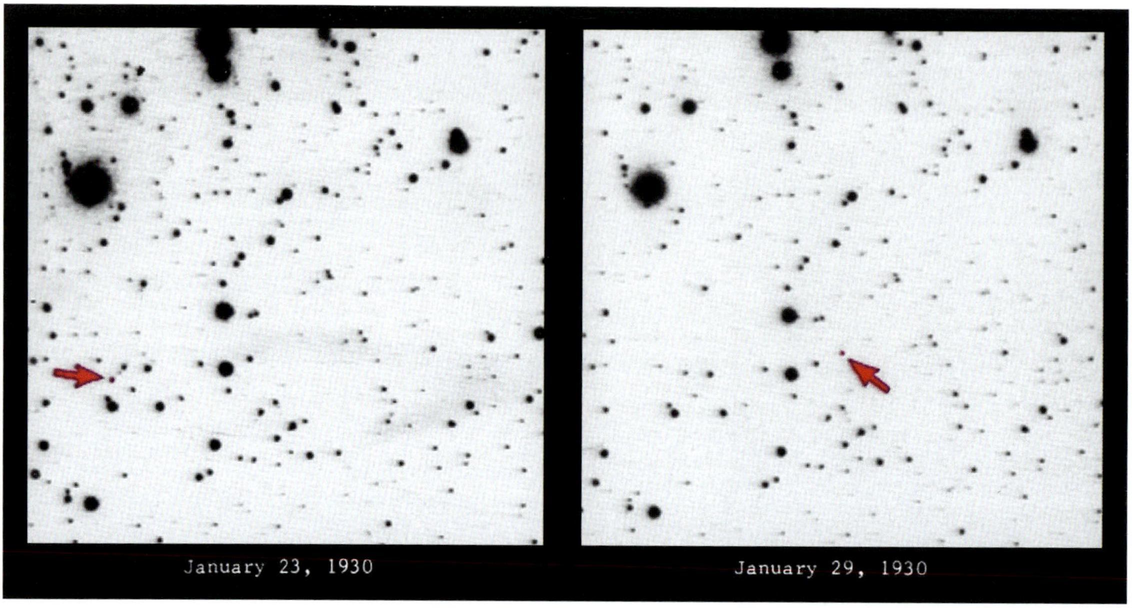

Voici les deux clichés historiques, réalisés à l'observatoire Lowell les 23 et 29 janvier 1930, qui ont permis à Clyde Tombaugh, le 18 février suivant, de découvrir et localiser la Planète X. Les flèches rouges indiquent la position et le déplacement de ce nouveau corps transneptunien. *(Lowell Observatory archives)*

des excellentes conditions atmosphériques et des prévisions de Lowell, qui pensait qu'elle ressemblerait à Neptune, aucun disque n'est visible. Un examen plus poussé avec le réflecteur de 42 pouces atteste ensuite que la nouvelle planète présente un teint jaunâtre et non bleuâtre comme on pouvait s'y attendre. Dans une boîte éclairée de l'intérieur, on perce des petits trous de tailles et de couleurs diverses et le dispositif est positionné dans la ville de Flagstaff. Il est ensuite visé et photographié par un télescope. La méthode est, certes, peu orthodoxe mais elle permet, par comparaison, de mieux comprendre ce que l'on discerne sur les plaques photographiques. L'observatoire Lowell peut ainsi annoncer officiellement la découverte de la Planète X le 13 mars 1930, date choisie pour coïncider avec la découverte d'Uranus (13 mars 1781) et l'anniversaire de Percival Lowell (13 mars 1855).

Pourtant, Vesto Slipher ne communique pas immédiatement la position de la nouvelle planète, le temps de demander assistance pour les calculs d'orbites à John Miller (1859-1946), directeur de l'observatoire de Sproul, en Pennsylvanie, qui fut son professeur. Miller reproche à son ancien élève ce manque de partage d'informations auprès de la communauté des chercheurs, et Slipher communique alors les coordonnées de la Planète X à d'autres confrères. Il faudra attendre le 7 avril 1930 pour obtenir ses premiers paramètres orbitaux. Ce sont les astronomes Ernest Bower (1890-1964) et Fred L. Whipple (1906-2004), alors jeunes doctorants à l'université de Californie à Berkeley, qui livrent les meilleures estimations : elle circule à plus de 6 milliards de kilomètres de la Terre (41 UA) sur une orbite inclinée à 17° par rapport au plan de l'écliptique, sur lequel tournent les autres planètes. On découvrira par la suite qu'elle avait été accidentellement photographiée à l'observatoire du mont Wilson en 1909 et en 1925.

Contrairement à la légende, Slipher n'a jamais exprimé de frustration, ni de jalousie, de ne pas avoir découvert lui-même Pluton, et il n'a jamais cherché à en voler le crédit à Tombaugh. Il a d'ailleurs tenu à le citer officiellement comme découvreur dans le communiqué de presse. La chance de Tombaugh est d'avoir travaillé au sein d'une équipe soudée, où les rapports humains étaient privilégiés. S'il avait œuvré dans un grand institut, c'est son directeur qui se serait approprié la gloire de la découverte. C'est ainsi que, paradoxalement, Vesto Slipher va rester pendant des décennies le grand oublié de la découverte de Pluton alors que, sans sa ténacité, l'observatoire n'aurait jamais survécu à Percival Lowell. Clyde Tombaugh n'aurait pas pu y être embauché et n'aurait jamais découvert Pluton. Pour cela, le nom de Slipher mériterait amplement de figurer sur la carte de cette petite planète. Ce manque de reconnaissance posthume sera peut-être réparé un jour...

De son côté, ne pouvant être embauché comme astronome sans être titulaire d'un diplôme universitaire, Tombaugh s'en va étudier à l'université du Kansas en 1932, où il obtient en 1936 l'équivalent d'un baccalauréat scientifique, tout en séjournant à l'observatoire Lowell pendant ses vacances. Après l'obtention de sa maîtrise en 1938, il y est alors intégré à temps plein et balaye de ses clichés près de 65 % de la voûte céleste dans l'espoir de détecter une autre planète. Au prix de plus de 7000 heures passées derrière le comparateur et du visionnage de près de 90 millions d'étoiles, il découvrira des centaines d'étoiles variables et d'astéroïdes,

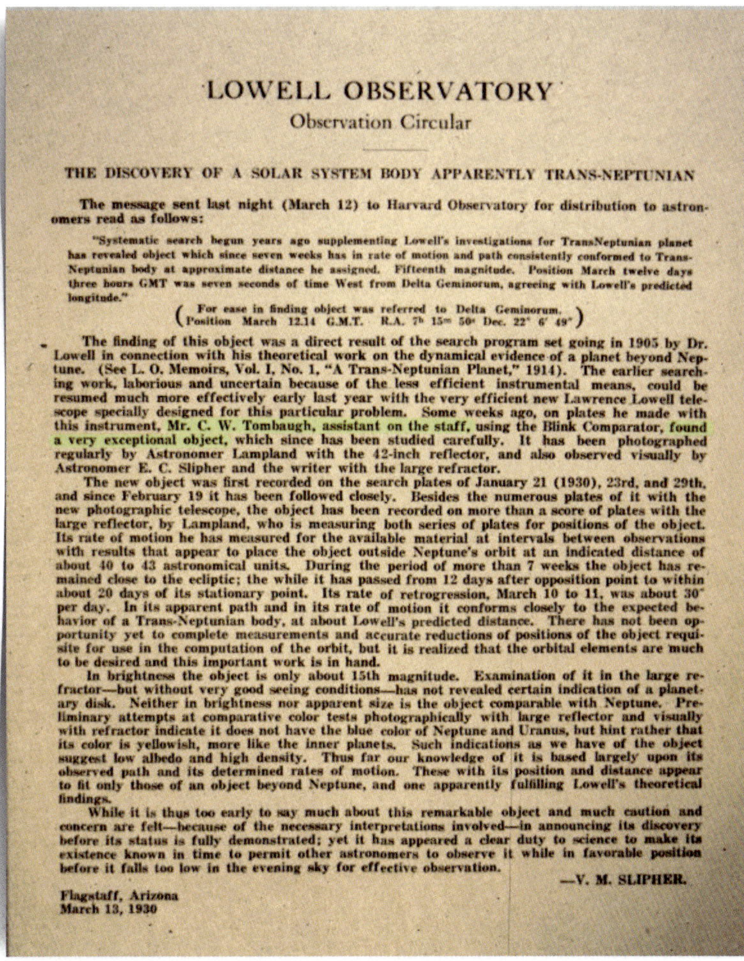

LOWELL OBSERVATORY
Observation Circular

THE DISCOVERY OF A SOLAR SYSTEM BODY APPARENTLY TRANS-NEPTUNIAN

The message sent last night (March 12) to Harvard Observatory for distribution to astronomers read as follows:

"Systematic search begun years ago supplementing Lowell's investigations for TransNeptunian planet has revealed object which since seven weeks has in rate of motion and path consistently conformed to Trans-Neptunian body at approximate distance he assigned. Fifteenth magnitude. Position March twelve days three hours GMT was seven seconds of time West from Delta Geminorum, agreeing with Lowell's predicted longitude."

(For ease in finding object was referred to Delta Geminorum. Position March 12.14 G.M.T. R.A. 7h 15m 50s Dec. 22° 6′ 49″)

The finding of this object was a direct result of the search program set going in 1905 by Dr. Lowell in connection with his theoretical work on the dynamical evidence of a planet beyond Neptune. (See L. O. Memoirs, Vol. I, No. 1, "A Trans-Neptunian Planet," 1914). The earlier searching work, laborious and uncertain because of the less efficient instrumental means, could be resumed much more effectively early last year with the very efficient new Lawrence Lowell telescope specially designed for this particular problem. Some weeks ago, on plates he made with this instrument, Mr. C. W. Tombaugh, assistant on the staff, using the Blink Comparator, found a very exceptional object, which since has been studied carefully. It has been photographed regularly by Astronomer Lampland with the 42-inch reflector, and also observed visually by Astronomer E. C. Slipher and the writer with the large refractor.

The new object was first recorded on the search plates of January 21 (1930), 23rd, and 29th, and since February 19 it has been followed closely. Besides the numerous plates of it with the new photographic telescope, the object has been recorded on more than a score of plates with the large reflector, by Lampland, who is measuring both series of plates for positions of the object. Its rate of motion he has measured for the available material at intervals between observations with results that appear to place the object outside Neptune's orbit at an indicated distance of about 40 to 43 astronomical units. During the period of more than 7 weeks the object has remained close to the ecliptic; the while it has passed from 12 days after opposition point to within about 20 days of its stationary point. Its rate of retrogression, March 10 to 11, was about 30″ per day. In its apparent path and in its rate of motion it conforms closely to the expected behavior of a Trans-Neptunian body, at about Lowell's predicted distance. There has not been opportunity yet to complete measurements and accurate reductions of positions of the object requisite for use in the computation of the orbit, but it is realized that the orbital elements are much to be desired and this important work is in hand.

In brightness the object is only about 15th magnitude. Examination of it in the large refractor—but without very good seeing conditions—has not revealed certain indication of a planetary disk. Neither in brightness nor apparent size is the object comparable with Neptune. Preliminary attempts at comparative color tests photographically with large reflector and visually with refractor indicate it does not have the blue color of Neptune and Uranus, but hint rather that its color is yellowish, more like the inner planets. Such indications as we have of the object suggest low albedo and high density. Thus far our knowledge of it is based largely upon its observed path and its determined rates of motion. These with its position and distance appear to fit only those of an object beyond Neptune, and one apparently fulfilling Lowell's theoretical findings.

While it is thus too early to say much about this remarkable object and much caution and concern are felt—because of the necessary interpretations involved—in announcing its discovery before its status is fully demonstrated; yet it has appeared a clear duty to science to make its existence known in time to permit other astronomers to observe it while in favorable position before it falls too low in the evening sky for effective observation.

—V. M. SLIPHER.

Flagstaff, Arizona
March 13, 1930

Le communiqué de presse signé de Vesto Slipher le 13 mars 1930 : il y annonce l'observation d'un « corps transneptunien » et cite Clyde Tombaugh comme son découvreur. *(Lowell Observatory archives)*

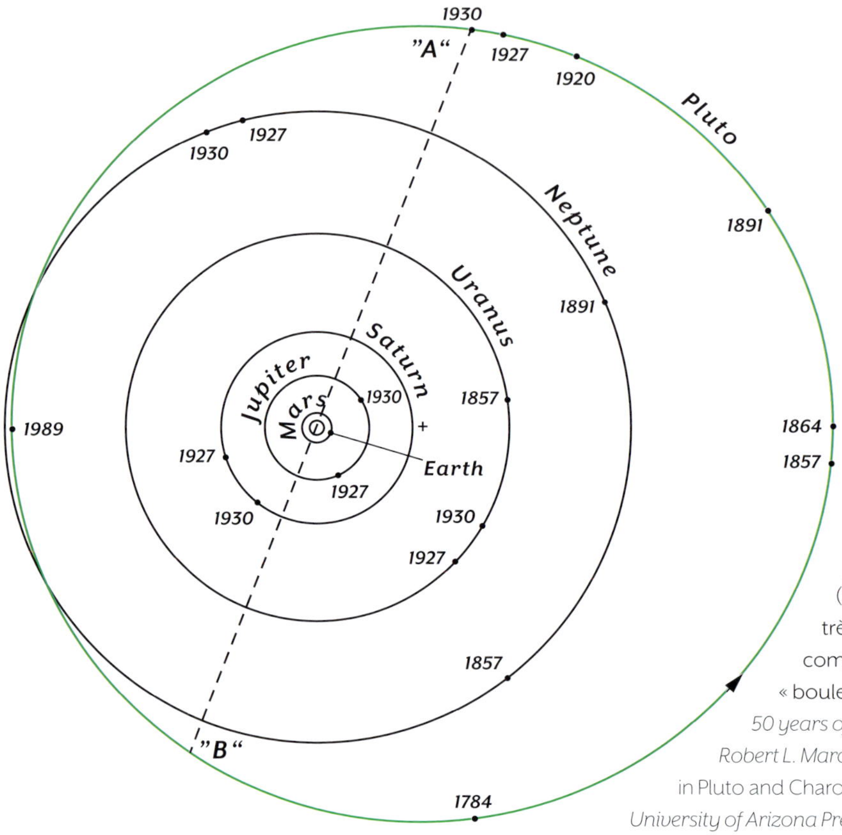

L'orbite de Pluton, calculée dès juillet 1930 par Fred Whipple (1906-2004), qui allait devenir très célèbre grâce à sa théorie comparant les comètes à des « boules de neige sale ». *(The First 50 years of Pluto – Charon Research, Robert L. Marcialis, University of Arizona* in Pluto and Charon, *S. A. Stern, D. J. Tholen, University of Arizona Press, 1997)*

deux comètes et des milliers de galaxies. Mobilisé en 1943, il est incorporé dans la marine où il enseigne l'astronomie aux cadets. Mais après la guerre, l'observatoire de Flagstaff est asséché financièrement ; il ne reçoit plus les donations de riches contributeurs et n'a plus les moyens de réembaucher Tombaugh. En outre, les faibles moyens financiers ne permettent pas à l'observatoire de s'engager dans la nouvelle course aux télescopes géants qui débute alors. Tombaugh partira alors travailler au centre de balistique de White Sands, au Nouveau-Mexique. Il y supervisera le département d'optique et y concevra divers instruments. Puis, de 1955 à son départ à la retraite en 1973, Tombaugh enseignera l'astronomie à l'université du Nouveau-Mexique. Il décédera peu avant son 91e anniversaire dans sa maison de Las Cruces.

Toutes les observations détaillées de la Planète X vont très vite révéler qu'il s'agit d'un objet aux propriétés uniques. D'abord, son orbite est très excentrique (0,249) avec une distance au Soleil variant de 29,7 à 49,7 UA, soit de 4,4 à 7,4 milliards de kilomètres. Cela vaut à la nouvelle planète de s'approcher régulièrement plus près du Soleil que Neptune, pendant une vingtaine d'années sur les 248 qu'elle met à boucler une révolution, comme ce fut le cas entre 1979 et 1999. Ensuite, son orbite est inclinée de 17,1° par rapport au plan de l'écliptique. Enfin, son axe de rotation (dit « d'obliquité ») est de 120° : ainsi, le globe « roule » sur son orbite très penchée, à l'image de la planète Uranus. Il s'agit vraiment d'un monde étrange, qui sera qualifié de « Nouvelle Mars » par l'équipe de la mission New Horizons, tant ses formations spectaculaires et

Le cinéthéodolite IGOR développé par Clyde Tombaugh pour les tests de missiles. Noter la caméra fixée au sommet pour filmer et suivre les engins dans le ciel. *(White Sands Missile Range Museum)*

Clyde Tombaugh, maintenant âgé, intervenant lors d'une conférence astronomique en 1989, à l'université du Nouveau-Mexique. *(New Mexico State University)*

tourmentées ressemblent parfois à celles de la Planète rouge. Seule différence : sur Pluton, le rôle des roches est joué par des glaces d'eau, de méthane et d'azote !

Quel nom pour la nouvelle planète ?

Nommer une planète est l'affaire exclusive des astronomes. Le nom doit être facile à mémoriser pour être vite retrouvé dans les dictionnaires et les atlas. L'histoire débute dès le 14 mars 1930 au sein d'une famille anglaise à l'heure du petit déjeuner. Une fillette âgée de 11 ans, Venetia Burney (1918-2009), écoute son grand-père, Falconer Madam, commenter un article de journal mentionnant la découverte qui défraie la chronique. L'article s'interroge sur le nom à attribuer à la nouvelle planète. « Pourquoi ne pas l'appeler Pluton ? » propose spontanément Venetia, familiarisée, grâce à la lecture des ouvrages dont elle est férue, avec les légendes de l'Antiquité. Pluton était le dieu qui ouvrait les portes des Enfers : son nom évoquait parfaitement un monde circulant aux confins obscurs du Système solaire.

Immédiatement séduit par cette suggestion, Falconer Madam, ancien bibliothécaire d'Oxford, contacte son ami Herbert Hall Turner qui y officie comme astronome. Turner s'enthousiasme pour le nom de Pluton et le propose lors d'une réunion de la Société royale d'astronomie. Dans la foulée, il envoie un télégramme à l'observatoire Lowell. Cette proposition arrive parmi beaucoup d'autres. Pourtant, celle de la jeune Venetia retient l'attention. En outre, les deux premières lettres du nom, « PL », sont les initiales de Percival Lowell et lui rendent hommage. Le 24 mars 1930, à l'instigation de Vesto Slipher, les astronomes américains votent unanimement pour le nom de Pluton. Par la suite, Venetia Burney démentira toujours avoir été inspirée par Pluto, le chien de Mickey dans les dessins animés de Walt Disney. C'est même le

Venetia Burney, alors âgée de 11 ans, qui suggéra de donner à la Planète X le nom de « Pluton ». *(Vers 1929, studio photographique J. Weston & Son Photographers, Brighton)*

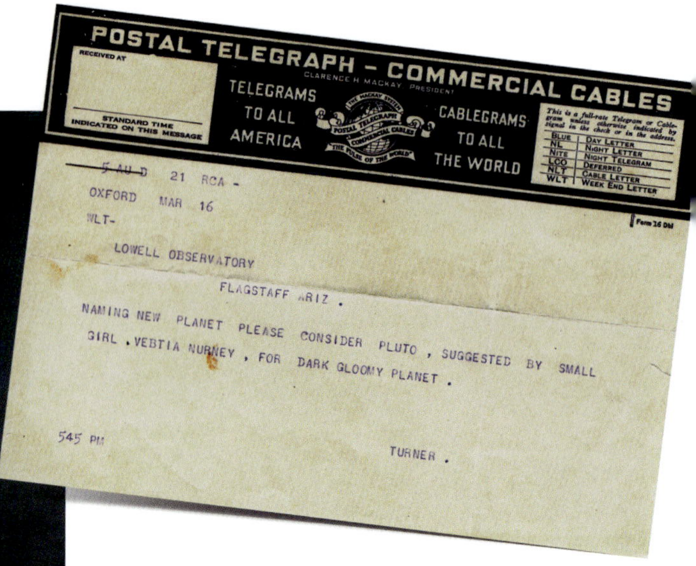

POSTAL TELEGRAPH - COMMERCIAL CABLES
CLARENCE H. MACKAY PRESIDENT
RECEIVED AT
STANDARD TIME INDICATED ON THIS MESSAGE
TELEGRAMS TO ALL AMERICA
CABLEGRAMS TO ALL THE WORLD
THE MACKAY SYSTEM POSTAL TELEGRAPH COMMERCIAL CABLES ALL AMERICA CABLES
THE VOICE OF THE WORLD
This is a full-rate Telegram or Cablegram unless otherwise indicated by signal in the check or in the address.
BLUE Day Letter
NL Night Letter
NITE Night Telegram
LCO Deferred
NLT Cable Letter
WLT Week End Letter
Form 16 DM

~~5 AU D~~ 21 RCA -
OXFORD MAR 16
WLT-
LOWELL OBSERVATORY
FLAGSTAFF ARIZ .
NAMING NEW PLANET PLEASE CONSIDER PLUTO , SUGGESTED BY SMALL GIRL .VEBTIA NURNEY , FOR DARK GLOOMY PLANET .
545 PM
TURNER .

Le télégramme, écorchant le nom de Venetia Burney, envoyé à l'observatoire Lowell : « Pour nommer la nouvelle planète, considérez s'il vous plaît "Pluton", suggéré par une petite fille, Vebtia Nurney, pour la planète sombre et sinistre. » *(Lowell Observatory archives)*

contraire qui s'est produit : Walt Disney a baptisé son personnage ainsi en septembre 1930 pour suivre la mode du nom Pluton (« Pluto » en anglais) qui s'étalait partout dans les journaux. Le seul regret de Venetia Burney, devenue ensuite une respectable professeure d'économie, est de n'avoir jamais pu rencontrer Clyde Tombaugh de son vivant.

Charon, la grosse lune de la petite planète

Malgré tout, Pluton allait longtemps rester un objet mystérieux. Ce n'est qu'en 1955, à l'observatoire Lowell, que l'on s'aperçut que sa luminosité fluctuait périodiquement de 20 %, ce dont on put déduire que son globe tournait sur lui-même en 6 jours, 9 heures et 17 minutes.

En novembre 1972, alors que la NASA étudiait la faisabilité d'une mission Mini Grand Tour (nommée plus tard Voyager, cf. chap. 3) qui survolerait Pluton, son diamètre n'était toujours pas estimé. À l'époque, l'Agence spatiale recommandait aux ingénieurs de tenir compte, dans leurs calculs, d'un diamètre pouvant varier de 4 800 km à... 6 800 km, valeur maximale estimée en 1965 après l'observation d'une étoile qui frôla Pluton sans être occultée. Mais l'astre pouvait aussi bien être beaucoup plus petit, large de seulement 2 000 km, pour peu qu'il possède un cœur très dense et une surface entièrement couverte de glace très réfléchissante.

C'est dans le contexte de la préparation de la mission Voyager 2 que James Christy (1938-), de l'observatoire naval des États-Unis (United States Naval Observatory, ou USNO), va découvrir à Pluton un premier satellite. En ce jeudi 22 juin 1978, il a prévu de quitter son bureau après le déjeuner afin de prêter main-forte à son épouse Charlene, surnommée « Char », pour un déménagement. Dans la matinée, il se rend auprès de son directeur, l'astronome Robert

« Bob » Harrington (1942-1993), pour lui demander s'il n'a pas une dernière tâche à lui confier avant qu'il ne s'en aille. Harrington lui tend alors une enveloppe contenant six plaques photographiques de Pluton qui avaient été prises au télescope de 155 cm les 13 et 20 avril, et le 12 mai. Un travail commandé par Christy lui-même, mais qu'il avait oublié de réclamer... Harrington, qui s'était fait une spécialité de la dynamique du Système solaire, lui avait confié la mission d'affiner les paramètres orbitaux des planètes Uranus et Neptune, que la sonde Voyager 2 devait survoler en 1986 et en 1989, pour savoir si, de leurs perturbations orbitales résiduelles, on pouvait déduire l'existence d'une autre Planète X qui tournerait au-delà de Pluton. Un corps que l'on classerait dans la famille que l'on nomme aujourd'hui « objets transneptuniens » (« Trans-Neptunian Objects »), ou « OTNs ». Et Christy avait décidé de profiter du budget alloué pour étendre ses recherches à Pluton, un monde qui n'avait pas fait l'objet d'études poussées depuis longtemps. Car, en cette fin des années 1970, plus personne ne s'intéressait vraiment à cette planète réputée glacée et figée, et qui tournait dans les régions les plus obscures et reculées du Système solaire (cf. chap. 3).

Muni des clichés, qu'Harrington avait enfouis dans une pile de courrier parce que tous avaient été estampillés d'un sticker « image défectueuse », Christy revient sans enthousiasme à son bureau et glisse les plaques dans un projecteur, un Starscan conçu pour agrandir 30 fois les prises de vues et les examiner de près. Les images de Pluton semblent effectivement floues, irrégulières même, avec une sorte de protubérance pointant au nord. Il s'agit de négatifs : les étoiles se détachent sous la forme de points noirs sur un fond blanc. Décontenancé, Christy examine alors de près les étoiles situées à proximité : celles-ci présentent le piqué des images bien nettes. Spontanément, il pense qu'il s'agit peut-être d'une sorte de grosse explosion qui a été photographiée par hasard sur Pluton. Mais curieusement, l'image prise le mois suivant présente la même configuration légèrement asymétrique, mais cette fois-ci orientée au sud. Christy chasse alors de son esprit l'idée de l'explosion, se disant qu'elle n'aurait pas pu se prolonger pendant un mois. En revanche, la déformation indique peut-être la présence d'un satellite. L'astronome s'ouvre alors du problème à un collègue et ils décident de vérifier s'ils n'auraient pas photographié une petite étoile

James Christy de l'US Naval Observatory (USNO) : il tient en main la plaque photographique de la découverte et montre où se trouve la tache floue laissée par Pluton. *(U.S. Naval Observatory)*

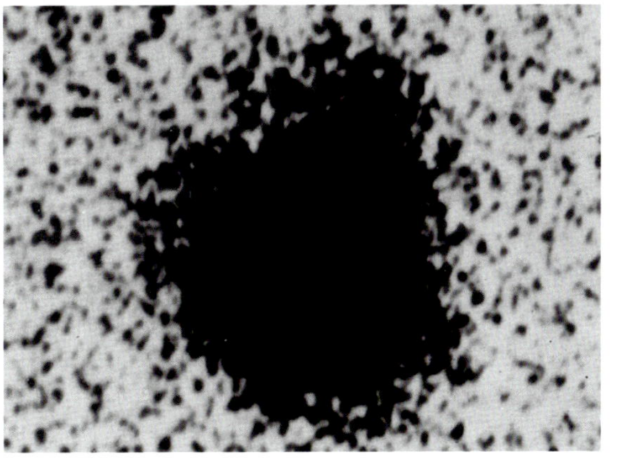

Agrandissement de la fameuse image : on voit l'« excroissance » laissée en haut par Charon sur les images de Pluton. *(U.S. Naval Observatory)*

James Christy (assis) et Bob Harrington en juin 1978, devant le projecteur Starscan qui agrandit 30 fois les plaques photographiques sur lequel Charon fut découvert.
(U.S. Naval Observatory)

passant à proximité de la planète. Ils consultent les atlas astronomiques et constatent qu'une petite étoile a bien traversé le champ de vision du télescope.

Lorsque James Christy part déjeuner, son hypothèse d'un satellite de Pluton lui semble peu réaliste. Gerard Kuiper (1905-1973) lui-même, un des plus grands astronomes américains et qui avait été son professeur, avait précisé à ses élèves qu'il avait bien cherché à photographier un satellite autour de Pluton en janvier 1950, mais qu'il ne l'avait jamais trouvé. Or, n'était-il pas justement l'un des meilleurs observateurs de sa génération ? En 1948 et en 1949, il avait d'ailleurs réussi le tour de force de découvrir Miranda et Néréide, deux petites lunes qui tournaient respectivement autour des lointaines planètes gazeuses Uranus et Neptune ! Alors, si Kuiper n'avait pas trouvé de satellite autour de Pluton, c'était qu'il n'y en avait pas. Tout simplement. Et plus personne n'avait, depuis, remis en doute l'assertion de Kuiper. Le sujet semblait définitivement clos.

De retour à son bureau, Christy réexamine les images. Il se dit qu'un passage au plus près d'une étoile, qui se confond avec la planète, et au moment même des prises de vues est un évènement hautement improbable. Très excité, il décide de fouiller dans les archives de l'observatoire pour extraire des images de Pluton réputées sans défaut prises les 29 avril et 1er mai 1965, ainsi que d'autres vues, datées des 13, 15, 16, 17 et 19 juin 1970… Il les agrandit avec son Starscan. Incroyable : certaines images présentent elles aussi une asymétrie ! Le lendemain matin, il va trouver Harrington et ils décident d'effectuer quelques calculs. Christy mesurera la vitesse à laquelle bouge la protubérance autour de Pluton, tandis qu'Harrington calculera une orbite basée sur les variations de luminosité constatées sur les anciennes et les nouvelles images. C'est à ce moment qu'Alan Stern (1957-), le futur concepteur de la mission New Horizons, alors jeune stagiaire à l'USNO, passe dans le couloir et se fait interpeller par Christy : « Hé, le jeunot ! Viens donc jeter un coup d'œil là-dessus ! » On lui montre à l'agrandisseur les images et Christy lui explique qu'on voit là un gros satellite. Cet impromptu marquera Alan Stern à vie et sera l'un des points de départ de sa passion pour Pluton.

Quelques jours plus tard, Christy et Harrington ont calculé, pour le satellite, une durée de révolution de 6,39 jours, soit celle d'une journée plutonienne ! Ce qui implique que ces deux mondes sont en rotation synchrone : le satellite reste perpétuellement suspendu dans le ciel de Pluton à la verticale d'un même point. Afin d'en être absolument certains, ils demandent à un collègue astronome, John Graham (1939-), de l'observatoire d'altitude du Cerro Tololo, au Chili, de prendre au plus vite une image de Pluton. Le 6 juillet, ils constatent l'existence de l'élongation sur les images et à l'endroit prévu. C'est ainsi que James Christy et Robert Harrington peuvent annoncer leur découverte au monde entier le 7 juillet 1978.

Ce satellite est provisoirement nommé 1978 P1 et les premiers calculs indiquent qu'il tourne à 20 000 km environ de Pluton. Mais c'est à Christy que revient l'honneur de le baptiser. L'astronome a l'idée d'ajouter le suffixe « -on » derrière « Char », le surnom de son épouse, afin d'associer celle-ci à sa découverte : un nom parfait ! Dans la mythologie grecque, Charon était le batelier qui se tenait aux portes des Enfers pour faire passer les âmes des morts de l'autre côté du fleuve Styx et les faire entrer dans le règne de Pluton. Le nom de Charon sera finalement entériné par l'Union astronomique internationale le 3 janvier 1986. On va s'apercevoir par la suite que le couple planétaire fait figure d'exception. En effet, le diamètre de Charon équivaut au tiers de celui de Pluton et la distance moyenne qui sépare les deux corps n'est que de 20 000 km. Mais lorsque Christy a découvert Charon, on ne connaissait pas vraiment sa taille. En 1980, une première occultation d'étoile par Charon donnera l'estimation d'un diamètre de 1200 km. Il faudra attendre 1986 pour en savoir plus. Fait remarquable, le barycentre de la rotation des deux astres se trouve ainsi en dehors du globe de Pluton. Depuis l'espace, la vision serait spectaculaire : celle d'un couple en train de danser !

Pluton et Charon. Le nouveau couple planétaire fait figure d'exception et crée la curiosité. *(NASA/Pat Rawlings)*

Pluton possède une atmosphère !

C'est en 1976 que l'on commence à connaître les propriétés de la surface de Pluton. Dale Cruikshank (1939-), David Morrison (1940-) et Carl Pilcher (1947-), de l'université d'Hawaï, découvrent, à l'observatoire de Kitt Peak, la présence de méthane gelé à sa surface, et l'on s'aperçoit par la suite que les régions équatoriales de la planète s'assombrissent progressivement (plus tard, le 6 août 1993, la même équipe annoncera sa certitude que 98 % des glaces recouvrant Pluton sont faites d'azote gelé dans lequel le méthane se dissout). Mais toute cette glace n'est-elle pas en train de se sublimer, laissant apparaître des terrains plus sombres ? Et si elle migrait d'un point à l'autre de la planète, se pourrait-il que Pluton possède une atmosphère ? Au Wise Observatory, à Tel-Aviv, en Israël, Noah Brosch (1948-) et Haim Mendelson décident d'une campagne d'observations avec leurs télescopes installés dans le désert du Néguev. Le 19 août 1985, une petite étoile est occultée par la planète et ils constatent une diminution progressive de sa lumière avant que celle-ci ne disparaisse complètement derrière le disque. Si Pluton était dénuée d'atmosphère, l'interruption aurait dû être soudaine...

Vue depuis la Terre, la lumière de l'étoile n'a disparu que pendant quatorze secondes. Le communiqué de presse des deux chercheurs va être très court et ne fera pas grand bruit,

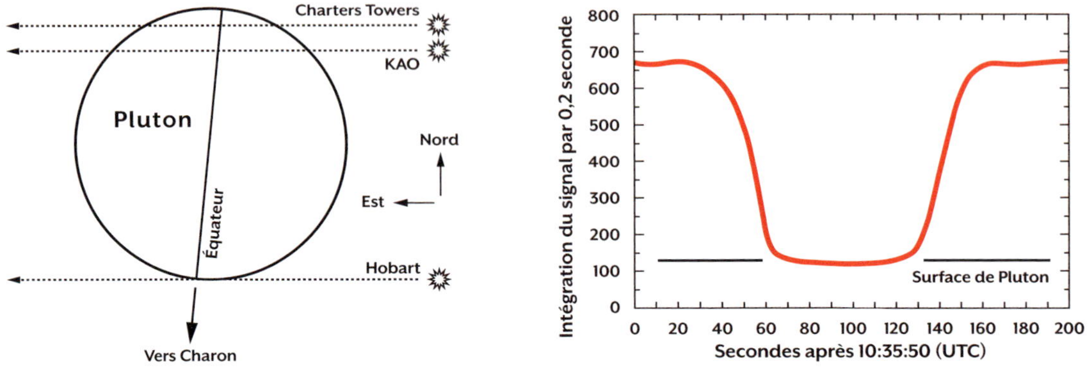

À gauche : le trajet de l'étoile observée par le MIT derrière Pluton (nommée « KAO » pour « Kuiper Airborne Observatory »). À droite, on voit bien sur le schéma que la courbe de la luminosité de l'étoile, plate à droite et à gauche, se creuse progressivement de part et d'autre vers le centre (la surface même de Pluton), signifiant que son occultation est progressive. Elle trahit ainsi l'existence d'une atmosphère qui entoure la planète. Si Pluton n'avait pas d'atmosphère, les bords auraient été très verticaux. *(D'après : Pluto's Atmosphere, Elliot, J. L.* et al., Icarus *77, 148-170, 1989)*

à l'époque. Ceux-ci se demandent même s'ils n'auraient pas occulté, par hasard, le satellite 1978 P1, pas encore nommé Charon. Pourtant, cette brève est remarquée par les chercheurs américains et australiens qui se préparent pour l'occultation du 9 juin 1988. C'est ainsi que James « Jim » Elliott (1943-2011), du département des sciences planétaires du MIT, très respecté découvreur des anneaux d'Uranus, va lever l'équivoque grâce aux gros moyens dont il dispose. Il choisit d'affréter le Kuiper Airborne Observatory, un avion Lockheed C-141A Starlifter à réaction pouvant voler à 14 000 m d'altitude, modifié par la NASA pour embarquer un télescope de 90 cm d'ouverture. Le signal de l'occultation de la petite étoile par Pluton leur parvient fort et clair. Ils parviennent à acquérir, à raison d'une image toutes les 0,2 seconde pendant 20 minutes, 6 000 clichés de 50 pixels de large où l'on voit l'étoile disparaître progressivement derrière la planète pour réapparaître enfin. Ils peuvent alors confirmer l'existence d'une atmosphère autour de Pluton.

Pluton vue à contre-jour par New Horizons juste après son survol historique en juillet 2015. Le fin voile atmosphérique forme un anneau lumineux. *(NASA/JHU-APL/SwRI)*

C'est une belle découverte. Très vite, on estime que cette atmosphère est composée d'azote et que sa pression au sol est extrêmement faible, évaluée alors entre 0,0150 et 0,0300 millibar – sur Terre, elle est de 1013 millibars, en moyenne, au niveau de la mer. Lors du survol en 2015, elle se révélera de seulement 0,0115 millibar. On déduit en outre des observations que le diamètre de Pluton doit être compris entre 2 360 et 2 390 km : une excellente estimation pour l'époque puisque 2 376 km seront mesurés en 2015. Les chercheurs s'aperçoivent que l'occultation s'est déroulée 15 mois avant que Pluton

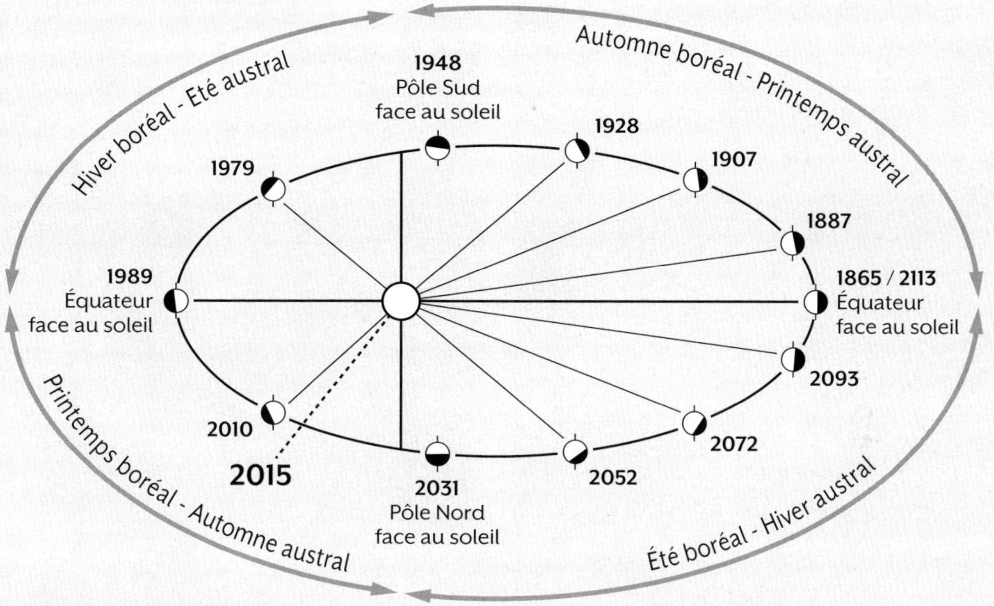

Les saisons sur Pluton

La course de la planète autour du Soleil est divisée en 12 « mois » de 20,67 ans terrestres chacun *. À l'aphélie en 1865 et 2113, et au périhélie en 1989, l'équateur se trouve face au Soleil et les deux hémisphères reçoivent le même ensoleillement. En 1948, c'est le solstice d'hiver dans l'hémisphère nord et le pôle Sud fait face au Soleil. De 1944 à 1989, Pluton circule de plus en plus vite en se rapprochant du Soleil, et l'accélération de l'augmentation de l'insolation vers l'équateur engendre des transferts importants des glaces de part et d'autre du globe. À l'inverse, de 1989 à 2031, Pluton ralentit tout en changeant d'orientation : les vents se remettent à souffler pour déposer des glaces vers l'hémisphère sud, qui entre dans une longue nuit, tandis que le pôle Nord est de plus en plus ensoleillé. En 2031, le pôle Nord fera presque face au Soleil.

(D'après Seasonal Nitrogen Cycles on Pluto, *Candice J. Hansen,* Icarus *120, 247-265, 1996, California Institute of Technology, 2005)*

(*) Pour comprendre comment se définit l'orientation de Pluton dans l'espace, cf. chap. 4, section « Le survol de Pluton ».

n'atteigne son périhélie, point de son orbite le plus proche du Soleil, là où sa surface est chauffée par l'étoile à une température moyenne proche de −229 °C (44 K). À son point le plus éloigné du Soleil, le froid plonge la planète à −240 °C (33 K) et, lorsque cette dernière se réchauffe, la température s'élève jusqu'à −218 °C (55 K) : presque celle où la glace d'azote commence à se sublimer (−210 °C). L'azote passe alors directement de la phase solide (glace) à la phase gazeuse, en enveloppant Pluton d'un voile atmosphérique ténu. Mais dès que la planète s'éloigne du Soleil, son atmosphère ne risque-t-elle pas de geler à la surface ? Cette question va servir d'aiguillon pour accélérer les projets d'exploration spatiale.

Coordonnées par Bruno Sicardy (1958-), de l'Observatoire de Paris, de nombreuses recherches vont être réalisées en France[5] et dans le monde entier. Codécouvreur des anneaux de Neptune en 1984, Sicardy est devenu l'un des grands spécialistes mondiaux de l'observation de ces fameux objets dits « transneptuniens »[6], dont Pluton, qui croisent au-delà de l'orbite de Neptune dans les espaces les plus reculés du

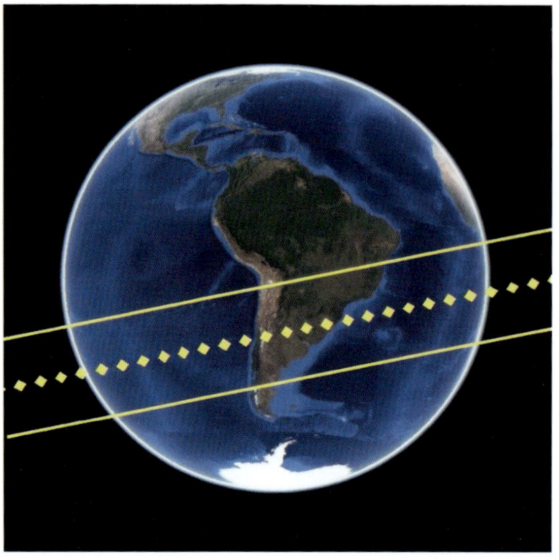

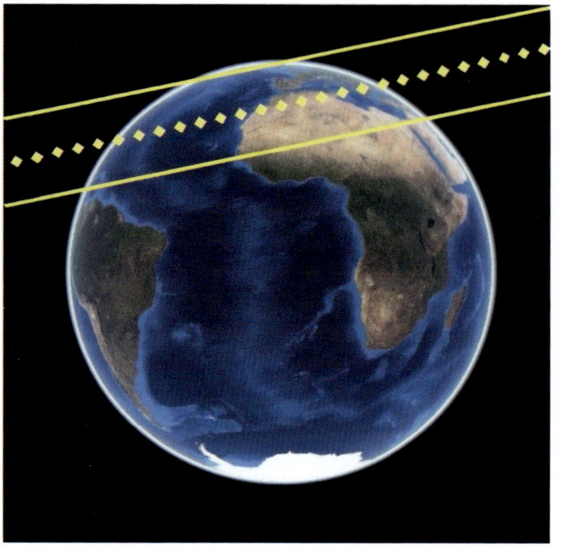

Exemples de bandes d'ombres de Pluton sur la Terre calculées par l'équipe de Bruno Sicardy à l'Observatoire de Paris grâce aux occultations d'étoiles les 2 et 16 juillet 2015, respectivement avant (à gauche) et après (à droite) le survol de Pluton par la sonde New Horizons. Elles sont visibles d'abord depuis les observatoires de Cerro Tololo et de La Silla, au Chili, ensuite depuis les télescopes des Canaries. *(D'après : « Occultations in 2014 and 2015 – Pluto system ». http://www.lesia.obspm.fr/perso/bruno-sicardy/)*

Système solaire. Sicardy voyage pour positionner au mieux ses instruments. C'est ainsi que les occultations d'étoiles des 20 juillet et 21 août 2002 vont révéler que la pression atmosphérique aurait doublé depuis 1988 pour atteindre 0,010 millibar à la surface. En 2020, on estimera que cette augmentation de pression a été d'environ 4 % par année terrestre entre 1988 et 2016 (cf. chap. 5). En juin 2006, Elliott observe une nouvelle occultation et détermine que l'atmosphère plutonienne posséderait aussi, outre l'azote, son constituant principal, quelques traces de méthane et de monoxyde de carbone.

Un monde plus petit et plus complexe que prévu

Emmenés par Bruno Sicardy, Marc Buie (1958-), de l'observatoire Lowell, à Flagstaff, et Catherine « Cathy » Olkin (1966-), du Southwest Research Institute (SwRI), future coïnvestigatrice de la mission New Horizons, cela faisait des décennies que les chercheurs analysaient toutes les données accumulées pour comprendre comment l'atmosphère plutonienne évoluait dans le temps, à commencer par les variations d'albédo constatées de 1953 à 1955, voire en remontant jusqu'en 1933. Ils constatèrent ainsi que la surface de Pluton s'était globalement assombrie de 5 % entre 1933 et 1955. D'autres variations d'albédo furent cataloguées en 1964, puis de 1971 à 1973 et enfin de 1980 à 1983. Par la suite, les astronomes purent profiter d'une belle opportunité : une série d'occultations mutuelles (passages de Charon devant Pluton et inversement) observables depuis la Terre. Après la découverte de Charon en 1978, Leif Erland Andersson (1944-1979), un astronome suédois de l'université d'Arizona, s'aperçut qu'elles se déroulaient tous les 124 ans et que la première de la prochaine série aurait lieu prochainement. De fait, elle fut détectée dès le 17 février 1985 à l'observatoire McDonald. Les occultations cessèrent en 1990 mais on pouvait calculer les longitudes et les latitudes de Pluton qui avaient été visuellement recouvertes par Charon lors des passages et, en soustrayant la luminosité de Charon, connaître l'albédo des zones de Pluton qui n'avaient pas été occultées. Le processus se répétait lorsque Charon passait derrière Pluton. Les toutes premières cartes de répartition des zones claires et sombres à la surface de Pluton et de Charon furent alors dressées. Par la suite, les images acquises par l'équipe de Marc Buie grâce à l'Advanced Camera for Surveys (ACS) et la Faint Object Camera (FOC) du télescope spatial Hubble, permirent d'obtenir des vues plus précises. On s'aperçut aussi que la surface de Pluton s'était encore assombrie d'environ 4 % depuis 1955, un point important aux yeux des astronomes, car ces variations trahissaient des migrations saisonnières de composés en surface et on pourrait en déduire leurs propriétés.

Ces éclipses mutuelles, suivies aussi à l'observatoire de l'ESO, à La Silla, au Chili, ont d'ailleurs permis en 1986 à deux astronomes, Manfred Pakull et Klaus Reinsch, de l'institut d'astronomie et d'astrophysique de l'université technique de Berlin-Ouest, de déterminer pour

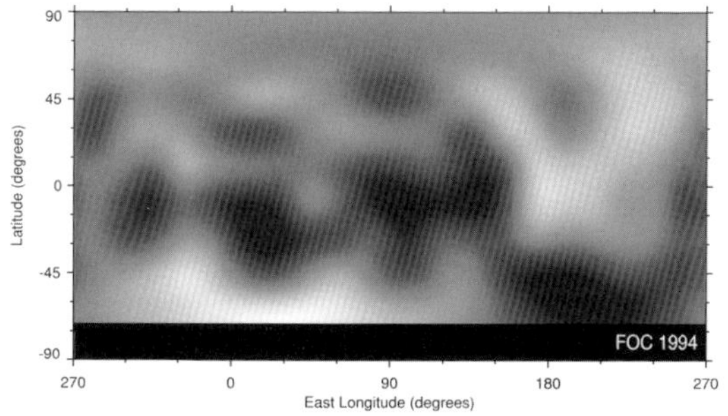

a – 1994 : carte de Pluton reconstituée à partir des vues prises par la Faint Object Camera (FOC) du télescope spatial Hubble.

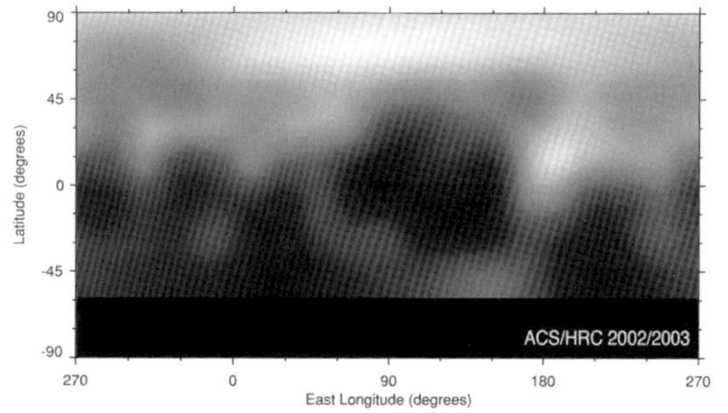

b – 2002-2003 : carte de Pluton reconstituée à partir des vues prises par l'Advanced Camera for Surveys (ACS) du télescope spatial Hubble.

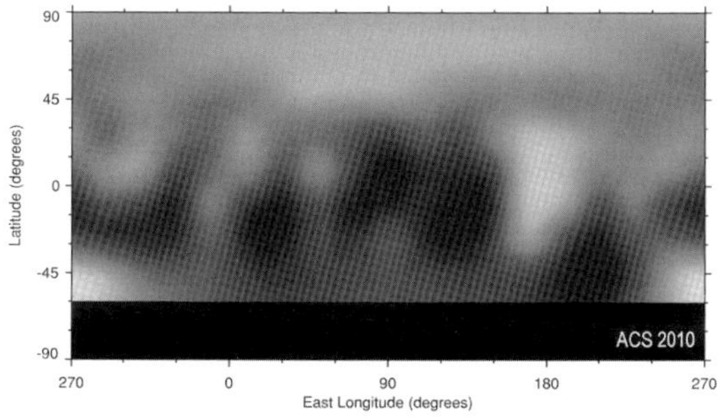

c – 2010 : carte de Pluton reconstituée à partir des vues prises par l'Advanced Camera for Surveys (ACS) du télescope spatial Hubble.

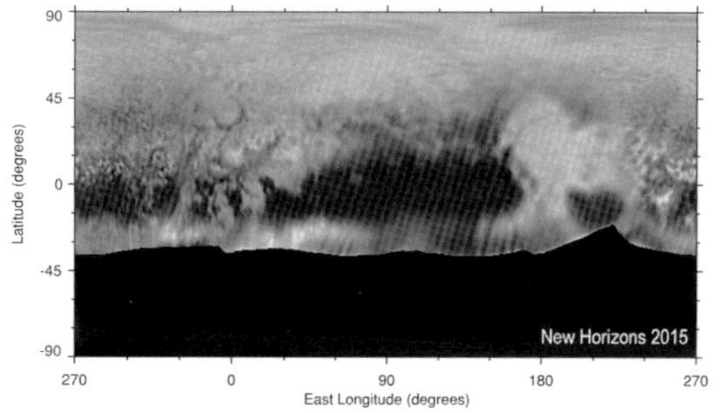

d – 2015 : carte de Pluton reconstituée par assemblage des vues prises par la Caméra LORRI de la sonde New Horizons trois jours avant le survol de Pluton.

Ci-dessus, quatre cartes montrant l'évolution des albédos à la surface de Pluton : on constate que le pôle Sud s'assombrit tandis que le pôle Nord s'éclaircit. De même, on voit évoluer les glaces autour du « cœur » (nommé « Tombaugh Regio » par 180° E). Noter la zone plongée dans l'obscurité de la nuit polaire (bande noire en bas) : elle remonte vers le nord au fur et à mesure de l'avancée des saisons vers l'équinoxe de printemps. *(Images a, b et c : NASA/ESA/Space Telescope Science Institute (STScI)/Marc W. Buie, Southwest Research Institute/SwRI. Image d : NASA/JHU-APL/SwRI, retraitements Bjorn Johnson)*

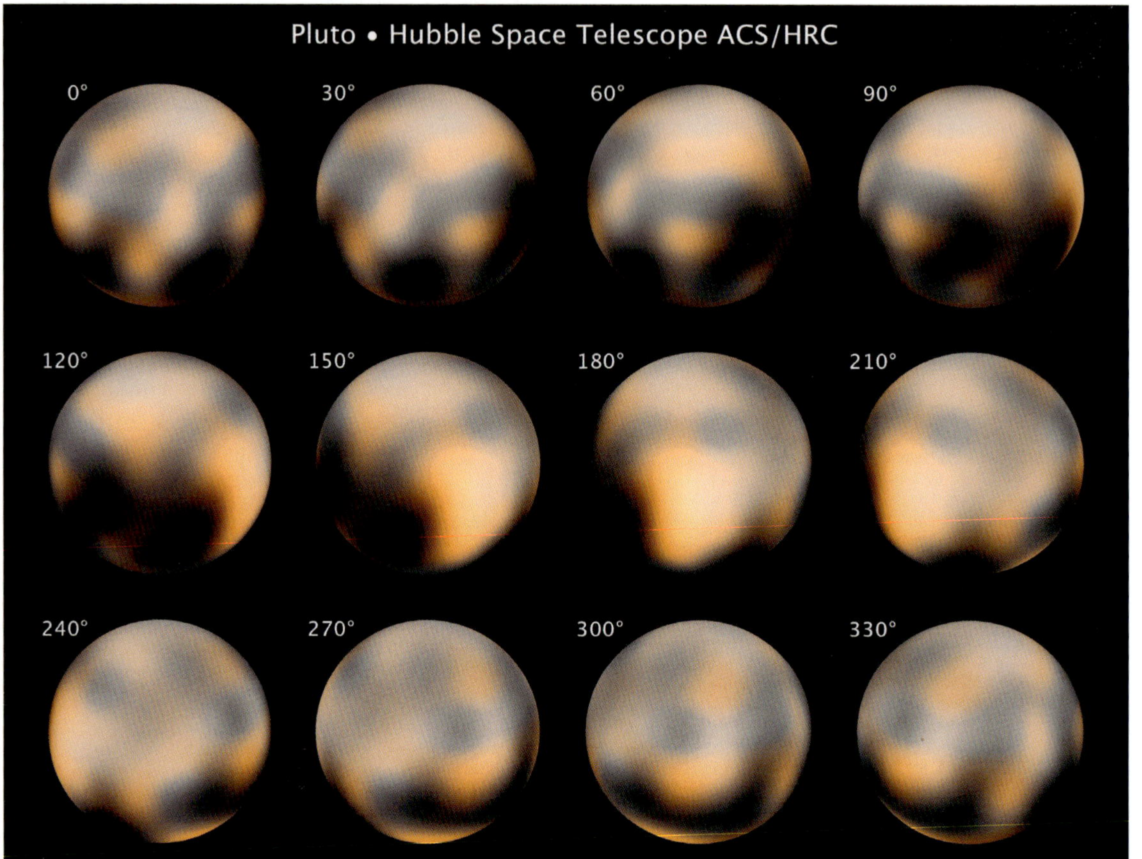

En 2010, la NASA révèle des vues détaillées de Pluton, reconstituées grâce aux images prises en 2002 et 2003 par le télescope spatial Hubble. *(NASA/ESA/Space Telescope Science Institute (STScI)/ Marc W. Buie, Southwest Research Institute/SwRI)*

Noter l'incroyable précision des reconstitutions obtenues par le SwRI à partir des images du télescope spatial Hubble (image de gauche), que l'on compare avec la vue prise par New Horizons à droite. *(À gauche NASA/ESA/Space Telescope Science Institute (STScI)/ Marc W. Buie, Southwest Research Institute/SwRI. À droite NASA/JHU-APL/SwRI)*

la première fois les diamètres précis de Pluton et de Charon. Deux éclipses rapprochées – Charon devant Pluton (2 avril 1986) et Pluton devant Charon (18 avril 1986) – ont montré que les deux corps étaient larges l'un de 2 200 ± 140 km, l'autre de 1160 ± 100 km, et que la distance moyenne qui les sépare était de 19 400 km[7]. Il s'agissait d'une découverte importante : peu avant, les meilleures estimations du diamètre de Pluton effectuées à partir de la technique d'interférométrie optique[8], se situaient dans un intervalle large de 2 600 à 4 000 km.

Quatre petits satellites de plus !

Lors de la préparation de la mission New Horizons, emmenée par Alan Stern (cf. chap. 3), Harold « Hal » Weaver (1953-) de l'université Johns-Hopkins (JHU-APL), associé à Marc Buie, de l'observatoire Lowell, et à d'autres chercheurs du Southwest Research Institute (SwRI) de Boulder, dans le Colorado, lancent une campagne d'observation du système plutonien au moyen du télescope spatial Hubble. Il s'agit de déterminer si d'autres petits corps évoluent autour de la planète, dans le but de repérer les dangers potentiels lors du survol. En outre, ceux-ci pourront peut-être être observés par la sonde.

Marc Buie, ici le 14 mai 2015 lors de la rencontre éducative Plutopalooza, au Rose Center for Earth and Space du Muséum d'histoire naturelle de New York, est le codécouvreur des satellites plutoniens Nix et Hydra. *(NASA/JHU-APL)*

Surprise ! Le 15 mai 2005, sur les images, deux petits satellites sont dénichés et nommés provisoirement S/2005 P1 et S/2005 P2, puis respectivement Hydra et Nix, noms définitifs adoptés par l'Union astronomique internationale le 21 juin 2006. Ces noms ont été choisis pour évoquer, d'une part l'hydre à neuf têtes et, d'autre part, la déesse de la Nuit de la mythologie grecque. Le diamètre d'Hydra est alors estimé entre 60 et 165 km, tandis qu'on évalue celui de Nix entre 30 et 84 km. Par la suite, le 20 juillet 2011, la même équipe du JHU-APL et du SwRI, alliée à Mark Showalter (1957-), spécialiste des anneaux planétaires du SETI Institute, annonce la découverte d'un satellite qui semble plus petit encore (de 13 à 34 km de diamètre) : S/2011 P4. Il a été déniché grâce au télescope spatial Hubble le 28 juin 2011 lors d'une

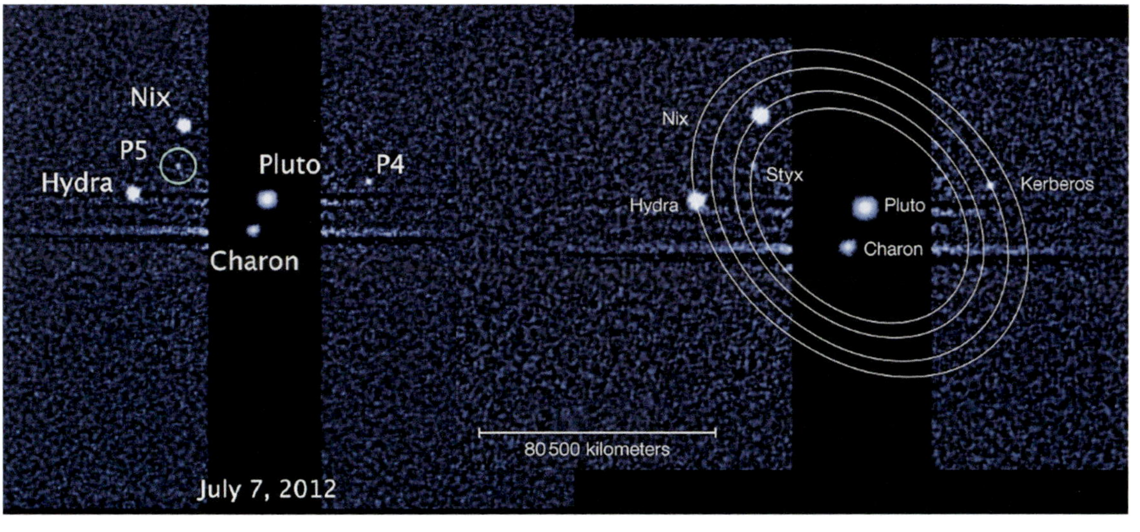

Découverts sur les images du télescope spatial Hubble le 15 mai 2005, Hydra et Nix, les deux premiers petits satellites de Pluton, se retrouveront en compagnie de Kerberos et de Styx les 20 juillet 2011 et 11 juillet 2012. *(NASA/ESA/Hubble Space Telescope Science Institute)*

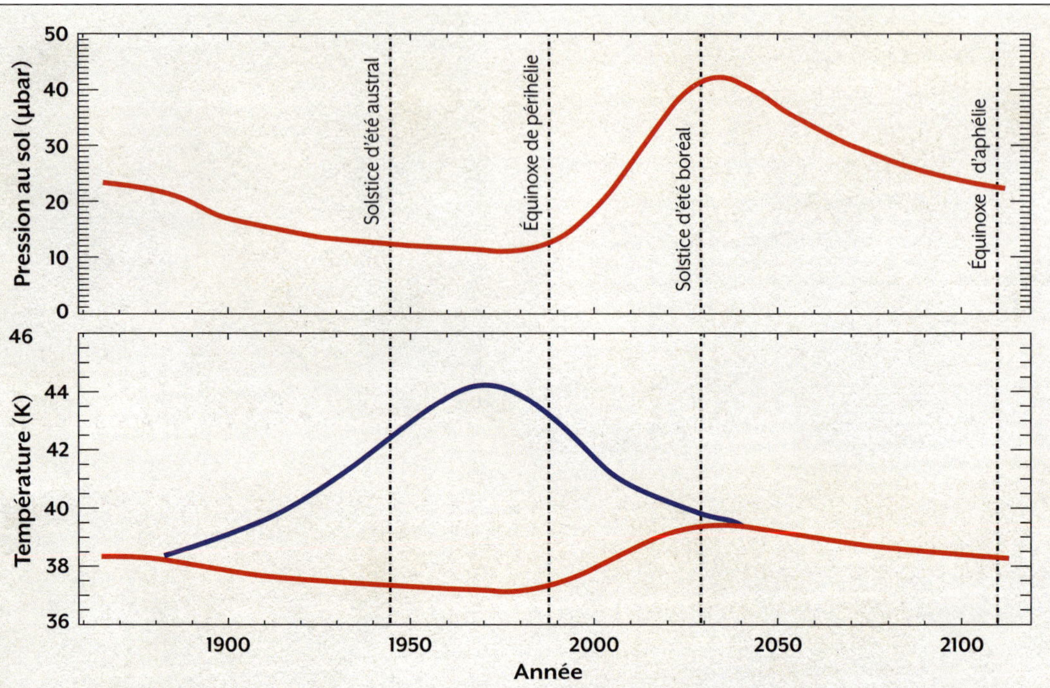

En haut, évolution de la pression à la surface de Pluton, qui varie, dans le modèle, de 0,0100 à 0,0400 millibar (10 à 40 µbar). À noter que c'est 0,0115 millibar (11,5 µbar) qui a été mesuré par la sonde New Horizons en 2015.
En bas, évolution des températures. La courbe en bleu indique les températures qui pourraient régner vers −60° de latitude sud. Cela implique l'existence de terrains restant « chauds » et qui ne se recouvrent pas de glace d'azote.
Noter l'asymétrie des courbes, qui suit les variations induites par la forte excentricité orbitale de Pluton.
(D'après : Evidence that Pluto's atmosphere does not collapse from occultations including the 2013 May 04 event, C.B. Olkin et al.*, Icarus 246, 2015)*

Les variations d'albédo observées sur Pluton et les quatre enseignements qui ont pu en être tirés

1 • La surface de Pluton s'est globalement assombrie de 5 % entre 1933 et 1955, alors que sa distance au Soleil diminuait, passant de 40,4 unités astronomiques (UA) à 35,2 UA en se rapprochant de son aphélie, point de son orbite le plus proche du Soleil, en 1989. Depuis 1865, année où elle a dépassé son périhélie (point de son orbite le plus éloigné du Soleil), le mélange de glaces plus claires s'est réchauffé et a disparu pour épaissir l'atmosphère, en dévoilant les vieux terrains glacés qui se sont assombris au cours des âges sous l'influence des rayons cosmiques.

Triton, le plus gros satellite de Neptune. Sa calotte glacée centrée au pôle Sud est faite de glace d'azote mélangée d'un peu de glace de méthane. La température moyenne qui règne à sa surface est de −235 °C / 38,15 K. *(NASA/JPL)*

2 • Pendant cette période, on constate que le pôle Nord s'éclaircit tandis que l'hémisphère sud s'assombrit. Cela défie toute logique puisque, en se réchauffant, les glaces du pôle Nord disparaissent et migrent vers le pôle Sud où elles se condensent : les terrains sombres situés en dessous et qui se retrouvent libérés de leur gangue de glace plus claire devraient apparaître. Mais ces cycles gel-dégel lissent la glace résiduelle au pôle Nord qui reste très réfléchissante, un phénomène constaté aussi sur Triton lors de son survol par la sonde Voyager 2 : sa large calotte polaire australe résiduelle était beaucoup plus claire que tout le reste du globe (cf. chap. 2).

3 • La glace d'azote possède deux phases solides : au-dessous de –238 °C (35,15 K), lorsque les températures plongent au cœur de l'hiver à –240 °C (33,15 K), ses molécules se réorganisent en passant d'une structure cristalline hexagonale à une structure cristalline cubique et cela affecte peut-être la morphologie de la surface. Lorsque le printemps revient, la glace reprend sa structure cristalline d'origine : les terrains glacés se fragilisent alors et les abords de la calotte polaire peuvent se mettre à bouger, à s'étirer lentement le long des pentes. Un peu comme le font les glaciers sur Terre. De même, un seul degré supplémentaire de température sur l'azote présent à la surface peut faire quasiment doubler (× 1,7) sa pression dans l'atmosphère. Et si des poches d'azote se nichent sous la surface, elles peuvent provoquer de violentes éruptions de gaz, créant des geysers similaires à ceux observés sur Triton.

4 • Le modèle favori des chercheurs permettant d'expliquer les variations saisonnières sur Pluton, dit « Permanent Northern Volatile », présente une forte inertie thermique : la glace d'azote reste dans l'hémisphère nord et forme une calotte polaire nord permanente, faite d'une couche d'azote gelée. En se déposant (ou en se sublimant) au gré des saisons, elle varie en épaisseur et gouverne les échanges gazeux sur la planète. L'azote contenu dans l'atmosphère ne se condense ainsi jamais totalement à la surface : on assiste simplement à des variations de pression atmosphérique. Dès 2010, les chercheurs se déclarent très confiants : lors du survol par New Horizons en 2015, l'atmosphère de Pluton pourra être détectée et observée. Ce fut le cas.

campagne dont l'objectif était de rechercher si de fins anneaux tournaient autour du couple Pluton-Charon. Car, à sa vitesse de survol de 13,78 km par seconde, la sonde ne résisterait pas à l'impact de grains de poussières. Le 11 juillet 2012, l'étude est parachevée par la découverte d'un dernier et minuscule satellite d'une dizaine de kilomètres de large, qui a été repéré sur des images prises par le télescope Hubble des 26 au 29 juin et des 7 au 9 juillet. L'équipe le nomme temporairement S/2012 P5. Les deux nouveaux corps ne seront baptisés Kerberos et Styx par l'UAI que le 2 juillet 2013. Ils évoquent respectivement le chien à trois têtes gardant l'entrée des Enfers (Cerbère), et l'une des cinq rivières qui y coulent.

Mark Showalter et Douglas « Doug » Hamilton (1966-), astronome à l'université du Maryland, ont analysé de nouveau toutes les images capturées par le télescope spatial Hubble et peuvent ainsi révéler à la presse, le 3 juin 2015, peu avant le survol par New Horizons, quelques anomalies surprenantes. Tout d'abord, les luminosités (albédos) de ces petits corps diffèrent les unes des autres. La surface de Kerberos semble aussi noire « que du charbon de bois », alors que celle des autres lunes semble aussi claire « qu'un sable de plage ». Ensuite, on a constaté que la luminosité de certains satellites change au fil de leur parcours orbital : ceux-ci ne seraient-ils pas de forme irrégulière ? Enfin, les luminosités de Nix et d'Hydra varient de façon si aléatoire, qu'ils semblent tourner en tous sens. « Les petites lunes de Pluton, quant à elles, se comportent comme des adolescents qui refusent de suivre les règles établies ! » conclut Doug Hamilton.

Les données indiquent également que les satellites plutoniens Styx, Nix, Kerberos et Hydra tournent en résonance orbitale « 3:4:5:6: », c'est-à-dire que leurs périodes de rotation autour du barycentre du couple Pluton-Charon sont verrouillées entre elles. Hydra effectue ainsi trois

Voici l'état des connaissances des petits satellites de Pluton juste avant leur survol par la sonde New Horizons. Des hypothèses qui vont se révéler exactes au vu des premiers résultats. *(NASA/ESA/A. Field-Space Telescope Science Institute)*

révolutions pendant que Kerberos en réalise quatre, Nix cinq et Styx six. Leurs orbites sont donc stables à long terme. Du 11 mai au 1er juillet 2015, la sonde New Horizons, parvenue aux abords de Pluton, effectuera sept campagnes supplémentaires de recherche d'anneaux et de petits satellites à l'aide d'images prises par la caméra LORRI à haute résolution. Elle ne détectera finalement ni anneau de matière, ni objet de plus de 2 km de large jusqu'à l'orbite d'Hydra. Ainsi sera enfin validé le point de passage au travers du système plutonien (cf. chap. 4).

Observer soi-même Pluton : les défis à relever

L'observation de Pluton par les astronomes amateurs, même chevronnés, tient du défi. Imaginez pouvoir observer un corps céleste moins gros que notre Lune et situé à près de 5 milliards de kilomètres de la Terre ! Pluton est ainsi l'objet le plus lointain de notre système solaire accessible aux astronomes amateurs. À condition de bien s'organiser.

Au moins trois critères s'imposent pour une bonne observation de Pluton. Tout d'abord, il faut s'installer dans un lieu d'observation où le ciel nocturne est très sombre : une Voie lactée bien visible pourra servir de critère. Ensuite, il faut savoir repérer Pluton dans le ciel nocturne, car c'est un point minuscule perdu au milieu de myriades d'étoiles. Sa magnitude visuelle apparente est proche de +14, contrairement à celles de Mars et de Vénus, qui sont beaucoup plus brillantes et faciles à voir : respectivement de −2,9 et −4,6, l'étoile Sirius étant de magnitude zéro. On peut s'aider d'un atlas astronomique et, si Pluton n'y figure pas, de logiciels à installer sur son ordinateur ou accessibles sur Internet.

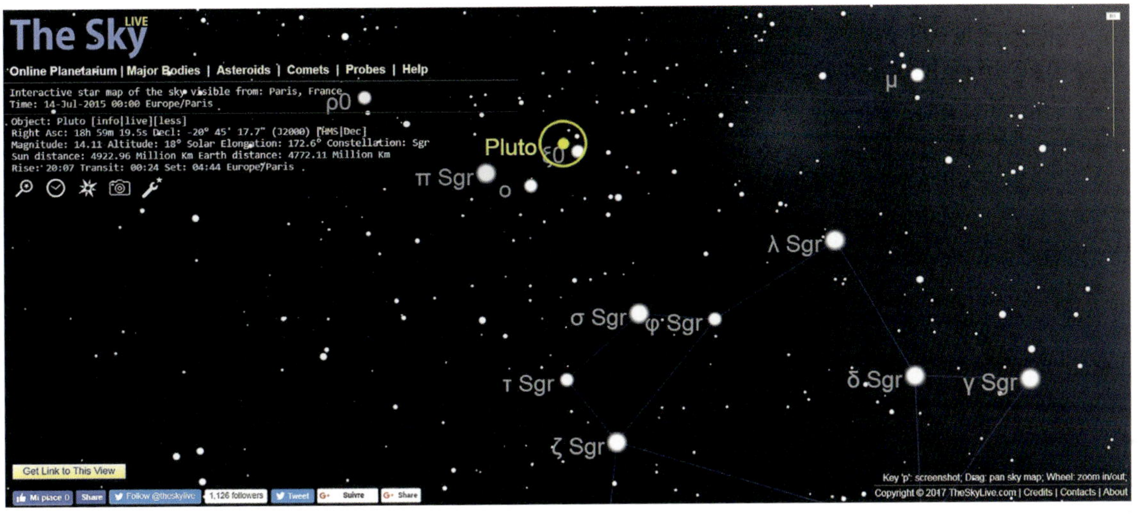

Copie d'écran informatique tirée du site The Sky Live, un planétarium en ligne parmi d'autres, qui vous permet de savoir où trouver Pluton dans le ciel nocturne. *(https://theskylive.com/planetarium)*

De même, certains télescopes sont dotés d'une fonction qui pointe automatiquement vers les objets qui leur sont désignés, à condition, bien sûr, de bien caler leur orientation avant l'observation. Enfin, il faut disposer d'un bon instrument. Des sites comme Astrosurf (http://www.astrosurf.com) recommandent l'utilisation d'un télescope d'au moins 200 mm de diamètre pour repérer Pluton parmi le fond d'étoiles. Par ailleurs, les technologies progressent vite : des start-up, comme Unistellar et Vaonis, ont mis sur le marché des instruments d'observation qui intègrent un système d'intensification de lumière. Leurs performances permettent de voir facilement Pluton, par exemple, comme si l'observateur disposait d'un instrument large d'un mètre ! Une vraie révolution technologique qui a séduit déjà beaucoup d'amateurs.

Image de Pluton prise en 2017 par Frank Marchis, l'un des quatre fondateurs d'Unistellar, qui est aussi chercheur et responsable de l'Exoplanet Group, au centre Carl Sagan du SETI Institute. Pour prendre la photo, il a simplement positionné son smartphone devant l'oculaire du nouveau télescope l'« eVscope ». Celui-ci intègre un système d'intensification de lumière qui permet de voir Pluton, même dans des conditions défavorables : cette image a été capturée à Marseille et Pluton ne se trouvait qu'à vingt degrés au-dessus de l'horizon. Malgré tout, l'image est réussie. *(SETI Institute/ Unistellar/ Frank Marchis. Lien : http://cosmicdiary.org/fmarchis/2017/09/17/seeing-pluto-with-your-own-eyes-from-your-backyard-with-unistellars-evscope/)*

1 – Opposition : moment où Mars est au plus proche de la Terre, à l'opposé de la direction du Soleil dans le ciel.

2 – L'unité astronomique, ou UA, est équivalente à la distance moyenne de la Terre au Soleil, soit 149,6 millions de km.

3 – On sait maintenant que la masse de Pluton est beaucoup trop faible pour avoir des effets gravitationnels mesurables sur les orbites d'Uranus et de Neptune. Les anomalies constatées autrefois sur ces géantes glacées s'expliquent maintenant grâce aux mesures plus précises des masses planétaires dont nous disposons aujourd'hui.

4 – Vesto Melvin Slipher a reçu la médaille d'or de l'Académie des sciences de l'Institut de France en 1919, ainsi que le prix Lalande (1919), et fut membre de la Société astronomique de France. Il est à noter que ses travaux de pionnier sur la découverte de la vitesse radiale élevée des nébuleuses spirales et leur implication sur l'expansion de l'Univers n'ont été reconnus à leur juste valeur que très tardivement.

5 – Outre Bruno Sicardy, parmi tous les Français qui ont su apporter une contribution mondialement reconnue à l'exploration astronomique de Pluton, on peut citer, entre autres : Bernard Schmitt, de l'IPAG, à Grenoble (composition des glaces à la surface), Emmanuel Lellouch, du LESIA, à l'observatoire de Paris (composition de l'atmosphère par spectroscopie), sans oublier François Forget, Tanguy Bertrand et Mélanie Vangvichith, du CNRS (modélisation numérique de l'atmosphère de Pluton).

6 – Aussi nommés « objets de la ceinture de Kuiper », ou KBO (« Kuiper Belt Objects »), en anglais.

7 – Mesurés par New Horizons, les diamètres de Pluton et de Charon sont respectivement de 2 376 km et 1 212 km et leur distance moyenne est de 19 570 km

8 – L'interférométrie optique, en astronomie, est une technique qui combine la lumière de plusieurs télescopes pour obtenir une image ayant une résolution équivalente à celle d'un télescope beaucoup plus grand.

Chapitre 2

Pluton, une planète d'un genre nouveau

Vue d'artiste du couple Pluton-Charon depuis la surface d'Hydra. L'astre brillant près de l'horizon est Nix.
(NASA-ESA et G. Bacon / STScI)

Pluton : seule au monde… parmi les autres ? • La grande bataille de Pluton • Le jour où Pluton est devenue une planète naine • Pluton et d'autres peuvent-elles remonter sur l'estrade ? • Après Pluton, une neuvième planète ? • Avec une dixième planète ? Et des planètes nomades ?

Pluton, une planète d'un genre nouveau

Pluton est-il un monde à part, méritant la qualification de planète, ou fait-il partie d'un nouvel ensemble de corps glacés ? La question ne date pas d'aujourd'hui. Et le sujet va progressivement redevenir d'actualité après l'identification, en 1992, d'un autre corps circulant plus loin, au nom peu évocateur de 1992 QB1, aujourd'hui (15760) Albion.

Dès 1930, on avait relevé l'étrangeté de la découverte. Les astronomes s'attendaient en effet à trouver en Pluton un monde de taille intermédiaire entre la Terre et Neptune. Parce que l'on supposait alors que la nébuleuse primitive, qui avait donné naissance au Système solaire, avait certainement vu sa masse diminuer progressivement après la huitième planète.

Dès le début, Clyde Tombaugh, son découvreur, et l'astronome Frederick Leonard (1896-1960) avaient émis l'idée que Pluton pourrait être le premier représentant d'une nouvelle catégorie d'objets circulant au-delà de Neptune. En 1938, l'astronome irlandais Kenneth Edgeworth (1880-1972) prédit l'existence d'une myriade de petits corps glacés qui deviendraient des comètes lorsqu'ils seraient projetés vers notre système solaire intérieur. Ses travaux culminèrent en 1949 avec la première estimation de la quantité de noyaux cométaires qui pourraient être contenus dans une vaste zone s'étirant entre 4,49 et 8,23 milliards de kilomètres (30 à 55 unités astronomiques, ou UA). Or, la faible densité de ce disque de matière aurait empêché la formation de planètes, même de la taille de Pluton. Ensuite, en 1950, l'astronome Gerard Kuiper étudia les propriétés de la ceinture de matériaux primitifs qui tourne entre les planètes Neptune et Pluton. Selon lui, la température y était suffisamment basse (de 5 à 10 K) pour permettre à la vapeur d'eau, au méthane et à l'ammoniac de s'y condenser en flocons glacés qui iraient ensuite s'agglutiner pour grossir et former des noyaux cométaires pouvant atteindre la largeur du kilomètre, voire plus. Enfin, en 1964, l'astronome Fred Whipple considéra que les légères perturbations orbitales relevées pour les planètes Uranus et Neptune pouvaient provenir d'un large anneau composé de corps cométaires glacés, dont Pluton serait l'un des plus gros représentants. On décida plus tard de nommer tous ces petits corps les « objets de la ceinture de Kuiper », ou KBOs[1], acronyme de l'anglais « Kuiper Belt Objects ». La zone où ils circulent ressemble à la ceinture d'astéroïdes, mais elle est vingt fois plus large et se trouve peuplée de tous les reliquats glacés datant de la formation de notre Système solaire.

Dans l'ensemble, on ne connaissait pas grand-chose encore de Pluton, et nombre d'astronomes pensaient alors qu'il s'agissait d'un satellite ayant échappé à l'attraction d'Uranus ou de Neptune. Au début des années 1970, lors de la préparation du projet des sondes d'exploration spatiale Voyager, la NASA estimait que son diamètre avoisinait les 5 000 km, avec une variation possible de 2 000 km, s'il était recouvert de glace très réfléchissante, à… 6 800 km, s'il était très sombre ! Une taille respectable qui confortait alors l'idée que Pluton était la dernière planète et qu'aucun autre corps d'importance ne circulait au-delà. Personne ne savait encore qu'avec ses 2 376 km, il était beaucoup plus petit.

Pluton : seule au monde… parmi les autres ?

La compréhension des espaces lointains de notre Système solaire par les astronomes va commencer à évoluer en 1992 avec la découverte d'un petit corps circulant au-delà de l'orbite de Neptune par David « Dave » Jewitt (1958-), de l'institut d'astronomie de l'université d'Hawaï, et Jane Luu (1963-), aujourd'hui membre du Lincoln Laboratory du MIT. Cette découverte ne va pas remettre en cause le statut de Pluton, car cet objet, que l'on nomme alors 1992 QB1, ne fait que 120 km de large. Les autres KBOs identifiés ensuite ne mesurent au plus que quelques centaines de kilomètres. Toutefois, la découverte d'un premier gros KBO, Varuna, en 2000, puis celle de Quaoar en 2002, dont les diamètres sont alors estimés[2] respectivement à 900 km et 1 260 km, vont venir bousculer ce bel ordonnancement. Et les découvreurs de Quaoar, Michael « Mike » Brown (1965-) et Chadwick « Chad » Trujillo (1973-), qui travaillent tous deux à la division des sciences planétaires de l'université californienne de Cal'Tech, n'hésiteront pas, dans leur article scientifique, à planter le premier clou dans ce qui deviendra plus tard le cercueil de Pluton : « […] avec un albédo de 4 % [N.D.T. : plus sombre qu'un morceau de charbon], le diamètre de Quaoar serait de 1 910 km, presque aussi large que celui de Pluton. Même en supposant que son albédo est de 10 % (N.D.T. : un peu plus lumineux que notre Lune), Quaoar ferait 1 210 km, à peu près la moitié de la taille de Pluton et plus gros que sa lune Charon […]. » Pour l'heure, néanmoins, rien encore ne semble remettre en question le statut de Pluton, qui reste la neuvième planète dans l'esprit des membres de l'Union astronomique internationale, ou UAI.

Pourtant, début 1998, un astronome américain d'origine britannique, Brian Marsden (1937-2010), est convaincu qu'il faut détrôner Pluton. Il préside depuis 1978 la commission de l'UAI qui supervise les activités du Centre des petites planètes (« Minor Planet Center », ou MPC) du célèbre observatoire astrophysique du Smithsonian (« Smithsonian Astrophysical Observatory » , ou SAO), dont il est aussi le directeur adjoint depuis 1987. En outre, Marsden occupe depuis 1968 la fonction de directeur du bureau des télégrammes de l'UAI, qui envoie à tous les chercheurs les nouvelles relatant les découvertes, les comptes rendus, les décisions ainsi que les dénominations de corps célestes. Il s'agit d'un poste stratégique qui lui permet d'avancer des hypothèses lorsque l'actualité s'y

Brian Marsden va être le premier à instiller, dans l'esprit des chercheurs, un doute sur la place de Pluton parmi les planètes majeures. *(Center for Astrophysics Smithsonian, photo Harold Dorwin)*

prête. Justement, l'arrivée dans le tableau de 1992 QB1 pourrait bien signifier la découverte d'un groupe d'objets situés à 44 UA du Soleil en moyenne, qui circuleraient tous sur des orbites peu excentriques. En 1993, la découverte de 1993 SB (à 39 UA) et de 1993 SC (à 39,5 UA) le persuade que tous ces nouveaux objets – Pluton y compris – tournent à 39,5 UA en moyenne et doivent appartenir à la même famille, puisqu'ils font deux fois le tour du Soleil pendant que Neptune effectue trois tours. En 1995, pour les caractériser, Dave Jewitt et Jane Luu vont introduire le terme de « plutinos », ou petits plutons.

Dès lors, Marsden n'aura de cesse de convaincre ses pairs que Pluton doit être rétrogradé et exclu du groupe des planètes majeures de notre système solaire : « Pluton est un mythe à la vie dure et qui sera difficile à tuer [...] », répète-t-il alors à l'envi. Début 1998, ce sont déjà plus de 9 000 astéroïdes et KBOs qui ont été découverts et Marsden suggère de réserver le numéro 10 000 à Pluton. Il s'en ouvre à Michael « Mike » A'Hearn (1940-), un astronome spécialiste des comètes et des astéroïdes à l'université du Maryland, et qui dirige alors, à l'UAI, le département des systèmes planétaires, la très réputée « Division III : Planetary Systems Sciences » (aujourd'hui nommée « Division F : Planetary Systems and Bioastronomy »). A'Hearn lui propose que Pluton puisse bénéficier d'une classification double en conservant toutefois son statut de planète majeure. Malheureusement, au fil des présentations et discussions entre confrères, la controverse percole dans les médias et, le 3 février 1999, face à un début de polémique, l'UAI se voit obligée de publier un démenti : « Des informations rapportent ce qui est perçu comme une initiative, en provenance de l'Union astronomique internationale, visant à modifier le statut de neuvième planète du système solaire de Pluton [...]. L'UAI regrette les craintes causées dans l'opinion publique par ces informations inexactes et

L'exposition en 2000 sur les planètes du Rose Center for Earth and Space, au Muséum d'histoire naturelle de New York, est l'une des plus réussies. Mais on y cherche en vain Pluton parmi les planètes... *(AMNH/Rose Center/ Scales of the Universe. Photo : Simeon87)*

émet les corrections et clarifications suivantes, dont la première est : "Aucune proposition de changement du statut de Pluton comme neuvième planète du système solaire n'a été faite, ni par une division ni par une commission ou un groupe de travail" [...]. »

Pourtant, Marsden décide d'utiliser le vecteur des circulaires du MPC, dont il maîtrise la diffusion : le 4 février 1999, il propose à tous ses abonnés que l'on réserve dès à présent le numéro 10 000 à Pluton, argumentant ses propos par une vieille tradition. L'astéroïde Cérès n'est-il pas numéroté 1000 ? Il n'hésite pas à marteler que « [...] Pluton est le premier et le plus grand des membres connus de la ceinture des transneptuniens (TNOs) », afin de demander à tous ses correspondants d'approuver ou non l'appellation « (10 000) Pluto ». Le 24 mai 1999, Jane Luu, la découvreuse de KBOs, anime sans complexe un plateau de spécialistes au Muséum d'histoire naturelle de New York sur le thème irrévérencieux « Pluton est-elle une planète ? ». Et au sein de cette très respectable institution, on s'apprête justement à inaugurer le Rose Center for Earth and Space, qui abritera le successeur du Hayden Planetarium, démoli peu avant, lequel sera dirigé par Neil deGrasse Tyson (1958-), un brillant chercheur et vulgarisateur scientifique rompu aux relations avec les médias. Celui-ci vient d'imposer un choix muséographique radical pour la nouvelle salle des planètes, et sera le premier à affronter l'incompréhension et le mécontentement du public.

Le jour de l'inauguration, le 19 février 2000, le Rose Center ouvre ses portes sur une représentation spectaculaire du Système solaire. Autour d'une vaste sphère centrale de 26,5 m de diamètre, qui renferme le planétarium dernier cri et qui figure le Soleil, sont représentées toutes les planètes, suspendues, avec leurs dimensions à l'échelle... Toutes ? Non, car certains visiteurs attentifs comptent et recomptent les globes et remarquent qu'il n'y en a que huit. Ils ont beau se tordre le cou en tous sens pour scruter le plafond : ils ne trouvent pas Pluton. Car Neil deGrasse Tyson a décidé que celle-ci devait être remisée parmi tous les KBOs glacés tournant au-delà de Neptune. Lors des visites scolaires, certains jeunes Américains s'en étonnent, car ils ont appris par cœur la phrase qui leur permet de se souvenir de toutes les planètes, dans l'ordre depuis le Soleil : *My Very Educated Mother Just Served Us Nine Pizzas*[3]. Soit, en se basant sur la première lettre de chaque mot : Mercure, Vénus, la Terre (*Earth*, en anglais), Mars, Jupiter, Saturne, Uranus, Neptune et... Pluton ! Cette omission restera inaperçue des médias jusqu'au 22 janvier 2001, lorsque le *New York Times* titre enfin : « Pluton ne serait-elle donc pas une planète ? C'est seulement à New York ». S'ensuit alors une belle polémique dans laquelle le Rose Center for Earth and Space doit affronter l'ire de ses visiteurs et de quelques chercheurs. « Ils ont été trop loin en rétrogradant Pluton, bien au-delà de ce que pensent majoritairement les astronomes », s'en offusque Richard Binzel (1958-), professeur des sciences planétaires au MIT. Car la population reste culturellement attachée à *sa* neuvième planète, la seule qui doit sa découverte à un Américain.

Après s'être fait conspuer, Neil deGrasse Tyson, qui confesse qu'il « n'est pas facile d'être un ennemi public », se fera l'ardent promoteur de la mission New Horizons. Le 14 mai 2015, il se rachète en accueillant au Rose Center for Earth and Space la grande rencontre éducative Plutopalooza, entre les spécialistes de Pluton et le public. « Pluton [campé par Pluto, le personnage de Walt Disney, N.D.A.] et moi sommes de vrais copains depuis ! » publiera-t-il sur son compte Twitter le 8 juillet 2015. *(Neil deGrasse Tyson s/Twitter, d.r.)*

De son côté, Alan Stern, de l'université du Colorado, a découvert la polémique par les journaux. Il est justement en train de dépouiller l'appel d'offres de la mission Pluto Kuiper Belt (ou PKB), vers Pluton, que la NASA a lancé la veille même, le 21 janvier 2001. Si cette consultation a lieu, c'est grâce à lui, car il a dû batailler ferme et avec opiniâtreté afin qu'un budget soit attribué à ce programme par le Congrès. Cet article du *New York Times* lui fait l'effet d'une

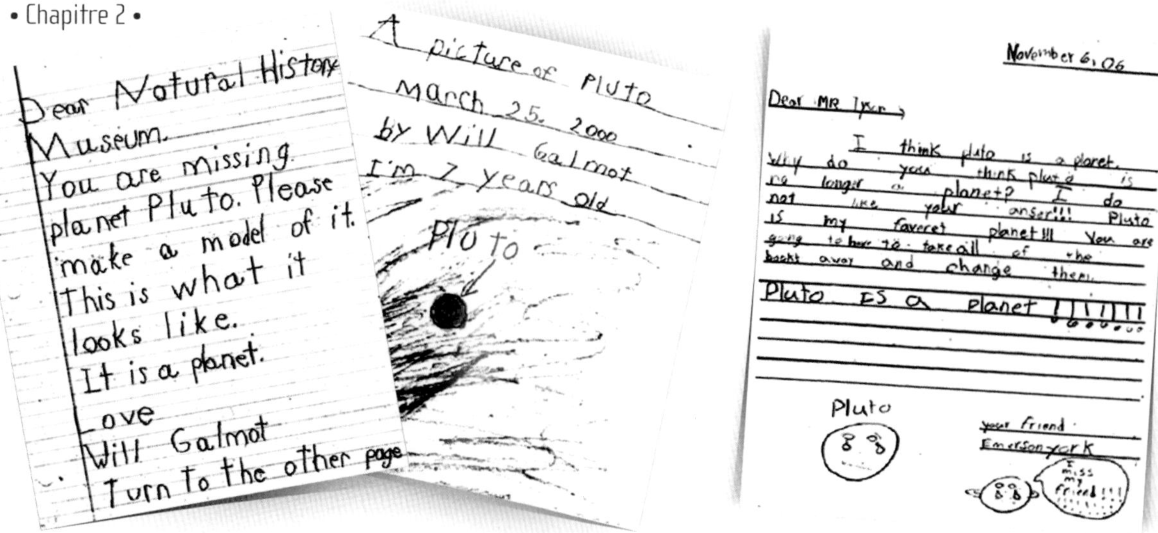

Dès 2000, la relégation de Pluton devient un évènement sociétal aux États-Unis. La chaîne de télévision éducative PBS estime que ce sont plusieurs centaines de lettres d'écoliers qui ont été reçues par le Muséum d'histoire naturelle de New York entre 2000 et 2006. La toute première lettre (à gauche) est écrite par Will, un enfant âgé de 7 ans : « Cher Muséum d'histoire naturelle. Vous avez oublié la planète Pluton. S'il vous plaît, faites-en une maquette. Voici à quoi elle ressemble. C'est une planète. Affections, Will Galmot... ». La lettre reçue d'Emerson en 2006 (à droite) : « Cher monsieur Tyson, Je pense que Pluton est une planète. Pourquoi pensez-vous que Pluton n'est plus une planète ? Je n'aime pas votre réponse !!! Pluton est ma planète favorite !!! Vous allez être obligé de retirer tous les livres et les changer. PLUTON EST UNE PLANÈTE !!!!!! » *(www.pbs.org/wgbh/nova/, Courtesy Will Galmot & Emerson York)*

mouche dans le lait. Il est furieux de voir que certains ont imposé leurs convictions personnelles sans aucune concertation avec leurs confrères. Maintenant, c'est toute son argumentation auprès des décideurs politiques et son slogan, « tirer la première mission vers la dernière planète », qui sont mis à mal. En effet, si Pluton n'est plus une planète, alors comment justifier les centaines de millions de dollars que va coûter au contribuable l'exploration d'un petit corps sans intérêt ? Devant l'ampleur des réactions négatives, deGrasse Tyson, de son côté, tempère ses prises de position : « Nulle part il n'est écrit que Pluton n'est pas une planète. Seulement 10 % de nos visiteurs se demandent où se trouve Pluton », plaide-t-il. Car la Presse vient de lui coller l'étiquette de « l'homme qui a rétrogradé Pluton ».

Sensibilisé au sujet depuis les discussions à l'UAI en 1999, Stern, en homme avisé et prévoyant, avait cherché à lever les objections. En novembre 2000, avec Harold Levison (1959-), spécialiste du mouvement des corps célestes, il avait proposé une définition du mot planète sur deux critères, établie comme suit (cf. également annexe I, p. 244).

« Un corps planétaire est défini comme n'importe quel corps dans l'espace qui satisfait les limites supérieures et inférieures des critères testables sur sa masse. S'il reste isolé des perturbations externes (par exemple, dynamiques et thermiques), le corps doit :

1. être de masse assez faible de telle sorte qu'à aucun moment (passé ou présent) il puisse produire de l'énergie en son centre à l'aide d'une réaction en chaîne autonome de fusion nucléaire (autrement, ce serait une naine brune ou une étoile). Et aussi :

2. être suffisamment grand afin que sa forme soit principalement déterminée par la gravité plutôt que par la résistance mécanique ou par d'autres facteurs (par exemple, la tension superficielle, la vitesse de rotation) en moins d'un temps de Hubble [N.D.T. : soit environ 14 milliards d'années], de telle sorte que, dans cette échelle de temps ou dans une durée plus courte, le corps ait atteint un état d'équilibre hydrostatique à l'intérieur [N.D.T. : ce qui signifie qu'il doit être globalement sphérique]. »

Stern et Levison avaient réparti ensuite les planètes en trois classes et en quatre catégories de masses. D'abord celles dites « rocheuses » comprenant les plus gros astéroïdes et les KBOs, Pluton et Charon (catégorie des sous-naines), Mercure, Vénus, la Terre et Mars (incluses dans une catégorie des naines). Ensuite, les planètes dites « glacées » incluant de nouveau les plus gros KBOs (dans une catégorie des sous-naines), mais en rajoutant Uranus et Neptune (dans une catégorie des sous-géantes). Enfin, les planètes constituées majoritairement d'hydrogène : Saturne et Jupiter, logées respectivement dans les catégories des sous-géantes et des géantes. Malheureusement, cette initiative allait instiller dans l'esprit de certains que définir une planète n'est pas aussi simple qu'il y paraît, et devait servir de point de départ aux discussions qui allaient culminer avec la polémique de 2006 (cf. plus loin).

Malgré tout, Pluton est restée bien campée sur son piédestal... Jusqu'à ce jour fatidique du 5 janvier 2005. À Cal'Tech, Mike Brown exulte. Il vient de s'apercevoir que parmi les étoiles de la constellation de la Baleine, un objet qu'il avait découvert le 21 octobre 2003, à l'observatoire du mont Palomar, et qui avait été nommé provisoirement 2003 UB313, se déplace lentement. Ce petit corps tourne très loin du Soleil, et ce n'est qu'à la nouvelle analyse comparative effectuée le 5 janvier avec de nouvelles images, que Mike Brown, Chad Trujillo et David Rabinowitz (1960-), de l'université de Yale, dans le Connecticut, confirment que le point lumineux s'est déplacé dans le ciel. Le doute n'est alors plus permis : ce nouveau monde circule de 5,7 à 14,5 milliards de kilomètres (38 à 97 UA) de distance sur une orbite très elliptique parcourue en 557 ans. La découverte de ce corps planétaire est annoncée le 29 juillet, en même temps qu'un autre KBO, nommé 2005 FY9, découvert le 31 mars et qui sera renommé plus tard (136472) Makémaké. Avec ses 1430 km de diamètre, Makémaké est d'une taille très respectable. Pour ce qui concerne 2003 UB313, la petite équipe est persuadée qu'il est plus gros que Pluton et le surnomme Xéna, d'après la série télévisée *Xéna, la princesse guerrière*. Il sera plus tard baptisé officiellement Éris, et d'autres observations réalisées le 10 septembre révèlent qu'il possède un petit satellite, Gabrielle (la compagne d'armes de Xéna), qui deviendra Dysnomia. Il va permettre de déterminer avec précision la masse de la planète qui, de façon surprenante, s'avère supérieure de 27 % à celle de Pluton. « [...] Et même si sa surface est 100 % réfléchissante, il est de toute façon plus grand que les 2 250 km de Pluton[4] », assène un Mike Brown triomphant aux journalistes. Il en est persuadé : oui, d'autres objets plus gros que Pluton circulent au-delà de Neptune !

En mesurant la quantité de lumière solaire renvoyée sous forme de chaleur par la surface d'Éris, les astronomes allemands du laboratoire de radioastronomie de l'institut Max-Planck révèlent, le 1er février 2006, qu'il pourrait présenter

Mike Brown, « l'homme qui a tué Pluton ». Il s'en vante sans vergogne dans son ouvrage paru en 2010 : « Comment j'ai tué Pluton et pourquoi il l'a mérité » (How I killed Pluto and why it had it coming, Random House). *(NASA/Jay Thompson)*

La compétition entre Pluton et Éris

Années	Diamètre de Pluton	Diamètre d'Éris (ex-Xéna)	Commentaires
2005	1993 : (±10 km) **2 390 km** (a) 1994 : (±46 km) **2 328 km** (a)	(±96 km) **2 398 km** (g)	Lors de la 1re estimation du diamètre d'Éris, les mensurations de Pluton sont en diminution depuis 1993.
2006	(±20 km) **2 306 km** (b)	(±300 km) **3 000 km** (h)	Les *minima/maxima* des valeurs pour Pluton et Éris.
2007	(±20 km) **2 336 km** (c)	(±560 km) **2 960 km** (i)	« Désolé Pluton : Éris est toujours le plus gros » (i).
2011	(±15 km) **2 360 km** (d)	(±12 km) **2 326 km** (j)	Le diamètre d'Éris passe sous celui de Pluton.
2014	(« best guess ») **2 368 km** (e)	id.	Meilleur diamètre estimé de Pluton avant son survol.
2015	(±3 km) **2 376 km** (f)	id.	Pluton remporte la victoire sans conteste !

Note : les lettres entre parenthèses renvoient à des références figurant en fin de chapitre, p. 68.

un diamètre d'environ 3 000 km (±300 km), donc supérieur à celui de Pluton. Certains y voient déjà la découverte de la dixième planète. Mais, pour d'autres, Pluton n'est que l'un des gros représentants d'une myriade de petits corps circulant au-delà de l'orbite de Neptune. Au fil des ans, une série de controverses vont s'ensuivre sur le diamètre exact d'Éris, comparé à celui de Pluton ; une compétition qui prendra une tournure émotionnelle en opposant deux des plus grands centres spatiaux américains. Le célèbre centre spatial du JPL, dépendant du California Institute of Technology (Cal'Tech), qui abrite les défenseurs d'Éris, se retrouve face au très réputé Johns Hopkins University Applied Physics Laboratory (JHU-APL), qui a la responsabilité de la mission New Horizons vers Pluton. Au final, c'est Pluton qui gagnera cette course à l'arraché (cf. tableau ci-dessus).

Ainsi en 2006, au moment même où la sonde New Horizons s'envole pour Pluton, un drame va se dérouler sous les yeux incrédules de la Presse et du public... Le décor est planté. Les acteurs sont prêts. Le rideau va pouvoir se lever. Son titre s'étale déjà en première page des journaux : « Pluton est-elle une planète ? »

La grande bataille de Pluton

Les polémiques qui ont surgi dès 1999, ainsi que l'accumulation des découvertes d'objets de la ceinture de Kuiper (KBOs), finissent par interpeller les membres de la division III, chargée des sciences des systèmes planétaires au sein de l'UAI. Le 24 mai 2004, cette dernière entérine la création d'un groupe de travail interne (« Working Group on the Definition of a Planet », ou WGDP) pour tenter de définir ce qu'est vraiment une planète. Il est composé de 19 membres qui vont réussir à cadrer le sujet au plan culturel (que représente le mot planète pour le grand public ?), structurel (est-elle assez grosse pour être sphérique ?) et dynamique (est-elle assez massive pour modifier les trajectoires d'autres objets ?). Mais, en septembre 2005, force est de constater qu'aucune définition n'obtient de consensus. Dans les faits, les membres du groupe de travail ont été pris de court à l'annonce de la découverte de 2003 UB313 (Éris) fin juillet, mais ils sont pressés de toutes parts de livrer leurs conclusions. L'UAI souhaite, en effet, baptiser tous ces petits corps lointains qui ont été découverts.

À l'automne, de nouvelles suggestions sont émises : pourquoi ne pas appeler « planètes »

Une vue d'artiste d'Éris imaginée peu après sa découverte. Elle est plus massive de 27 % et elle possède elle aussi un satellite, Dysnomia, bien que beaucoup plus petit que celui de Pluton. *(NASA/ESA. Illustration Adolf Schaller for STScI)*
En vignette : une photo d'Éris avec son petit satellite Dysnomia, réalisée en septembre 2006 par le télescope spatial Hubble. *(NASA/ESA/Hubble Space Telescope Science Institute /Mike Brown)*

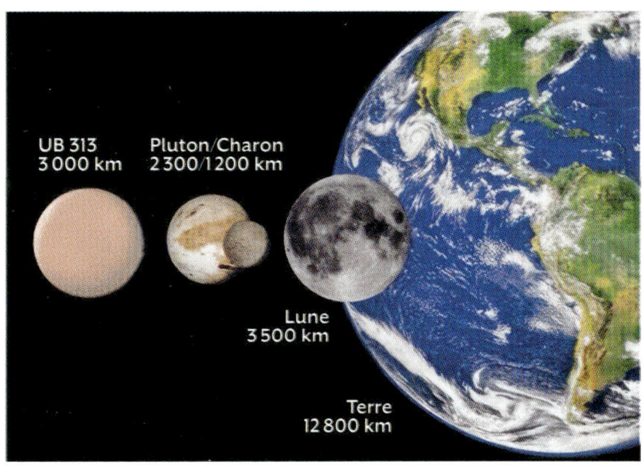

Le 1er février 2006, le laboratoire allemand de radioastronomie de l'institut Max-Planck publie dans la précipitation un communiqué de presse dans lequel figure l'image ci-contre, et qui annonce fièrement qu'Éris (ici UB 313) est plus grosse que Pluton. Même si le diamètre d'Éris diminuera par la suite, pour Pluton, le sort en est jeté !
(Max Planck Institute for Radio Astronomy, 2006)

les plus gros de ces nouveaux mondes, mais en leur ajoutant un qualificatif, comme « plutoniennes » ? Les autres bénéficieraient de la précision « géante » ou « terrestre »... Le rapport est enfin remis le 15 novembre 2005 et intègre un choix de définitions. Mais les discussions traînent en longueur et l'UAI décide de créer le Comité de définition d'une planète (« Planet Definition Committee », ou PDC). Celui-ci est chargé d'établir les critères définissant le mot planète et son mandat est défini en quatre points précis :

1. discuter des implications sociales les plus larges qu'aurait toute nouvelle définition d'une planète et de recommander une conduite d'actions qui soit un équilibre entre les faits scientifiques et la nécessité de l'acceptation de tout changement par la société ;

2. regarder quel pourrait être le statut de Pluton et des TNOs (objets transneptuniens) nouvellement découverts à la lumière de la recommandation ;

3. examiner si les procédures de nomination des planètes et planètes mineures en cours ont aggravé le problème de la définition d'une planète, et recommander si des révisions s'imposent ;

4. essayer de cadrer ces recommandations sous la forme d'une résolution, ou de résolutions, qui pourraient être présentées à l'assemblée générale, à Prague, en août 2006, en vue d'une adoption possible.

L'UAI charge alors quatre de ses membres de recruter le PDC : Kaare Aksnes (1938-), président du Groupe de travail sur les nomenclatures des systèmes planétaires (« Planetary System Nomenclature », ou WGPSN) ; Jana Ticha (1965-), présidente du Comité de la nomenclature des petits corps (« Small Body Nomenclature », ou CSBN) ; Brian Marsden (cf. plus haut), et enfin Alan Stern, membre de la commission 16 de l'UAI, celle qui supervise l'étude physique des planètes et de leurs satellites (« Physical Study of Planets and Satellites »). Il leur faut sélectionner les profils réunissant des connaissances à la fois sectorielles et généralistes. Sept finalistes sont retenus par l'UAI en mars 2006 : André Brahic (France), Iwan Williams (Royaume-Uni), Junichi Watanabe (Japon), Richard Binzel (États-Unis), Catherine Cesarsky (France), Dava Sobel (États-Unis) et Owen Gingerich (États-Unis), qui préside ce comité. Tous réputés dans leurs domaines d'interventions respectifs, ils sont aussi reconnus pour leur honnêteté intellectuelle et leur impartialité.

Pourtant, au fil des échanges, les membres du PDC peinent à s'accorder sur une définition consensuelle, tant les paramètres diffèrent les uns des autres. Peut-on définir une planète uniquement par sa taille ? sa forme sphérique ? la manière dont elle s'est formée ? Après de « vigoureuses discussions à la fois sur les questions culturelles et historiques », ainsi que le confiera plus tard Owen Gingerich, le PDC va arrêter son projet le 30 juin 2006. Le sujet se voit donc inscrire à l'ordre du jour des discussions de la 26e assemblée générale de l'UAI, qui s'ouvre à Prague le 14 août.

Surprise ! Le 16 août, avant même que les discussions ne débutent, les participants découvrent le texte de proposition du PDC à l'occasion de la publication d'un communiqué de presse sur le sens du mot « planète ». Certains

Lundi 14 août 2006 : la 26e assemblée générale de l'UAI s'ouvre à Prague. Éris, nommée d'après la déesse éponyme, va venir bientôt semer la discorde parmi les hommes !
(IAU, Robert Hurt & Lars Holm Nielsen)

Les sept membres du Comité de définition d'une planète (« Planet Definition Committee ») réunis en juin 2006 devant la façade sud du bâtiment Perrault de l'Observatoire de Paris. De gauche à droite et de haut en bas :

- André Brahic (1942-2016), astrophysicien au CEA et professeur à l'université Paris-VII. Il est le célèbre codécouvreur des anneaux de Neptune avec Bruno Sicardy, de l'Observatoire de Paris ;
- Iwan Williams (1939-), astronome anglais de l'université de Londres et spécialiste de l'observation des comètes et de la dynamique et des propriétés physiques des corps du système solaire. Il préside la division III de l'UAI, chargée des sciences des systèmes planétaires, et a pu débroussailler le sujet ;
- Junichi Watanabe (1960-), professeur associé à l'observatoire national du Japon. Il connaît bien le système solaire et c'est un habitué de la communication auprès du grand public et des médias ;
- Richard Binzel (1958-), professeur des sciences planétaires au MIT, est un spécialiste des astéroïdes et des petits corps circulant dans les franges extérieures du système solaire. Sommité mondiale, il a inventé l' « échelle de Turin », qui permet de mesurer la force des impacts d'astéroïdes sur la Terre ;
- Catherine Cesarsky (1943-) est haut conseiller scientifique au CEA, directrice générale de l'Organisation européenne pour les recherches astronomiques dans l'hémisphère austral (ESO), et présidente élue de l'UAI ;
- Dava Sobel (1947-), la seule à ne pas être astronome, compte parmi les meilleurs commissaires américains d'expositions à sujets scientifiques et auteurs de livres de vulgarisation d'astronomie ;
- Owen Gingerich (1930-), professeur émérite d'astronomie et d'histoire des sciences à l'université d'Harvard. Il a écrit de nombreux ouvrages sur l'histoire de l'astronomie ; c'est lui qui est chargé par l'UAI de présider le Comité.

(IAU, 2006)

des membres de la division III sont furieux de ne pas avoir eu le temps d'en discuter et que le texte soit étalé aux yeux des médias avant la tenue de leur réunion plénière, prévue pour le vendredi 18 août. En outre, ils découvrent que le projet de définition ajoute trois planètes : Cérès, Charon (le satellite de Pluton) et 2003 UB313 (dit Xéna, la future Éris).

Cette définition (cf. annexe II, p. 244-245) semble pourtant cohérente. Une planète y est présentée comme un corps céleste « qui possède une masse suffisante pour que sa propre gravité permette de surmonter les forces maintenant la cohésion de la matière, de telle sorte qu'elle adopte une forme d'équilibre hydrostatique (presque sphérique) », et « qui est en orbite autour d'une étoile et qui n'est ni une étoile ni le satellite d'une planète ». Tous les autres corps, parmi lesquels les astéroïdes et les comètes, y sont dorénavant qualifiés de « petits corps du système solaire ».

Contrairement à ce qu'avait envisagé le PDC, les critiques pleuvent de toutes parts. Certains ont le sentiment que ces définitions ont été rédigées plus par des juristes que par des astronomes. D'autres estiment que le public aura vraiment du mal à s'y retrouver, car la notion de planète est déjà popularisée par la science-fiction et les jeux vidéo. Pressentant les objections, l'UAI avait décidé de joindre à son communiqué de presse des éléments de réponse aux questions les plus courantes. On comprend bien que Cérès, le plus gros astéroïde et qui est rond, soit élevé au rang de planète. Mais on pourrait aussi le qualifier de « planète naine » car il est plus petit que Mercure, qui sert d'étalon. De son côté, Charon est bien la lune de Pluton, mais dans la mesure où le barycentre de la rotation du couple Pluton-Charon se trouve à l'extérieur du globe de Pluton, Charon est à considérer comme un des deux constituants d'une planète double. En revanche, notre Lune, bien que plus grosse que Pluton et sphérique elle aussi, reste définie comme un satellite de la Terre, puisque le barycentre de rotation du couple est situé à l'intérieur de notre globe. Quant à 2003 UB313 (future Éris), elle est grosse, sphérique et tourne indépendamment autour du Soleil : elle peut donc être intégrée comme planète. En outre, avec Charon, 2003 UB313 pourrait faire aussi partie d'une nouvelle catégorie de corps lointains que l'on qualifierait de « plutons ». En résumé, l'UAI propose que le système solaire soit désormais composé de trois catégories d'objets : les planètes, les « plutons » et les petits corps... Mais l'exercice est plus ardu qu'il n'en a l'air et l'incompréhension règne, tant il y a de chevauchements possibles entre les catégories. L'UAI annonce qu'une session plénière se tiendra le mardi 22 août sur la définition du mot « planète » et que tous ses membres pourront voter le jeudi 24 sur une proposition de texte, lors de la session de clôture de l'assemblée générale.

De leur côté et pour calmer les esprits, les membres de la division III, chargée des planètes, décident d'un déjeuner de travail fixé au vendredi 18 août. Il sera libre d'accès aux participants et sera suivi d'une discussion souhaitée la plus large possible, qui sera modérée par Iwan Williams, membre du PDC. Une centaine de participants y examinent alors le premier projet de définition et les critiques fusent de toutes parts. Pour certains, les aspects de la mécanique céleste (les mouvements des corps) n'ont pas été pris en compte. D'autres estiment qu'une large quantité de gros objets de Kuiper (KBOs) peut potentiellement être ajoutée au nombre des planètes au fur et à mesure de leur découverte : cette définition porterait alors à plus de soixante le nombre de planètes dans le

Julio-Ángel Fernández-Alves est un brillant astronome uruguayen qui a co-organisé le coup de force ayant invalidé des mois de travaux du Comité de définition d'une planète. *(Universidad de la República Uruguay, photo Richard Paiva-Unidad de Comunicación de la Universidad de la República)*

Un système solaire à douze planètes : qui dit mieux ? Aux neuf planètes traditionnelles (incluant Pluton), l'UAI propose d'abord d'ajouter 2003 UB313 (future Éris), Charon et Cérès. *(IAU/Martin Kornmesser)*

système solaire ! Quelques-uns font observer que la classification du couple Pluton-Charon comme « planète double » fait perdre à Charon son rang de satellite. Or, il est important à leurs yeux de maintenir une distinction entre les planètes et leurs satellites. Enfin, les spécialistes des surfaces planétaires ont remarqué que le mot « pluton » est un terme déjà utilisé en géologie : c'est un massif rocheux qui se forme lors du refroidissement d'un magma issu des profondeurs. Son utilisation en astronomie risque de prêter à confusion.

C'est alors que deux astronomes uruguayens, Julio-Ángel Fernández-Alves (1946-) et Gonzalo Tancredi (1963-), créent la surprise en proposant *ex abrupto* une autre définition (cf. annexe III, p. 246) qu'ils ont fait cosigner par seize astronomes, dont cinq Français, trois Italiens et deux Américains. Fernández-Alves fait autorité sur le sujet des petits corps glacés depuis qu'il a confirmé, en 1980, l'existence d'une vaste zone, située entre 35 et 50 UA du Soleil (de 5,23 à 7,48 milliards de kilomètres), d'où proviennent les comètes périodiques.

Cette nouvelle définition conférerait à une planète les trois caractéristiques suivantes :

1. elle est de loin le plus gros objet dans sa population locale ;

2. elle a une masse suffisante pour que sa propre gravité permette de surmonter les forces maintenant la cohésion de la matière, de telle sorte qu'elle adopte une forme d'équilibre hydrostatique (presque sphérique) ;

3. elle ne produit aucune énergie par un mécanisme de fusion nucléaire.

Pluton ne remplissant pas la première condition, cette définition implique qu'il n'y a que huit planètes dans notre système solaire. Celles-ci ont, par ailleurs, nettoyé, le long de leur orbite, tous les petits corps qui pourraient encore y circuler. Exit Pluton, donc, car 2003 UB313 serait déjà plus gros que lui !

Au fil des interventions, les participants pensent qu'il faut créer une catégorie dite des « planètes naines » (« Dwarf Planets ») pour les corps plus petits que Mercure et néanmoins sphériques, mais qui ne remplissent pas la première condition. Pluton en fera partie, comme 2003 UB313, de même que l'astéroïde Cérès et quelques gros TNOs. Enfin, cela oblige à regrouper dans une catégorie spéciale, celle des « petits objets du système solaire » (« Small Solar System Objects », ou SSSO), l'ensemble des autres corps qui ne remplissent aucune de ces trois conditions : les astéroïdes et les comètes. Le critère de la fusion nucléaire, quant à lui, permet de bien isoler les planètes géantes gazeuses, comme Jupiter et Saturne, des naines brunes (les petites étoiles ratées) et des étoiles elles-mêmes. Un sondage à titre indicatif est décidé par Iwan Williams :

La presse populaire américaine est très remontée contre les décisions de l'UAI, à Prague, qui vient de détrôner la seule planète découverte aux États-Unis. Dans cette caricature, les astronomes qui l'ont rétrogradée (les *demoters*) sont présentés comme de grands adolescents parlant avec des bagues aux dents (leurs « s » sont prononcés « th ») et manquant de la vision des grands conquérants. *(Graeme MacKay, 2006-08-26, http://www.mackaycartoons.net, d. r.)*

20 % restent favorables à la proposition d'origine du PDC, 20 % veulent qu'elle soit réécrite… mais 60 % ont une préférence pour la nouvelle proposition énoncée par Fernández-Alves et son groupe dit des « dynamiciens ».

Ayant eu très vite vent des débats, certains journalistes ont compris que cette proposition de dernière minute risque de faire perdre à Pluton son titre de planète. L'initiative des astronomes uruguayens a ruiné les travaux préparatoires du PDC et cristallise désormais les passions. À l'inverse, la division des sciences planétaires (« Division for Planetary Sciences », ou DPS) de la puissante Société américaine d'astronomie soutient fermement le projet de résolution d'origine du PDC. C'est un allié de poids qui vient conforter la démarche de l'UAI, au risque de la faire qualifier de proaméricaine par ses opposants. Owen Gingerich confie qu'il a trouvé les débats « très confus » et se donne les quelques jours suivants pour revoir le projet du PDC. Parallèlement, des discussions entre astronomes débutent en vue des futures consultations.

Le jour où Pluton est devenue une planète naine

Les discussions officielles reprennent le mardi 22 août 2000. Owen Gingerich et son équipe présentent un texte faisant figure de compromis (cf. annexe IV, p. 247-248) et qui intègre quelques-unes des idées introduites par le groupe de Fernández-Alves. On y trouve un préambule rappelant le contexte, suivi de trois résolutions, numérotées 5, 6 et 7, lesquelles adoptent d'entrée le style très formel de la présentation qui devra être validée par un vote solennel lors de la clôture de l'assemblée générale de l'UAI.

Avec ce texte, Pluton quitte le groupe des planètes majeures. Pourtant, une consultation à main levée révèle que plus de 70 % des participants ne soutiennent pas cette nouvelle rédaction. En effet, les astronomes considèrent qu'une planète se caractérise aussi par sa position dominante sur son orbite autour du Soleil, car elle a balayé ou éjecté l'ensemble des petits corps le long de sa trajectoire. Et à leurs yeux, ce projet a l'inconvénient d'oublier la création d'une classe intermédiaire de corps, à situer entre les planètes et les astéroïdes, qui pourrait rassembler les très gros astéroïdes (ceux de forme ronde) et les planètes glacées circulant au-delà de l'orbite de Neptune. Enfin, le mot « étoile » est considéré comme trop vague par certains, car comment qualifier les mondes tournant autour d'autres soleils que le nôtre ? Certaines planètes extrasolaires circulent sur des orbites parfois très excentriques qui sont peut-être aussi encombrées par des débris résiduels. Et dont les périodes orbitales peuvent, comme dans le cas de Pluton, dépasser 200 ans. Quant à la définition de la dénomination « planète double », une

Ganymède (5 260 km de diamètre) est le plus grand satellite du système solaire : il tourne autour de la planète Jupiter. Il est plus gros que la planète Mercure (4 880 km de diamètre) et, s'il gravitait seul autour du Soleil, il serait classé parmi les planètes majeures. *(NASA/JPL-Caltech/SwRI/MSSS. Processing Kevin M. Gill)*

Les débats sont animés par Jocelyn Bell-Burnell (1943-), une astronome irlandaise réputée, codécouvreuse des pulsars (des étoiles à neutrons en rotation rapide). Chaque proposition est lue très lentement, afin que tous puissent s'imprégner des textes et bien en saisir la portée. Puis l'assistance est invitée à poser ses questions et on passe au vote. Par exemple, l'ajout de la précision « d : n'est pas un satellite », en fin du point 2 de la première résolution, permet d'éviter que soient désignés comme planètes naines des satellites déjà bien reconnus comme tels, tels notre Lune et les gros mondes qui tournent autour des planètes Jupiter (les quatre satellites galiléens), Saturne (ses six grosses lunes, dont Titan), Uranus (ses cinq lunes), Neptune (Triton) et Pluton (Charon). Des discussions vont concerner l'ajout ou non du qualificatif « classique » au nom de « planète » majorité la rejette également, estimant qu'elle devient incompréhensible. La confusion règne.

La séance est alors ajournée, le temps qu'Owen Gingerich mette au point une nouvelle mouture de texte qui est présentée en fin d'après-midi (cf. annexe V, p. 248-249). À sa lecture, quelques murmures approbateurs se font entendre. Tout d'abord, *exit* le qualificatif de « pluton », mal compris des géologues, et le projet de résolution n° 7 qui multipliait les difficultés. Ensuite, il est décidé que les résolutions de l'UAI s'appliqueront uniquement à notre Système solaire, mais pas aux autres étoiles. Ce moment restera historique comme celui où Pluton a perdu son rang de planète. C'est ainsi que, le jeudi 24 août, dans une ambiance tendue, débute à 14 heures la seconde session plénière de l'UAI. Les résolutions finales, dont chaque mot est soigneusement pesé, sont alors présentées (cf. annexe VI, p. 250-251).

Jocelyn Bell-Burnell anime les débats. Le parapluie recouvre la définition du mot « planète ». Dessous, on y voit un ballon figurant la Terre, une peluche de Pluto pour Pluton, des céréales pour Cérès (la prononciation des deux mots en anglais est proche) et un citron entre les pattes de Pluto qui représente les petits corps. En déplaçant les objets, elle explique les résolutions en termes d'inclusion et d'exclusion. *(IAU/Lars Holm Nielsen)*

Que répondriez-vous à la question :

(NASA/JHU-APL/SwRI)

Sept arguments CONTRE

- Pluton n'est que le plus gros membre des objets de Kuiper (KBOs) : ce n'est pas une planète tellurique. Au revoir, Pluton !
- En 1801 on a découvert Cérès, le plus gros des astéroïdes. Il fut qualifié alors de « planète manquante », car il circulait entre Mars et Jupiter, là où on pensait que devait exister une planète. Ensuite, la découverte d'autres petits corps montra qu'on ne pouvait pas augmenter indéfiniment le nombre des planètes. Cérès fut déclassifié et qualifié d'« astéroïde » (un mot nouveau). Il en va de même pour Pluton : en fait, ce n'est qu'un gros KBO, et rien d'autre.
- Pluton a été découvert presque par hasard. Si un deuxième corps avait été trouvé concomitamment dans la même zone, on aurait pensé à l'existence d'une nouvelle catégorie d'objets et on ne l'aurait pas alors qualifié de planète.
- Pluton a été formé dans une zone où subsistent beaucoup de petits corps. Pluton n'a pas « nettoyé son voisinage » et ne peut donc pas être considéré comme une planète.
- Si le couple Pluton-Charon forme une planète double, c'est parce qu'ils ont été formés violemment lorsque cette région du système solaire était peuplée d'une myriade de corps glacés. Aujourd'hui la plupart ont disparu. Mais il en reste sûrement dans cette zone qui n'ont pas encore été détectés. Pluton ne circule pas tout seul : ce n'est donc pas une planète.
- La planète Neptune a justement « nettoyé son voisinage » depuis longtemps en verrouillant Pluton sur une orbite qui est en résonance 3:2 avec elle (c'est-à-dire que Pluton effectue deux tours autour du Soleil, tandis que Neptune en fait trois). De même, les troyens, des astéroïdes qui tournent sur la même orbite que Jupiter (à 60° devant et derrière), n'existent que parce qu'ils sont déjà sous l'influence de l'énorme gravité jovienne. Pluton n'est donc pas une planète.
- Maintenant que l'on pense qu'il y a peut-être une « Neuvième Planète » inconnue qui tourne encore plus loin du Soleil, Pluton ne peut plus récupérer ce titre. Pluton appartiendra pour toujours au clan des gros KBOs.

faut-il rendre à Pluton son rang de planète majeure ?

Sept arguments POUR

- Jusqu'en 2006, Pluton a été qualifié de planète par la société civile. Le mot a une signification culturelle. Laissons donc le temps arranger les choses et redonnons à Pluton son titre de planète.
- Une planète est ronde. Pluton est rond lui aussi. Une voiture compacte reste une voiture, donc Pluton reste une planète.
- Le critère pour une planète qui est d'avoir « nettoyé son voisinage » n'est pas vraiment applicable. Ni la Terre, ni Mars, ni Jupiter, ni Neptune ne l'ont fait. Ces planètes partagent leurs orbites avec un grand nombre de petits corps... Et si Neptune avait nettoyé son orbite, Pluton ne serait tout simplement pas là ! D'ailleurs, si la Terre se trouvait aujourd'hui là où est Pluton, elle ne serait pas non plus considérée comme une planète, car elle ne pourrait pas nettoyer sa zone avec sa seule influence gravitationnelle : en effet, l'étendue de la ceinture de Kuiper est énorme. Pluton est donc une vraie planète.
- Si l'on découvre un nouveau monde vraiment très lointain et très gros, par exemple la Neuvième Planète, et qui tourne aux confins de notre système solaire, comment saura-t-on s'il a « nettoyé son voisinage » ? Il se peut qu'il soit entouré de corps plus petits qui ne seront pas détectables. Devra-t-on alors priver du nom de planète ce nouveau corps sous le prétexte qu'on ne connaît pas son voisinage ? Pluton reste donc une planète.
- La nouvelle définition ne s'applique qu'à notre système solaire. Mais est-elle vraiment applicable à tous les objets que l'on va découvrir autour d'autres étoiles ? On a décidé trop tôt d'une définition du mot planète. Pluton doit rester une planète !
- Avec cette nouvelle définition, on se promettait d'endiguer une « avalanche » de découvertes de nouveaux mondes qui devaient démesurément gonfler le nombre de planètes dans notre système solaire. Or, depuis 2006, aucun corps plus gros que Pluton n'a été trouvé. Et, même si on trouvait une nouvelle planète, cela n'augmenterait pas de beaucoup leur nombre. Alors pourquoi avoir retiré son titre à Pluton ? Conférons donc à Pluton, mais aussi à Éris, tout aussi gros et rond, leur titre de planète.
- La mission New Horizons a révélé que Pluton est un monde beaucoup plus complexe que prévu, avec une atmosphère, un volcanisme glacé actif, des remontées de glace au centre d'un vaste bassin... Pluton est donc une vraie planète.

Carton jaune pour Pluton ! Les délégués votent en levant le leur bien haut. Ils rejettent ainsi la résolution 5B : Pluton ne fait plus partie des planètes majeures de notre système solaire ! *(IAU/Lars Holm Nielsen)*

(résolution 5B), car cette mention permettrait de maintenir Pluton par défaut au rang des planètes du Système solaire, en le glissant au sein des catégories des planètes dites « naines ».

C'est le grand moment de vérité. Les astronomes sont appelés à se prononcer sur la résolution 5B. S'ils l'acceptent, les planètes majeures seront toutes dites « classiques » : elles se trouveront alors à égalité avec les planètes dites « naines » et seront regroupées sous une même appellation générique de « planète ». À Pluton pourra donc être d'abord attribué le titre de planète, puis la qualification de naine. S'ils la refusent, le système solaire sera peuplé d'un nombre limité de mondes pouvant être appelés « planètes », tandis que les autres corps sphériques, mais plus petits, seront relégués au sein de la sous-catégorie des « planètes naines ».

La résolution 5B est finalement rejetée. Pluton est désormais rayé de la liste des planètes ! Mais l'adoption de la résolution 6A adoucit quelque peu la portée de la décision en reconnaissant l'apport historique de la découverte de Pluton, génitrice d'une catégorie d'objets glacés tournant au-delà de l'orbite de Neptune... Quant à la résolution 6B, elle est aussi rejetée, les participants confiant à l'UAI la tâche de leur proposer plus tard un choix de nouveaux qualificatifs[5]. C'est un vrai bouleversement : le système solaire ne compte plus que huit planètes !

Pluton et d'autres peuvent-elles remonter sur l'estrade ?

Sans surprise, les réactions à cette nouvelle définition (cf. annexe VII, p. 252-253) sont très vives. À commencer par celle d'Alan Stern, dont la sonde s'est envolée le 19 janvier pour Pluton (cf. chap. 3). « C'est une définition affreuse qui est bien représentative d'une science bâclée. Elle n'aurait jamais été acceptée après un examen par des pairs », commente-t-il face à la BBC. « Et ceci pour deux grandes raisons. La première c'est qu'il est arbitraire de tracer une ligne entre planètes naines et planètes : c'est comme si vous disiez qu'un chihuahua, parce qu'il est tout petit, n'est pas un chien. La seconde raison, c'est que la définition est contradictoire. Un des critères retenus est qu'une planète doit avoir "nettoyé le voisinage"... Or, la Terre, Mars, Jupiter et Neptune ont échoué à nettoyer complètement

Lors de la conférence de presse, Richard Binzel s'efforce d'expliquer aux médias la nouvelle définition du mot « planète » et pourquoi Pluton n'en est plus une. L'exercice est doublement ardu pour lui, car non seulement les journalistes ont du mal à s'y retrouver, mais il doit se convaincre lui-même de la pertinence du vote final : il a voté contre l'exclusion de Pluton de la famille des planètes majeures. Mais *Dura lex, sed lex* et il doit donner l'exemple à tous. *(IAU/Lars Holm Nielsen)*

leur voisinage. La Terre, par exemple, tourne autour du Soleil avec 10 000 astéroïdes proches. Jupiter est accompagnée par 100 000 astéroïdes troyens. » Et d'asséner : « Si Neptune avait nettoyé sa zone, Pluton ne serait pas là ! » Owen Gingerich, de son côté, ne décolère pas. Il impute cette décision à une « révolte » des dynamiciens, les spécialistes du mouvement des planètes et de leurs effets gravitationnels sur les autres corps célestes. « Dans notre proposition d'origine, précise-t-il, nous avons choisi la définition d'une planète que les géologues auraient bien aimée. Les dynamiciens se sont sentis terriblement insultés que nous ne les ayons pas consultés pour recueillir leur point de vue. »

Certains, parmi ceux qui étudient la géologie des planètes, se sentent méprisés. Le 29 août, Nadine Barlow (1958-), la très respectée spécialiste mondiale de la formation des cratères martiens à l'université d'Arizona de Flagstaff, va décrire, dans un long entretien accordé à l'*Arizona Daily Sun*, le quotidien local, le ressenti de la communauté des planétologues : « le Comité de définition d'une planète [PDC, cf. plus haut], qui incluait des chercheurs en planétologie, des historiens en astronomie et des écrivains scientifiques, a proposé, à l'origine, une définition qui faisait du couple Pluton-Charon une planète double et qui nous donnait un système solaire à 12 planètes. [...] Ce comité a passé des mois sur ce sujet et a réalisé un travail très minutieux, se servant des apports de la communauté des chercheurs pour mettre au point sa recommandation. Le rejet par les participants de l'assemblée générale de l'UAI, à Prague, de la définition qu'ils ont proposée est une insulte au dur labeur du Comité. La résolution d'accorder le statut planétaire à seulement huit objets a été soumise à la hâte pendant la réunion en une semaine seulement. Ceux qui ont voté sur la résolution pour rétrograder Pluton ne représentaient que 5 % des adhérents de l'UAI, et les chercheurs en sciences planétaires ne comptaient environ que

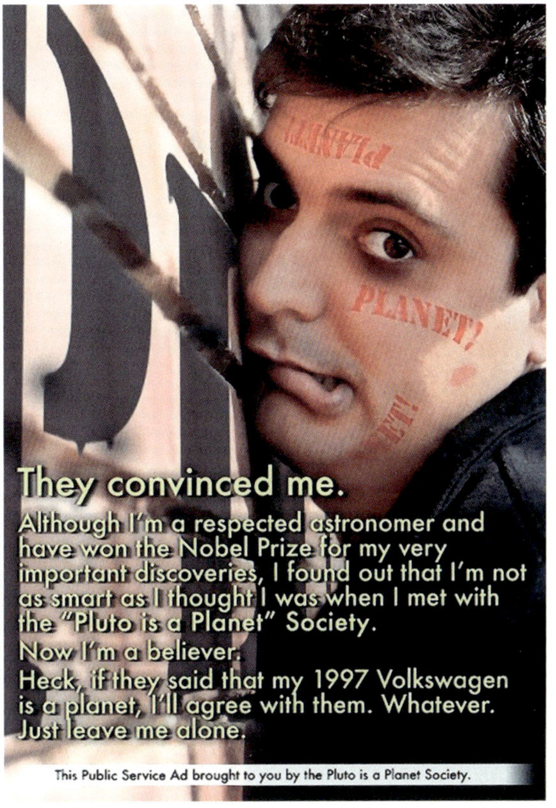

Les défenseurs de Pluton sont parfois tournés en dérision par les tenants du déclassement. Tel ce chercheur au visage tamponné de mots « planète » rageurs : « Ils m'ont convaincu. Bien que je sois un astronome respecté qui a reçu le prix Nobel pour mes découvertes importantes, je me suis aperçu que je ne suis pas aussi intelligent que je le pensais quand j'ai fait connaissance avec l'association "Pluton est une Planète". Maintenant, je le crois. Et puis zut, s'ils disent que ma Volkswagen de 1997 est une planète, je serai d'accord avec eux. Peu importe. Fichez-moi la paix. » *(Harry122, Worth1000.com, d.r.)*

pour 10 % de tous les votants. Pourquoi un si faible taux de participation ? Seuls ceux qui participaient à Prague pouvaient voter [...]. J'accepterais une nouvelle définition d'une planète si elle avait été discutée et approuvée par la communauté des spécialistes des planètes. »

Dès le 13 septembre, l'UAI entérine le déclassement de Pluton et lui affecte le numéro d'objet « (134340) Pluto » (cf. annexe VIII, p. 253), ce qui fige sa décision. En parallèle, elle confère à 2003

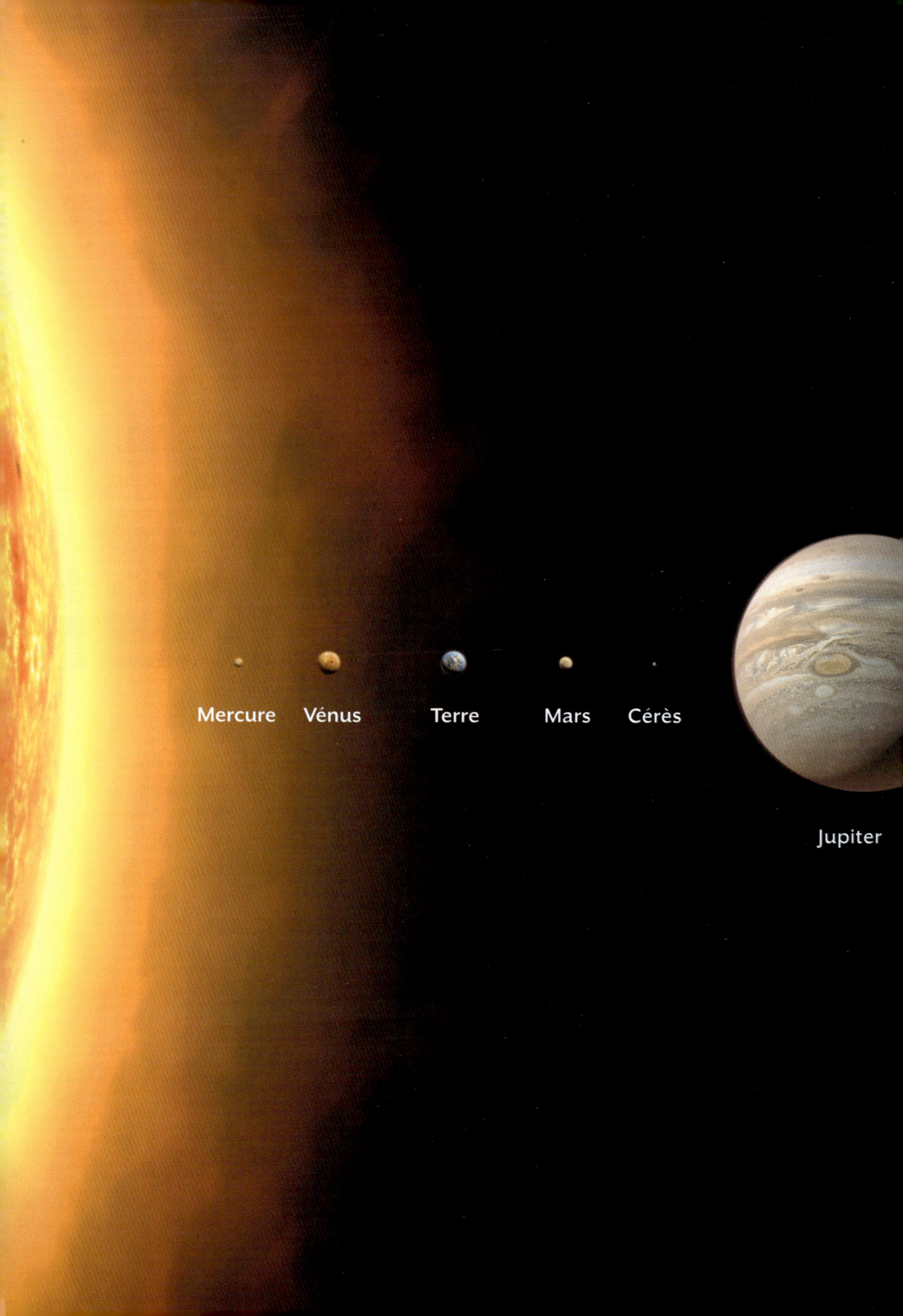
Mercure
Vénus
Terre
Mars
Cérès
Jupiter

Voici le nouveau système solaire. Il ne compte plus désormais que huit planètes : Mercure, Vénus, la Terre, Mars, Jupiter, Saturne, Uranus et Neptune. Trois planètes naines s'y ajoutent : Cérès (entre Mars et Jupiter), Pluton et Éris situées après Neptune. *(IAU/Martin Kornmesser)*

Critères de rotondité des planètes naines et statut

Composition	Diamètre	Rotondité	Nombre de corps	Planète naine ?
Rocheuse ou glacée	+ de 900 km	Sûrement rond	10	Très certainement
Rocheuse ou glacée	de 600 à 900 km	Sûrement rond	17	Certainement
Glacée	de 500 à 600 km	Certainement rond	41	Très probablement
Glacée	de 400 à 500 km	Probablement rond	62	Probablement
Glacée	de 200 km à 400 km	Peut-être pas rond	611	Probablement pas
Glacée	- de 200 km	Jamais rond	1506	Pas du tout
Total :			**2247**	

(Source : « How many dwarf planets are there in the outer solar system? », Mike Brown, January 6, 2023 http://web.gps.caltech.edu/~mbrown/dps.html#table)

UB313 le nom d'Éris, celui de la déesse de la Discorde dans la mythologie grecque. Son satellite, Dysnomia, prend celui de l'un des fléaux qui se sont abattus sur l'humanité lorsque Pandore ouvrit sa boîte. Cette annonce ne va pas calmer les esprits aux États-Unis, où la population reste très attachée culturellement à sa planète. C'est ainsi que l'Assemblée de l'État de Californie adopte, le 6 septembre 2006, un projet de loi qui « condamne, par la présente, la décision de l'Union astronomique internationale d'avoir retiré à Pluton son statut de planète à cause de son impact important pour le peuple de la Californie ». Le 13 mars 2007, la Chambre des représentants de l'État du Nouveau-Mexique déclare officiellement que Pluton est une planète et que ce jour serait désormais célébré comme celui de la « Planète Pluton ».

À l'opposé, quelques astronomes américains sont satisfaits et l'expriment bien haut. À l'image de Mike Brown, le découvreur de l'objet 2003 UB313, qui fut à l'origine de la controverse. « Huit, c'est bien assez, n'hésitera-t-il pas à clamer devant l'Associated Press, à Prague. Je vais rester dans l'histoire comme l'homme qui a tué Pluton. » Mais l'histoire ne lui donnera pas raison. En effet, 10 ans après la découverte d'Éris, force est de constater qu'au lieu de la centaine de nouvelles planètes naines rocheuses et glacées que l'on pensait découvrir, les estimations, arrêtées au 23 février 2021 par Mike Brown lui-même, portent ce nombre à 10 « très certainement », et à 16 « certainement »... Sachant que les critères qu'il a définis pour exprimer la rotondité des mondes, basés sur les forces gravitationnelles, peuvent se résumer comme le présente le tableau ci-dessus.

En effet, pour qu'un corps céleste adopte une forme ronde, il existe un diamètre transitoire situé entre 250 et 400 km. Ainsi, les satellites de petite taille Phœbé et Hypérion présentent des formes irrégulières, tandis que Mimas, au diamètre moyen de 400 km, est un ovoïde presque sphérique. Par ailleurs, sur les dix plus gros corps répertoriés[6], seuls deux présentent un diamètre supérieur à 2 000 km (Pluton, 2 376 km, et Éris, 2 326 km), le suivant, Makémaké, étant plus petit avec ses 1 430 km. Doit-on alors considérer que le Système solaire compte 129 planètes naines de plus de 400 km de diamètre ? Ou ne vaudrait-il mieux pas octroyer le statut de planète uniquement à Pluton et Éris, les plus gros représentants sphériques et différenciés (c'est-à-dire ayant un cœur rocheux) de cette classe d'objets ?

La tenue, le 18 septembre 2014, d'une conférence à l'université de Harvard sur le thème « Qu'est-ce qu'une planète ? » focalise l'attention

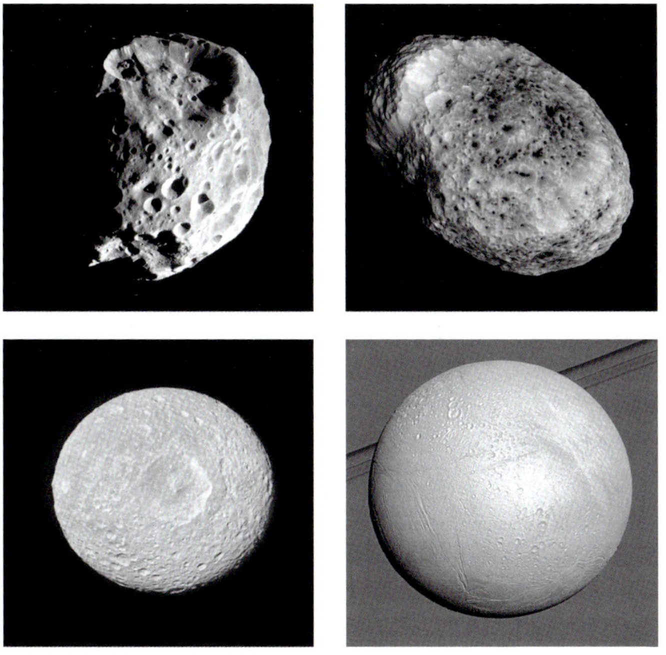

Où se trouve la limite de la rotondité des mondes ? Parmi les lunes de Saturne, elle se situe entre 250 et 400 km de diamètre. En haut et de gauche à droite : Phœbé (219 × 217 × 204 km) et Hypérion (360 × 266 × 205 km) sont de forme irrégulière. En bas et de gauche à droite : Mimas (un ovoïde de 415 × 394 × 381 km) et Encelade (513 × 503 × 497 km) sont quasiment sphériques. Note : les chiffres entre parenthèses représentent, dans l'ordre, les diamètres vus face à la planète, le long de la trajectoire orbitale autour de la planète et de pôle à pôle. *(NASA/JPL-Caltech/Space Science Institute/ESA. Source : « Sizes, shapes, and derived properties of the Saturnian satellites after the Cassini nominal mission », P. C. Thomas, Icarus 208, 2010)*

des médias. Son objectif est de confronter des arguments face à une audience grand public. Trois chercheurs débattent sur le plateau : Owen Gingerich, qui avait présidé le comité de l'UAI spécialisé sur les planètes, Gareth Williams (1965-) alors directeur adjoint du Centre des petites planètes (« Minor Planet Centre », ou MPC) de l'UAI, et Dimitar Sasselov (1961-), directeur, à l'université de Harvard, de la « Harvard Origins of Life Initiative », dont l'objectif est d'observer les planètes extrasolaires. Les trois hommes livrent trois propositions[7] sur lesquelles les participants doivent voter :

1. Owen Gingerich : « Une planète est un mot défini par la culture qui change au fil du temps. Pluton EST une planète » ;

2. Gareth Williams : « Une planète est un corps sphérique qui tourne autour du Soleil et qui a nettoyé sa trajectoire. Pluton n'est PAS une planète » ;

3. Dimitar Sasselov : « Une planète est le plus petit morceau sphérique de matière qui s'est formé autour d'étoiles ou de reliquats d'étoiles. Pluton EST une planète. »

La troisième proposition va remporter les suffrages, sachant qu'elle pourrait augmenter fortement le nombre de planètes circulant dans notre système solaire (cf. plus haut). Ce vote, qui n'a qu'une valeur consultative, aura pour

Le 18 septembre 2014, lors d'une conférence à l'université d'Harvard sur le thème « Qu'est-ce qu'une planète ? », le public est invité à voter sur les propositions de définitions du mot planète. L'ambiance est joyeuse et bon enfant et une majorité lève bien haut ses bulletins jaunes ; un clin d'œil narquois aux conclusions du vote, à Prague, en 2006. *(Harvard-Smithsonian/CfA)*

Kirby Runyon présentant sa nouvelle définition du mot « planète » lors du 48e congrès des sciences lunaires et planétaires, à Tucson, en mars 2017. Son initiative va mettre en lumière le fossé qui sépare les conceptions des astronomes de celles des géophysiciens. *(Kirby Runyon s/Twitter, d. r.)*

mérite de permettre de mesurer l'intérêt que porte le public américain à Pluton, peu avant son survol par la sonde New Horizons.

Par la suite, les tenants de la réhabilitation de Pluton au rang de planète ne désarmeront pas. Ils vont profiter de la tenue du 48e congrès des sciences lunaires et planétaires (« 48th Lunar and Planetary Science Conference »), à Tucson, en mars 2017, pour affirmer leurs positions. Kirby Runyon (1986-), rattaché au département des sciences terrestres et planétaires de l'université Johns-Hopkins, à Baltimore, va alors jeter le trouble avec une nouvelle définition du mot « planète », qu'il a concoctée avec Alan Stern et Will Grundy (1965-), les protagonistes de la mission New Horizons. Sa proposition [8] met l'accent sur les propriétés physiques d'un corps et non sur ses caractéristiques orbitales : « Une planète est un corps de masse sous-stellaire qui n'a jamais subi de fusion nucléaire et qui possède suffisamment de gravité par lui-même pour adopter une forme sphérique que l'on peut décrire sous une forme d'ellipsoïde triaxial indépendamment de ses paramètres orbitaux. »

Cette définition adopte une logique très différente de celle votée par l'UAI en 2006. Runyon l'assume : « Les astronomes dynamiciens, dont l'intérêt est porté sur les mouvements des planètes, pourront trouver que la définition de l'UAI leur est utile. Par contre, de nombreux chercheurs en planétologie sont étroitement liés aux sciences de la Terre. C'est ainsi que notre définition géophysique est plus utile aux praticiens des sciences de la Terre, comme aux enseignants et aux étudiants. » Mais en appliquant sa nouvelle définition aux corps du Système solaire, il va y compter jusqu'à 110 planètes ! Runyon concède que ce nombre est bien trop grand pour être facilement mémorisé par le public. Mais il explique que les écoliers pourraient essayer de ne retenir, en plus des huit planètes traditionnelles, que les plus grosses d'entre elles. Il estime néanmoins que deux systèmes de classification vont devoir bientôt cohabiter au sein des chercheurs, pensant que les catégories doivent plutôt se construire au fil des découvertes successives.

Certains ont reproché à l'UAI d'avoir fait perdre à Pluton son rang de planète et de n'avoir pas su prendre en compte l'attachement culturel de la société civile à ce monde bornant le système solaire. C'est oublier que l'UAI avait solidement construit sa démarche, en étayant un dossier très complet et en se référant aux travaux et aux conseils de spécialistes reconnus. Lorsqu'on analyse le déroulement des évènements de Prague à l'aune de l'organisation d'autres *symposia* internationaux de même portée, force est de constater que le débat a dérapé le 18 août 2006 lors de la présentation surprise de l'amendement proposé par les dynamiciens. Le Comité de définition d'une planète (PDC) s'est trouvé pris de court et le modérateur de la réunion n'aurait pas dû organiser un vote, même à titre indicatif. Car celui-ci a cristallisé les passions. Les dynamiciens auraient dû être remerciés pour leur utile contribution, en leur précisant courtoisement que leur proposition allait être intégrée dans une nouvelle mouture de texte qui serait discutée et examinée dans le cadre plus officiel de la session du 22 août. Et cela seulement après que la proposition initiale du PDC, qui avait tout son sens, aurait été de nouveau présentée et argumentée. De toute évidence, les passions et la confusion ont entaché les débats. Mais la décision de l'UAI s'impose désormais à tous et ne pourra être remise en cause que dans le cadre formel d'une autre assemblée générale et en intégrant de nouveaux éléments.

Après Pluton, une neuvième planète ?

Finalement, tout ce bruit et toute cette fureur n'auront-ils servi à rien ? Car les spécialistes estiment qu'il y a aujourd'hui moins de chances de dénicher de nouveaux objets de Kuiper (KBOs) de même taille ou plus gros que Pluton et Éris. Megan Schwamb (1985-), de l'institut d'astronomie et d'astrophysique de l'Académie chinoise de Taipei, a cherché à établir, avec Mike Brown, une fonction qui permettrait de répartir les KBOs en deux catégories :

1. les KBOs dits « froids », qui tournent globalement avec une inclinaison inférieure à 5° du plan de l'écliptique (plan de l'orbite terrestre, et globalement celui des autres planètes

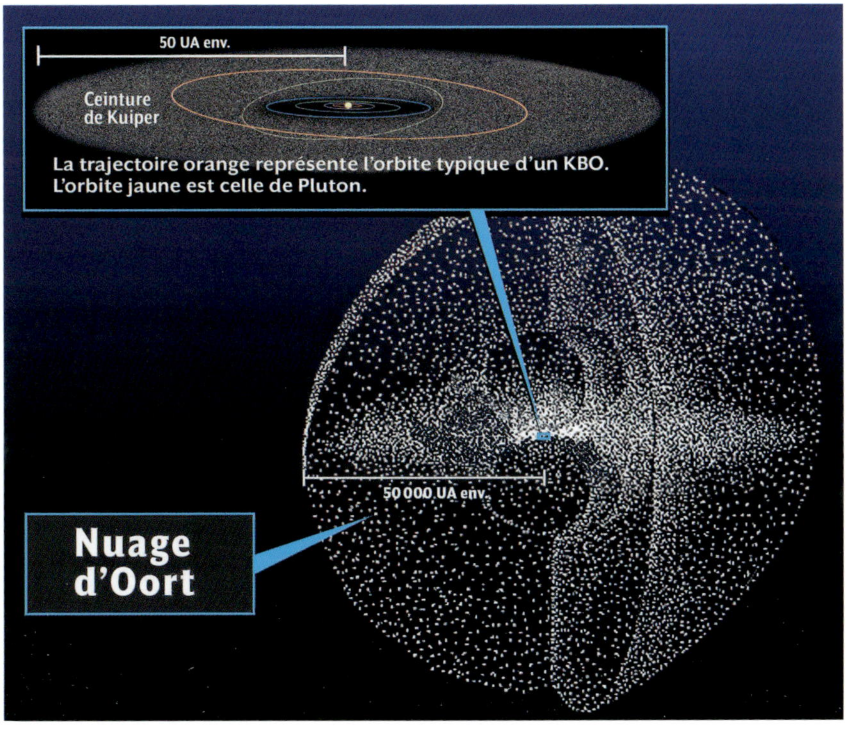

Le système solaire extérieur est la nouvelle frontière à explorer. On y trouve la ceinture de Kuiper (insert en haut), une vaste zone située de 35 à 50 UA du Soleil (soit 5,23 à 7,48 milliards de km) d'où proviennent les comètes périodiques et où tournent les objets de Kuiper (KBOs), dont Pluton et Éris. Plus loin s'étend le nuage d'Oort, une sphère large de 30 000 à 100 000 UA qui contient des centaines de milliards d'objets glacés. Elle peut être perturbée par une étoile qui passe à proximité. *(NASA/JPL/Donald K. Yeoman/William Crochot)*

du Système solaire). Il s'agit principalement d'objets rougeâtres qui circulent entre 42 et 48 UA du Soleil et dont la luminosité ne dépasse pas une magnitude apparente (c'est-à-dire la luminosité observée depuis la Terre) de 21,5 ;

2. les KBOs dits « chauds » ou « excités », dont l'inclinaison par rapport au plan de l'écliptique est supérieure à 5°, et qui sont situés à des distances supérieures à 25 UA. Ce sont ceux sur lesquels les deux chercheurs ont décidé de concentrer leur étude.

Le résultat qu'ils ont obtenu est surprenant : en fixant la limite inférieure de l'albédo de ces objets à la magnitude 23, correspondant à celle de Hydra, le satellite de Pluton, ils ont trouvé une fonction décrivant parfaitement la répartition de la population des KBOs. Leur résultat indique que la ceinture de Kuiper ne devrait contenir que douze KBOs plus lumineux que la magnitude de 19,5, ce qui correspond à la limite de ce qui est détectable en observation visuelle directe à travers un très grand télescope. Cela signifie qu'il n'y aurait donc quasiment plus de nouveaux KBOs à découvrir ! Une étude complémentaire a été menée après cela par Mike Brown en 2015. Elle couvrait une large bande de ciel s'étalant jusqu'à 30° de part et d'autre de l'écliptique. Il l'effectua à partir de toutes les archives d'imagerie cartographique céleste, celle du Catalina Sky Survey (CSS) pour l'hémisphère boréal, et celle du Siding Spring Survey (SSS) pour l'hémisphère austral. Aucun objet plus brillant que les magnitudes 19,4 au nord, et 18,9 au sud de l'écliptique, n'a été détecté ! Or, Éris, avec sa magnitude de 18,7, est déjà plus lumineux. Cela implique que les quelques objets restant à découvrir circulent sur des plans d'inclinaison extrêmes par rapport à l'écliptique. Mais Brown n'a pas trouvé non plus, dans son champ visuel, d'objet possédant des inclinaisons supérieures à celle d'Éris (44°), ce qui réduit d'autant les probabilités de l'existence de gros corps célestes. En outre, ses observations repoussent la limite de distance à laquelle pourraient tourner tous ces corps aux alentours de 10 000 UA, soit 1 496 milliards de kilomètres ! De son propre aveu, il n'y a donc plus beaucoup, sinon plus du tout, de gros KBOs à découvrir... Ainsi va la science !

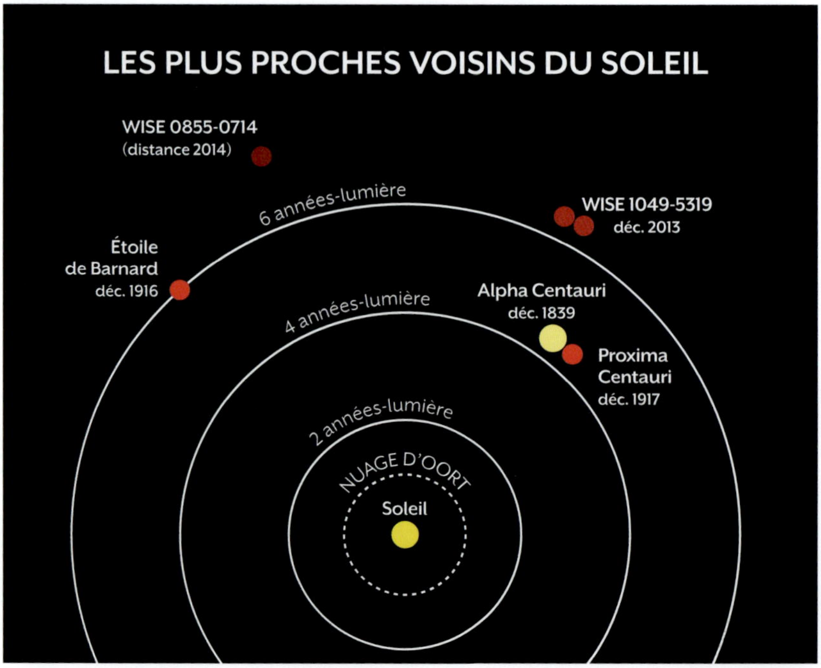

En 2014, la NASA a conclu à la faible probabilité de l'existence d'une Planète X aux confins de notre système solaire. Il n'existerait rien de plus gros que les planètes Saturne et Jupiter avant les plus proches systèmes stellaires illustrés ici. *(D'après Janella Williams, Penn State University)*

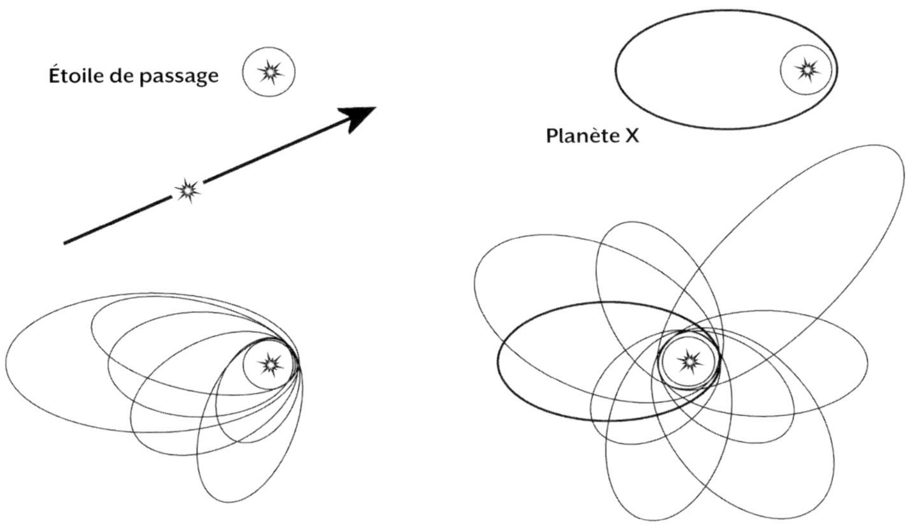

Mike Brown de l'Université de Cal'Tech en Californie, tente d'expliquer les orbites inhabituelles parcourues par certains KBOs. Si c'est une étoile qui a frôlé les zones extérieures de notre système solaire (à gauche en haut), alors toutes les orbites auront une orientation similaire qui marque l'endroit où l'étoile a exercé sa plus forte influence (en bas à gauche). Si une Planète X existe (à droite), toutes les orbites des KBOs se croiseront non loin de la position initiale de la Planète X lorsqu'elle se trouvait à son périhélie. *(D'après Mike Brown, California Institute of Technology)*

Il se pourrait pourtant qu'il existe quelques corps plus gros que Pluton, vraiment très sombres, qui circulent aux confins du Système solaire. Ceux-ci pourraient peut-être trahir leur présence grâce à la faible chaleur qu'ils émettent encore. Ils seraient alors détectables par des capteurs infrarouges. Mais, le 7 mars 2014, la NASA a annoncé que l'analyse des données recueillies par le télescope spatial infrarouge WISE (« Wide-Field Infrared Survey Explorer ») n'a détecté aucun objet plus gros que la planète Saturne jusqu'à 28 000 UA (4 188 milliards de kilomètres), et que la planète Jupiter jusqu'à 82 000 UA (12 267 milliards de kilomètres) — des distances énormes. Cette étude a été menée par Kevin Luhman (1971-), astronome à l'université de Pennsylvanie. Néanmoins, les analyses des données du satellite WISE sont loin d'être achevées et des surprises sont toujours possibles, par exemple, la découverte, grâce à des traitements plus poussés, d'un corps plus gros que Pluton mais qui tournerait très loin et serait plus froid que la limite de détection des capteurs d'aujourd'hui.

En 2013, ces recherches ont permis à Luhman de découvrir le troisième système d'étoile le plus proche de notre Soleil après celui d'Alpha du Centaure et de l'étoile de Barnard. Situé à 6,5 années-lumière, WISE 1049-5319 est un couple de naines brunes, c'est-à-dire deux grosses boules de gaz en contraction qui n'ont pas atteint la masse critique permettant d'initialiser, en leur cœur, une réaction de fusion nucléaire. En 2014, Luhman a réédité son exploit en dénichant, à 7,2 années-lumière, une autre naine brune. Nommée WISE 0855-0714, c'est la plus froide connue à ce jour, avec une température située entre −48 °C et −13 °C ! Une autre étude réalisée par Davy Kirkpatrick (1964-), du Centre de traitement de l'infrarouge de Cal'Tech, n'a pas identifié non plus de gros corps tapi dans les zones les plus obscures de notre système solaire.

En mars 2014, ces certitudes allaient être bousculées par l'annonce de la détection d'un nouveau KBO, nommé 2012 VP113, par Chad Trujillo, de Cal'Tech, et Scott Sheppard (1977-), de l'institut Carnegie, à Washington, un

Il y a 70 000 ans, lorsque l'homme de Néandertal arpentait l'Europe, une petite étoile, l'Étoile de Scholz (WISE 0720-0846), a frôlé notre système solaire à 7 780 milliards de km (0,82 année-lumière). Naine rouge d'une masse de 86 fois celle de Jupiter, elle est accompagnée de sa naine brune qui a 65 fois la masse de Jupiter et qui tourne à 120 millions de km d'elle. De 10e magnitude, elle aurait été invisible à l'œil nu, sauf lors de violentes éruptions où elle pouvait, très brièvement, devenir des milliers de fois plus lumineuse. Le couple a traversé le nuage d'Oort, perturbant les trajectoires de milliers d'objets. Aujourd'hui, l'étoile est à près de 20 années-lumière de nous. *(Michael Osadciw/University of Rochester)*

découvreur très prolifique d'astéroïdes et de KBOs. La particularité de cet objet est de circuler sur une orbite allongée variant de 440 à 80 UA au plus près du Soleil (périhélie), à l'instar de Sedna, un autre KBO qui s'en approche, lui aussi, à 80 UA. Les astronomes pensent que ces petits objets en attente d'être observés doivent être nombreux. Leurs orbites sont si elliptiques et si inhabituelles que d'aucuns émettent même l'idée de l'existence d'un corps très massif et très lointain, dont la présence influerait sur l'orbite de ces KBOs très spéciaux. Mais alors, comment expliquer qu'une telle hypothèse puisse être encore avancée, puisque les observations du télescope WISE n'ont donné, à ce jour, aucun résultat ? Chad Trujillo et Scott Sheppard pensent, quant à eux, que la réponse sera trouvée lorsqu'on enverra dans l'espace des instruments travaillant dans l'infrarouge encore plus sensibles que ceux qui équipent le télescope spatial WISE.

Leurs calculs devaient être affinés par Mike Brown et Konstantin Batygin (1987-), de Cal'Tech, qui allaient annoncer, le 19 janvier 2016, que les orbites de six KBOs[9], dont tous les périhélies se trouvent dans une même région, trahissent l'existence d'un très gros corps. Nommé Neuvième Planète (« Planet Nine »), sa forte masse viendrait les équilibrer à l'opposé du Soleil. Elle circulerait entre 200 UA, à son périhélie, et une distance comprise entre 600 et 1 200 UA au plus loin du Soleil (aphélie). Sa période orbitale serait très longue, de l'ordre de 10 000 à 20 000 ans. Ce monde aurait une masse d'au moins dix fois celle de la Terre et serait peut-être l'embryon d'une géante gazeuse avortée qui aurait été rejetée au loin lors des premiers âges du Système solaire. Pour parvenir à ces résultats, les deux chercheurs ont simulé les perturbations que pourrait causer un gros objet[10], lesquelles permettaient de reproduire les orbites spéciales de 2012 VP113 et de Sedna.

Surprise : ils se sont aperçus que les orbites de quatre autres KBOs, découverts depuis 2002 et dont les configurations semblaient étranges, pouvaient maintenant être expliquées si elles avaient été créées par les perturbations de cette planète ! Ce qui a fait dire à Brown que « la probabilité de l'existence de la Neuvième Planète est peut-être de 90 % ». La quête sera longue, toutefois, car WISE, malgré ses performances, sera incapable de la détecter si elle est plus petite que Neptune, comme l'estiment Brown et Batygin. Et si l'objet était brillant, il aurait déjà été détecté par d'autres instruments : il est donc très sombre et circule à son aphélie, là où la lumière solaire est très faible. La portion de ciel à balayer est très large et, comme cette planète se meut très lentement, il sera difficile de détecter son mouvement.

À moins que la Neuvième Planète n'existe pas et que sa « signature » ne soit en réalité que la mesure de l'influence exercée par une autre ceinture de Kuiper encore plus vaste, encore plus lointaine et encore plus massive que celle que l'on connaît déjà, ainsi que le pensent Ann-Marie Madigan, de l'université du Colorado, à Boulder, et Michael « Mike » McCourt, de l'université d'Harvard. Ce disque serait constitué d'une myriade de petits corps, ne tournerait pas sur le même plan que les planètes du Système solaire, et se trouverait ainsi très incliné par rapport au plan de l'écliptique. Beaucoup pensent en effet que l'annonce de la Neuvième Planète fait partie d'une stratégie développée par Mike Brown afin de couper l'herbe sous le pied des défenseurs de Pluton et empêcher ainsi tout retour en arrière. Les médias ont d'ailleurs

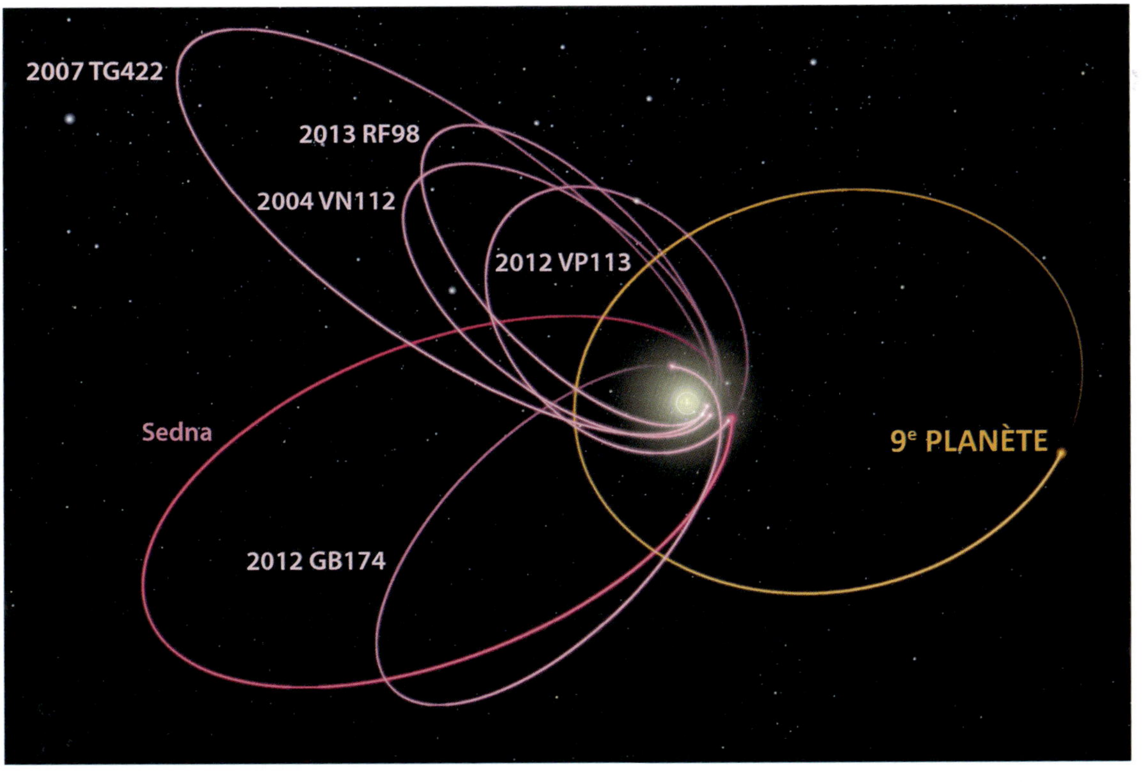

Mike Brown et Konstantin Batygin proposent la présence d'une neuvième planète grâce au confinement des orbites de plusieurs KBOs dont les périhélies se trouvent tous dans une même région : il existe donc ainsi une forte masse qui vient les équilibrer à l'opposé du Soleil. *(Caltech - R. Hurt (IPAC) / Diagramme créé avec WorldWide Telescope)*

Vue artistique de la « Neuvième Planète » qui, si elle existe, serait peut-être entourée d'une atmosphère épaisse. Sa masse serait au moins 10 fois celle de la Terre et son diamètre serait inférieur à celui de Neptune. *(Caltech – R. Hurt/IPAC)*

tout de suite adopté son hypothèse, au grand dam de certains esprits chagrins qui persistent à vouloir faire remonter leur favori sur l'estrade.

Pourtant, dans le cadre d'un effort visant à tester l'hypothèse de l'existence de la Neuvième Planète, une vaste équipe internationale de chercheurs a remis en cause son existence en 2021, n'ayant trouvé aucune preuve de regroupement angulaire d'objets transneptuniens. Ils expliquent ainsi que le regroupement unique observé par l'équipe de Cal'Tech est en fait dû à un biais inhérent à la façon dont ces TNOs ont été observés. Parce qu'ils tournent si éloignés du Soleil, ils ne peuvent être vus que lorsqu'ils sont près du point le plus proche de leur orbite (périhélie). Pour les détecter au télescope, les astronomes ont alors visé une certaine partie du ciel (à leur périhélie) à un moment précis (lorsqu'ils s'y trouvent), ce qui introduit un biais dans leurs résultats. En outre, l'équipe de Mike Brown n'a étudié que six corps, alors que huit de plus ont été découverts au cours de cette nouvelle étude. Cette dernière ne prouve pas qu'il n'y a pas de Neuvième Planète gravitant au-delà de Pluton, mais qu'on ne peut plus simplement se référer aux regroupements des périhélies des TNOs dans une même zone. Une nouvelle planète, si elle existe, sera donc beaucoup plus difficile à trouver que prévu.

Avec une dixième planète ? Et des planètes nomades ?

Renu Malhotra (1961-) et Kathryn Volk (1985-), du laboratoire lunaire et planétaire de l'université d'Arizona, ont livré en juin 2017 des conclusions à la fois différentes et complémentaires. Elles estiment en effet que les configurations orbitales particulières de certains KBOs pourraient suggérer l'existence d'une neuvième planète, mais également d'une dixième, de taille plus modeste et à l'orbite moins distante. Elles dressent deux constats :

1. le plan moyen sur lequel circulent les KBOs est incliné d'environ 1,8° par rapport au plan de l'écliptique. Une résonance avec une déviation de 13° se manifeste autour de 40,5 UA

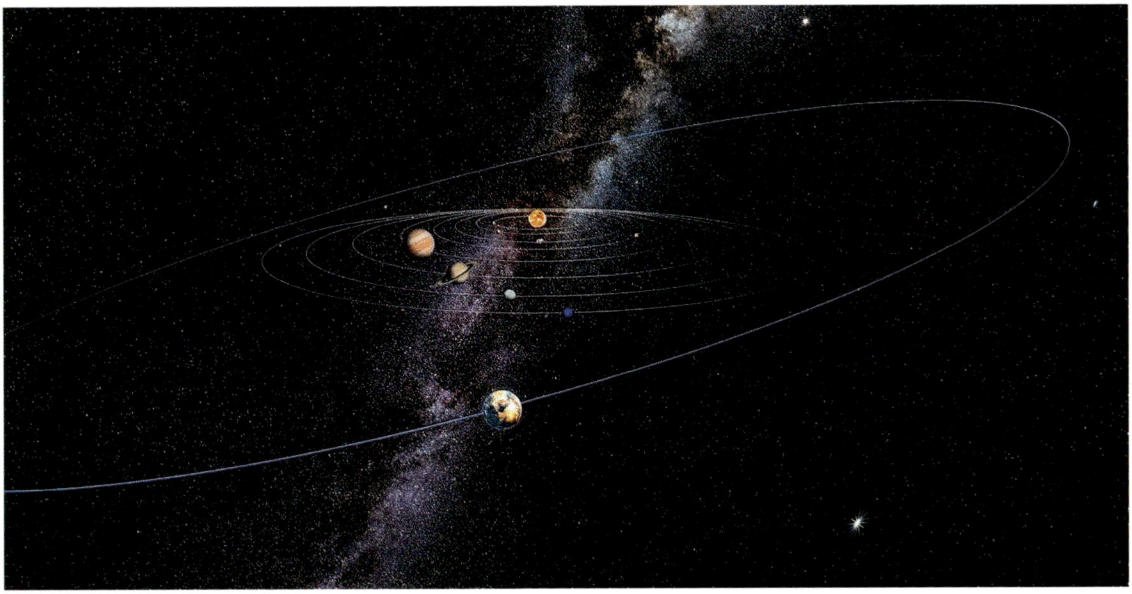

Existe-t-il une planète encore à découvrir après Pluton ? Elle tournerait deux fois plus loin que cette dernière, sur une orbite inclinée à 6,8° du plan de l'écliptique, et aurait la taille de Mars. Elle reste à dénicher. *(Heather Roper, Laboratoire lunaire et planétaire/LPL, Arizona University)*

(6,05 milliards de kilomètres), correspondant à la distance où évolue Pluton (incliné à 17° par rapport à l'écliptique) ;

2. les KBOs qui tournent entre 50 et 80 UA (de 7,48 à 11,96 milliards de kilomètres) et jusqu'à 150 UA (22,43 milliards de kilomètres), présentent un plan orbital qui s'écarte de 6,8° par rapport à l'écliptique.

Les deux chercheuses en concluent que l'écart de 6,8° mesuré pour des KBOs les plus distants est dû à des perturbations causées probablement par la présence d'un corps sombre et encore inconnu qui circule parmi eux, mais certainement pas la Neuvième Planète de Mike Brown, car celle-ci, tournant trop loin, n'aurait qu'une influence négligeable. En revanche, un corps planétaire plus petit, d'une masse similaire à celle de Mars, et qui tournerait en 1000 ans autour du Soleil à une distance comprise entre 65 et 80 UA (de 9,72 à 11,96 milliards de kilomètres) serait capable de créer les perturbations observées. Peut-être qu'une planète plus grosse que Pluton se niche ainsi aux confins de notre système solaire et attend d'être découverte.

Peut-être existerait-il également des planètes, dites nomades (« nomadic planets » ou « rogue planets »), qui dériveraient à la frange de notre système solaire ; une hypothèse audacieuse émise par Marshall Eubanks (1956-), un ancien du JPL et de l'US Naval Observatory. Certains astronomes estiment en effet qu'il existerait environ deux planètes nomades pour chaque étoile dans notre galaxie, voire plus. En poussant les calculs statistiques, Eubanks pense que, aux abords de notre Système solaire, pourraient croiser quelques corps de la taille de notre Lune (à 0,8 année-lumière), de la Terre (à 1,3 année-lumière) et de la taille de Jupiter (à 3,3 années-lumière).

En comparaison, les trois exoplanètes les plus proches découvertes à ce jour, à savoir Proxima Centauri *d*, *b* et *c*, se situent à 4,25 années-lumière de nous. Elles gravitent autour de l'étoile Proxima du Centaure. Contrairement à *c*, découverte en 2020, classée comme une « super-Terre » et qui tourne à 1,5 UA de l'étoile, la planète *b*, révélée en août 2016, est sensiblement de la même masse que la Terre et boucle une révolution en 11,2 jours à 7,5 millions de kilomètres de son étoile dans la zone dite « habitable »[11], là où l'eau pourrait exister à l'état liquide. Quant à *d*, annoncée en 2022, sa masse est du quart de celle de la Terre. Elle tourne en 5 jours à 4 millions de kilomètres de Proxima du Centaure, et elle est sûrement déjà trop chaude. Tous ces mondes se trouvent aux limites de détection actuelle de nos instruments. Finalement, la grande utilité de la découverte de Pluton aura été de nous permettre d'étudier les franges de notre système solaire et d'en repousser les frontières.

---

1 – Étendue parfois nommée aussi ceinture d'Edgeworth-Kuiper. Avec les corps nommés « plutinos », comme Pluton, qui tournent sur une orbite en résonance 2:3 avec Neptune, les KBOs font partie de la grande famille des Objets Transneptuniens (« TransNeptunian Objects », ou TNOs)

2 – Les diamètres attribués en 2015 à Varuna, Quaoar, 2003 UB313 (aujourd'hui Éris) et Pluton sont respectivement de 670 km, 1 110 km, 2 326 km et 2 376 km.

3 – Traduction : « Ma mère bien élevée vient de nous servir neuf pizzas ». La phrase en elle-même n'a aucun sens particulier, elle n'a qu'une vertu mnémotechnique, qui, évidemment, ne fonctionne pas en français.

4 – Cf. note n° 2 ci-dessus

5 – Lors de son comité exécutif le 11 juin 2008, l'Union astronomique internationale a validé le terme « plutoïde » pour désigner les planètes naines qui, comme Pluton, tournent autour du Soleil sur des orbites dont le demi-grand axe est plus grand que celui de Neptune. Éris rentre dans cette catégorie, mais aussi Makémaké et Hauméa, tels que validés par l'UAI à ce jour.

6 – Les dix plus grosses planètes naines sont dans l'ordre : Pluton (2 375 km), Éris (2 326 km), Gonggong (1 535 km), Makémaké (1 426 km), Hauméa (1 252 km), Quaoar (1 092 km), Sedna (1 041 km), Orcus (983 km), 2002 MS4960 (960 km) et Salacia (921 km).

7 – Textes d'origine en anglais des propositions de définitions sur lesquels les participants ont dû se prononcer à Harvard :
1. Gingerich : « A planet is a culturally defined word that changes over time. Pluto IS a planet » ;
2. Williams : « A planet is a spherical body that orbits the sun and has cleared its path. Pluto IS NOT a planet » ;
3. Sasselov : « A planet is the smallest spherical lump of matter that formed around stars or stellar remnants. Pluto IS a planet ».

8 – Texte d'origine en anglais de la proposition de definition soumise au 48e congrès des sciences lunaires et planétaires, à Tucson, en mars 2017 : « A planet is a sub-stellar mass body that has never undergone nuclear fusion and that has sufficient self-gravitation to assume a spheroidal shape adequately described by a triaxial ellipsoid regardless of its orbital parameters ».

9 – Selon l'étude de Mike Brown et Konstantin Batygin, les 6 KBOs dont les orbites ne s'expliquent que par la présence d'un gros corps lointain sont : Sedna, 2012 VP113, 2007 TG422, 2004 VN112, 2013 RF98 et 2010 GB174.

10 – Les caractéristiques de la Neuvième Planète retenues par Mike Brown et Konstantin Batygin sont : une distance de 700 UA, une excentricité orbitale de 0,6 et une masse égale à 10 fois celle de la Terre.

11 – Pour Proxima du Centaure, la zone habitable s'étend de 0,0423 à 0,0816 UA de l'étoile, avec des périodes orbitales de durées de 9,1 à 24,5 jours respectivement.

Références du tableau de la page 44

(a) En 2005, le référentiel utilisé est constitué par les deux dernières mesures effectuées en 1993 (« Pluto's Radius and Atmosphere: Results from the Entire 9 June 1988 Occultation Data Set », R. L. Millis, L. H. Wasserman *et al.*, *Icarus*, Volume 105, October 1993) et 1994 (« A New Determination of Radii and Limb Parameters for Pluto and Charon from Mutual Event Lightcurves », Eliot F. Young, Richard P. Binzel, *Icarus*, Volume 108, April 1994).

(b) « Orbits and photometry of Pluto's satellites: Charon, S/2005 P1 and S/2005 P2 », M. W. Buie, W. M. Grundy, E. F. Young, L. A. Young, S. A. Stern, *The Astronomical Journal*, Volume 132, Issue 1, pp. 290-298, July 2006.

L'étoile la plus proche de nous, Proxima du Centaure, possède une planète, nommée « *b* », d'une taille voisine de celle de la Terre. Une bonne cible pour les chercheurs, pour tester leurs instruments. *(ESO/Martin Kornmesser)*

(c) « Changes in Pluto's Atmosphere : 1988-2006 », J. L. Elliot, M. J. Person, A. A. S. Gulbis, S. P. Souza *et al.*, *The Astronomical Journal*, July 2007.

(d) « An analysis of Pluto occultation light curves using an atmospheric radiative-conductive model », Angela M. Zalucha, Amanda A. S. Gulbis, Xun Zhu, Darrell F. Strobel, J. L. Elliot, *Icarus*, Volume 211, Issue 1, January 2011.

(e) « Exploring the spatial, temporal, and vertical distribution of methane in Pluto's atmosphere », E. Lellouch, C. de Bergh, B. Sicardy, F. Forget, M. Vangvichith, H.-U. Käufl, Submitted on 13 Mar 2014, *Icarus*, Volume 246, Publication Date : 01/2015.

(f) Juste après le survol, le diamètre de Pluton avait été estimé à 2 374 km ± 8 km (« The Pluto system : Initial results from its exploration by New Horizons », S. A. Stern *et al.*, *Science*, Vol. 350, 16 October 2015). Ensuite, il a été finalement revu très légèrement à la hausse : 2 376,6 ± 3,2 km (« Mean radius and shape of Pluto and Charon from New Horizons images », Francis Nimmo *et al.*, *Icarus*, Vol. 287, 1 May 2017).

(g) « Hubble Finds 'Tenth Planet' Slightly Larger Than Pluto » ("Hubble observations taken Dec. 9 and 10, 2005, showed Xena's diameter as 1,490 miles, with an uncertainty of 60 miles"). NASA Press Release 04.11.06.

(h) « The trans-neptunian object UB313 is larger than Pluto », F. Bertoldi, W. Altenhoff, A. Weiss, K. M. Menten, C. Thum, *Nature*, 2 February 2006 ;

(i) « Physical Properties of Kuiper Belt and Centaur Objects : Constraints from Spitzer Space Telescope » ("Eris (2003 UB313) : 2,393.7 km – 3,523.9 km"), John Stansberry, Will Grundy, Mike Brown, Dale Cruikshank *et al.*, in « The Solar System beyond Neptune » (M. A. Barucci *et al.*, Eds.) U. Arizona Press, 2007 & « Sorry Pluto, Eris is Bigger », Fraser Cain, www.universetoday.com, 14 Jun 2007.

(j) Dernière mesure du diamètre d'Éris et la plus précise à ce jour : « Size, density, albedo and atmosphere limit of dwarf planet Eris from a stellar occultation », B. Sicardy, J. L. Ortiz, M. Assafin, E. Jehin, A. Maury, E. Lellouch, R. Gil-Hutton, F. Braga-Ribas, F. Colas, J. Lecacheux, F. Roques, P. Santos-Sanz, T. Widemann, N. Morales, A. Thirouin, J. I. B. Camargo, R. Vieira-Martins, M. Gillon, J. Manfroid, R. Behrend, & the Eris occultation team, EPSC Abstracts, EPSC-DPS Joint Meeting 2011.

Chapitre 3

Une mission qui revient de loin

Cette illustration d'artiste montre un Pluton « gonflé aux stéroïdes », tel que l'imaginait l'équipe de New Horizons avant le survol. L'avenir leur donnera raison ! *(NASA / Tricia Talbert)*

1960-1964 : plus vite et plus loin grâce aux mathématiques • 1965-1989 : première opportunité manquée • 1989-2000 : Triton et la renaissance des projets • 2000-2001 : la mobilisation contre la Maison-Blanche • 2001 : une compétition ardue, mêlée d'arrière-pensées • 2002-2006 : dernière grande bataille avant le départ • New Horizons 2 : voyage aux extrêmes limites… du lobbying !

Une mission qui revient de loin

Envisager une mission qui emporterait une sonde aux confins du Système solaire n'était pas une idée nouvelle. Mais mener à bien un tel projet fut une entreprise de longue haleine, pleine de contretemps et de surprises, et qui doit sa réussite en grande partie à l'opiniâtreté d'une équipe très soudée emmenée par un chercheur de talent : Alan Stern.

L'idée d'envoyer une sonde vers Pluton prend sa source dans le Plan décennal préparé, en juillet 1960, par le centre spatial californien du Jet Propulsion Laboratory (JPL) pour la NASA. Celui-ci prévoyait l'envoi de grosses sondes, dérivées des Mariner, vers les planètes géantes Saturne (en 1966) et Jupiter (en 1970), et plus loin encore vers Uranus, Neptune et Pluton, trop lourdes, toutefois, pour être confiées à une fusée Atlas ; il fallait recourir à un puissant lanceur Saturne 1B du programme Apollo. Par la suite, de 1967 à 1971, le Plan envisagea des missions réalisées par des sondes plus perfectionnées, les Navigator, alimentées en énergie par des générateurs nucléaires radioisotopiques. Mais on ne savait pas, alors, si les vaisseaux résisteraient à d'aussi longs périples. En effet, pour atteindre Neptune et Pluton, il fallait respectivement 17 ans et 42 ans de voyage... Jusqu'à l'invention de l'assistance gravitationnelle, une technique qui permet de réduire les temps de trajet en se servant de la gravité des planètes comme d'une fronde pour gagner de la vitesse.

Au printemps 1961, le JPL travaille d'arrache-pied dans le cadre du Plan décennal. Son Groupe des trajectoires (« Trajectory Group ») cherche à résoudre un vieux problème insoluble de mécanique céleste, celui des « trois corps ». Il s'agit de décrire les mouvements de trois astres qui s'attirent les uns les autres sous l'effet de la gravitation. Le mathématicien français Henri Poincaré (1854-1912) avait établi qu'il ne pouvait y avoir de solution exacte puisque les valeurs ne restaient pas constantes le long des trajectoires. En revanche, si le troisième corps est de masse négligeable, on se rapproche d'un type de solution dit du « problème à trois corps restreint », qui pourrait trouver quelques applications pratiques, tel le calcul de la trajectoire d'une sonde spatiale – la sonde figurant ici le troisième corps – entre le Soleil et une planète comme Vénus ou Mars. Car, à l'époque, ce sont les deux cibles prioritaires de la NASA après la Lune.

1960-1964 : plus vite et plus loin grâce aux mathématiques

Le 9 juin 1961, Michael « Mike » Minovitch (1936-), un jeune étudiant surdoué en mathématiques, est embauché comme stagiaire par le Groupe des trajectoires. Il s'attaque au problème des trois corps avec d'autant plus d'enthousiasme que – privilège exceptionnel – on lui offre l'accès à l'un des ordinateurs les plus rapides du monde, le tout nouvel IBM 7090. Minovitch reste parfois immergé seize heures d'affilée dans ses calculs, sept jours sur sept, et passe ses nuits à travailler dans son bureau, en se nourrissant de burgers. Et le 21 juillet, une solution émerge. Son responsable de stage lui demande alors de présenter ses calculs dans un « JPL Technical Report » qui sera diffusé à l'extérieur, car il a découvert que la vitesse de la sonde est modifiée après le survol d'une planète. Par exemple, si elle frôle Vénus en arrivant un peu derrière celle-ci comme pour la rattraper sur son orbite, l'attraction de la planète, jointe à sa vitesse autour du Soleil, crée un effet de catapulte (*slingshot effect*) qui accélère la sonde sans consommer davantage d'ergols. Cela peut représenter une économie d'énergie importante au décollage depuis la Terre, la masse du vaisseau étant moindre puisqu'il n'a plus besoin d'emporter de gros réservoirs. En outre, si l'on calcule le bon angle d'approche, on peut courber plus ou moins la trajectoire de la sonde pendant le survol et viser précisément une autre planète. Ainsi, en frôlant les planètes géantes Jupiter et Saturne, on pourrait atteindre plus rapidement les endroits les plus reculés du système solaire... Pluton, par exemple !

Minovitch a baptisé son modèle le « voyage interplanétaire propulsé par gravité », et a modélisé des dizaines de trajectoires permettant de rejoindre sans effort la plupart des planètes... et même, pour certaines, de revenir sur Terre ! C'est une révolution mentale. Au Groupe des trajectoires, toutefois, on se demande comment un simple étudiant a pu résoudre à lui tout seul un problème aussi complexe. Spontanément, les responsables de Minovitch pensent que sa théorie viole le principe de la conservation de l'énergie. En fait, la sonde emprunte de l'énergie gravitationnelle à la planète qu'elle survole, mais pour cette dernière cela représente une perte infinitésimale du fait de sa grande masse. Après le survol de la sonde, la vitesse orbitale de la planète autour du Soleil reste d'ailleurs

Le 4 octobre 1961, le vice-président américain Lyndon Johnson (1908-1973) est en visite au JPL, près de Los Angeles. Le calendrier spatial s'est accéléré depuis le pari du président Kennedy d'envoyer un homme sur la Lune. Johnson (à gauche), passionné de conquête spatiale, est accompagné par William Pickering (1910-2004), le directeur du JPL, qui vient de lui présenter les programmes d'impacteurs lunaires Ranger et d'alunisseurs Surveyor. Ceux-ci devront préparer le débarquement des astronautes sur la Lune, la grande priorité politique du moment. Mais Pickering en a profité pour lui dévoiler les plans des premières missions vers les planètes Mars et Vénus, envisagées dans le cadre du nouveau Plan décennal, et qui permettraient à l'Amérique de réaliser de belles premières spatiales face aux Russes.
(NASA-JPL-CalTech)

Michael « Mike » Minovitch en août 1962, au JPL, dans la salle de contrôle de la mission Mariner 2. Le gros ordinateur IBM 7090 se trouve dans la pièce d'à côté et il l'utilise pour élaborer ses calculs de trajectoires de survols planétaires. *(Michael Minovitch, 1962)*

virtuellement inchangée. Sans chercher plus loin, les responsables du JPL envoient le rapport technique à d'autres universités afin que les calculs soient vérifiés... À l'insu de Minovitch.

En 1963, un article paraît dans la célèbre revue spécialisée *Aviation Week & Space Technology*. Il est écrit par des chercheurs du MIT qui ont omis de citer leurs sources. Minovitch se sent dépossédé de ses travaux et se fait alors confirmer par ses responsables que ses calculs ont bien été partagés avec d'autres qui ont repris ses équations pour modéliser des missions interplanétaires. Il n'aura ensuite de cesse de clamer sa découverte, sans succès. Finalement, la reconnaissance viendra de William Pickering (1910-2004), le très respecté directeur du JPL, qui vantera en 1970 ses mérites, ainsi que ceux de Gary Flandro (cf. plus loin), sans lesquels les missions Voyager vers les planètes géantes n'auraient jamais pu voir le jour. Charles « Charley » Kohlhase (1935-), directeur de l'équipe du design de la mission Voyager, l'exprimera très bien également : « [...] d'autres avant Minovitch (les pionniers de l'astronautique Yuri Kondratyuk, Friedrich Tsander...) ont découvert qu'un survol au plus près d'une planète pouvait perturber la trajectoire de l'objet qui la survole. Mais aucun d'entre eux n'a jamais développé les expressions mathématiques afin d'utiliser l'assistance gravitationnelle pour diminuer la consommation d'énergie nécessaire aux lancements et atteindre d'autres mondes qui, sinon, auraient été trop coûteux à visiter en se servant d'une trajectoire directe depuis la Terre. »

1965-1989 : première opportunité manquée

Se servant des calculs de Minovitch, le groupe des Trajectoires du JPL va demander, en 1965, à Gary Arnold Flandro (1934-), un jeune doctorant de l'université de Cal'Tech, de trouver quelques applications pratiques pour

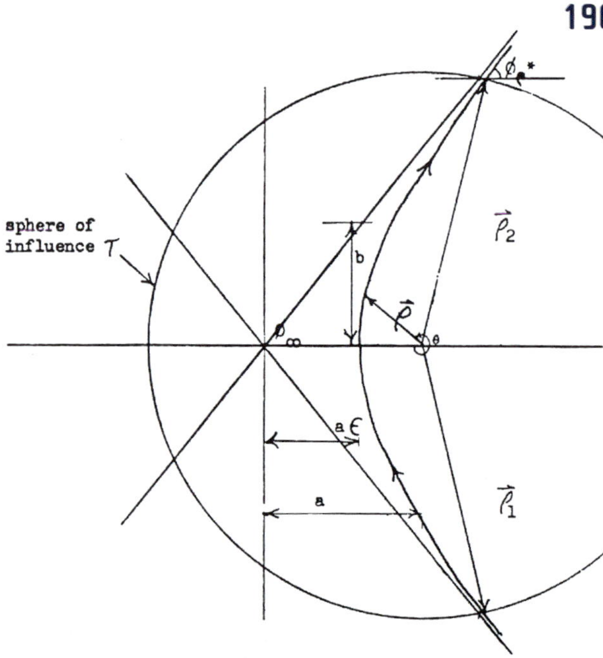

Une des trajectoires calculées par Mike Minovitch. Ici, la sonde vient de la Terre, passe à proximité de la planète Vénus (le petit cercle au centre) et voit sa trajectoire non seulement incurvée, mais aussi accélérée. *(M. Minovitch, JPL Technical Memo #312-118, July 11, 1961)*

l'exploration du Système solaire lointain. Flandro découvre que, tous les 176 ans, les planètes extérieures entrent dans une configuration qui permet de les explorer en se servant de l'assistance gravitationnelle. Des fenêtres de tir s'ouvrent en 1977 et, si on ne les exploite pas, il faudra patienter jusqu'en 2224. Flandro va ainsi déterminer trois missions types dont les temps de voyage se voient grandement raccourcis. Elles se détaillent comme suit.

1. Départ le 3 septembre 1977. La sonde doit survoler Jupiter en février 1979, Saturne en novembre 1980 et Pluton en juillet 1986 (mission dite J-S-P). Hormis la visite de Pluton, ce sera la mission effectuée presque aux mêmes dates par la sonde Voyager I, qui sera tirée le 5 septembre 1977, après Voyager II, mais dont la vitesse plus rapide est optimisée pour les survols des satellites Io, près de Jupiter (5 mars 1979), et Titan, près de Saturne (12 novembre 1980).

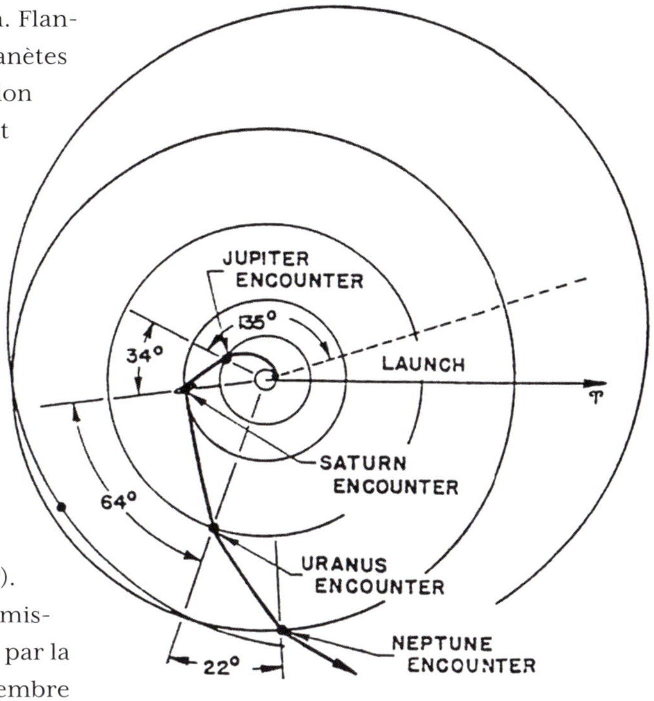

Une trajectoire originale dessinée par Gary Flandro en 1965 : ce sera celle utilisée pour la mission de la sonde Voyager 2 en 1977. *(NASA/JPL/Gary Flandro, 1966)*

Gary Flandro photographié en 1957, frais émoulu de Cal'Tech. *(Gary Flandro, 2014 SUU News – Student Media – Southern Utah University, d. r.)*

2. Départ le 3 septembre 1977 sur une trajectoire moins rapide, pour permettre quatre survols : ceux de Jupiter en juin 1979, de Saturne en juillet 1981, d'Uranus en octobre 1985 et de Neptune en mars 1989 (mission dite J-S-U-N). Elle inspirera celle de la sonde Voyager II qui sera tirée le 20 août 1977, survolera Jupiter le 9 juillet 1979, Saturne le 25 août 1981, Uranus le 24 janvier 1986 et Neptune le 25 août 1989.

3. Départ le 3 novembre 1979 : survols de Jupiter en mai 1981, d'Uranus en août 1985 et de Neptune en décembre 1989 (mission dite J-U-N). Une option qui ne sera jamais utilisée.

Gary Flandro calcule également une mission presque directe vers Pluton. Dite J-P, elle décolle

Le 5 janvier 1972, le président Richard Nixon (1913-1994) reçoit James Fletcher (1919-1991), l'administrateur de la NASA, pour approuver officiellement le nouveau programme de la navette spatiale. Fletcher sut mettre en place les deux plus grands projets d'exploration des planètes jamais tentés à l'époque : poser deux sondes Viking sur Mars et partir explorer les planètes géantes Jupiter, Saturne, Uranus et Neptune grâce au projet Grand Tour, qui servira de base au développement du programme Voyager. *(NASA)*

Une première vision depuis la surface de Mars grâce aux deux sondes américaines Viking posées en 1976. Ici, on voit le paysage martien découvert par Viking 1, reconstitué à partir des images prises pendant la mission. Viking eut un retentissement mondial qui donna ses lettres de noblesse à l'exploration planétaire. Elle inaugura la décennie glorieuse de la NASA où toutes les planètes du système solaire furent visitées... Toutes, sauf Pluton ! *(NASA/JPL/O. de Goursac)*

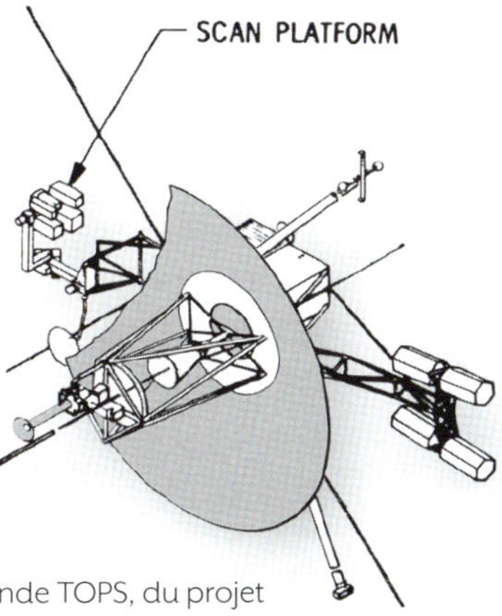

Projet de sonde TOPS, du projet Grand Tour. Sur ce schéma, la grande antenne circulaire est tronquée pour montrer la plateforme d'instruments. *(NASA – Technical Memorandum 33-589, 1973)*

Après l'annulation du projet Grand Tour, ce sont deux missions, Voyager I et II, qui partiront en 1977. Leur premier objectif est d'explorer Jupiter et Saturne. *(NASA/JPL)*

le 8 septembre 1977, contourne Jupiter en février 1979, puis survole Pluton le 4 août 1984. C'est la trajectoire qui sera finalement retenue pour l'envoi de la sonde New Horizons 29 ans plus tard !

En juin 1969, le projet d'exploration des planètes géantes est renommé Grand Tour. Il est proposé par la NASA avec le tir de quatre grosses sondes Mariner évoluées, dites TOPS (« Thermoelectric Outer Planets Spacecraft »), équipées de générateurs nucléaires. Deux missions J-S-P doivent être lancées, respectivement en 1976 et en 1977, et deux missions J-U-N, en 1979. Malheureusement, les restrictions budgétaires dues à la guerre du Vietnam les font annuler en décembre 1969 par le président Nixon, qui va ensuite anéantir les rêves grandioses de

Le succès des missions Voyager va sortir Pluton des esprits pendant plus d'une décennie. Voici les six clichés qui marqueront le grand public. Il y a Jupiter, avec sa Grande Tache rouge et ses bandes nuageuses, et son volcanique satellite Io, la « pizza de l'espace » ; Saturne, avec son spectaculaire anneau et son satellite Mimas, qui ressemble à l'Étoile de la Mort de *Star Wars*. La bille bleue toute lisse d'Uranus ne présentait pas d'intérêt médiatique, au contraire de Miranda, sa lune très accidentée, ornée de son chevron. Le public put découvrir Neptune avec sa Grande Tache sombre. Trop rapidement. Car les médias étaient tournés vers la chute des régimes communistes en Europe de l'Est… Et Triton, son satellite, n'eut que très brièvement les honneurs de la presse : ce fut une belle occasion manquée pour parler de Pluton. *(NASA/JPL-CalTech)*

base lunaire et d'atterrissage sur Mars. Le JPL va alors faire preuve d'imagination en réduisant davantage les coûts et Grand Tour renaît en janvier 1971 avec la proposition d'un Mini Grand Tour, constitué de deux missions J-S-P tirées en 1977, dites Mariner Jupiter-Saturn 1977, ou MJS 77, d'un coût de 360 millions de dollars américains (l'équivalent de 2,60 milliards de dollars de 2018). Cette proposition est approuvée en janvier 1972. Le JPL souhaite aussi une mission J-U-N (dite Mariner Jupiter-Uranus 1979), mais qui ne sera pas acceptée. Les deux missions MJS 77, qui sont numérotées Mariner 11 et 12, seront ensuite baptisées Voyager 1 et 2 en mars 1977, peu avant leur décollage.

En 1974, les chercheurs décident d'envoyer, en novembre 1980, la sonde Voyager 1 survoler Titan, le plus gros des satellites de Saturne, au détriment d'un survol de Pluton en mars 1986. Titan enflamme les esprits, car il possède une épaisse atmosphère qui est peut-être la source d'une chimie prébiotique exotique. *A contrario*, Pluton reste méconnue — ni sa grosse lune, Charon, ni son atmosphère n'ont encore été découvertes — et elle circule dans des espaces lointains et glacés très peu prometteurs pour l'exobiologie. C'est ainsi que, le 12 novembre 1980, Voyager 1 ira frôler l'atmosphère de Titan à 4 000 km, et l'opportunité de survoler Pluton en 1986 sera perdue.

La sonde Voyager 1 a entamé son voyage interstellaire. Elle aurait pu visiter Pluton dès mars 1986, après avoir survolé Saturne en novembre 1980. Mais les chercheurs en ont décidé autrement. *(NASA/JPL-CalTech)*

1989-2000 : Triton et la renaissance des projets

Le 25 août 1989, la sonde Voyager 2 survole Triton, le gros satellite de Neptune, à 38 500 km d'altitude et à la vitesse de 24 km/s. Les relations presse du JPL se sont trompées sur l'heure de la rencontre et les premières images arrivent au cœur de la nuit sur les écrans d'un auditorium vide, où moins de dix privilégiés les découvrent. Ce survol, qui pourtant s'annonçait prometteur, a manqué son rendez-vous avec les médias. Ceux-ci vont s'en désintéresser, pressés par l'actualité de la chute des régimes communistes en Europe de l'Est : ce jour-là, ils suivent de près l'évacuation sur l'Autriche des Allemands de l'Est qui occupent l'ambassade de RFA à Budapest, ainsi que l'investiture, en Pologne, du premier chef de gouvernement non communiste depuis la guerre.

Ces vues stupéfient en revanche quelques chercheurs insomniaques réunis dans un bureau du laboratoire, parmi lesquels figure Alan Stern, tout juste diplômé de l'université du Colorado, et qui avait été témoin direct de la découverte de Charon en 1978 (cf. chap. 1). On voit sur Triton les traces de ce qui semble être un volcanisme récent, mais où la lave aurait été remplacée par des glaces dont l'extrusion a renouvelé la surface : autrement dit, un cryovolcanisme. On découvre aussi une surface à la géologie complexe avec des terrains ressemblant à de la peau de melon (les *cantaloupe terrains*). La température moyenne en surface est de −235 °C (38,15 K) — plus froide que celle de Pluton, qui est plus riche en méthane. Une atmosphère à la pression au sol de 0,014 millibar (14 µbar ± 2 µbar) est également détectée par Voyager II. Les connaissances progresseront : on s'apercevra par la suite que la pression atmosphérique a probablement augmenté jusqu'à 23 µbar entre 2005 et 2015, pour redescendre à une valeur estimée à 14,1 ± 0,3 µbar en 2017 : plus dense que celle de Pluton mesurée à 11,5 µbar par New Horizons.

Finalement, avec ses 2 707 km de diamètre et sa densité 2,05 g/cm^3, Triton ressemble beaucoup à Pluton (2 370 km de diamètre, densité 1,88 g/cm^3), et serait un jumeau capturé par Neptune. En effet, sa densité relativement élevée et le fait qu'il circule sur une orbite rétrograde indiquent que Triton ne s'est pas formé autour de Neptune, mais qu'il est plutôt un gros KBO (cf. chap. 1) capturé par la gravité de la planète. Si tel est le cas, les effets de marée ont dû fortement réchauffer l'intérieur du satellite, le temps que son orbite très excentrique se circularise. Sa surface a dû être ainsi entièrement renouvelée, peut-être même plusieurs fois, ce qui explique bien son aspect faiblement cratérisé et dénué de reliefs imposants. Certains, comme Alan Stern, sauront mettre en avant cette découverte, en concluant que Pluton est un corps qu'il faut partir explorer, car son histoire géologique n'a pas subi l'influence gravitationnelle d'une grosse planète comme Neptune et sa surface a dû rester très tourmentée. En 2015, les premières images rapprochées qu'il découvrira de Pluton lui donneront raison.

C'est ainsi que, dès novembre 1989, l'envoi d'une mission vers Pluton est officiellement proposé. Ses promoteurs sont Alan Stern et Robert « Bob » Farquhar (1932-2015), alors en train de migrer du centre spatial Goddard de la NASA vers l'Applied Physics Laboratory de l'université Johns-Hopkins : le JHU/APL, dans le Maryland. Leur idée est d'envoyer une sonde légère nommée Pluto-350, parce que sa masse est de 350 kg et qu'elle n'emporte qu'une charge minimale d'instruments, dont une caméra et un spectromètre ultraviolet. Afin de réduire le budget, ils choisissent une fenêtre de tir en novembre 2001 sur un lanceur bon marché, une fusée légère Delta II coûtant 50 millions de dollars. Mais pour cela, Pluto-350 devra voyager à l'économie en empruntant des chemins détournés dans le but d'acquérir le supplément de vitesse qui n'aura pas été impulsé au départ.

Alan Stern, force motrice du projet[1], est un vrai passionné, depuis sa plus tendre enfance, de tout ce qui touche à l'exploration spatiale. Il a obtenu une maîtrise en ingénierie aérospatiale à l'université du Texas, à Austin, a travaillé 7 ans comme ingénieur aérospatial au centre NASA de Houston, puis chez Martin Marietta Aerospace, avant d'entrer au très réputé LASP (Laboratory for Atmospheric and Space Physics) de l'université du Colorado. De là, il a acquis les connaissances poussées en techniques

L'incroyable Triton, découvert par Voyager II en 1989, crée un choc visuel : il est à peine plus gros que Pluton et surprend par la diversité de ses formations. À gauche, on voit sa calotte polaire australe, constituée de glace d'azote marbrée, ponctuée de traînées sombres laissées par des geysers qui éjectent de la matière emportée par les vents. À droite, d'anciens terrains, dont la topographie a l'aspect de peau de melon, semblent avoir fondu plusieurs fois sous l'effet d'une activité venue des profondeurs. Par endroits, on y distingue des volcans de glace (en macaron, en bas) : c'est la découverte du cryovolcanisme. Avec sa croûte cisaillée de fractures, Triton semble être un monde toujours actif et évoque un jumeau de Pluton qui aurait été capturé par Neptune. Cette vision va décider les chercheurs à se mobiliser pour l'exploration de Pluton. *(NASA/JPL/USGS)*

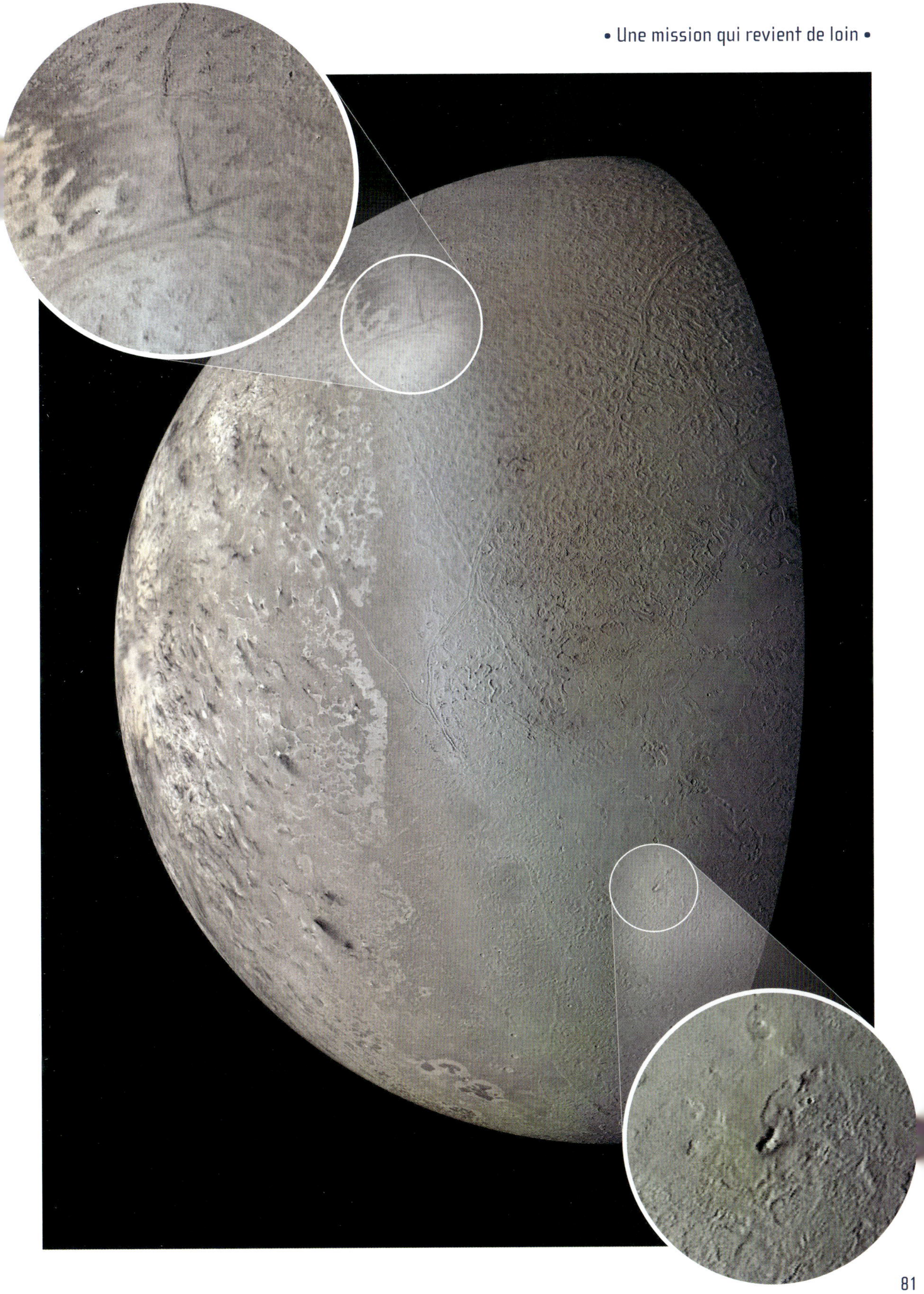

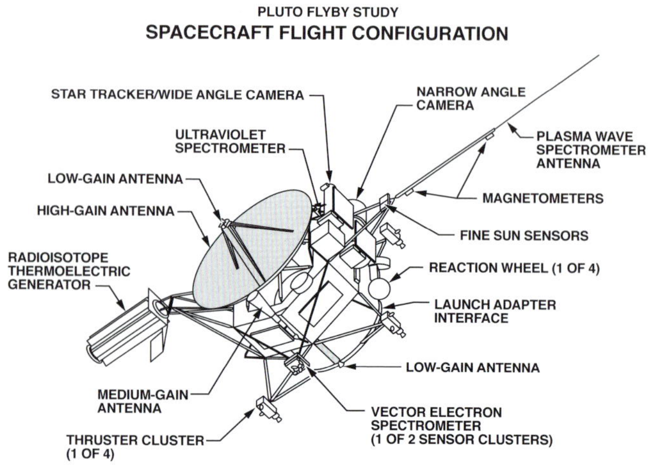

Le projet Pluto-350 d'Alan Stern et Bob Farquhar, en 1989 : c'est le schéma de base qui leur permettra de réaliser la mission New Horizons, qui partira en 2006. *(NASA/JPL/Planetary Society* – The Planetary Report, *July-August 1990)*

spatiales et en systèmes de satellites, qui lui seront très utiles lorsqu'il définira ses projets de sondes vers Pluton. De 1983 à 1991, il a occupé, à l'université du Colorado, une série de postes liés à l'administration des projets de recherches, ce qui lui a donné l'opportunité de suivre un cursus complet en astrophysique et en sciences planétaires, d'où il a fini par décrocher un doctorat en 1989. Il avait déjà également en main son brevet de pilote et d'instructeur de vol, dans l'espoir de pouvoir un jour poser sa candidature d'astronaute à la NASA. En 1996, il a même été candidat pour voler comme spécialiste de mission sur la navette spatiale, mais n'en a pas eu l'opportunité ; un de ses grands regrets.

Mais on ne peut comprendre la personnalité d'Alan Stern sans tenir compte de sa mentalité de vendeur. Car l'homme a une âme de commercial. L'été 1976 restera mémorable pour lui, non seulement à cause du premier atterrissage réussi sur Mars, celui de Viking 1, mais aussi parce que c'est à ce moment qu'il apprend le dur métier de la vente en porte à porte. De cette expérience, il va garder un caractère opiniâtre et dira de lui-même que « 80 % de ce qu'il fait maintenant est un jeu de vente ». Cette qualité lui servira grandement lorsqu'il décrochera un premier poste au siège social du Southwest Research Institute (SwRI), à San Antonio, au Texas, un institut à but non lucratif.

La trajectoire de la sonde Pluto-350 prévue par Alan Stern et Bob Farquhar. Elle quitte la Terre en novembre 2001, rencontre l'astéroïde (1442) Corvina en décembre 2002, puis survole la Terre en janvier 2005 pour gagner de la vitesse afin de rejoindre Jupiter en mai 2006. De là, elle peut rejoindre Pluton en juin 2015. C'est l'utilisation, en 2006, d'un lanceur plus puissant que la Delta II qui économisera quatre années de trajet et qui permettra à New Horizons d'arriver en juillet 2015. *(O. de Goursac, d'après* The Planetary Report*/Planetary Society, July-August 1990)*

Là, il parvient à convaincre son patron que l'argent engrangé régulièrement grâce aux contrats passés avec le département de la Défense (DoD) pourrait servir à diversifier les activités du SwRI : en 1994, il part seul, avec une assistante, créer un avant-poste dédié aux sciences spatiales dans la ville de Boulder, au Colorado. L'initiative est couronnée de succès. En 2015, ce département employait une cinquantaine de chercheurs et, sur les 592 millions de dollars engrangés par le SwRI, ses revenus s'établissaient à 40 millions de dollars !

Ce sont ces multiples expériences qui vont valoir à Alan Stern d'être sélectionné, en avril 2007, par la NASA comme administrateur associé à la direction des Missions scientifiques. Mais c'est déjà une autre histoire... Ses plus proches collaborateurs constatent qu'il a un tempérament d'entrepreneur et qu'il lance souvent des idées à tout-va, ne sachant pas toujours celles qui vont toucher leur cible : « S'il y a quelqu'un qui peut sortir un lapin du chapeau dans tout cela, c'est bien Alan, disent-ils. Mais parfois, on ne sait pas s'il y avait un lapin. » Quoi qu'il en soit, Stern possède une maîtrise peu commune de tout ce qui touche à la politique spatiale et, finalement, on peut dire de lui qu'il a su sortir le bon lapin au bon moment pour partir explorer Pluton.

Parallèlement, le rôle de Farquhar va se révéler déterminant : n'est-il pas le génial concepteur d'orbites complexes, comme celles dites « de halo », où un satellite peut tourner autour d'un point de Lagrange, un point virtuel de l'espace où l'influence des champs de gravité du Soleil et de la Terre permet de tourner autour de leur centre de gravité commun ? Farquhar conçoit une trajectoire où, après son lancement, Pluto-350 effectuerait le survol d'un astéroïde, puis de la Terre, rejoindrait ensuite la planète géante Jupiter et la contournerait pour foncer vers Pluton, qu'elle atteindrait en juin 2015... Treize ans de voyage ! Leur objectif est de faire financer la mission dans le cadre de Discovery, le tout nouveau programme d'exploration de la NASA. Pari gagné : l'enveloppe budgétaire de 150 millions de dollars prévue par la NASA n'est pas dépassée !

Âgé de 34 ans en 1991, Alan Stern (à gauche), est déjà très investi dans la promotion de son projet de mission Pluto-350. Le combat est rude, car il lui faut non seulement convaincre ses confrères que Pluton est un corps beaucoup plus intéressant qu'il en a l'air, mais aussi la NASA que son idée de sonde légère est la meilleure solution technique. Pluton semble une destination si ardue à atteindre, tant techniquement que politiquement, que Stern la décrit comme « l'Everest de l'exploration planétaire ». Comprenant qu'il ne peut gagner seul la bataille, il a créé un groupe informel de chercheurs qui le soutiennent envers et contre tout et qui l'aident dans le lobbying des décideurs. C'est le cas de Frances « Fran » Bagenal (à droite, 1954-), professeur d'astrophysique et des sciences planétaires à l'université du Colorado, à Boulder. Elle est déjà une spécialiste reconnue des particules qui se laissent piéger autour des planètes dans leurs champs magnétiques et a été de tous les combats pour Pluton avec Alan Stern. Elle sera également coïnvestigatrice de l'expérience SWAP, dans le cadre de la mission New Horizons, mais surtout, avec Alan Stern, l'agent de liaison de l'équipe scientifique auprès des médias. *(NASA/ Outer Planets Science Working Group-OPAG/ Dale Cruikshank)*

Car Stern et Farquhar ont échangé longuement avec Stamatios « Tom » Krimigis (1938-), l'un des responsables du JHU/APL. C'est lui qui a inspiré la vision du programme Discovery et c'est un chercheur des plus expérimentés et comptant parmi les plus respectés de la NASA. Outre le fait qu'il est l'un des anciens étudiants du professeur James Van Allen (1914-2006, découvreur des ceintures de radiations encerclant la Terre), il coiffe le célèbre département spatial de l'université Johns-Hopkins (dont il deviendra directeur en 1991) et sa Civil Space Team, dont la compétence historique des ingénieurs n'est plus à démontrer. En 1946, c'est sous leur responsabilité qu'avaient été testés, à White Sands, au Nouveau-Mexique, les missiles V2 récupérés en Allemagne. Depuis 1959, Johns-Hopkins a construit des dizaines de satellites, réalisé des centaines d'instruments scientifiques pour la NASA et ses ingénieurs conçoivent les équipements et les systèmes de combat pour l'US Navy et la Missile Defense Agency (MDA), ainsi que pour le programme spatial du département de la Défense. Krimigis connaît sur le bout des doigts les missions Explorer, dont il a été l'un des développeurs. Il s'agit d'un programme spatial parmi les plus prolifiques et les moins coûteux des États-Unis : son premier satellite, Explorer 1, a découvert les ceintures de Van Allen en 1958.

En 1989, alors qu'à la NASA on s'inquiète de la baisse constante des budgets alloués à l'exploration planétaire, Krimigis explique patiemment que le programme Explorer pourrait être pris comme modèle pour lancer de petites missions peu coûteuses, aux objectifs précis. L'homme est tenace et rabâche imperturbablement ses arguments. L'Agence se laisse convaincre et inclut une approche rapide et à bas coût de type Explorer dans son plan à long terme. Le 30 juin 1989, lors d'un séminaire, les participants découvrent que Krimigis a fait évoluer le design d'Explorer vers un concept innovant de petite sonde, l'Advanced Composition Explorer (ACE). En fin de réunion, on lui demande sans ambages s'il accepterait de décliner son concept ACE pour mettre au point des missions planétaires bon marché. Krimigis opine. C'est ainsi que va naître, à la NASA, l'équipe dédiée au programme des sondes économiques que l'on nomme Discovery ; celui dans lequel Pluto-350 pourrait s'inscrire. En décembre 1990, dans ce nouveau cadre, la NASA lance la première étude pour une mission vers les astéroïdes, Near Earth Asteroid Rendezvous (NEAR). Mais la mission Pluto-350 n'est pas intégrée dans Discovery. N'a-t-elle pas été oubliée par les décideurs ?

Il se trouve que c'est la modestie même de la mission Pluto-350 qui l'a décrédibilisée à

En 1990, les chercheurs s'impatientent. Pluton possède une atmosphère, mais qui risque de geler sur place, et la géométrie est de moins en moins favorable aux observations avec l'entrée progressive de l'hémisphère sud dans la nuit hivernale. Après 2020, un survol de Pluton aura beaucoup moins d'intérêt : c'est maintenant qu'il faut partir l'explorer ! *(O. de Goursac, d'après cartes NASA/JHU-APL/SwRI)*

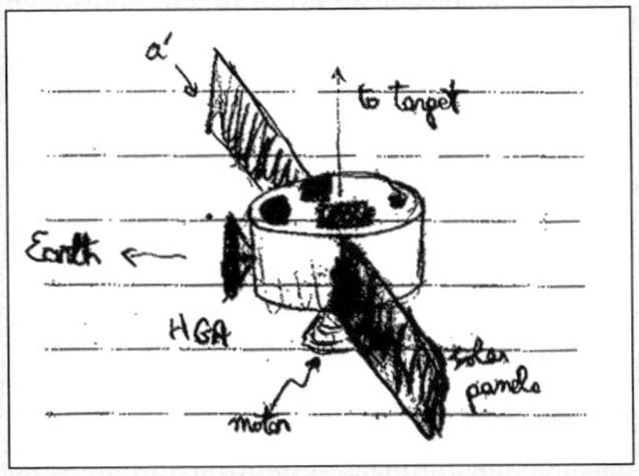

La sonde NEAR, un concept novateur

Voici le premier crayonné, réalisé en janvier 1991, de la sonde NEAR (« Near Earth Asteroid Rendezvous ») vers les astéroïdes, qui servira de modèle à New Horizons. Son concept innovant est directement dérivé de l'« Advanced Composition Explorer » (ACE) imaginé par Tom Krimigis au JHU/APL. Contrairement aux autres sondes en cours de développement à la NASA, NEAR ne possède pas de grosses pièces mobiles, ni de plateforme instrumentale montée sur un bras articulé, ni d'antenne parabolique orientable. Un petit moteur (*motor*) et des panneaux solaires (*solar panels*), fixes eux aussi, viennent compléter le dispositif. Pendant sa croisière, la sonde sera stabilisée par *spin*, c'est-à-dire en tournant sur elle-même, avec son antenne (*HGA*) face à la Terre (*Earth*). Si on doit cibler un corps avec un instrument (*to target*), c'est toute la sonde qu'on fait pivoter. L'innovation réside surtout dans les avancées en programmation du JHU/APL pour le département de la Défense : on peut maintenant faire rapidement bouger une sonde en tous sens et avec une extrême précision, grâce aux micro-impulsions de ses petits propulseurs auxiliaires utilisés pour le contrôle d'attitude. Le JHU/APL va convaincre la NASA que ce design simplifié permet de pointer les instruments vers un corps céleste, et même de le suivre dans son mouvement lorsqu'on le survole. On peut enfin réaliser des missions planétaires bien moins coûteuses ! Les projets Pluto-350, Pluto Fast Flyby, Pluto Kuiper Express et New Horizons vont largement s'en inspirer. *(Andrew F. Cheng, « Planetary Science at APL »,* Johns Hopkins APL Technical Digest, *Vol. 20, No 4, 1999)*

Washington. En 1990, la NASA préfère l'envoi d'une lourde sonde Mariner Mark II, un dérivé de la mission Cassini vers Saturne, en remplaçant la capsule Huygens par un module largué avant la rencontre avec Pluton pour qu'il puisse prendre, à une demi-journée plutonienne d'écart (3 j, 4 h et 39 min), des images de sa face opposée. Pour les chercheurs, le temps presse vraiment. Il leur faut survoler Pluton avant 2020, car son atmosphère risque ensuite de geler totalement au sol à cause de son refroidissement dû à l'éloignement progressif du Soleil de la planète sur son orbite. En outre, après 2020, l'hémisphère sud sera presque entièrement plongé dans la nuit hivernale, ce qui limitera les observations, pendant la rencontre, aux régions boréales. Seule une étroite bande d'environ 20° sera alors visible sous l'équateur.

L'arrivée de Dan Goldin (1940-), le 1er avril 1992, au poste d'administrateur de la NASA, va précipiter le mouvement. Dans le cadre de sa nouvelle approche « plus vite, mieux et moins cher », qui exclut les lourdes missions planétaires fourre-tout d'autrefois, surgit l'idée d'une mission d'ingénieurs à 400 millions de dollars : Pluto Fast Flyby (PFF). Il s'agit d'envoyer deux sondes identiques et dotées de trois instruments pour être les plus légères possibles (150 kg). Elles pourraient être tirées par une seule fusée Titan IV sur une trajectoire directe, sans survol de Jupiter, et mettraient de 7 à 9 ans pour atteindre Pluton en réalisant un survol à 15 000 km de distance, et à une demi-journée plutonienne d'écart, pour examiner ses deux faces.

Les objectifs sont répartis en trois grandes catégories. Il y a d'abord les objectifs obligatoires : dresser une carte géologique et de la composition de la surface de Pluton et de Charon et déterminer les constituants de l'atmosphère de Pluton. Viennent ensuite les objectifs complémentaires : pour Pluton, dresser une carte en relief à l'aide d'images en stéréoscopie, prendre des images en haute résolution près du terminateur, dresser une carte thermique, rechercher

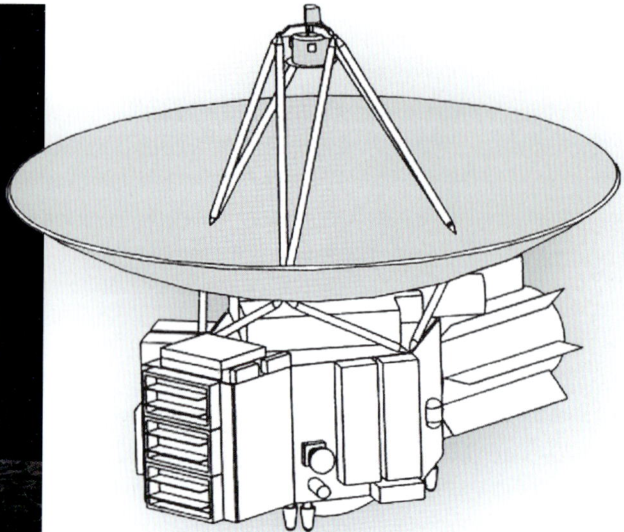

Le projet Pluto Fast Flyby des ingénieurs du JPL, en 1992. Il a la préférence de la NASA. Notons que sa configuration est déjà très proche de celle de la sonde New Horizons, qui partira en 2006. *(NASA/JPL à droite, NASA/Pat Rawlings à gauche)*

des hydrocarbures, caractériser son ionosphère et observer son interaction avec le vent solaire ; pour Charon, rechercher une atmosphère. Restent enfin les objectifs à réaliser si possible : caractériser l'environnement autour du couple Pluton-Charon en recherchant les particules énergétiques, les champs magnétiques, et l'existence d'autres petits satellites et d'anneaux. Ces priorités seront reprises lors de la définition des missions principale et secondaire (cf. chap. 4) proposées par la NASA en janvier 2001 à l'occasion de l'appel d'offres Pluto Kuiper Belt (PKB).

Dan Goldin souhaite aussi diminuer les coûts de lancement. Les ingénieurs du JPL conçoivent alors un design de sonde d'une masse ultra-compacte inférieure à 80 kg (hors ergols). Un exploit ! Mais, au fil des études, elle prend vite de l'embonpoint pour atteindre 120 kg. Car certaines options sont de nature contradictoire. Par exemple, l'utilisation d'une structure légère en titane impose de protéger l'électronique des éruptions solaires derrière de lourdes barrières antiradiations. Après maintes modifications, il apparaît que la mission nécessitera le lancement de deux fusées Titan IV, ce qui représente un coût de 400 millions de dollars chacune, auxquels il faut ajouter près de 400 millions de dollars pour chacune des deux sondes... un budget pharaonique qui se monte à 1,6 milliard de dollars début 1994 (l'équivalent de 3,25 milliards de 2023). Après la perte de la très coûteuse sonde Mars Observer en 1993, Dan Goldin va rappeler les impératifs du « plus vite, mieux et moins cher » et indiquer que ces dispendieuses missions n'ont aucune chance d'être approuvées par la NASA et encore moins au Congrès.

C'est au même moment que les astronomes découvrent que Pluton circule dans une région occupée par une multitude de petites planètes glacées, les KBOs (cf. chap. 1), qui forment ce que l'on nomme la ceinture de Kuiper. Après un intermède durant lequel on envisage sans succès une coopération entre l'agence spatiale

Le Groupe des planètes extérieures

Du 6 au 9 juillet 1993, se tient à l'observatoire Lowell, près de Flagstaff, la première réunion du Groupe de travail scientifique sur les planètes extérieures (« Outer Planets Science Working Group ») de la NASA. Alan Stern, véritable force motrice, a réuni cette équipe d'ingénieurs et de chercheurs. Certes, le groupe publie de nombreux articles scientifiques, qui seront résumés en 1997 par la publication de l'ouvrage de référence *Pluto and Charon* (University of Arizona Press). Mais il s'apparente d'abord à un mouvement pro-Pluton au fonctionnement presque clandestin, nommé de manière informelle « Pluto Underground ». On y discute beaucoup pour mettre au point les arguments capables de convaincre la NASA d'aller visiter Pluton, mais on y aide aussi la Planetary Society, un puissant mouvement associatif prospatial, afin qu'elle puisse, à son tour, influencer les décideurs politiques à Washington.

De gauche à droite, en haut : le frère et la sœur Eliot et Leslie Young, qui ont respectivement dressé les premières cartes de Pluton et codécouvert son atmosphère (Southwest Research Institute/SwRi, laboratoire des sciences planétaires, Boulder, Colorado) ;

au 2e rang : Richard Wallace, promoteur d'une mission vers Neptune (JPL), Andrew Cheng, promoteur de la première mission Discovery de la NASA vers l'astéroïde Éros (JHU-APL), William « Bill » McKinnon, professeur de sciences planétaires (université Washington, Saint Louis), David Tholen, astronome spécialiste de Pluton (université d'Hawaï), Robert « Bob » Staehle, ingénieur coresponsable du projet Pluto Fast Flyby (JPL), Marc Buie — jamais sans son chapeau — qui a dressé les premières cartes de Pluton avec Eliot Young (observatoire Lowell, Flagstaff) et Laurence « Larry » Trafton, astronome spécialiste du télescope spatial Hubble (McDonald Observatory) ;

au 1er rang : Dale Cruikshank, spécialiste des surfaces des corps du système solaire extérieur (NASA Ames Research Center), Alan Stern, avec des lunettes noires (Southwest Research Institute/SwRI, Texas), Stacy Weinstein, ingénieur coresponsable du projet Pluto Fast Flyby (JPL), et Frances « Fran » Bagenal, professeur en sciences planétaires (université de Boulder, au Colorado).

(NASA/JPL-Caltech / Robert L. Staehle)

russe IKI et la NASA, avec le prêt d'un lanceur Proton par les Russes, le concept Pluto Fast Flyby renaît de ses cendres en 1995 sous l'appellation Pluto Kuiper Express (PKE). Il s'agit maintenant d'envoyer une unique sonde de 175 kg qui n'emportera que 9 kg d'instruments et qui devra poursuivre sa mission vers un objet de Kuiper. La raison toujours avancée est d'arriver le plus vite possible avant que l'atmosphère de Pluton ne gèle en surface. Mais, après l'annonce historique de la NASA, le 7 août 1996, sur la présence possible de nanobactéries dans la météorite martienne ALH-84001, le service du budget de la Maison-Blanche (« Office of Management and Budget », ou OMB) estime qu'une mission vers Europe, le gros satellite de Jupiter probablement doté d'un océan, est plus intéressante à promouvoir auprès des décideurs politiques et du public qu'un survol de Pluton, qui est un monde glacé et sans intérêt pour y trouver la vie.

Les études d'avant-projet de PKE sont néanmoins budgétées pour 1998 et, en 1999, la NASA institue l'équipe dédiée au suivi du lancement d'un appel d'offres. Minimum requis : une caméra pour comprendre la géomorphologie de la surface, un spectromètre de cartographie travaillant dans le proche infrarouge, un spectromètre ultraviolet pour déterminer la composition des sols, et une expérience d'occultation radio pour sonder l'atmosphère de Pluton.

Les propositions doivent être soumises en mars 2000. Mais, par souci d'économies, la NASA décide d'inclure PKE dans un programme plus vaste, Outer Planets/Solar Probe Project, nommé aussi Fire and Ice (« Feu et Glace »), qui intègre deux autres missions : le projet Europa Orbiter d'exploration d'Europe, le satellite glacé de Jupiter, et Solar Probe, une mission risquée devant plonger dans la couronne solaire. Celles-ci sont conditionnées à la mise au point de technologies d'avant-garde dans le cadre d'un nouveau programme, le X2000. La mission vers Pluton se voit ainsi intégrée dans le segment Ice. Elle remet alors à l'ordre du jour sa coopération avec les Russes, qui sont prêts à fournir deux lanceurs Proton pour un vol direct et rapide, sans recourir à l'assistance gravitationnelle de Jupiter.

Le déroulé de la mission Ice promet d'être passionnant. Six mois avant le survol de Pluton, commenceront les observations lointaines (spectromètre UV et infrarouge, imagerie) et un mois avant la rencontre, une petite sonde russe, Drop Zond, sera larguée et orientée sur une trajectoire d'impact vers Pluton. Drop Zond transmettra ses données à la Terre via le vaisseau Ice. La rencontre avec Pluton se fera entre 12 et 18 km/s, une vitesse proche des 17 km/s de la rencontre de Voyager 1 avec Titan, mais plus lente que celle de Voyager 2 avec Triton, qui était de 24 km/s. Cinq heures avant le survol, toute l'acquisition des données d'Ice se placera en mode automatique, avec la collecte d'au moins un gigabit de données à transmettre plus tard vers la Terre. Puis, de trente à quinze

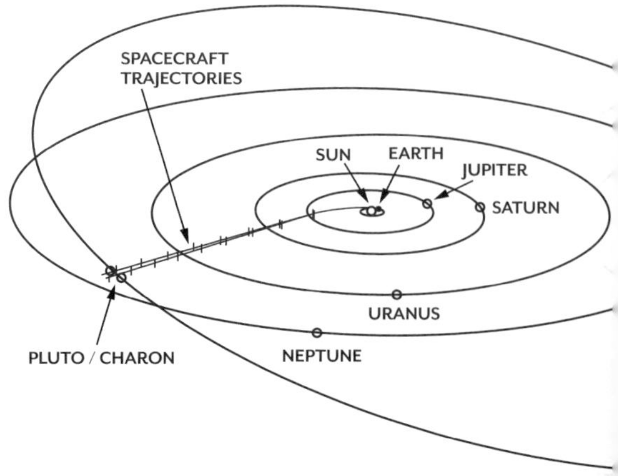

Au diable l'avarice ! La mission Ice vers Pluton se fera avec deux sondes pour des raisons de redondance, au cas où l'une d'entre elles tomberait en panne pendant le voyage. Elles seront envoyées sur une trajectoire directe depuis la Terre, sans assistance gravitationnelle de Jupiter et à l'aide de deux grosses fusées russes Proton. Le temps de trajet est estimé alors entre 8 et 10 ans, plus rapide que les 12 ans de Voyager 2 pour atteindre Neptune. Ce projet sera finalement annulé pour des questions budgétaires. *(D'après NASA)*

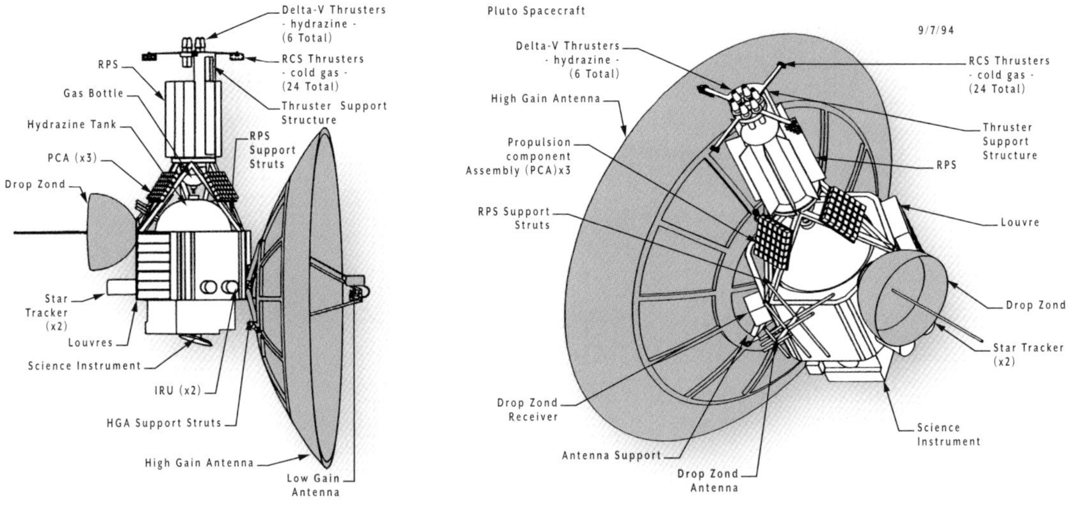

Le projet Fire and Ice (« Feu et Glace ») de 2000. L'idée est d'envoyer vers Pluton la mission PKE, qui fait partie du volet Ice du projet. Maintenant, ce sont deux grosses sondes similaires bardées d'instruments que l'on prévoit de tirer. Elles emporteront chacune une petite sonde russe largable : Drop Zond. *(NASA)*

minutes avant le survol, Ice recevra les données transmises en direct par Drop Zond, qui la précédera alors de 20 000 km. La petite sonde russe n'emportera qu'un minimum d'instruments : un spectromètre de masse, un accéléromètre et une caméra frontale pour prendre des images de plus en plus détaillées de la surface, à l'aide d'un objectif de 50 mm, jusqu'à l'impact final. Elle devra aussi prendre des vues latérales jusqu'à l'horizon pendant la traversée de l'atmosphère avec une autre caméra, dotée d'un objectif de 15 mm de type fisheye, afin de découvrir la structure des bancs de brume. Ensuite, Ice survolera Pluton à 15 000 km à la vitesse de 15 km/s : on espère cartographier la surface avec une résolution voisine du kilomètre. Charon sera observé lui aussi, puis deux occultations, du Soleil (passage dans l'ombre) et de la Terre (interruption du signal radio), permettront de déterminer les profils atmosphériques. Deux heures après le survol, les premières données seront émises par Ice. Les ingénieurs estiment qu'il faudra au moins six mois pour toutes les recevoir. Dans l'intervalle, ils ajusteront la mission de la seconde sonde, qui frôlera, six mois plus tard, à 3 000 km d'altitude, la face de Pluton qui n'aura pu être observée. Enfin, commencera la phase de planification de la rencontre avec un objet de la ceinture de Kuiper (KBO).

La NASA envisage déjà un projet de secours, dit Ice Backup Mission, au cas où la mission Ice d'origine ne pourrait se réaliser qu'avec une seule sonde et si les budgets ne permettent de disposer que d'un lanceur léger. L'Agence spatiale reprend alors un concept très proche de celui qui avait été déjà envisagé par Alan Stern pour Pluto-350, avec des survols de la Terre puis de Jupiter pour profiter d'une assistance gravitationnelle et gagner de la vitesse. Mais elle note que son inconvénient est son long voyage de plus de 13 ans. Malheureusement, les coûts de développement d'Ice s'emballent, passant de 650 à 1 500 millions de dollars (1 140 à 2 620 millions de 2023), et on constate que les avancées du X2000 ne lui profiteront pas, car ce sont des sondes plus simples à concevoir que celles de la mission Fire. Réalisant par ailleurs que la mission vers Europe, le satellite de Jupiter, intéresse

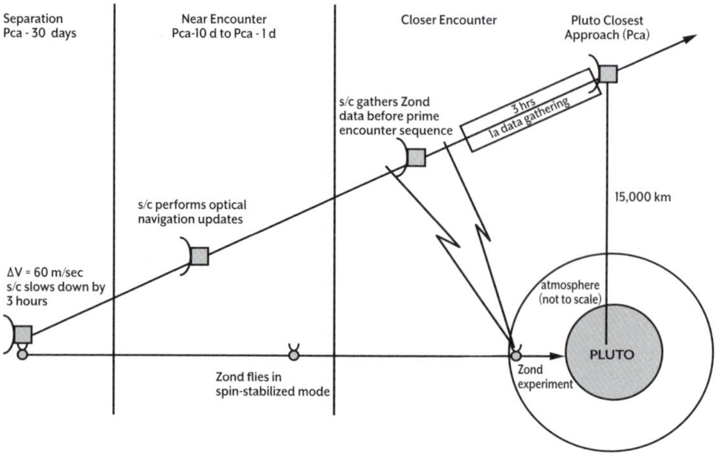

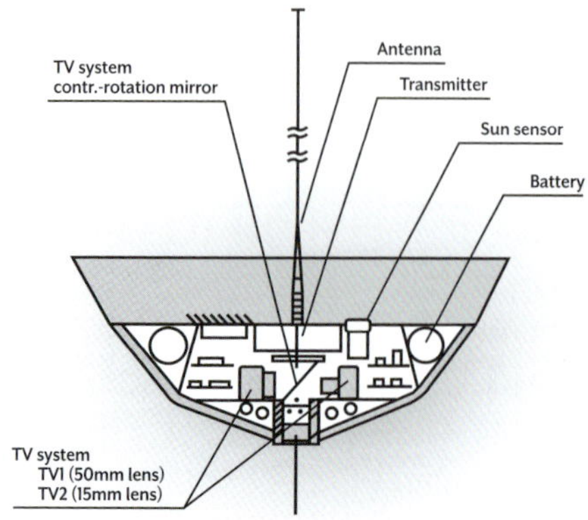

La trajectoire d'une sonde Ice aux abords de Pluton. Un mois avant la rencontre, une petite Drop Zond russe est larguée et orientée sur une trajectoire d'impact vers Pluton. Dotée d'un minimum d'instruments, elle prend des images pendant sa descente et transmet ses données à la Terre via Ice juste avant sa phase de survol rapprochée. *(D'après NASA)*

davantage les politiques à Washington, la NASA ordonne, le 12 septembre 2000, de stopper les études du programme Fire and Ice, qui inclut la mission vers Pluton, Pluto Kuiper Express (PKE). La communauté scientifique est sous le choc. Après l'annulation des survols de Pluton par la sonde Voyager 1, par Pluto-350 et par Pluto Fast Flyby, Pluto Kuiper Express est la quatrième opportunité manquée !

2000-2001 : la mobilisation contre la Maison-Blanche

L'annulation surprise du programme Fire and Ice, avec sa mission vers Pluton, va fâcher tout rouge la communauté scientifique. Ces vives réactions sont canalisées par la Planetary Society, un mouvement associatif prospatial qui rassemble, à l'époque, près de cent vingt mille membres, et qui a l'oreille de nombreux décideurs à Washington. Elle va lancer une vaste mobilisation pour défendre la mission vers Pluton : plus de dix mille cartes postales envoyées par ses membres sont collectées et portées à Washington par deux de ses intrépides responsables, Louis « Lou » Friedman (1941-) et William « Bill » Nye (1955-). Un bras de fer politique

Le projet Pluto Kuiper Express (PKE), de 1995.
Son annulation surprise, en septembre 2000, va avoir l'effet d'un chiffon rouge agité devant la communauté scientifique. Les réactions, très vives, vont s'exprimer par le canal de la Planetary Society, qui va mobiliser le Congrès en faveur de l'exploration de Pluton. La NASA sera forcée d'annoncer, en décembre, le lancement d'un appel d'offres pour une mission Pluto Kuiper Belt (PKB). Il donnera naissance à la mission à succès New Horizons, qui partira en 2006. *(NASA)*

va alors s'engager entre la Maison-Blanche et le Capitole. Dan Goldin, l'administrateur de la NASA, se trouve pris entre deux feux : d'une part il doit respecter les impératifs budgétaires dictés par la présidence américaine, dont il dépend hiérarchiquement, d'autre part il ne veut pas fâcher les membres du Congrès, notamment le sous-comité spécialisé qui lui alloue ses budgets[2]. Celui-ci est présidé par Barbara Ann Mikulski (1936-), la sénatrice démocrate du Maryland, surnommée « Senator Barb ». Ancienne travailleuse sociale catholique de Baltimore, c'est une femme solide qui a une longue expérience des combats politiques et qui connaît très bien le domaine spatial. Chaque fois que la Maison-Blanche veut réduire les budgets spatiaux pour des raisons jugées trop politiques, sans tenir compte des retombées locales, le ton monte vite avec Senator Barb. Les échanges risquent d'être vifs. D'autant plus que la célèbre université Johns-Hopkins (JHU-APL) dépend de sa circonscription électorale. Ce centre est l'orgueil du programme spatial militaire américain et Barbara Mikulski s'était déjà battue, en 1993, pour que la mission NEAR, du JHU-APL, soit intégrée dans le programme Discovery, ce qui permettait au centre d'acquérir ses lettres de noblesse en exploration planétaire.

Bill Nye, dit aussi « the Science Guy ». Il crée des émissions de vulgarisation scientifique très suivies à la télévision. Il va mettre toute son énergie au service de la mission vers Pluton. Comme ici où il montre un carton plein de pétitions à remettre au Congrès. *(The Planetary Society)*

Depuis, Mikulski a fait sien le combat pour Pluton et elle est prête à ferrailler de toutes ses forces. L'affrontement politique s'annonce très risqué pour la NASA, d'autant plus que l'autorité du président Clinton n'est plus que virtuelle dans la campagne présidentielle qui oppose maintenant Al Gore à George W. Bush. Affronter une Senator Barb qui est à la fois convaincue de la nécessité d'explorer Pluton, vraiment remontée contre les manœuvres de politique politicienne et de très mauvaise humeur de voir annuler le projet, c'est comme faire face à un gros blindé qui écrase tout sur son passage. Goldin choisit de hisser le drapeau blanc, car il n'a plus d'arguments à opposer, ni aucun soutien à attendre d'un supérieur direct réduit à l'état de canard boiteux. Il ne souhaite pas non plus se

Louis « Lou » Friedman, cofondateur de la Planetary Society : avec Carl Sagan, il va organiser tout le lobbying politique auprès du Congrès pour sauver la mission vers Pluton. *(The Planetary Society)*

fâcher avec la communauté des chercheurs, répartie localement dans tous les États où la NASA a ses centres. Autant capituler en attendant des jours meilleurs... et la nomination d'un nouveau président des États-Unis.

Après quelques tractations de pure forme, la NASA annonce, le 20 décembre 2000, qu'un appel d'offres pour une mission nommée Pluto Kuiper Belt (PKB) sera lancé le 21 janvier 2001 avec un budget de 506 millions de dollars à ne pas dépasser (860 millions de 2023). Les offres devront être préparées pour le 20 mars et le vainqueur sera annoncé avant la fin de l'année. Mais le 20 janvier, la veille même du lancement de la compétition, Georges W. Bush, qui vient d'être investi à la Maison-Blanche, s'empresse d'annuler la ligne budgétaire prévue en 2002 pour la mission PKB, désirant remettre en selle le projet Europa Orbiter, politiquement plus vendeur car lié à la quête de la vie dans l'Univers. Cette initiative malheureuse suspend *de facto* l'appel d'offres PKB, alors que, déjà, les équipes d'ingénieurs s'étaient organisées à la NASA et que la compétition faisait rage.

Immédiatement, le ton monte entre le Congrès et la Maison-Blanche. Soutenu par la communauté des chercheurs, épaulée par la Planetary Society et la verve de Barbara Mikulski, le Sénat envoie alors en moins de dix jours à la NASA une injonction à poursuivre l'appel d'offres.

Cet oukase des sénateurs est ressenti comme un camouflet par la Maison-Blanche, qui ne peut pas s'y opposer politiquement. Sean O'Keefe (1956-), à peine nommé, en janvier 2001, directeur adjoint de l'OMB par George W. Bush, va se retrouver, bien malgré lui, en première ligne à défendre la ligne politique spatiale présidentielle contre la volonté du Congrès. Lui qui est si réputé pour son intelligence, son pragmatisme, sa capacité à déchiffrer les idées des ingénieurs et des chercheurs... fulmine. Il a le sentiment que la situation est devenue ingérable par la faute de quelques irresponsables. Ancien contrôleur des budgets du département de la Défense, il s'était fait le chantre de la chasse aux économies, et il a la réputation de tuer dans l'œuf tout ce qui pourrait ressembler à un gâchis d'argent public. Grâce à ses méthodes bien cadrées, il a réussi à obtenir l'estime des militaires. Mais les initiatives des chercheurs en faveur de Pluton, appuyées par la Planetary Society, font, à l'OMB, l'effet d'une rébellion de perpétuels insatisfaits soutenue par des éléments incontrôlables. O'Keefe, qui déteste l'imprévu, va mettre la NASA à l'épreuve afin qu'elle réduise les dépassements des coûts de la Station spatiale internationale. Ce sera un beau succès. Par contre, mettre au pas les irréductibles du Pluto Underground est bien plus ardu, car ils agissent en sous-main pour convaincre les élus et il est impossible de s'immiscer dans leurs discussions.

La sénatrice Barbara Mikulski, alias Senator Barb. Politicienne avertie, elle préside le sous-comité qui alloue le budget à la NASA. Quand elle se fâche, ça finit toujours mal pour ses opposants. Elle veut la mission vers Pluton... Inutile de lui résister ! *(United States Congress)*

Sean O'Keefe, le nouvel administrateur de la NASA. Il voit les meneurs de la mission vers Pluton comme des irresponsables qui veulent lui forcer la main. Et ils vont à l'encontre de sa nouvelle stratégie. Il veut annuler la mission... et va mettre ses menaces à exécution ! *(NASA/Bill Ingalls)*

Mais O'Keefe est têtu. Il saura se rappeler au bon souvenir de l'équipe d'Alan Stern le moment venu, lorsqu'il succédera à Dan Goldin, fin 2001, en tant qu'administrateur de la NASA...

Finalement, ce sont cinq propositions qui sont reçues le 6 avril 2001 à l'agence spatiale. Après examen, la NASA annonce le 6 juin 2001 que seules deux propositions restent en lice : New Horizons (ou NH), du laboratoire de Johns-Hopkins (JHU-APL), dans le Maryland, et Pluto Outer Solar System Explorer (ou POSSE), du JPL, en Californie. Le 18 juin, on annonce aux deux équipes que leurs offres finales sont à remettre le 18 septembre et qu'un budget de 450 000 dollars est alloué à chacune d'entre elles pour mener à bien les études préliminaires, celles de la phase A[3]. Mais, début juillet, la Maison-Blanche apprend que le Sénat a amputé de 48 millions de dollars la ligne budgétaire prévue pour le projet Europa Orbiter, et de 5 millions celui de la sonde solaire Solar Probe, pour créer une ligne dédiée à l'exploration des planètes extérieures, ouverte à la compétition pour y attribuer une mission vers Pluton. Sans les nommer, ce sont NH et POSSE, qui restent en concurrence. Début juillet, lors de la réunion inaugurale du comité chargé de développer des stratégies décennales d'exploration spatiale (le Decadal Steering Committee), à l'Académie nationale des sciences, le contrôleur du budget de la NASA à l'OMB, dépêché par Sean O'Keefe, s'en prend directement aux chercheurs concernés par PKB. Il leur reproche vertement d'avoir fait pression sur le Congrès en faveur de Pluton, alors que l'OMB défendait le projet Europa Orbiter, considéré comme prioritaire à la NASA et qui a fait l'objet de quantité d'études coûteuses et de décisions internes : sa mise au rebut à cause de leurs initiatives malvenues serait considérée comme un gâchis d'argent public. Le ton monte vite et le contrôleur quitte la réunion en menaçant ses opposants de rétorsions : plus aucun soutien ni aide de l'OMB ne seront accordés à l'avenir à PKB ! C'est dans cette ambiance conflictuelle que les deux équipes restées en lice finalisent leurs offres. Mais les attaques terroristes du 11 septembre vont perturber le calendrier, et ce n'est que le 25 septembre que les dossiers seront déposés, avec des soutenances prévues les 16 et 19 octobre.

2001 : une compétition ardue, mêlée d'arrière-pensées

La conception de New Horizons, mission du Southwest Research Institute (SwRI), s'appuie sur plus de 10 ans d'expérience accumulée par Alan Stern, son promoteur. Ce dernier s'est allié, au département spatial du JHU-APL, avec Tom Krimigis, son responsable, et Bob Farquhar, spécialiste renommé du design des missions. Les trois hommes se connaissent depuis 1989, époque où ils s'étaient associés pour proposer la sonde Pluton-350 (cf. plus haut). Krimigis, qui considère Stern comme le « monsieur Pluton » américain, est aussi un ingénieur parmi les plus respectés, car, depuis 1989, il est devenu, à la NASA, le référent des missions bon marché d'où a été tiré le programme Discovery. Et depuis, le JHU-APL a démontré ses capacités à gérer des programmes lointains : les missions à succès NEAR, vers l'astéroïde Éros, et MESSENGER, vers la planète Mercure.

Les équipes du JHU-APL sont déjà très mobilisées sur le projet PKB. En effet, après que, en septembre 2000, les études sur le projet Ice avaient été soudainement arrêtées, la NASA avait informé Krimigis, le 13 octobre, qu'un appel d'offres pour une mission vers Pluton pourrait être relancé rapidement afin de calmer au plus vite la contestation des chercheurs. L'Agence lui révélait aussi que les ingénieurs du JPL venaient d'être approchés sur le même sujet. Mais le 30 octobre, les réponses du JPL sur les coûts et les délais, jugés trop élevés et trop longs, ne vont pas convaincre Washington. La NASA indique alors au JPL que la mission vers Pluton fera désormais l'objet d'un appel d'offres plus ouvert. C'est un coup dur en Californie où l'on pensait que le savoir-faire en missions planétaires positionnerait le laboratoire hors-concours.

C'est ainsi que, le 20 novembre 2000, Krimigis se voit contacté de nouveau par la NASA, qui lui demande sans détour s'il est capable de répondre à un appel d'offres pour une mission vers Pluton, sachant qu'aucun budget n'est encore voté. En effet, la NASA préfère recueillir des avis préliminaires de façon informelle, car la préparation de l'appel d'offres va mobiliser beaucoup de ses spécialistes en programmes planétaires, ainsi qu'un bataillon complet de juristes. Krimigis convoque ses équipes pour leur demander s'il serait possible de lancer une mission « à la NEAR » vers Pluton. Autour de la table, se trouvent, outre Krimigis, Bob Farquhar, Thomas « Tom » Coughlin (1941-), l'ancien responsable de NEAR, Andrew « Andy » Cheng (1952-), son responsable scientifique, ainsi que trois ingénieurs. Krimigis les charge de lui fournir quelques concepts rapides en moins d'une semaine. Ceux-ci reviennent lui proposer une sonde simplifiée, dotée de caméras et alimentée par un générateur radio-isotopique. Et Yanping Guo (1960-), la navigatrice, a vite calculé une trajectoire idéale qui, grâce au survol de Jupiter, permettrait de gagner 3 ans sur les calendriers proposés auparavant. Seule contrainte : il faudra utiliser un lanceur plus lourd. Mais le budget global devrait aisément se glisser dans une enveloppe de 506 millions de dollars. Les préétudes sont dévoilées lors d'une réunion à la NASA le 29 novembre. Puis l'attente de la sortie de l'appel d'offres commence. Elle semble interminable.

Les astéroïdes 253 Mathilde (66 × 48 × 44 km, en haut) et 433 Éros (33 × 13 × 13 km, en bas) vus à la même échelle par la sonde NEAR, respectivement en 1997 (simple survol de Mathilde) et en 2000, autour d'Éros. La mission NEAR fut un succès total, avec deux grandes premières spatiales : l'entrée en orbite autour d'un astéroïde (le 14 février 2000) et un atterrissage en douceur le 12 février 2001. Déjà, Robert Farquhar, l'ingénieur spécialiste du design des missions au JHU-APL, était aux commandes. *(NASA/JHU-APL)*

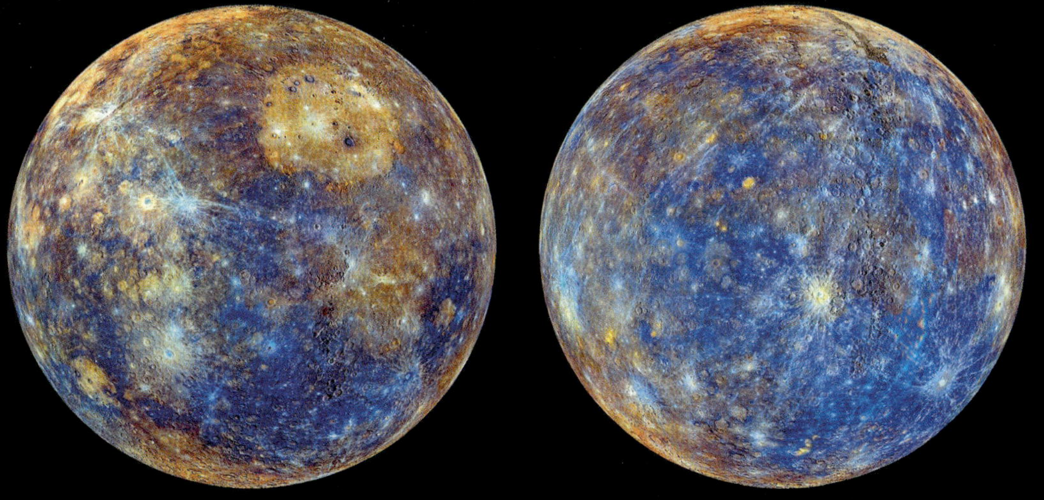

MESSENGER autour de Mercure

Mercure avait été déjà survolée à trois reprises par la mission Mariner 10 en 1974 et 1975, mais elle n'avait alors pu être cartographiée qu'à 45 %. Grâce à la sonde MESSENGER (« MErcury Surface, Space ENvironment, GEochemistry and Ranging »), le JHU-APL va réussir, le 18 mars 2011, une belle mise en orbite autour de la planète. L'expertise du laboratoire de Johns-Hopkins s'est avérée cruciale car la mise en orbite autour de Mercure nécessite, après une plongée vers le cœur du Système solaire, de freiner fortement la vitesse depuis la Terre. Ensuite, il faut manœuvrer pour rejoindre le plan orbital de la planète, qui est incliné de 7° sur l'écliptique. Cet exploit aura nécessité six manœuvres d'assistance gravitationnelle avec un survol de la Terre, deux de Vénus et trois de Mercure : une mission dirigée par Robert Farquhar, bien sûr ! Les ingénieurs feront s'écraser la sonde sur Mercure le 30 avril 2015, après qu'elle aura épuisé tous ses ergols. Les deux hémisphères de Mercure sont représentés ici — centrés par 140° E (à gauche) et 320° E (à droite) — en fausses couleurs afin de révéler la chimie et la minéralogie de sa surface. À gauche, on peut voir, en haut, le grand bassin Caloris, dont le fond est recouvert de laves. *(NASA/JHU-APL)*

Lorsque, le 20 décembre 2000, l'appel d'offres pour la mission Pluto Kuiper Belt (PKB) est enfin émis par la NASA, Tom Krimigis appelle vite son monsieur Pluton pour savoir s'il accepterait de travailler avec le JHU-APL. Dans l'intervalle, Charles Elachi (1947-), qui allait prendre ses fonctions de directeur du JPL, fait également à Stern une offre de services. Ce dernier va alors demander d'abord à Krimigis si le centre Johns-Hopkins accepterait de travailler en exclusivité avec lui — nous sommes en appel d'offres concurrentiel — et va ensuite rappeler Elachi pour lui demander s'il se positionnerait de même. Mais Elachi répond à Stern qu'il préfère suivre deux équipes en parallèle au JPL, quitte à organiser une vraie « muraille de Chine » entre elles, afin d'éviter toutes fuites d'informations. C'est un mode de fonctionnement qu'affectionne le JPL : le 3 mai 2000, il avait proposé sans complexe à la NASA de choisir entre deux de ses projets pour le renouvellement du programme martien : Mars Mobile Pathfinder, qui sera accepté par Dan Goldin pour devenir Mars Exploration Rover (la mission aux deux rovers jumeaux Spirit et Opportunity), contre Mars Surveyor Orbiter, qui sera finalement retenu plus tard, en septembre 2001, sous l'appellation Mars Reconnaissance Orbiter.

De son côté, Krimigis a moins d'états d'âme et va accorder l'exclusivité à Stern. C'est ainsi que, le 22 décembre, il signe son contrat avec le SwRI et le JHU-APL.

Krimigis sait que le JHU-APL, qui ne peut proposer qu'une seule grosse mission planétaire à la fois, ne pourra jamais rivaliser avec un centre aussi spécialisé que le JPL. En revanche, il a l'expérience de programmes complexes pour le département de la Défense et il pourra rassurer la NASA sur sa capacité à développer et à lancer une sonde en 4 ans. Sans l'avouer, il sait aussi qu'il pourra toujours compter sur le soutien politique de la redoutée Senator Barb, même si elle s'est toujours refusée au favoritisme entre les équipes. Du côté californien, les arguments sont plus difficiles à avancer, car les messages politiques du JPL arrivent avec une visibilité réduite à Washington. Ils se retrouvent noyés dans la masse de tous ceux émis par les centres spatiaux dépendant de la NASA. Le JHU-APL, quant à lui, traite ses projets presque d'égal à égal avec l'Agence spatiale, car ses budgets sont majoritairement issus du département de la Défense. Le JHU-APL a d'ailleurs toujours revendiqué son indépendance et a su maintenir un réseau politique efficace au Congrès.

Dès le 20 décembre 2000, l'équipe s'organise au Johns-Hopkins. Bob Farquhar est nommé directeur de la mission et David « Dave » Kusnierkiewicz (1955-), un spécialiste chevronné du design de sondes, sera l'ingénieur en chef du projet. Yanping Guo devient responsable du design des missions et des trajectoires, et Andy Cheng est catapulté responsable scientifique de la mission (« Project Scientist »). Le 8 janvier 2001, les équipes de Stern et de Krimigis échangent sur leurs contraintes respectives, et la sélection des expériences est bouclée le 22 janvier. Leur projet consiste à lancer une sonde de 400 kg inspirée du projet CONTOUR, une mission de survol de plusieurs comètes lancée en juillet 2002, mais qui s'est détruite en vol. Le 5 février, l'équipe décide de nommer son projet « New Horizons : Shedding Light

Alan Stern : depuis 1989, il est « monsieur Pluton ». Avec ténacité, il a défendu son projet contre vents et marées et a su orchestrer la conception de ses instruments. *(SwRI)*

Stamatios « Tom » Krimigis, le responsable du département spatial du JHU-APL. Le projet est accepté par les décideurs politiques et tous les délais vont être tenus grâce à lui. *(JHU-APL)*

Robert « Bob » Farquhar : le grand spécialiste des trajectoires et de la conception des missions du JHU-APL. Après NEAR, vers l'astéroïde Éros, et MESSENGER, vers Mercure, il dirige maintenant la mission New Horizons vers Pluton. *(Paul E. Alers / NASA)*

on Frontier Worlds ». Il s'agit littéralement de mettre en lumière les mondes aux frontières de notre système solaire ; une appellation vite abrégée sous la forme « New Horizons ». Lors de sa présentation, le 16 octobre 2001, au JHU-APL, les experts de la NASA mettent l'équipe de New Horizons sur le gril et lui posent toutes les mauvaises questions possibles. Mais le projet répond parfaitement à l'ensemble des critères définis dans l'appel d'offres et la conclusion d'Alan Stern est jugée très rassurante sur les possibilités scientifiques de la sonde, dont les résultats s'annoncent très prometteurs.

Du côté californien, le projet POSSE, présenté le 19 octobre 2001, est soutenu par Larry Esposito (1951-), de l'université du Colorado, à Boulder, allié au JPL et à l'industriel Lockheed Martin. Esposito est un vétéran de l'exploration planétaire et le choix de ses instruments semble pertinent. Par contre, les coûts structurels sont plus élevés et empêchent d'inclure un lanceur aussi puissant que celui de New Horizons dans l'enveloppe allouée par la NASA, ce qui rallonge quelque peu le temps de voyage pour rejoindre Jupiter avant de bifurquer sur Pluton. Et la masse de POSSE est plus importante, car ses systèmes de communication sont plus performants, mais aussi beaucoup plus gourmands en énergie. Et puis, Esposito y a rassemblé pas moins de 11 expériences (contre 8 pour New Horizons), ce qui va compliquer leur séquencement lors du survol éclair de Pluton par POSSE. Enfin, Larry Esposito est jugé moins bon orateur qu'Alan Stern pendant les plaidoyers. La NASA y est sensible, car il est important de bien savoir s'adresser aux médias, mais aussi aux représentants du Congrès, qui ne manqueront pas d'auditer le projet par la suite et de scruter la façon dont l'argent du contribuable est dépensé.

L'approche d'Esposito est malgré tout très structurée et celui-ci pense que la mention du JPL devrait l'aider à crédibiliser sa proposition. Il a calqué le design de POSSE sur la mission Stardust, lancée le 7 février 1999 vers la comète 81P/Wild, qu'elle survolera avec succès le 24 janvier 2004. Globalement, POSSE ressemble à New Horizons : même trajectoire en contournant Jupiter, distance au plus près d'observation de Pluton et de Charon équivalente, même type de mesures grâce aux occultations de la Terre et du Soleil pour déterminer les caractéristiques de l'atmosphère plutonienne... Et une extension

Pour sa réponse à l'appel d'offres, Alan Stern demande à l'artiste Dan Durda de lui concevoir une illustration capable de mobiliser les décideurs autour de l'exploration de Pluton... Il s'en est servi à la fin de ses présentations du 16 octobre 2001. Selon toute vraisemblance, les arguments et l'enthousiasme communicatif de monsieur Pluton ont convaincu l'assistance. *(JHU-APL/Dan Durda)*

de mission de 4 ans demandée à la NASA pour aller étudier de près un KBO. En outre, POSSE a prévu d'embarquer un radiomètre infrarouge dans le but de cartographier à haute résolution les températures de Pluton et de Charon, ainsi qu'un spectromètre de masse à ionisation pour analyser les gaz de l'atmosphère plutonienne qui s'échappent dans l'espace. Enfin, Larry Esposito a ajouté un capteur pour mesurer la distribution des poussières les plus fines lors de la traversée de la ceinture de Kuiper. Alan Stern l'intégrera à sa mission par la suite : ce sera la petite expérience de comptage de poussières interplanétaires nommée Venetia Burney–Student Dust Counter (cf. chap. 4), proposée par un groupe d'étudiants de l'université du Colorado, à Boulder. Par contre, à masse d'instruments équivalente, soit 24,5 kg pour POSSE et 22 kg pour New Horizons, les mémoires de la première ne peuvent stocker que 34 gigabits, contre 96 gigabits pour la seconde.

Au terme des présentations, on ne peut que constater l'excellent professionnalisme des deux équipes, en accordant un avantage à celle de Stern pour sa pugnacité et son dynamisme. Pourtant, ce sont des considérations politiques qui vont s'avérer déterminantes pour le choix final. Car, malgré sa relative autonomie, le JPL fait *de facto* office de centre spatial de la NASA spécialisé dans l'exploration planétaire, dont il

monopolise presque toutes les missions depuis son intégration dans le dispositif spatial en juillet 1958. Il dépend budgétairement de l'Agence spatiale via l'université de Cal'Tech, à laquelle il est rattaché administrativement, ce qui lui ôte toute indépendance de décision sur la planification des programmes.

Au JPL, on pense que la mission vers Pluton doit naturellement lui revenir, car les missions planétaires sont sa grande spécialité. En outre, le laboratoire estime avoir réalisé de gros efforts sur les coûts et les délais. Mais il a sous-estimé la pugnacité du département spatial de Johns-Hopkins, et il n'a pas pris conscience du fait qu'à Washington on pense que le vrai sujet est tout autre. Car le JPL est jugé, à l'époque, comme ayant un esprit exclusif, se croyant à l'abri de toute compétition. Les responsables de l'exploration planétaire à la NASA estiment par ailleurs que le centre californien ne s'est pas encore bien remis de ses gros échecs de 1999, ceux de ses deux sondes martiennes Mars Climate Orbiter et Mars Polar Lander, qui ont coûté 243 millions de dollars aux contribuables (438 millions de 2023). L'urgence est de pouvoir remettre en selle un programme d'exploration martien et on ne voit pas très bien comment le réaliser sans le JPL. La reconquête de Mars est désormais sa grande priorité, à l'exclusion de toute autre, car, le 27 juillet 2000, la NASA lui a justement confié

Une journée déterminante

Le 16 octobre 2001, au JHU-APL, est une journée solennelle et mémorable. Après une visite complète des installations techniques du centre et de longues discussions avec les ingénieurs dans leurs bureaux, les délégués de la NASA et les membres de l'équipe de New Horizons se retrouvent en fin de journée dans un large auditorium pour les ultimes plaidoyers avant que le verdict soit rendu entre le JHU-APL et le JPL. La vingtaine d'experts dépêchés par la NASA se tient au premier rang des fauteuils et le long d'une grande table, d'où ils jugent chaque présentation. Les responsables du JHU-APL et du SwRI sont assis dans la salle et interviennent en cas de besoin. Une maquette de la sonde grandeur nature plante le décor, à gauche, et on devine Alan Stern assis de dos sous l'élément bleu. Ici, Kerri Beisser, responsable des relations avec les médias, démontre que « New Horizons est la mission parfaite pour l'éducation et les relations avec le grand public », l'un des critères importants à respecter. Kerri Beisser a déjà travaillé pour les missions Galileo vers Jupiter, Cassini vers Saturne, NEAR vers les astéroïdes… et même pour le film *Apollo 13*, dont elle a entraîné les acteurs au Space Camp de Hunstville, en Alabama. *(NASA/JHU-APL/SwRI)*

l'envoi de deux rovers jumeaux sur Mars (cf. p. suivante). C'est une belle marque de confiance dans l'avenir, sachant qu'une autre série d'échecs est inconcevable : on attend maintenant du laboratoire qu'il se mobilise complètement sur ses nouveaux objectifs. Celui-ci doit donc revoir toutes ses procédures et se réorganiser en conséquence, ce qui va mobiliser son management et ses équipes.

Ensuite, POSSE est un *one shot*, c'est-à-dire un programme très ponctuel, qui fait un peu figure d'ovni parmi les spécialités du JPL, alors que chaque envoi vers Mars s'inscrit dans une continuité programmatique, en améliorant la mission précédente et en préparant la suivante. Enfin, la NASA est une agence publique qui doit rendre des comptes aux décideurs politiques : elle ne peut se permettre d'attribuer tous les contrats au même laboratoire, surtout si d'autres savent se montrer tout aussi performants. L'Agence aurait dû faire face à un réel dilemme si la proposition de Larry Esposito avait surclassé celle d'Alan Stern. Ce n'est pas le cas et, finalement, ce sont la ténacité et l'enthousiasme communicatif de monsieur Pluton qui vont lui épargner un choix cornélien. C'est ainsi que, le 29 novembre 2001, l'Agence annonce le grand vainqueur de la compétition. Au grand dam du JPL, le projet PKB est attribué à l'équipe New Horizons, du JHU-APL !

À Washington, on n'a pas oublié non plus que, pendant la Seconde Guerre mondiale, l'APL travaillait pour la marine, pendant que le JPL soutenait l'aviation, alors rattachée à l'armée de Terre. Depuis lors, les deux centres voient leurs noms systématiquement associés aux grandes quêtes spatiales, mais souvent à l'exclusion l'un de l'autre. Finalement, cette mission vers Pluton aura été révélatrice, une fois de plus, de cette compétition historique qui oppose les deux laboratoires. Depuis peu, la NASA leur demande de surmonter leurs différences culturelles. C'est

Le JPL a perdu la compétition pour Pluton mais, après ses échecs calamiteux de 1999, il a réussi à se recentrer sur ses priorités martiennes : ses deux rovers jumeaux ont su redorer son image auprès des décideurs en 2004. À la fin mars 2007, peu après le succès du contournement de Jupiter par New Horizons, ils ont déjà parcouru respectivement plus de 7 et 10 km sur Mars et continuent d'envoyer des vues spectaculaires. Spirit (ci-dessus), au jour martien (ou « sol ») 1153 de sa mission, s'active près de Home Plate, une ancienne source hydrothermale, tandis qu'Opportunity (sol 1130) frôle les bords escarpés du grand cratère Victoria (à droite) en s'approchant d'une forte pente nommée Valley Without Peril. *(NASA/JPL, O. de Goursac)*

ainsi que, le 19 juin 2015, on a officiellement annoncé le lancement de leur coopération historique à l'occasion de la mise en œuvre d'un vaste projet d'exploration d'Europe, l'une des grosses lunes de Jupiter, qui dissimule un profond océan sous son épaisse carapace de glace... Abrite-t-il les ingrédients chimiques pour la naissance de la vie ? Europa Clipper tentera de percer le mystère.

2002-2006 : dernière grande bataille avant le départ

Pourtant, fin octobre 2001, peu avant l'annonce du vainqueur de la compétition, la bataille politique est loin d'être gagnée. L'OMB n'a pas digéré sa défaite politique vis-à-vis du Congrès, et a mis sa menace à exécution : O'Keefe n'a pas débloqué de budget pour le projet PKB, qui ne figure plus sur aucune ligne budgétaire. Ni sur celle annoncée pour 2003, l'année en cours de négociation. Mais la Maison-Blanche va se retrouver débordée à son insu et, comble d'ironie, par ses propres troupes ! Car, depuis juillet 2001, dans le cadre du Decadal Steering Committee nouvellement créé, l'administrateur associé des sciences de la NASA, Edward « Ed » Weiler (1949-), s'est lancé dans la promotion d'un nouveau type de programme baptisé New Frontiers (« Nouvelles Frontières »). Il organise, à l'Académie des sciences américaine, des réunions dont l'objectif est de développer une stratégie d'exploration des planètes pour les dix prochaines années. Certaines comportent des auditions publiques. Au fil des travaux, le Congrès se tient informé et a fait siennes quelques conclusions préliminaires qui recommandent l'envoi de sondes vers les mondes les plus lointains de notre système solaire.

Le 7 novembre 2001, coup de théâtre : le Congrès annonce la mise à disposition de 30 millions de dollars pour couvrir les frais de développement (phase B) d'une mission PKB à imputer sur la ligne budgétaire Outer Planets

(« Planètes extérieures »)! La Maison-Blanche est maintenant confrontée à un choix difficile : soit elle entérine PKB sur ses budgets de l'année fiscale 2003, soit elle choisit la relance des hostilités. Le projet Europa Orbiter n'a pas été annulé et l'OMB peut sauver politiquement la face, mais c'est au prix d'une fracture parmi les chercheurs, déjà très divisés par les choix budgétaires qu'on leur demande d'établir. Quoi qu'il en soit, début 2002, l'équipe de New Horizons peut entamer la phase de développement de sa sonde grâce à l'enveloppe d'urgence de 30 millions de dollars qui couvre ses premières dépenses.

C'est sans compter sur l'arrivée de Sean O'Keefe, qui a remplacé Dan Goldin au poste d'administrateur de la NASA, et qui prend ses fonctions début janvier 2002. Il n'est pas vraiment passionné par l'espace et sa nomination est surtout motivée par le souci de George W. Bush de mettre fin aux dérives budgétaires de la Station spatiale internationale, qui risque de dépasser les 5 milliards de dollars. Son arrivée est perçue comme celle du gestionnaire imposé par la présidence, certes très compétent mais nullement novateur. Ses détracteurs le qualifient de « comptable », et lui-même n'en disconvient pas. Il souhaite que la NASA se recentre sur ses objectifs scientifiques avec la participation du plus grand nombre possible de laboratoires et d'universités. Son but est de choisir les missions planétaires sur des critères scientifiques et non plus sur leur destination. Aux grandes associations prospatiales, comme la Mars Society et la Planetary Society, qui exigent des missions habitées vers la Lune et Mars, il répond en avril 2002 : « Nous irons là où la science nous dicte d'aller, et pas parce que c'est proche ou populaire. » Une vision vite jugée tiède et anémique par certains décideurs au Congrès. Quant à visiter Pluton... New Horizons est pour O'Keefe l'archétype même de ce qu'il faut éviter de faire, tant pour sa cible (Pluton), justifiée par force arguments mais après avoir été choisie comme destination par Alan Stern et son équipe, qu'en raison du *modus operandi* ayant présidé à sa validation : un savant lobbying politique échappant aux procédures normales de l'Agence spatiale et à sa nouvelle discipline budgétaire. O'Keefe n'a pas digéré la couleuvre PKB que le Congrès l'a forcé à avaler lorsqu'il était à l'OMB et il considère les équipes de New Horizons comme des intrigants que les scrupules n'étouffent pas pour faire accepter leur mission. Et tout cela avec les deniers publics, dont il s'estime être l'un des principaux gardiens pour la politique spatiale. En outre, il considère que dépenser des centaines de millions de dollars pour un simple survol de quelques heures d'une planète, après un voyage de plus de dix ans, est un gâchis de temps et d'argent.

Tom Krimigis (à gauche) et Bob Farquhar (à droite), photographiés en 2001, au JHU-APL, en train de discuter de New Horizons. Deux bons amis qui se sont retrouvés en première ligne de l'exploration de Pluton dès 1989 : Krimigis pour promouvoir, à la NASA, son concept de mission bon marché d'où naîtra le programme Discovery, Farquhar pour l'étude de la mission Pluto-350. En 2001, Krimigis et Farquhar viennent non seulement de remporter la bataille politique auprès du Congrès pour que la mission vers Pluton soit maintenue, mais ils ont gagné ensemble la compétition contre le JPL avec leur projet New Horizons. Les missions planétaires sont avant tout de belles aventures humaines et celle vers Pluton en est la meilleure illustration. *(JHU-APL)*

Tant que la communauté des chercheurs n'est pas parvenue à un consensus sur sa stratégie décennale d'exploration planétaire, O'Keefe va ainsi s'évertuer à ralentir les opérations. Lui aussi a ses relations au Congrès. Sa nouvelle tactique est d'ailleurs jugée prudente et réaliste par une majorité d'élus, très conscients des réalités budgétaires imposées par l'après-11 septembre. Et comme l'équipe d'Alan Stern s'y attendait, lorsque le budget présidentiel de l'exercice 2003 est publié en janvier 2002, la ligne budgétaire pour PKB est de nouveau annulée, à la satisfaction de Sean O'Keefe qui assume publiquement cette décision.

Sans se décourager, Krimigis et Stern repartent au combat, épaulés par la Planetary Society. Ils relancent les discussions avec la sénatrice Barbara Mikulski. Au vu des besoins financiers urgents de l'équipe — 122 millions de dollars pour passer aux phases de réalisation C et D avec l'achat des équipements —, Barbara Mikulski leur explique que faire voter une ligne budgétaire indépendante pour PKB nécessite un accord entre le Sénat et la Chambre des représentants. Un processus long et politiquement très risqué : les démocrates règnent sur l'un et les républicains dirigent l'autre. Le consensus sera très difficile, voire impossible à obtenir. Par contre, elle suggère que la mission New Horizons figure dans le programme New Frontiers et puisse l'inaugurer. Dans ce cas, une simple augmentation de 15 millions de dollars de son budget permettrait de couvrir ses frais pour les phases C et D. Mais pour cela, il faudrait que New Horizons arrive en tête de liste des préférences de la communauté scientifique, ce qui est encore loin d'être gagné, tant les projets d'exploration planétaire sont nombreux, avec des discussions entre chercheurs qui virent parfois au conflit émotionnel, voire personnel.

29 janvier 2005 : la sonde New Horizons est en phase finale d'intégration au JHU-APL. *(NASA/JHU-APL)*

Peu avant le lancement au centre spatial Kennedy, fixation du générateur radio-isotopique (RTG, le gros élément noir) chargé de 9,75 kg de plutonium 238, qui alimentera la sonde en énergie. C'est toujours le dernier élément à être installé pour éviter tout problème pendant le transport, à cause de sa charge radioactive. Ce générateur est un rescapé de l'arrêt de la production du plutonium 238 aux États-Unis depuis la fin de la guerre froide, en 1988. En 1991, la NASA ne dispose plus que de la quantité nécessaire à deux grosses missions planétaires : Cassini, vers Saturne, et CRAF (Comet Rendezvous-Asteroid Flyby), vers les astéroïdes. La mission CRAF est ensuite annulée et son plutonium 238 stocké : c'est New Horizons qui va en profiter. En mars 2013, la NASA annoncera la reprise de la production par le département de l'Énergie (« Department of Energy », ou DOE) pour alimenter les sondes planétaires lointaines, là où les panneaux solaires perdent toute efficacité. *(NASA/KSC)*

L'équipe de Stern va donc se mettre en ordre de bataille et reprendre, au fil des présentations, toute l'argumentation patiemment élaborée depuis plus d'une décennie et rabâchée à maintes occasions : « Le couple Pluton-Charon est un système planétaire double vraiment unique. Il détient la clé de la formation du système solaire et de tous les corps glacés qui circulent dans les frontières obscures de la ceinture de Kuiper. C'est maintenant qu'il faut y aller tant, que la géométrie est encore favorable : plus tard, ce sera tout un hémisphère qui sera plongé dans la nuit et, comme Pluton s'éloigne du Soleil, son atmosphère risque d'avoir gelé sur place. » Un pilonnage en règle, très efficace, complété par nombre d'entretiens en tête à tête dans le but de convaincre chacun des chercheurs de l'importance d'aller visiter Pluton... et, surtout, pour qu'ils n'oublient pas de l'inscrire dans chacun des thèmes prioritaires lors des votes !

Cette stratégie va être couronnée de succès. Lorsque, à la mi-juillet 2002, l'Académie des sciences américaine et son Conseil national de la recherche (NRC), dévoilent leurs douze thématiques à suivre sur l'origine des planètes, l'habitabilité des mondes et l'émergence de la vie, c'est la mission vers Pluton qui est jugée prioritaire dans cinq d'entre elles. Un record ! En parallèle, le Groupe de travail sur le système solaire (« Solar System Exploration Survey », ou SSE) a validé, sous l'égide du NRC, les trois grandes catégories de missions : « petites » (incluant Discovery à moins de 325 millions de dollars), « moyennes » (moins de 650 millions) et « grosses », parmi lesquelles les lourdes missions Flagship qui coûtent plus de 650 millions. Le camouflet est cinglant pour la NASA mais O'Keefe, pragmatique et ne désirant pas s'aliéner la communauté des chercheurs, dont il a besoin pour la mise en place de sa stratégie donnant la priorité à la science, va faire contre mauvaise fortune bon cœur. Il valide cette nouvelle catégorie intermédiaire de projets, un geste de bon aloi : ce sera le programme New Frontiers, au budget de 650 millions, et New Horizons en sera sa toute première mission. Les ressources budgétaires devant toutefois être ménagées, Alan Stern, Robert Farquhar et Tom Krimigis doivent accepter un report du lancement de décembre 2004 à janvier 2006. En mars 2003, la NASA confirme la poursuite de la mission et ce sont alors 170 millions de dollars supplémentaires qui sont débloqués. Après quelques ultimes frayeurs en août 2003, dues à de nouvelles propositions d'économies, le budget de New Horizons est enfin pérennisé en 2004, avec un tir prévu en 2006.

Le montage de la mission sera considéré comme un exploit, tant du point de vue de la maîtrise de son budget (son coût final sera de 565 millions de dollars de 2015, soit 717 millions de 2023), que de celui de la taille réduite des équipes (même si ce furent jusqu'à 2 500 personnes qui travaillèrent au projet pendant l'assemblage et les tests) et de celui de son calendrier très serré, dont toutes les étapes auront été respectées :

- janvier-octobre 2002 : revue préliminaire du design/conception (dite « Preliminary Design Review ») ;
- juillet-octobre 2003 : sélection du lanceur Atlas V501 + revue de conception (dite « Critical Design Review ») ;
- septembre 2004-avril 2005 : livraison des instruments + assemblage de la sonde ;
- mai-septembre 2005 : tests de la sonde, transfert au centre spatial Kennedy et fixation sur le lanceur ;
- 19 janvier 2006 : lancement de New Horizons vers Pluton depuis le centre spatial Kennedy en Floride.

Et, pour rendre hommage à Clyde Tombaugh, le découvreur, une petite capsule contenant un peu de ses cendres s'envole avec New Horizons pour Pluton. La grande aventure commence !

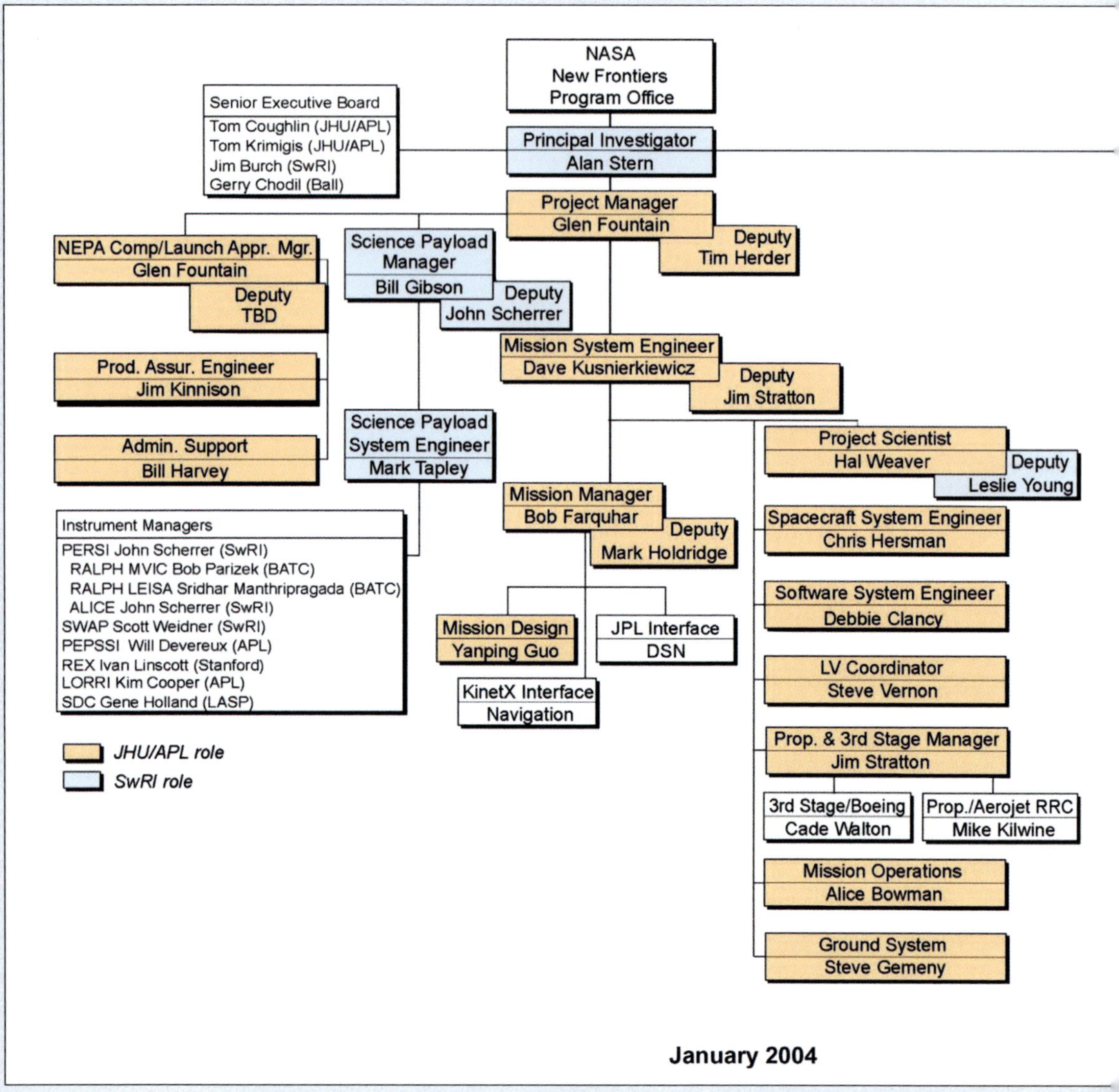

Organigramme final (janvier 2004) du projet New Horizons

En bleu, les responsabilités du côté des chercheurs au SwRI, et en orange, celles dévolues au centre spatial, le JHU-APL, mandaté par la NASA. Les huit personnages clefs de la mission sont l'investigateur principal (« Principal Investigator », Alan Stern) qui porte le projet auprès de la NASA, le responsable du projet (« Project Manager », Glen Fountain) qui orchestre les efforts du JHU-APL, l'ingénieur en chef (« Mission System Engineer », Dave Kusnierkiewicz) qui supervise la bonne réalisation et l'intégration de la sonde, le responsable de la mission (« Mission Manager », Bob Farquhar) qui conçoit tout le planning et les trajectoires, la responsable de la conception technique de la mission (« Mission Design », Yanping Guo), le responsable scientifique (« Project Scientist », Hal Weaver) qui fait le lien entre les ingénieurs du JHU-APL et les chercheurs du SwRI, aidé par son adjointe (« Deputy », Leslie Young), et la responsable des

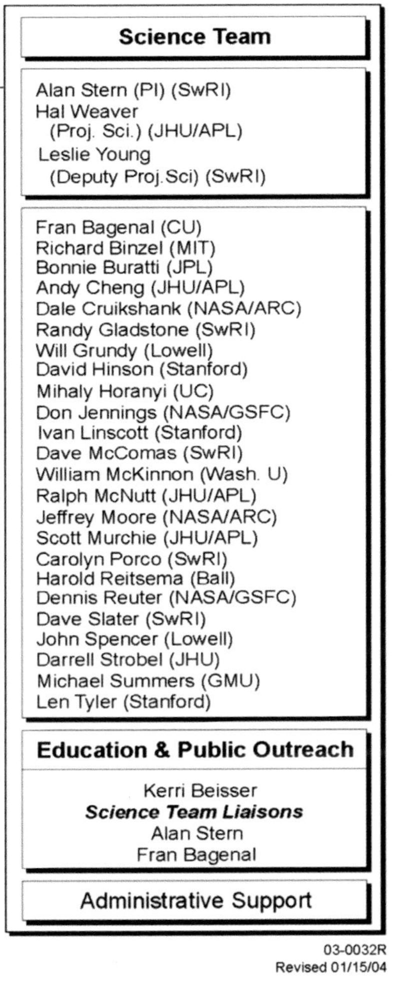

opérations (« Mission Operations », Alice Bowman), qui gère les télétransmissions avec la sonde et le calendrier de réception des données. Noter que les relations avec les médias sont assurées par le bureau « Education & Public Outreach » (en bas à droite), où l'on retrouve Alan Stern et Fran Bagenal qui s'y impliquent directement. *(Document NASA/JHU-APL/SwRI)*

New Horizons 2 : voyage aux extrêmes limites… du lobbying !

Fin septembre 2004, alors que le budget New Horizons est enfin pérennisé et que la sonde entre en phase d'assemblage au JHU-APL, l'équipe d'Alan Stern a réussi à obtenir un budget du Congrès de quatre millions de dollars pour l'étude de faisabilité d'une mission complémentaire : New Horizons 2 (NH2).

Peu de temps après avoir gagné la compétition pour Pluton, les chercheurs du SwRI, jamais à court d'idées, avaient compris qu'ils disposaient, avec New Horizons, d'un outil très performant capable d'aller explorer les objets les plus lointains. Des brillants ingénieurs du JHU-APL aux spécialistes reconnus des corps glacés du Système solaire, tel William « Will » Grundy (1965-), de l'observatoire Lowell, l'équipe d'Alan Stern rassemblait une somme de compétences rarement atteinte. Le concept d'une seconde mission New Horizons est ainsi né en 2002 au SwRI, lors de discussions informelles entre les membres de l'équipe. Leur argument principal vis-à-vis de l'extérieur : se protéger contre tout risque d'échec grâce à l'envoi d'une deuxième sonde jumelle, comme ç'avait déjà été le cas vers Mars et les géantes gazeuses. Bob Farquhar avait donc calculé quelques trajectoires que pourrait emprunter NH2 pour intercepter un gros KBO large d'au moins 300 km, suivi du survol d'un autre KBO plus petit (50 km). Fait remarquable : elles permettaient une visite d'Uranus (cf. calendrier des *scenarii* de missions possibles dans le tableau p. ci-contre).

Une visite de la septième planète serait un vrai bonus pour la mission et un argument de poids pour la faire budgéter. Uranus, trop brièvement visitée par Voyager II, tourne autour du Soleil sur un axe de rotation incliné à 97,8°, avec des pôles situés là où se trouvent les équateurs des autres planètes. En 1986, lors du passage de la sonde, son pôle Sud était orienté face au Soleil, de même que celui de ses nombreux

Scénarios de la mission New Horizons 2

Scenario (par ordres de préférences)	Décollage	Survol de Jupiter	Survol d'Uranus		Survol du 1er KBO			
	Date	Date	Date	Vitesse (km/s)	Date	Vitesse (km/s)	KBO visité	Commentaires
1	19/03/2008	12/08/2009	07/10/2015	10,8	15/09/2020	11,9	1999 TC36 (47171) Lempo	Distance 31 UA Système à 3 objets de Ø 272, 251 et 132 km
2	19/03/2008	21/08/2009	08/05/2016	09,7	24/10/2021	10,6		
3	30/04/2009	06/06/2010	30/07/2016	10,3	15/09/2021	11,2		
4	29/04/2009	16/06/2010	22/05/2017	08,9	08/04/2023	09,6		
5	21/03/2008	03/07/2009	25/03/2014	15,0	15/09/2020	17,8	(55637) 2002 UX25	Distance 40 UA Système à 2 objets de Ø 660 et 210 km
6	20/03/2008	27/07/2009	13/01/2015	12,6	15/07/2022	14,9		
7	01/05/2009	24/05/2010	18/10/2015	12,1	16/07/2023	14,1		

satellites (cf. chap. suivant). C'était la configuration la plus défavorable pour les cartographes, qui n'avaient pu observer qu'un seul hémisphère de la planète, mais aussi de ses satellites. Ces derniers semblaient pourtant tous aussi fascinants les uns que les autres, mais ils n'avaient été vus que de loin par Voyager II, à l'exception de Miranda, qui y avait gagné le titre de corps le plus cabossé de tout le système solaire. Les chercheurs rongeaient leur frein et perdaient tout espoir d'y retourner. Depuis 1986, ils réclamaient de nouvelles missions vers les géantes glacées, mais aucun budget ne leur avait jamais été accordé. Et voilà que l'intrépide Stern leur offrait Uranus sur un plateau ! Les esprits s'échauffèrent. Avec un survol en 2015, la planète serait dans une configuration très favorable. Avec son équateur qui ferait face au Soleil en 2007, son pôle Sud commencerait, depuis, à plonger lentement dans la nuit. Mais on verrait encore très bien les hémisphères restés invisibles. NH2 était une opportunité à ne pas manquer et offrait l'avantage d'utiliser un duplicata de sonde, ce qui permettrait de réduire les coûts.

En juillet 2004, l'équipe d'Alan Stern décide donc de tenter sa chance et envoie à la NASA une pétition d'une centaine de chercheurs qui vantent les mérites de NH2. Le moment est propice : le budget de New Horizons vers Pluton est enfin pérennisé et il est encore temps de monter une mission complémentaire qui pourrait être lancée en 2008. L'Agence spatiale ne va pas s'en saisir immédiatement, car ses priorités sont tout autres. Devant son manque de réaction, la demande est transmise au Congrès qui réagit : en retour, il envoie une injonction à l'Agence spatiale d'attribuer quatre millions de dollars pour étudier la faisabilité de NH2. Sean O'Keefe, l'administrateur de la NASA entré en fonctions début 2002 et qui garde depuis une méfiance envers l'équipe New Horizons, n'apprécie pas cette nouvelle intrusion politique dans ses affaires. Et ces quatre millions de dollars ne font pas l'objet d'une dotation du Congrès : il devra les prélever sur son budget ! Mais l'homme a aussi beaucoup changé entretemps. La destruction de la navette Columbia, le 1er février 2003, a été un vrai choc pour lui. Il a soudainement réalisé que la NASA est un organisme au comportement beaucoup plus humain que l'armée, là où personne ne s'épanche sur ses sentiments. O'Keefe est alors apparu comme un responsable non dénué de compassion pour les familles des héros morts pour la conquête de l'espace. Il a trouvé des mots inspirants pour consoler la nation américaine, et il est jugé aussi comme un administrateur capable de contrôler les évènements. Brûlant ce qu'il a adoré, il va même, par la suite, préparer l'annonce du président Bush du 14 janvier 2004 concernant le retour sur la Lune et les projets sur Mars et au-delà : c'est le lancement de la fameuse « Vision pour l'exploration de l'espace. »

Dans ce contexte, NH2 ne lui apparaît pas répondre aux nouveaux objectifs visés par l'Agence spatiale. Mais surtout, il n'admet pas que NH2 soit voté sans qu'une réelle compétition soit lancée entre plusieurs laboratoires avant toute décision. C'est dans cet esprit qu'il va proposer une ligne budgétaire dédiée à l'étude de NH2 pour 2005, en l'imputant sur le programme New Frontiers. Et, juste avant de quitter ses fonctions le 21 décembre 2004, il va, par souci de transparence, retirer l'initiative de NH2 au JHU-APL et confier la commission d'examen du projet... au centre spatial Goddard (Goddard Space Flight Center). C'est ainsi qu'un avis plus neutre et indépendant sera rendu. C'est une manœuvre intelligente qui, en outre, évite à la NASA une possible réaction épidermique de Barbara Mikulski, la redoutable Senator Barb, car comme le JHU-APL, le centre Goddard est situé dans sa circonscription électorale du Maryland. Aux inquiétudes vite exprimées par l'équipe d'Alan Stern, qui voit le sujet lui échapper, la NASA réplique qu'elle se doit d'étudier le projet en toute impartialité.

Sur les douze membres de la commission mise en place début 2005, six sont choisis au sein de The Aerospace Corporation, une agence de conseil publique en missions spatiales, et un au sein du département de l'Énergie, qui développe le générateur radio-isotopique (RTG) indispensable à la mission. On y trouve par ailleurs des représentants d'universités et de centres spatiaux (dont le JPL)... mais aucun du SwRI, ni du JHU-APL, qui font figure de grands absents des débats. L'équipe New Horizons va ainsi se retrouver dans la délicate position de fournir ses données techniques au centre Goddard, sans pouvoir participer aux réunions où — fait marquant — aucun de ses membres n'est même convié.

Des réunions pluridisciplinaires se tiennent en mars 2005 sous la présidence du centre Goddard, avec la remise d'un rapport le 31 mars. Le rapport final, publié le 5 mai, indique qu'« en résumé, la commission conclut qu'une mission New Horizons II est techniquement faisable, qu'elle pourrait être réalisée à un coût inférieur à celle de New Horizons, mais qu'elle ne peut pas l'être à court terme. De plus, la commission suggère que l'apport scientifique potentiel d'une telle mission soit examiné par le Comité d'exploration planétaire et lunaire ("Committee on Planetary and Lunar Exploration" , ou COMPLEX). À la lumière de ce qui précède, la commission recommande également que toute future mission New Horizons fasse l'objet d'un appel d'offres ». La conclusion est sans appel et apparaît aussi comme une sorte de victoire à la Pyrrhus pour l'équipe d'Alan Stern, car même si sa proposition est jugée recevable, elle devra faire l'objet d'une mise en concurrence et il n'est même pas sûr que le projet lui soit attribué.

Dans les faits, la commission a rapidement identifié trois problèmes qui empêchent le bon déroulement du programme NH2. Tout d'abord, elle pense qu'il serait plus intéressant d'exploiter les résultats du survol de Pluton-Charon avant d'envoyer une seconde sonde vers d'autres KBOs. D'autant plus qu'un corps de taille inférieure à Pluton ne posséderait pas d'atmosphère, ce qui réduirait l'intérêt d'une mission NH2, sauf à la compenser par d'autres découvertes. On pourrait ainsi adapter, voire modifier, certains instruments en conséquence pour maximiser les résultats. Ensuite, la NASA ne dispose pas d'une charge complète de RTG en plutonium 238. Cela signifie que la sonde n'aurait assez de puissance pour faire fonctionner tous ses équipements que jusqu'à la visite d'un KBO situé à 40 UA ; mais pas plus loin. Cette pénurie

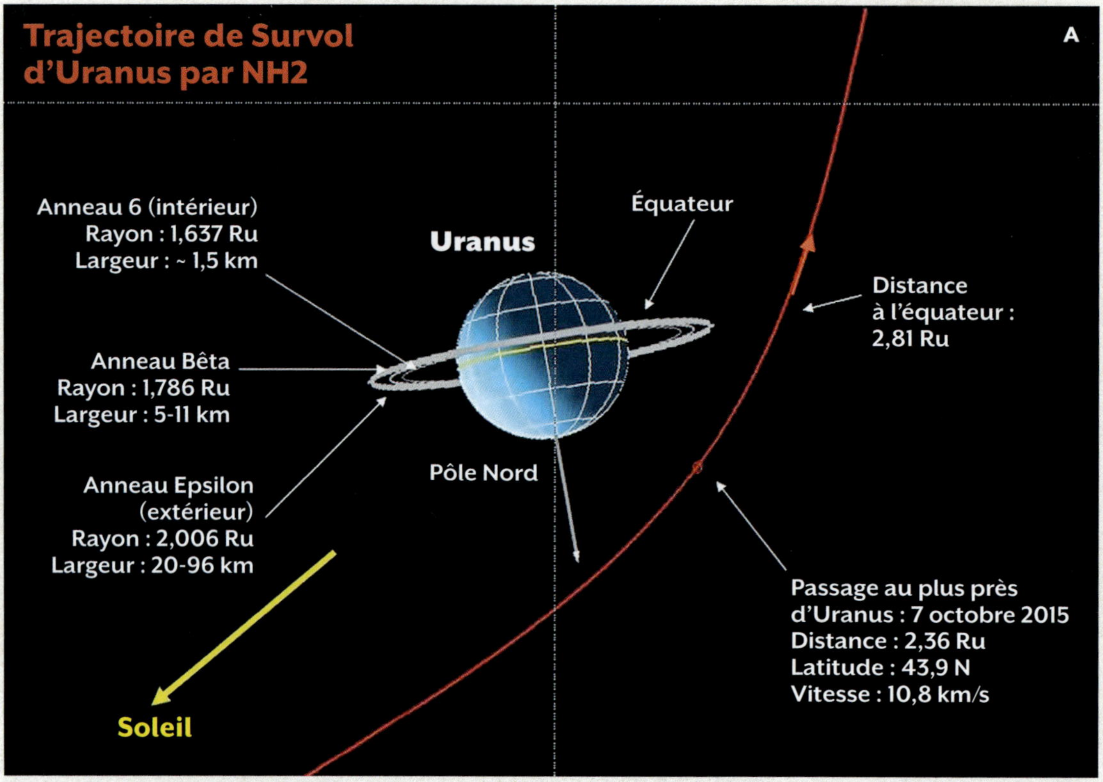

Ce qu'aurait dû être la mission New Horizons 2 près d'Uranus

A. Vu de dessus, le survol d'Uranus par New Horizons 2, prévu le 7 octobre 2015. La sonde devait passer au plus près à la distance correspondant à 2,36 rayons planétaires et éviter ses anneaux, tandis que sa trajectoire était incurvée sous l'effet de l'attraction de la planète.

B. Survol après la trajectoire qui aurait pu être empruntée par New Horizons 2 (NH2). La sonde devait quitter la Terre en mars 2008, frôler Jupiter en août 2009 pour gagner de la vitesse, survoler Uranus en octobre 2015 et atteindre son premier KBO en septembre 2020, avant d'aller en explorer un second.

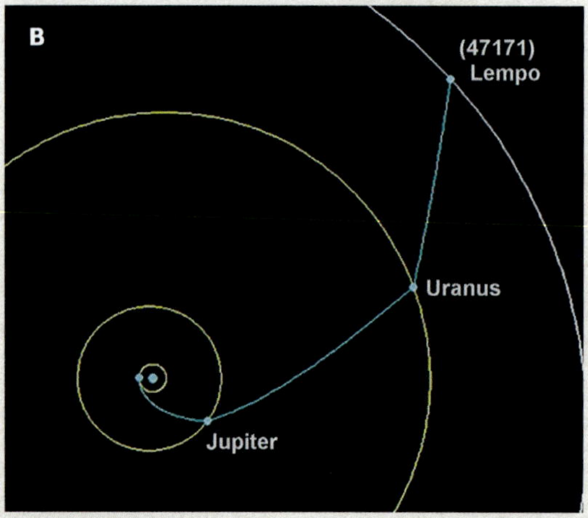

C. Contrairement au survol de 1986 par la sonde Voyager II, l'arrivée de NH2 devait s'effectuer en 2015 avec une planète au plan équatorial vu de côté : elle l'aurait survolé, ce qui lui aurait permis de voir tous ses satellites sous leur meilleur angle pour compléter leur cartographie.

D. Un comparatif montrant la géométrie des survols : la surface de Miranda (472 km de diamètre), le satellite le plus accidenté de tout le Système solaire, vue en 1986 par Voyager II, et la configuration qui aurait pu être observée en 2015. En 1986, on y voit trois grandes *coronae*, des zones formées par des remontées de matière : Arden (vaste région circulaire vue de biais en bas à gauche), Inverness (le chevron blanc) et Elsinore

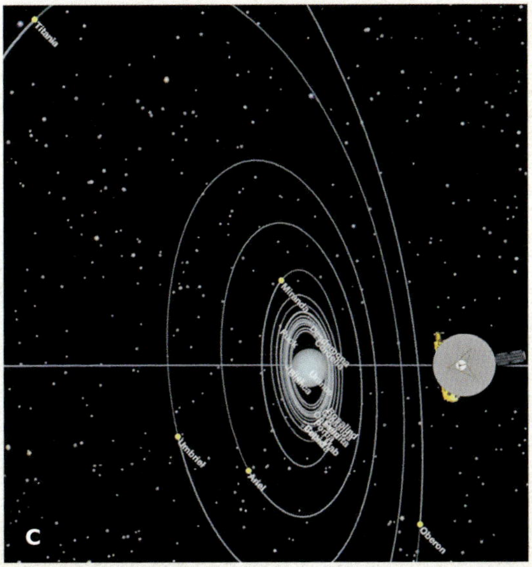

(vue de biais en haut à droite). Noter en bas à droite la plus grande falaise actuellement connue dans le Système solaire, Verona Rupes, dont la hauteur avoisine 20 km. En 2015, toute la zone à l'est de Verona Rupes aurait pu être photographiée par NH2, et dévoiler sans nul doute d'autres paysages très chaotiques. *(Images (a) et (b) : NASA / JHU-APL / SwRI ; image (c) : simulation NASA/JPL/Eyes on the Solar System/O. de Goursac ; image (d) gauche : NASA /JPL/Ted Stryk, droite : simulation NASA/JPL/Eyes on the Solar System/O. de Goursac)*

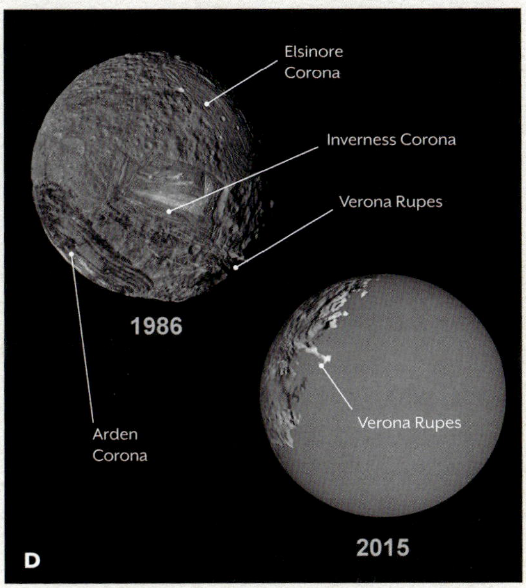

de combustible nucléaire est connue et identifiée, mais on n'y remédiera pas avant 2010, date à laquelle la Nuclear Regulatory Commission (NRC) livrera des RTG de conception nouvelle [4].

Par conséquent, et en tenant compte des contraintes d'intégration de la sonde, NH2 ne pourra être lancée avant 2011 au plus tôt. Finalement, les coûts de NH2 s'étageraient de 623 à 912 millions de dollars, selon le type de lanceur utilisé et le degré de modification à apporter au design de la sonde actuelle. Sachant que New Horizons va coûter un estimatif de 728 millions de dollars jusqu'en 2015, la commission conclut donc qu'une mission est possible à moindre coût, mais juge que les 105 millions prévisionnels d'économies, au mieux, ne sont pas suffisants pour justifier la présentation d'une nouvelle ligne budgétaire. Et puis, questionne-t-elle, n'est-ce pas beaucoup d'argent à dépenser pour un survol express réclamant une dizaine d'années de voyage pour ne récolter les données les plus détaillées que durant quelques heures ? La commission juge ainsi le concept même de la mission New Horizons presque comme un gaspillage d'argent public. C'est un véritable camouflet et un coup dur à encaisser pour les équipes du SwRI et du JHU-APL. Mais les survols réussis du couple Pluton-Charon et de MU69-Arrokoth leur donneront raison : la mission New Horizons méritait d'être financée et les KBOs sont bien parmi les corps les plus diversifiés et les plus intéressants à étudier du système solaire !

Finalement, l'essai de la seconde mission, même non transformé, n'aura pas été vain. New Horizons et le projet NH2 ont permis au JHU-APL de développer une expertise reconnue dans l'exploration des mondes lointains. Maintenant, le centre californien du JPL, qui a conçu les missions Voyager, voit la NASA se faire démarcher par le JHU-APL avec des propositions d'explorations d'Uranus et de Neptune aussi bien, sinon mieux structurées que les siennes. Aujourd'hui, l'idée avancée par le SwRI est de placer un orbiteur autour de Neptune, non seulement pour scruter la planète, mais aussi pour étudier sa lune géante, Triton, qui est une petite planète de la ceinture de Kuiper piégée en orbite autour de la géante glacée.

Ce que l'on peut retenir concernant la façon dont s'est déroulée la préparation de la mission New Horizons, c'est la primauté que les relations humaines ont eue sur les considérations techniques. Même si de nombreux chercheurs n'ont jamais vraiment accepté l'audace avec laquelle le JHU-APL a forcé la main de la NASA entre la fin 2000 et la mi-2002 pour faire valider son projet, la stratégie mise en place s'est avérée gagnante. Plutôt que de passer par les fourches caudines d'un processus administratif long et coûteux, les promoteurs de New Horizons ont préféré le raccourcir en plaidant leur cause directement auprès des décideurs au Congrès, qui allouaient les budgets. Cette procédure insolite, faite d'un savant mélange de lobbying et de marketing, a été très efficace et a porté ses fruits.

Mais il est vrai également que, sans l'enthousiasme communicatif de l'équipe d'Alan Stern, jamais une sonde ne serait partie explorer ce monde lointain. C'était une démarche presque désespérée, car Pluton n'a jamais fait vraiment partie des priorités de la communauté des chercheurs. À l'époque, il y avait quantité de cibles planétaires tout aussi intéressantes, sinon plus, à explorer et les moyens budgétaires étaient limités : des choix douloureux s'imposaient et les décisions étaient systématiquement prises en défaveur de Pluton. D'autant plus que, pour l'explorer au mieux, il aurait fallu une mission orbitale. Mais c'était une option irréalisable, car trop longue à mettre en œuvre. Seul un simple survol était possible. Cette configuration était néanmoins coûteuse et risquée, sachant que l'essentiel des mesures scientifiques et des prises de vues de Pluton se trouverait concentré sur seulement quelques jours, voire quelques heures, pour l'acquisition des données les plus intéressantes, c'est-à-dire celles prises à la plus haute résolution. Avec le recul, et les résultats spectaculaires de New Horizons en main, on ne peut que se réjouir de ce beau succès qui ne se serait jamais produit sans la pugnacité et l'engagement de quelques passionnés.

---

1 – Alan Stern n'utilise jamais son premier prénom, « Sol », dans ses publications et interviews. Occasionnellement, il signe « S. Alan Stern ».

2 – Sous-comité aux Allocations pour le commerce, la justice, la science et organismes apparentés (« United States House Appropriations Subcommittee on Commerce, Justice, Science, and Related Agencies »).

3 – Les phases de développement d'un projet spatial sont nommées : « A » faisabilité, « B » design préliminaire, « C » design détaillé, « D » réalisation/intégration (assemblage des éléments)/qualification au sol, « E » qualification dans l'espace et exploitation.

4 – Ce seront les « Multi-Mission Radioisotope Thermoelectric Generator », ou MMRTG.

Chapitre 4

Une mission complexe... car très simplifiée

Le 19 janvier 2006, une puissante fusée Atlas V s'élève de son pas de tir, à Cap Canaveral, au centre spatial Kennedy de Houston, en Floride, emportant la sonde New Horizons vers Pluton. *(NASA/Kim Shiflett)*

Un design simplifié • La meilleure trajectoire : contourner Jupiter • L'exploration de Jupiter : l'étape incontournable • Uranus : une référence pour Pluton • L'incroyable succès du survol de Pluton • Après Pluton, un exploit de navigation spatiale • MU69 : la visite d'un corps très primitif

Une mission complexe... car très simplifiée

La sonde New Horizons va se révéler extrêmement performante grâce à l'excellente conception de ses systèmes et de sa programmation. Elle va assurer le succès de sa mission et lever le voile, en 2015, sur ce corps glacé presque inatteignable qu'est Pluton. Elle ira même au-delà avec le survol, en 2019, du petit KBO Ultima Thulé, le corps céleste le plus lointain jamais visité par une sonde spatiale !

Contrairement aux sondes complexes de sa génération, New Horizons se calque sur les concepts simplifiés imaginés par Tom Krimigis au JHU/APL. Elle a ainsi été conçue sans grosse plateforme articulée, ni antenne orientable. Elle devra pouvoir tourner d'un seul bloc avec grande précision lorsqu'il s'agira de cibler un corps céleste, ou bien la Terre pour transmettre ses données. Ce sont les micropoussées de petits propulseurs auxiliaires, utilisés pour le contrôle d'attitude, qui assureront l'orientation voulue. Grâce aux nombreux contrats signés avec le département de la Défense, les ingénieurs du JHU/APL sont passés maîtres dans la conception et la programmation de satellites. Cette longue expérience s'est révélée décisive lors de l'attribution du contrat par la NASA : elle apportait l'assurance que la sonde pourrait résister à un voyage de plus de neuf ans vers les confins obscurs de notre Système solaire, avant d'assurer une mission complexe dont l'essentiel devrait se dérouler en quelques heures seulement. Le modèle de sonde qui en a émergé ressemble, comme le décrivait si bien, en 2010, le célèbre chroniqueur spatial britannique Patrick Moore (1923-2012), à « [...] un

La sonde New Horizons avec ses trois axes d'orientation X, Y et Z. *(JHU-APL)*

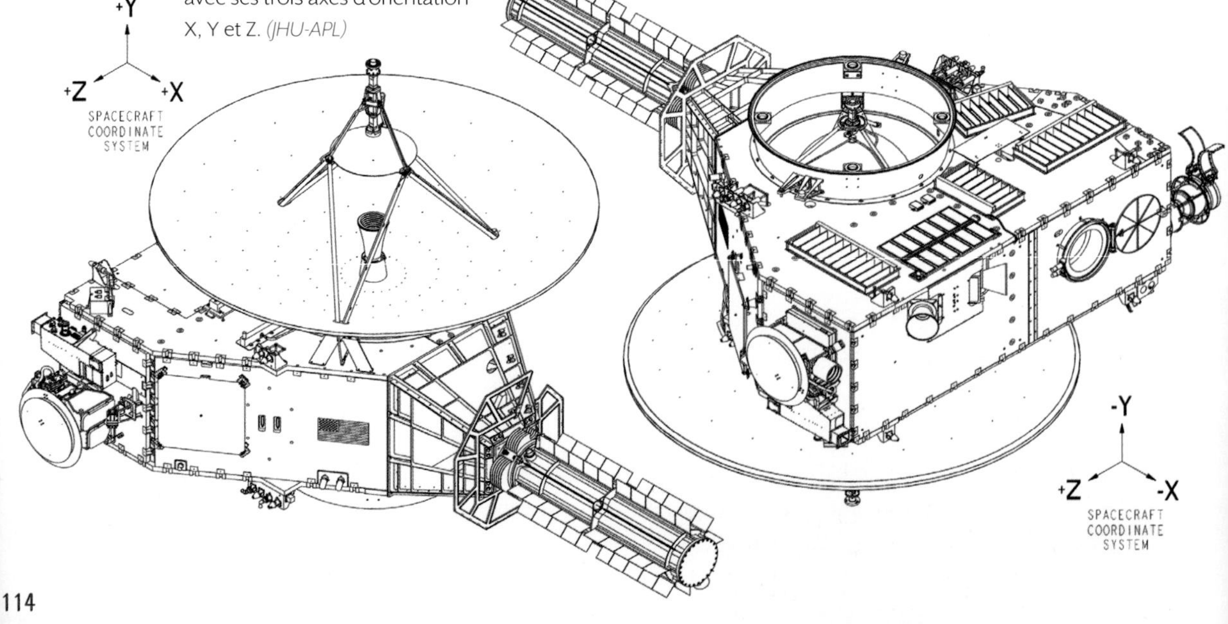

Le fameux timbre-poste, *Pluto : Not Yet Explored* (« Pluton : pas encore explorée »), emporté par la sonde. *(US Postal Service Stamp Series, 1991)*

piano à queue accolé à une antenne satellite de la taille d'un comptoir de bar à cocktail. »

Un design simplifié

De fait, la sonde s'organise autour d'un large cylindre central en aluminium, forgé d'une seule pièce, lequel est fixé au troisième étage du lanceur qui lui communiquera l'impulsion finale vers Jupiter pour rejoindre Pluton. Son carénage, de forme globalement triangulaire, est long de 2,10 m, large de 2,70 m, haut de 70 cm. Il est formé d'une ossature d'aluminium et de titane, et intègre tous les systèmes et instruments, notamment la propulsion. Cette dernière, une fois la sonde lancée, ne servira qu'aux changements de trajectoire et au pointage dans l'espace : on ne pourra pas ralentir l'appareil aux abords de Pluton pour l'injecter en orbite. La propulsion fonctionne à l'hydrazine (N_2H_4), un ergol facile à stocker, qui est pressurisé avec de l'hélium avant d'être injecté dans les tuyères où il s'enflamme spontanément en présence d'un catalyseur préalablement chauffé. La poussée qu'il fournit, laquelle se mesure en newtons (N), est répartie tout autour de la sonde par le biais de 4 moteurs délivrant 4,4 N chacun, et 12 moteurs de 0,8 N chacun. La précision s'obtient en télécommandant des micropoussées pouvant être raccourcies jusqu'à 5 millisecondes.

Le carénage intègre aussi les sous-systèmes électroniques (dont tous bénéficient d'une redondance en cas de panne de l'un d'entre eux), les télécommunications (notamment deux tubes à ondes progressives et une antenne parabolique à grand gain de 2,10 m de diamètre), les instruments scientifiques ainsi que l'alimentation en énergie, assurée par un générateur radio-isotopique chargé de 9,75 kg de plutonium 238, capable de fournir 240 watts de puissance au départ (200 watts aux abords de Pluton). La masse de New Horizons au décollage est de 478 kg ; son gros réservoir renferme à lui seul 77 kg d'hydrazine. La sonde embarque par ailleurs des médailles symbolisant les États du Maryland (où elle a été conçue) et de Floride (d'où elle va partir), un CD-Rom portant les photos et les signatures des membres de la mission, un exemplaire du timbre de Pluton, émis en 1991, portant la mention « pas encore explorée », ainsi qu'une capsule contenant des cendres de Clyde Tombaugh.

Pendant son voyage, la sonde sera stabilisée par effet gyroscopique (on dit aussi par spin) en la faisant tourner sur elle-même à cinq tours/minute sur l'axe de l'antenne +Y (cf. schémas p. 114 et p. 116). En effet, par souci de simplification, les ingénieurs ont préféré ne pas fixer les instruments sur une plateforme mobile, comme sur les sondes Voyager et Cassini.

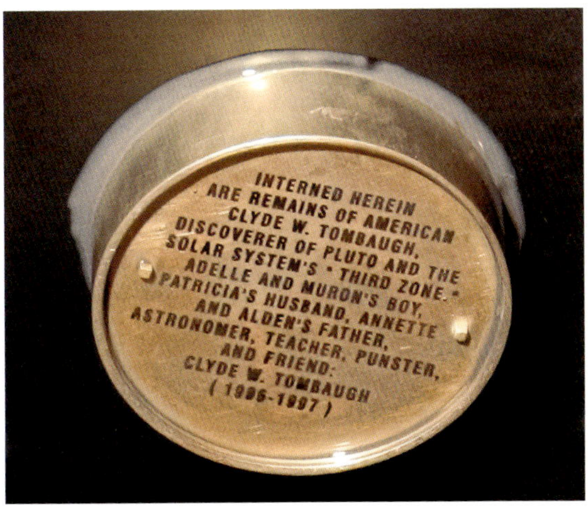

La capsule contenant les cendres de Clyde Tombaugh fixée sur New Horizons. On y lit : « Ici sont enfermés des restes de l'Américain Clyde W. Tombaugh, découvreur de Pluton et de la "troisième zone" du système solaire. » *(NASA-Bill Rodgers/JHU-APL)*

Sur New Horizon, ils les ont intégrés dans la structure. Celle-ci doit pouvoir être ainsi calée fixement sur les axes +X ou +Z, le temps de l'acquisition des données. Elle doit également pouvoir être mise en dérive très lente selon l'axe +Y pour les instruments qui fonctionnent avec un fin balayage (scan) de leur cible. Ces orientations seront gérées au moyen de courtes impulsions communiquées par les petits moteurs. Pendant les observations, l'antenne ne sera plus orientée vers la Terre et plus aucune information ne pourra être transmise au sol. Les données resteront donc stockées à bord et, lorsque la sonde reviendra à son orientation d'origine, elles pourront être émises vers la Terre.

S'inspirant de l'appel d'offres Pluto Fast Flyby, les objectifs scientifiques de la mission PKB, en janvier 2001, avaient été répartis en trois groupes, renommés « 1 – requis, donc indispensables », « 2 – fortement désirés », et « 3 – désirés ». En cas de coupe budgétaire, la mission serait recentrée sur les objectifs du groupe 1. Les chercheurs se consoleraient avec des images prises par l'instrument Ralph à la résolution de 0,7 km/pixel pour Pluton (1,4 km/pixel pour Charon), qui seraient plus détaillées que celles faites de Triton (0,8 km/pixel) par la sonde Voyager 2, et cela avec un beau bonus : la détection par Ralph de la composition de la surface de Pluton et de Charon grâce aux filtres infrarouges.

Alan Stern va donc répartir ses instruments selon les objectifs du groupe 1, sachant que quelques objectifs du groupe 2 seraient quand même remplis : la cartographie de la géologie et de la composition de surface de Pluton et de Charon, avec l'identification des composants de l'atmosphère de Pluton et la mesure de son taux d'échappement dans l'espace. New Horizons

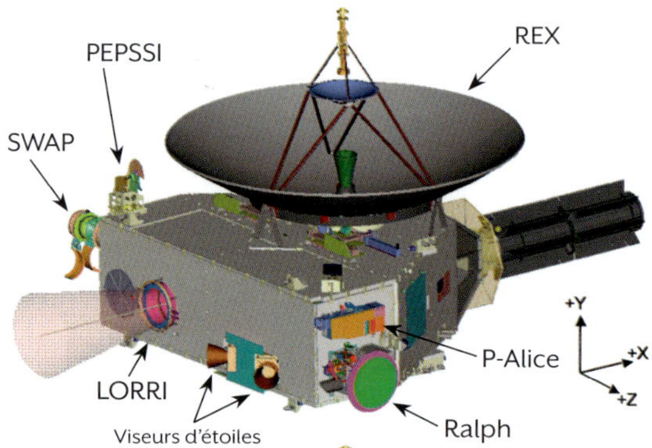

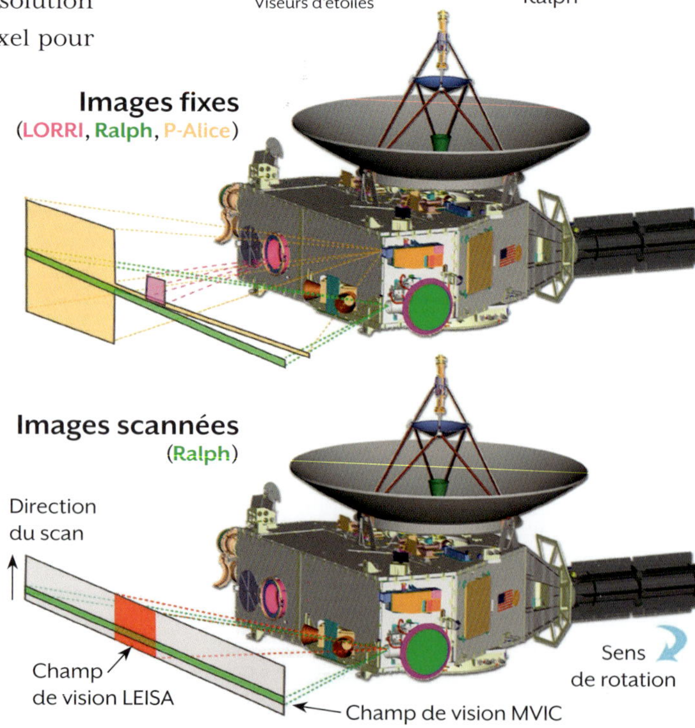

En haut. Les principaux éléments et expériences de la sonde New Horizons.

Au centre. Les instruments P-Alice et LORRI sont alignés sur Ralph pour que leurs champs de vision coïncident. L'attitude de la sonde est alors figée afin de prendre des images nettes. Pour des superpositions d'images précises (LORRI sur Ralph par exemple), la sonde effectue de minuscules mouvements.

En bas. Des dérives lentes et précises permettent aux expériences Ralph-MVIC et Ralph-LEISA d'acquérir leurs images en balayant leur cible.

(JHU-APL/SwRI)

Objectifs	**Instruments prioritaires (groupe 1) :** I – À quoi ressemble la surface de Pluton ? Quelle est sa géologie ? II – Quelles sont la composition et la température des sols ? III – Quelle est la nature de l'atmosphère de Pluton ?			
Charge utile	**Indispensable (Core payload)**			
Instrument	**P-Alice** (Ultraviolet Imaging Spectrograph) 	**Ralph-MVIC** Multispectral Visible Imaging Component 	**Ralph-LEISA** Linear Etalon Imaging Spectral Array 	**REX** Radio Science Experiment 
Type	Imageur/ spectromètre ultraviolet	Imageur lumière visible et proche infrarouge	Imageur/spectromètre infrarouge	Système couplé aux télécommunications pour occultation et mesures radio
Responsable	Alan Stern, Southwest Research Institute SwRI	Alan Stern, Southwest Research Institute SwRI	Alan Stern, Southwest Research Institute SwRI	Len Tyler, Stanford University Stanford University
Conception	SwRI	Ball Aerospace Corp./ NASA-GSFC/SwRI	Ball Aerospace Corp./ NASA-GSFC/SwRI	JHU-APL/Stanford University
Mission	Déterminer la composition et la structure de l'atmosphère de Pluton	Images couleurs, propriétés spectrales des surfaces, détection du méthane	Cartographier la composition de la surface et mesure des températures	Pression atmosphérique autour de Pluton et déduction des températures

(Sources des 2 tableaux : NASA/JHU-APL et (c) O. de Goursac)

Objectifs	**Instruments secondaires (groupe 2) :** I – Pluton et Charon en haute résolution + en 3D II – Vues à haute résolution près du terminateur III – Interactions entre Pluton et le vent solaire			**Instruments non prioritaires (groupe 3)**
Charge utile	**Supplémentaire (Supplemental payload)**			**Expérience d'étudiants (EPO)**
Instrument	**LORRI** LOng Range Reconnaissance Imager 	**SWAP** Solar Wind Around Pluto 	**PEPSSI** Pluto Energetic Particle Spectrometer Science Investigation 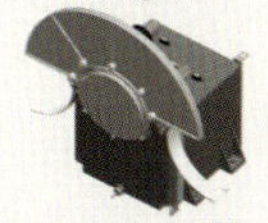	**VB-SDC (Venetia)** Venetia Burney – Student Dust Counter 
Type	Télescope de 20,8 cm d'ouverture avec capteur CCD	Détecteur de particules	Spectromètre d'analyse des particules énergétiques	Film sensible 30 × 46 cm détecteur de poussières
Responsable	Andy Cheng, Applied Physics Laboratory APL The Johns Hopkins University APPLIED PHYSICS LABORATORY	David McComas, Southwest Research Institute SwRI	Ralph McNutt Jr., Applied Physics Laboratory APL The Johns Hopkins University APPLIED PHYSICS LABORATORY	Mihaly Horanyi + étudiants Lab. for Atmosph. & Space Ph. LASP LABORATORY FOR ATMOSPHERIC AND SPACE PHYSICS UNIVERSITY OF COLORADO AT BOULDER
Conception	JHU-APL	SwRI	JHU-APL	Université du Colorado (Boulder)
Mission	Exploration de l'environnement de Pluton 200 jours avant le survol + images à haute résolution	Mesurer les interactions du vent solaire/ ions s'échappant de l'atmosphère de Pluton	Mesurer le processus d'échappement de l'atmosphère de Pluton	Mesurer les poussières sur le trajet : nombre, masse, vitesse

Les caméras de New Horizons

	Instruments dits Ralph et Alice (nommés ainsi pour honorer la mémoire de Ralph et Alice Kramden, sitcom TV *Honeymooner's*, 1951-1955)			Télescope Ritchey-Chrétien
Instrument	**MVIC (Panchromatic w-a camera)**	**MVIC (Color wide-angle camera)**	**LEISA (Infrared mapping spectrometer)**	**LORRI (Narrow angle camera)**
Sigle	Multispectral Visible Imaging Component	Multispectral Visible Imaging Component	Linear Etalon Imaging Spectral Array	LOng Range Reconnaissance Imager
Responsable	Alan Stern 	Alan Stern 	Alan Stern 	Andy Cheng 
Concepteur	Southwest Research Institute (SwRI), Ball Aerospace (Boulder), NASA Goddard Space Flight Center			JHU - APL
Objectif scientifique	Géologie et morphologie globale de Pluton et de Charon	Cartographier la composition des surfaces de Pluton et de Charon	**Filtre 1 :** cartographier la composition des surfaces de Pluton et de Charon **Filtre 2 :** cartographier les températures des surfaces de Pluton et de Charon	**1.** Vues à longue distance pour corrections de trajectoires **2.** Images à haute résolution pendant l'approche et le survol **3.** Images pour géologie à haute résolution
CCD (& images)	5 024 × 32 pixels	5 024 × 32 pixels	256 × 256 pixels	1 024 × 1 024 pixels
Champ de vision	5,7° × 0,146°	5,7° × 0,146°	0,9° × 0,9°	0,29°
Filtres	1 filtre neutre	4 filtres	2 filtres	1 filtre neutre
Bandes passantes	Pan : 400-975 nm (panchromatique, c.a.d. noir & blanc)	BLU : 400-550 nm (bleu) RED : 540-700 nm (rouge) NIR : 780-975 nm (infrarouge) CH4 : 860-910 nm (méthane)	**Filtre 1 :** 1250-2500 nm **Filtre 2 :** 2100-2250 nm	350-850 nm (panchromatique, c.a.d. noir & blanc)

(Sources : NASA/JHU-APL et (c) O. de Goursac)

serait ainsi équipée *ad minima* des trois instruments envisagés lors de l'étude du projet Pluto-350, mais améliorés pour suivre l'évolution des technologies : une caméra travaillant dans le visible (Ralph-MVIC) et l'infrarouge (Ralph-LEISA), et un spectromètre ultraviolet (P-Alice). L'utilisation des ondes radio pour les occultations de la Terre passant derrière Pluton serait l'objet du troisième instrument du groupe 1 (REX). Quant aux objectifs des groupes 2 et 3, ils seraient remplis par les instruments dits secondaires (cf. les tableaux récapitulatifs de l'instrumentation, page précédente).

Lors des premiers tours de table avec le JHU-APL, Alan Stern avait évoqué l'idée d'intégrer, dans sa proposition, un module de « sonde-fille » qui aurait été largué en éclaireur pour prendre des images de la face restant invisible lors du passage au plus près de Pluton, à la façon Mariner Mark II, ce projet étudié par la NASA en 1990 (cf. chap. 3). En effet, le système plutonien tourne très lentement sur lui-même, en un peu plus de six jours (cf. chap. 1), et la sonde elle-même ne pourrait observer en détail que l'un de ses deux hémisphères. Mais concevoir un tel module n'est pas une tâche aisée. En effet, on aurait pu le larguer à l'aide de gros ressorts, mais leur nombre et leur masse augmentent en fonction du carré de la vitesse à lui impulser. Pour réduire leur masse tout en communiquant au module la vitesse nécessaire pour atteindre Pluton trois jours avant la sonde principale, il faudrait le larguer plusieurs mois avant la rencontre. Or, qu'en serait-il de son alimentation en énergie ? Il serait hors de question de le doter d'un lourd générateur radioisotopique… Il faudrait prévoir plus de 10 kg de batteries. Et pour que le module soit utile, il faudrait y intégrer un clone de l'expérience Ralph. Et qu'en serait-il d'un spectromètre ? Sans oublier les sous-systèmes électroniques et de télécommunications.

La « sonde-fille » est donc vite jugée comme une fausse bonne idée, car elle ponctionnerait trop la masse globale allouée aux instruments de New Horizons. On décide alors de la remplacer par la puissante caméra LORRI, d'une masse de 5,6 kg. Développée par Andrew « Andy » Cheng, responsable scientifique de la mission (« Project Scientist »), c'est un télescope qui saura aussi prouver son utilité lorsque l'on souhaitera identifier à l'avance des dangers au voisinage de Pluton. Pour compléter les expérimentations, on ajoute celles de la détection des champs de particules (SWAP et PEPSSI). Enfin, la petite expérience de comptage de poussières interplanétaires proposée par un groupe d'étudiants (VB-SDC) pour le projet concurrent POSSE, sera intégrée : elle permettra d'explorer à moindre coût le milieu spatial pendant la traversée de la ceinture de Kuiper.

Aux esprits chagrins qui regrettent que Pluton n'ait pu être survolée par Voyager 1 en mars 1986, Alan Stern répliquera que la qualité des données récoltées aurait été moins bonne, car les instruments de cette sonde étaient moins performants. Pluton aurait pourtant bénéficié

Les performances de LORRI

Voici un exemple de ce qu'a permis de réaliser la caméra à haute résolution LORRI pour pallier l'absence de « sonde-fille » et pour obtenir malgré tout des images suffisamment détaillées des faces de Pluton et de Charon qui ne seraient pas visibles par New Horizons lors de son passage. Ces faces ont été photographiées pendant la phase d'approche

pour affiner les détails, on a superposé les images obtenues. Sur une série de Pluton (en haut) prise le 12 juillet 2015 à 2,6 millions de km : la résolution d'origine (image de gauche), de 12,5 km/pixel, s'améliore alors de près du double (image de droite). Le même procédé a été appliqué pour Charon (en bas) sur les images prises le 11 juillet à 3,1 millions de km : on y découvre alors des reliefs imposants qui s'apparentent à des canyons géants.

Ce sont les vues les plus détaillées des faces « cachées » lors du survol que nous pourrons contempler avant bien longtemps. *(NASA/JHU-APL/SwRI ; retraitements O. de Goursac)*

La sonde New Horizons sur son banc d'assemblage. Le générateur radioisotopique (RTG) n'est pas encore fixé sur son emplacement carré, à droite. *(NASA / JHU-APL)*

Au centre spatial Kennedy, New Horizons, montée sur son troisième étage de propulsion, est en attente d'intégration entre les deux sections de carénage qui formeront la coiffe du lanceur. Ce carénage protégera la sonde durant le lancement et le vol à travers l'atmosphère. Une fois hors de celle-ci, vers 120 km d'altitude, il sera largué. *(NASA)*

d'une intensité de lumière solaire identique à celle de Neptune lors de son survol par Voyager 2. Voyager 1 aurait pu, malgré tout, cartographier presque toute la surface de Pluton, car son équateur faisait alors face au Soleil. Les images auraient toutefois été moins détaillées et la nature des sols et des glaces serait restée indéterminée, car la caméra de Voyager ne possédait pas de mode multispectral. En revanche, l'atmosphère de Pluton aurait été détectée et on aurait pu identifier certaines de ses propriétés, mais avec, là encore, beaucoup moins de précision. On aurait pu également découvrir, sur les images, les petits satellites de Pluton, mais malheureusement *a posteriori*, car on n'aurait pas pu programmer l'orientation de sa plateforme d'instruments avant le survol pour en prendre des images au plus près. Les satellites les plus petits, Styx et Kerberos, auraient ainsi été visibles comme des points, voire des traînées lumineuses. Pour Stern, cela n'aurait été finalement qu'« un voyage à l'aveuglette vers un monde inconnu ».

La meilleure trajectoire : contourner Jupiter

Lors de l'appel d'offres, la NASA a spécifié que décembre 2020 serait la date butoir pour la rencontre avec Pluton. Pour rappel, les chercheurs estiment que, la planète s'éloignant du Soleil depuis 1989, l'atmosphère plutonienne gèlera ensuite à la surface. Après cela, il faudra attendre au moins deux siècles avant de revoir pareille opportunité. Autre contrainte : l'axe de rotation de Pluton, perpendiculaire au Soleil en 1989, se décale de plus en plus. Plus on retarde la mission, et plus l'hémisphère sud glissera dans l'obscurité de l'hiver. New Horizon fait donc figure de mission de la dernière chance, la rapidité du voyage étant de mise.

Bob Farquhar, l'expert en design de missions au JHU-APL (cf. ch. 3), a déterminé que la meilleure fenêtre de tir s'ouvre en décembre 2004,

Éclaté du lanceur Atlas-V 551 fourni par United Launch Alliance — une joint-venture montée entre Lockheed-Martin et Boeing — et utilisé pour la première fois à l'occasion de l'envoi de la sonde New Horizons.

De bas en haut : **1** – le moteur RD-180 de NPO-Energomash, qui brûle de l'oxygène liquide et du kérosène, et qui est alimenté par le réservoir du 1er étage (cylindre brun) ; **2** – les cinq propulseurs d'appoint (SRB/Solid Rocket Boosters) fournis par Aerojet, qui entourent le moteur ; **3** – les cinq adaptateurs interétages (segments blancs), qui contiennent la case à équipements électroniques ; **4** – le 2e étage Centaur, doté de son moteur R-10 qui brûle de l'oxygène et de l'hydrogène liquides, fixé sous la coiffe (diamètre 5,40 m) ; **5** – la sonde New Horizons fixée au sommet de son petit 3e étage Star 48-B, doté d'un moteur à poudre, qui l'injectera vers Jupiter.

Le lanceur mesure 62 m de haut et sa masse au décollage est de 587 tonnes. *(NASA/JHU-APL – SwRI – United Launch Alliance)*

avec un positionnement parfait entre la Terre, Jupiter et Pluton. Malheureusement, les problèmes de financement ont décalé le projet de 2 ans (cf. chap. 3) et Farquhar va devoir se rabattre sur la dernière opportunité disponible pour un survol avant 2020. Les passages près de Jupiter étant possibles tous les treize mois et la progression de Pluton sur son orbite étant insignifiante pendant cette période, la fenêtre de tir suivante s'ouvre en janvier 2006. La configuration des planètes ne sera toutefois pas optimale et l'effet de fronde de Jupiter sera moindre qu'en 2004. Il faut donc maintenant faire appel à un lanceur plus puissant.

La NASA a le choix entre la Delta IV Heavy et l'Atlas V 551, moins coûteuse. C'est cette dernière qu'elle va choisir le 23 juillet 2003. En octobre, l'Agence décide d'examiner quelques solutions de repli dans le cas où le lancement devrait être reporté pour des motifs budgétaires. Farquhar va déterminer ainsi qu'après 2006 et pour une arrivée en 2020 au plus tard, il faudrait effectuer un tir direct vers Pluton, sans bénéficier de l'assistance gravitationnelle de Jupiter et en utilisant un lanceur plus lourd et donc plus cher. On aurait pu alors planifier un lancement en février 2007 avec une arrivée

Au Kennedy Space Center, la sonde New Horizons, maintenant intégrée dans la coiffe, va bientôt être montée au sommet de son lanceur Lockheed-Martin Atlas V. *(NASA)*

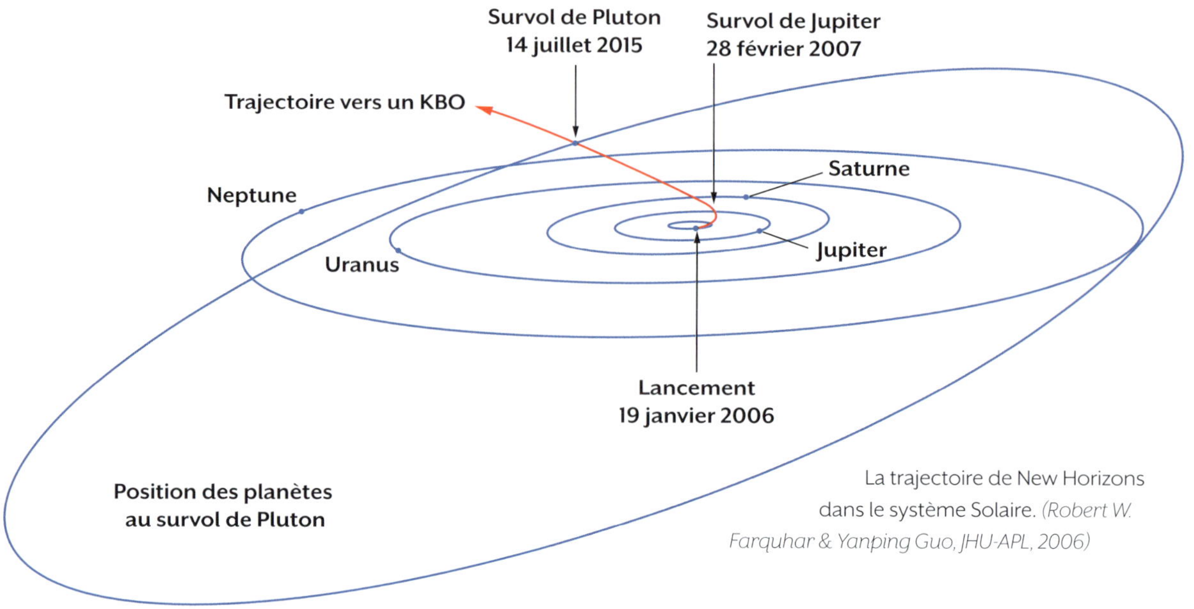

La trajectoire de New Horizons dans le système Solaire. *(Robert W. Farquhar & Yanping Guo, JHU-APL, 2006)*

Alan Stern en janvier 2006 devant le pas de tir, au centre spatial Kennedy, à Cap Canaveral, d'où va partir la sonde New Horizons. *(NASA / KSC / JHU-APL)*

New Horizons se détache du troisième étage : elle file maintenant, toute seule, vers Jupiter à la vitesse de 16,2 km/s. *(NASA animation)*

en 2019 (en cas de tir en début de mois) ou en 2020 (en cas de tir en fin de mois) ; 2020 étant l'année butoir pour les chercheurs. Farquhar va aussi découvrir deux autres configurations : une série de tirs vers Jupiter entre 2008 et 2009, qui permettraient un survol de la planète Uranus entre 2015 et 2017, avant de s'enfoncer dans l'espace pour intercepter deux KBOs : un gros, large de 300 km au moins, et un plus petit de 50 km au moins. Ceux-là pourraient faire l'objet d'un complément de mission baptisé New Horizons 2 (cf. chap. 3). Il y a encore une possibilité de lancement fin mars 2008 qui offrirait, outre le survol de Jupiter, celui de la planète Neptune en 2018, avant d'explorer un autre KBO. Mais sa configuration est moins favorable que celle retenue pour New Horizons 2 et, de toute façon, Pluton resterait exclue des survols.

Comme prévu, la sonde entièrement assemblée arrive au centre spatial Goddard le 13 juin 2005 pour une série de tests ultimes, puis elle est envoyée à Cap Canaveral. Montée au sommet de son lanceur, New Horizons s'élève de son pas de tir le 19 janvier 2006. Après son injection vers Jupiter, elle devient l'objet le plus rapide jamais lancé dans l'espace. Filant à la vitesse de 16,2 km/s, elle franchit l'orbite de la Lune en moins de neuf heures !

Des 11 au 13 juin 2006, l'équipe d'Alan Stern saura profiter d'une rencontre lointaine avec un minuscule astéroïde, 2002 JF56 (renommé APL), d'un diamètre de 2,5 km. Ce sera l'occasion de tester la capacité de pointage et de suivi d'une cible dans l'espace par les instruments. Seule la caméra LORRI, dont les capteurs risquent d'être endommagés par une lumière solaire encore trop intense, ne sera pas mise en œuvre. Ce test, qualifié de « pointer et tirer » par Alan Stern, est

19 janvier 2006, à 14 heures, en Floride : le public américain est venu nombreux assister au décollage de la mission New Horizons vers « sa planète ». *(NASA / KSC / JHU-APL)*

De l'importance du bon management humain

Pour gérer au mieux une équipe d'une cinquantaine de personnes qui devait rester soudée jusqu'au survol de Pluton, Alan Stern a conçu un « Document de pérennité » (« Longevity Document ») qui énumérait les normes de qualité à respecter et les tâches à programmer aux dates anniversaires. Les ingénieurs, de leur côté, ont stocké des pièces et l'électronique de la sonde afin de pouvoir diagnostiquer les problèmes en cas d'incident. Il s'agissait, par ailleurs, de garder le contact avec tous les membres de l'équipe sur une longue période, car il faudrait rappeler, lors du survol de Pluton en 2015, ceux affectés entretemps à d'autres projets, ainsi que les personnes parties à la retraite.

Une veille renforcée fut organisée avec Alice Bowman (Mission Operations Manager), Glen Fountain (Project Manager) et Mark Holdridge (Pluto Encounter Mission Manager). Alan Stern adopta une politique de transparence en faisant en sorte que tous puissent être mis en vedette auprès des médias. Du 5 au 14 juillet 2013, trois exercices médiatiques, les « New York Times Readiness Tests » (en référence au quotidien new-yorkais), leur ont permis de s'entraîner à interpréter les données au plus vite et à les communiquer à des journalistes qui acceptaient de jouer le jeu. Stern considérait son équipe comme une grande famille dont tous les membres devaient apprendre à s'apprécier mutuellement et à se responsabiliser. *(NASA/Bill Ingalls)*

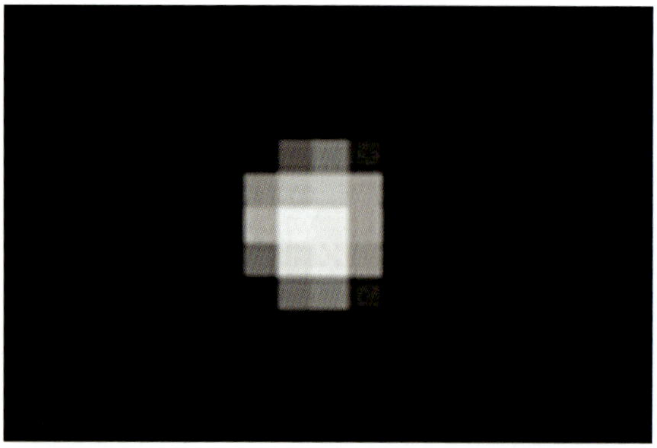

L'image de l'astéroïde 2002 JF56, large de 2,5 km, prise le 13 juin 2006 par l'imageur Ralph-MVIC. Elle ne dévoile rien de remarquable, car l'objet se trouvait à 102 000 km de la sonde au plus près. Mais la course de New Horizons était si rapide qu'il fallait faire tourner la sonde très lentement pour suivre sa cible et éviter que celle-ci apparaisse comme une traînée : mission accomplie ! *(NASA/JHU-APL / SwRI)*

un véritable succès qui, selon ses propres mots, va permettre aux membres de l'équipe de « renforcer la confiance dans [le] suivi des cibles en mouvement pour les survols de Jupiter l'année prochaine, Pluton en 2015, et la ceinture de Kuiper par la suite ».

L'exploration de Jupiter : l'étape incontournable

Le 28 février 2007, New Horizon contourne Jupiter. Le survol était prévu comme un vrai rendez-vous planétaire avec la géante gazeuse. Une occasion à ne pas manquer pour calibrer au mieux les instruments et, si possible, récolter une moisson de résultats utiles à la communauté scientifique. En effet, New Horizons va s'aventurer quatre fois plus près de Jupiter que la sonde Cassini, qui l'avait survolée fin 2000 pour atteindre Saturne. Au programme figurent des observations de la météorologie jovienne, des études des petits et grands anticyclones (dont la Grande Tache rouge), la détection d'aurores boréales, des mesures du champ magnétique et l'échantillonnage des poussières

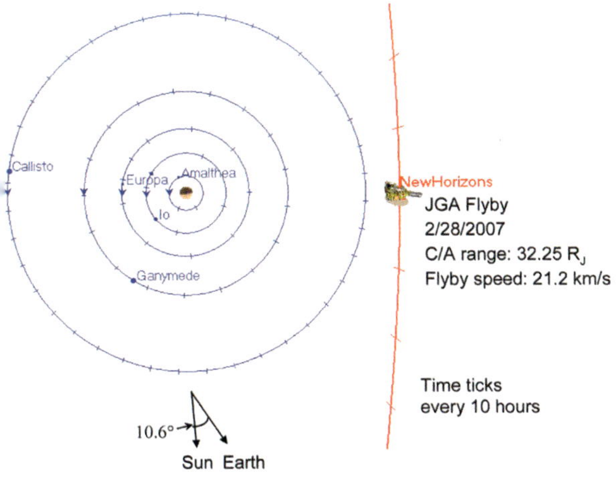

Géométrie du passage de New Horizons aux abords de Jupiter le 28 février 2007 : sa trajectoire se trouve incurvée par la planète géante, qui l'accélère vers Pluton. Notons que les quatre satellites galiléens se trouvaient malheureusement derrière la planète. Malgré tout, de nombreuses données ont pu être collectées. *(Robert W. Farquhar & Yanping Guo, JHU-APL, 2006)*

dans l'environnement jovien. Les chercheurs ont aussi jeté leur dévolu sur la surveillance des éruptions volcaniques géantes du satellite naturel Io, sans oublier des études complémentaires des trois autres grandes lunes de Jupiter.

Le survol de Jupiter est annoncé par la NASA avec la publication de communiqués aux médias et d'un dossier de presse très complet qui explique l'importance de cette étape pour la mission vers Pluton. À juste titre, car un échec de collecte de données serait catastrophique pour les membres de l'équipe, les enjeux dépassant le cadre de la simple visite d'une planète. Pour les ingénieurs, c'est la conception de la sonde qui serait mise à mal ; pour les chercheurs, la pertinence du choix des instruments, et pour Alan Stern et le JHU-APL, toute l'argumentation sur la mission New Horizons. Sans compter les décideurs de la NASA qui ont audité la mission et dont le bon discernement serait alors mis en cause, car ils sont les gardiens de la bonne utilisation des fonds publics engagés dans l'exploration de l'espace.

Les visiteurs vont avoir l'illusion que tout est maîtrisé et que l'équipe New Horizons vit sereinement ce moment. Mais la tension est palpable. C'est, pour ses membres, comme l'épreuve du feu, qui doit démontrer la justesse de l'approche : une mission complexe réalisée avec une sonde simplifiée. Car – on l'a vu – New Horizons ne possède pas de plateforme instrumentale mobile et il faut programmer toutes ses tâches afin qu'elles soient effectuées en mode automatique. Elle n'a pas non plus d'antenne parabolique orientable et les chercheurs assument le risque de recevoir les résultats non pas en temps réel, mais bien après le survol. Si un incident survient pendant l'acquisition des données, toute la mission peut être compromise. Pour les ingénieurs, c'est également l'occasion rêvée de se mettre en situation opérationnelle

Le 24 janvier 2007, New Horizons se trouve encore à 57 millions de km de Jupiter ; à peine plus loin que la distance minimale entre la Terre et la planète Mars (54,6 millions de km). La caméra LORRI démontre sa capacité à prendre des images détaillées depuis de grandes distances, un test crucial en vue du survol de Pluton, qui aura lieu 8 ans plus tard. On voit ici la géante gazeuse, large de 143 000 km, avec, à droite, deux de ses quatre satellites galiléens : Ganymède (diam. 5 260 km, en haut), dont l'ombre se projette sur le disque jovien, et Io (diam. 3 642 km, en dessous). *(NASA/JHU-APL / SwRI ; retraitements O. de Goursac)*

L'atmosphère jovienne vue par Ralph

Le 27 février 2007, la caméra infrarouge Ralph-LEISA capture des images en fausses couleurs montrant la planète Jupiter, depuis 2,9 millions de km. Le gros ovale, sur la droite, est la Grande Tache rouge, et la résolution est d'environ 175 km/pixel. L'instrument Ralph-LEISA balaie 250 bandes infrarouges s'étirant de 1,25 à 2,5 microns de longueur d'onde, ce qui lui permet d'obtenir un spectre très fin.

L'image de gauche est une carte altimétrique en couleurs dressée en assignant les rouge, vert et bleu respectivement aux longueurs d'onde de 1,60, 1,89 et 2,04 microns. Comme l'atmosphère de Jupiter absorbe fortement la lumière à 2,04 microns, seuls les nuages à très haute altitude réfléchissent la lumière de cette longueur d'onde. La longueur d'onde de 1,89 micron rayonne plus profondément dans l'atmosphère et celle de 1,6 micron descend plus loin encore. Les couleurs tirant vers le bleu montrent ainsi les nuages de haute altitude, tandis que les couleurs se rapprochant du rouge révèlent les couches nuageuses plus profondes. On constate ainsi que la Grande Tache rouge est comme une grosse bulle qui surplombe l'atmosphère.

Dans l'image de droite, les rouge, vert et bleu ont été assignés respectivement aux longueurs d'onde de 1,28, 1,30 et 1,36 micron, une gamme choisie pour sonder et mettre en relief les brumes de la haute atmosphère. On remarque ainsi la brume recouvrant le pôle Sud de la planète. *(NASA/JHU-APL / SwRI)*

avant d'entamer la longue traversée vers Pluton, qui doit durer 8 ans. La planète doit être survolée un peu au-delà de l'orbite de Callisto et, même si les quatre satellites galiléens sont positionnés de l'autre côté de la planète, les instruments sont promis à l'acquisition de résultats spectaculaires. En tout, la programmation prévoit 700 observations très diversifiées.

La mission débute le 8 janvier 2007 avec des prises de vues régulières par la caméra à haute résolution LORRI depuis une distance de 81,6 millions de kilomètres, pour s'achever le 4 mars au moment où la sonde quitte le système jovien et commence à transmettre ses données vers la Terre. Le 22 février, à 10 millions de kilomètres, s'ouvre la phase d'observation rapprochée. Elle culmine le 28 février, lors d'un passage à 2,3 millions de kilomètres de la planète. Tous les pointages vont être effectués avec succès et les instruments vont produire d'excellents résultats. Les images multispectrales des bandes nuageuses

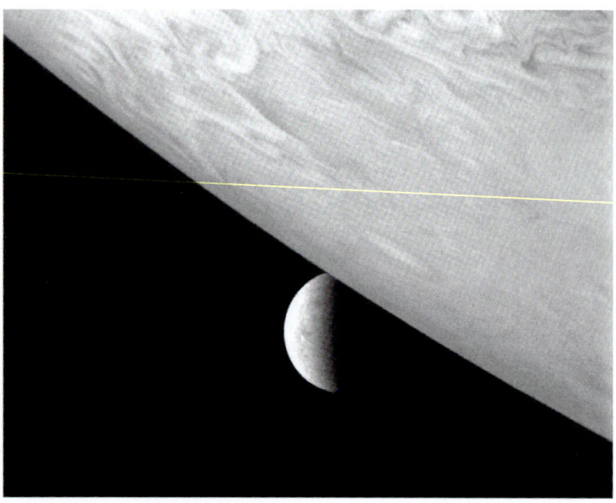

Une image spectaculaire, prise le 28 février 2007, du satellite glacé Europe (centré par 6° O et 5° S) émergeant juste derrière Jupiter. New Horizons se trouvait à 3 millions de km d'Europe et à 2,3 millions de km de Jupiter. L'équipe avait sollicité le concours des internautes et c'est Richard Hendricks, un passionné de conquête spatiale habitant à Austin, au Texas, qui a suggéré cette insolite prise de vue. *(NASA/JHU-APL / SwRI)*

Photomontage d'images de Io (à gauche, prise le 1er mars 2007) et de Jupiter (à droite, prise le 28 février). Elles ont été réalisées par les caméras LORRI et Ralph-MVIC. On devine le panache géant du volcan Tvashtar, qui se découpe au sommet du croissant d'Io. *(NASA/JHU-APL / SwRI / Goddard Space Flight Center)*

de Jupiter et de la lune Io, la plus volcanique du système solaire, permettent, en particulier, de vérifier le bon calibrage des instruments.

Io n'a pas été vue de près depuis la mission Galileo, et son observation va être le point d'orgue du survol. Les trois autres lunes galiléennes seront imagées en mode panchromatique (c'est-à-dire en noir et blanc) par la caméra LORRI, mais aussi en infrarouge avec Ralph. En outre, on exerce la sonde à tourner sur elle-même très lentement pour suivre ses cibles aux instruments. La caméra LORRI prend de nombreuses images des fins anneaux poussiéreux de Jupiter ; elle peut détecter des objets d'un kilomètre de large. Malheureusement, elle ne parviendra pas à dénicher de corps plus petits que Métis (à l'intérieur de l'anneau principal) et Adrastée (bordant sa limite extérieure), dont les diamètres respectifs sont de 43 et 16 km. Les chercheurs pensent qu'un phénomène d'érosion est à l'œuvre dans les anneaux et que les poussières finissent par gommer tous les corps d'un diamètre supérieur à 5 km. La découverte d'un nouveau petit satellite de Jupiter aurait permis à l'équipe de le baptiser du nom de la mission. Une légère déception, vite compensée

Les quatre satellites galiléens vus au mieux par la caméra panchromatique à haute résolution LORRI, lors du contournement de Jupiter, et représentés ici à la même échelle. De gauche à droite : Io (diam. 3 642 km, 28 février), Europe (3 120 km, 28 février), Ganymède (5 260 km, 27 février) et Callisto (4 820 km, 28 février). *(NASA / JHU-APL / SwRI / University of Arizona)*

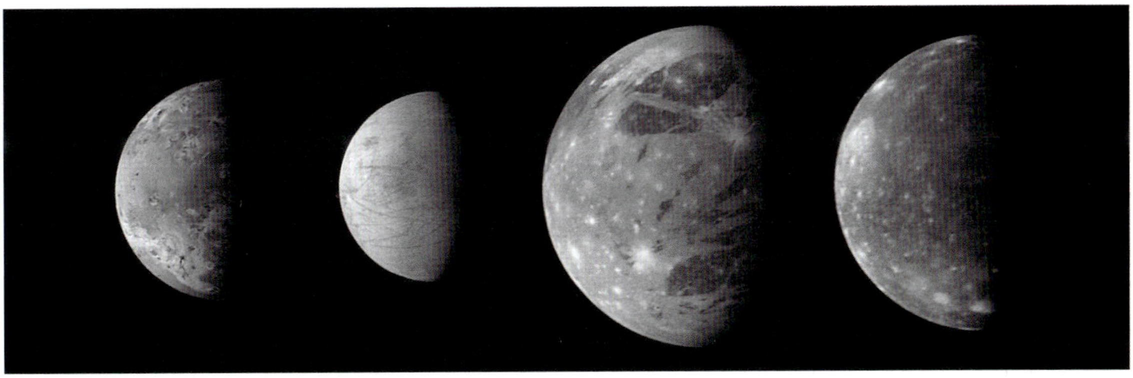

Io : l'épreuve du feu

L'étude du satellite Io était le moment attendu du survol de Jupiter. Ce satellite galiléen est le monde le plus volcanique du système solaire et c'était la cible idéale pour tester le calibrage des instruments, car certains volcans avaient fait l'objet de suivi lors de missions précédentes. Les instruments LORRI, Ralph-MVIC et Ralph-LEISA ont donc été mis à contribution, d'abord pour examiner si la surface avait évolué sous l'influence des éruptions incessantes des volcans et, enfin, pour voir lesquels étaient toujours en activité depuis la mission de la sonde Galileo (1995-2003). Io fut donc scruté à des phases angulaires de 5° à 160° par les instruments Ralph (17 images en couleurs + 7 images en infrarouge), LORRI (190 images), complétées par des observations dans l'ultraviolet par P-Alice. En outre, quatre vues de la face nocturne de Io, dont une éclipse dans l'ombre de Jupiter, ont permis de repérer les éruptions volcaniques comme autant de points lumineux.

Grâce à ses longueurs d'onde multiples dans l'infrarouge, Ralph a permis de détecter les volcans sur la face nocturne de Io en mesurant leur rayonnement

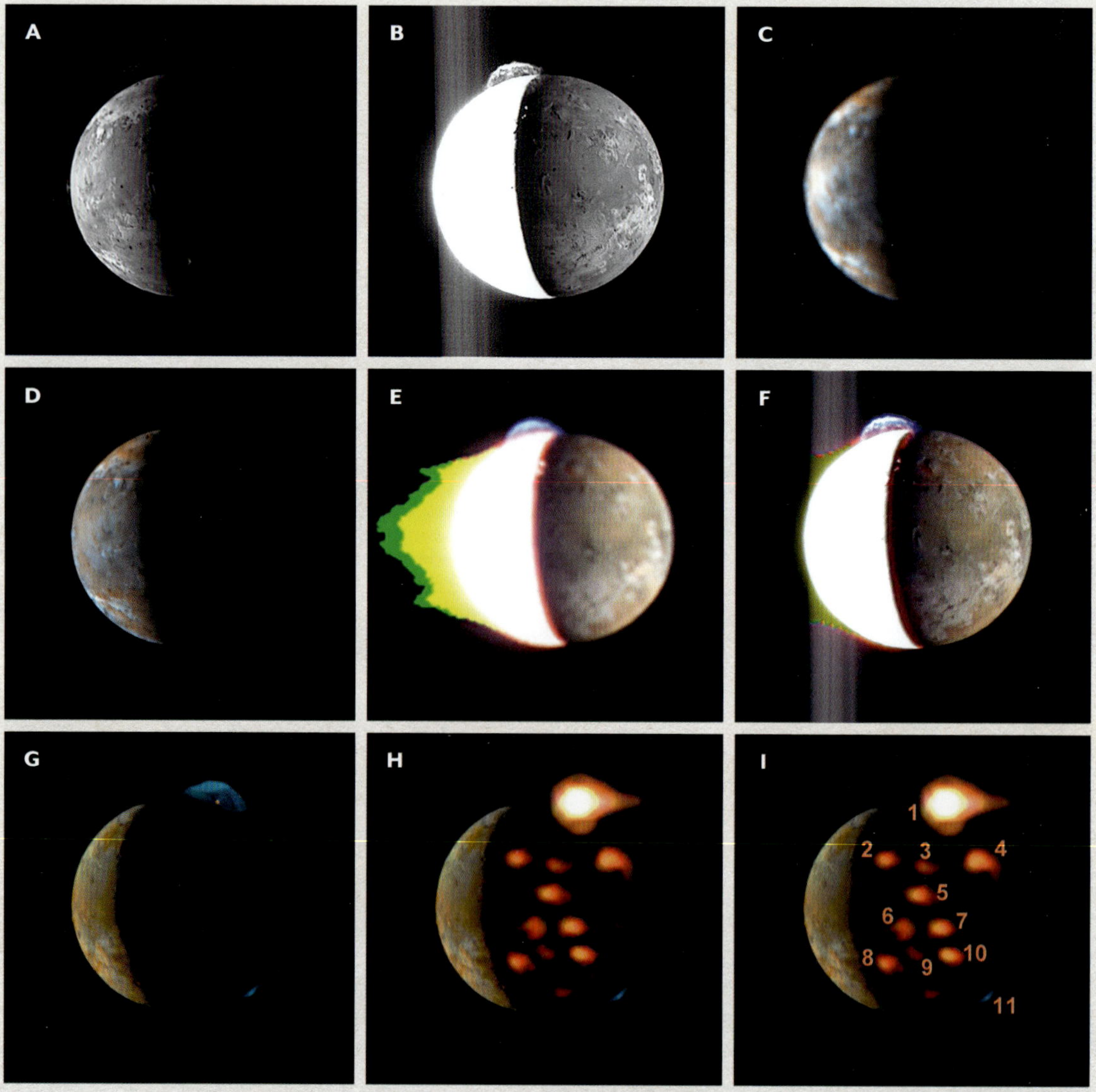

thermique et en déterminant leurs températures. En effet, les observations faites par la sonde Galileo avaient suggéré que certaines laves de Io pourraient être plus chaudes que les laves terrestres, peut-être en raison de compositions différentes. De fait, New Horizons a effectué l'inventaire d'Io le plus complet depuis les survols des sondes Voyager, en 1979, et a permis de compléter la base de données acquise par Galileo : 11 panaches volcaniques riches en soufre ont été identifiés, dont celui du volcan Tvashtar, haut de 320 à 360 km, les autres culminant entre 80 km et 150 km d'altitude.

Io possède une atmosphère ténue de dioxyde de soufre, dont la pression est d'environ un milliardième de la pression atmosphérique terrestre, et qui est alimentée par les gaz volcaniques. New Horizons a étudié cette atmosphère au moyen de deux occultations stellaires : le principe consistait à regarder une étoile passer derrière Io tout en mesurant l'absorption de sa lumière par l'atmosphère du satellite jovien. Ces observations ont permis d'apprendre que les volcans enrichissent l'atmosphère diurne de 1 à 3 % de la quantité de gaz présente. Mais on a découvert en même temps que, lorsque la surface de Io passe de la lumière du jour à l'obscurité, les roches se refroidissent jusqu'à −143 °C et le gaz s'y condense sous forme solide, un peu comme de la glace carbonique. Au jour naissant, le gaz se sublime et retourne dans l'atmosphère. Cette exploration à distance a donc tenu toutes ses promesses et l'équipe en a été confortée dans le bon fonctionnement et l'étalonnage des instruments.

Le 28 février, les caméras LORRI et Ralph-MVIC prennent des images des éruptions volcaniques sur Io. Leur superposition va permettre de générer des vues spectaculaires. **A** – Io vu par la caméra panchromatique (en noir & blanc) LORRI (temps de pose : 4 millisecondes). Sur le disque, se détachent les panaches des volcans Tvashtar (à onze heures), Prométhée (à neuf heures, qui culmine à 60 km d'altitude) et, sur la face nocturne en bas, celui de Masubi, dont le sommet réfléchit la lumière du Soleil couchant. **B** – La face nocturne de Io éclairée par Jupiter et vue par la caméra LORRI (temps de pose : 75 millisecondes) toujours le 28 février. Sa face ensoleillée sature le capteur CCD mais dévoile clairement (en haut) le panache géant du volcan Tvashtar, s'élevant dans l'espace jusqu'à 360 km d'altitude. **C** – Io vu en couleurs au même moment par la caméra Ralph-MVIC. **D** – Io, vu en haute résolution couleurs, en superposant l'image panchromatique LORRI (en A) et l'image couleurs Ralph-MVIC (en C). **E** – Face nocturne de Io éclairée par Jupiter et vue au même moment par surexposition de l'image couleurs Ralph-MVIC. **F** – Face nocturne de Io en haute résolution couleurs, en superposant les images LORRI (en B) et Ralph-MVIC (en E). *(NASA / JHU-APL / SwRI / University of Arizona / Jason Perry)*

Le 1er mars, des images de Io encore plus spectaculaires sont acquises. **G** – L'image panchromatique LORRI a été superposée à celle prise par Ralph-MVIC sous quatre filtres : bleu (480 nm), rouge (620 nm), infrarouge (850 nm) et la longueur d'onde du méthane (890 nm). Ce montage dévoile les volcans Tvashtar (en haut) et Masubi (en bas) en pleine activité. L'éruption de Tvashtar est si violente que les laves incandescentes sont même visibles comme un point rouge vif sur l'hémisphère plongé dans la nuit. Son panache bleuté de fines particules poussiéreuses, haut de 330 km, est éclairé à gauche par le Soleil et à droite par la lumière solaire réfléchie par Jupiter.
H et I – Lorsqu'on superpose les signaux infrarouges (rayonnements thermiques) acquis par la caméra Ralph-LEISA à l'image précédente, la zone nocturne s'illumine soudain de tous les points chauds qui trahissent la présence de volcans en activité. Se distinguent ainsi Tvashtar (1) dont le signal est à saturation, Volund (2), Thor (3), Zal (4), Prométhée (5), Culann (6), Tupan (7), Nina (8), Shamash (9), Malik (10) et Masubi (11), dont seul le panache dépasse du limbe. Les températures relevées sur tous ces points chauds sont tout au plus de 1 015 °C, compatibles avec la présence de basaltes classiques, contredisant les hypothèses d'existence de laves « exotiques » suggérées pendant la mission Galileo. *(NASA / JHU-APL / SwRI / University of Arizona / retraitements O. de Goursac)*

Succès du survol de Jupiter par la sonde New Horizons. Ce 28 février 2007, au JHU-APL, les responsables de la mission applaudissent à tout rompre aux tests réussis de l'instrumentation. Un sans-faute ! De gauche à droite : John Spencer (coïnvestigateur), Denis Bogan (responsable scientifique du programme New Horizons au siège de la NASA, à Washington), Hal Weaver (responsable scientifique du projet New Horizons au JHU-APL) et Alan Stern, l'investigateur principal de la mission. *(NASA / JHU-APL)*

Le 5 mars 2007, au JHU-APL, Alice Bowman, responsable des opérations de la mission, et son adjoint Nick Pinkine (assis derrière) informent Alan Stern du tout dernier calendrier prévu pour la transmission des 34 gigabits de données acquis lors du survol de Jupiter. Dès la mi-avril, les chercheurs pourront interpréter leurs résultats et les publier au plus vite dans les revues de référence. Alan Stern profite de ces dernières occasions pour discuter avec chacun des membres de son équipe encore rassemblés au centre de contrôle. Des moments rares à privilégier : dans quelques jours, la plupart d'entre eux seront retournés à leurs autres tâches. New Horizons sera ensuite mise en hibernation et entamera sa longue traversée solitaire vers Pluton : un voyage de presque 8 ans qui sera entrecoupé de quelques vérifications annuelles, les *annual checkouts*. *(NASA / JHU-APL / SwRI)*

par la richesse des résultats obtenus et par des programmations de tâches toutes réussies.

Passé cet épisode, New Horizons va s'enfoncer dans le vide interplanétaire et entamer une longue croisière de 7 ans et demi, avec des mises en hibernation ponctuées de réveils annuels pour des contrôles de routine, jusqu'à son réveil définitif le 6 décembre 2014 (cf. le tableau de la chronologie de la mission New Horizons de l'annexe IX de l'ouvrage, p. 254).

Uranus : une référence pour Pluton

Lors de la planification de la mission de New Horizons, la planète Uranus a parfois été citée par les navigateurs... Pourquoi Uranus ? En fait, la septième planète est importante à plus d'un titre : non seulement l'organisation de son survol par Voyager 2, en 1986, présente des analogies avec celle du passage de New Horizons près de Pluton, mais en outre Uranus a fait l'objet, en 2004, de toutes les attentions des ingénieurs du JHU-APL et des chercheurs du SwRI lors du montage d'un projet complémentaire nommé New Horizons 2 ; lequel n'a malheureusement pas abouti (cf. ch. 3).

Le survol d'Uranus par Voyager 2 est donc un cas intéressant à étudier pour préparer la mission vers Pluton. À l'époque, l'exploration avait été brève : il n'y avait pas d'autre possibilité que d'effectuer une courte visite de cette géante glacée, qui était un monde presque inconnu, car la sonde filait ensuite vers Neptune. Il fallait ainsi profiter au mieux de cette opportunité pour glaner un maximum de renseignements, sachant que cette visite ne pourrait remplacer

Le 2 mars 2007, en s'éloignant de Jupiter, la sonde observe une belle conjonction des lunes Europe (à 4,6 millions de km, à gauche, centré par 0° N / 149° O) et Io (à 3,8 millions de km, à droite, centré par 1° N / 60° O) qui a été capturée par les caméras LORRI et Ralph-MVIC, dont les images ont été superposées. La face nocturne de Io est éclairée par Jupiter. Outre Tvashtar, d'autres volcans sont en éruption : Prométhée (à neuf heures) se détache sur le noir de l'espace, et les laves d'Amirani rougeoient à la limite du terminateur. *(NASA/JHU-APL / SwRI)*

Le 4 mars 2007, en s'éloignant plus encore, la caméra LORRI peut entrevoir la plus grosse lune de Jupiter, Ganymède, depuis 5,9 millions de km. On devine sa silhouette qui se détache sur le fin croissant de la géante gazeuse. *(NASA/JHU-APL / SwRI)*

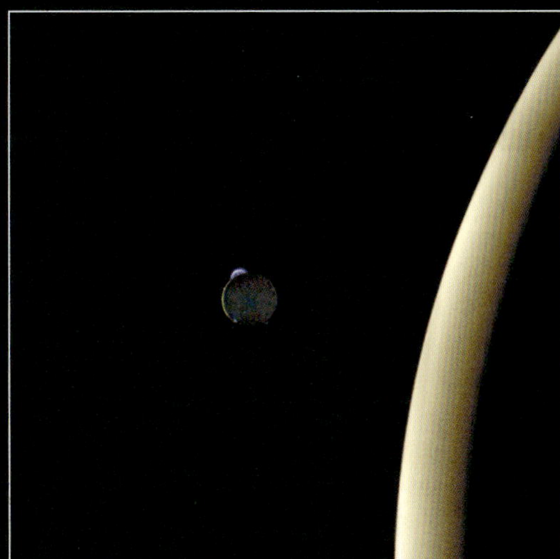

Le 4 mars, depuis 7,2 millions de km, une dernière vue spectaculaire de Io suspendu à côté d'un fin croissant jovien, et coiffé du panache géant du volcan Tvashtar. La sonde file maintenant vers son lointain objectif : Pluton. *(NASA / JHU-APL / SwRI / University of Arizona / Jason Perry)*

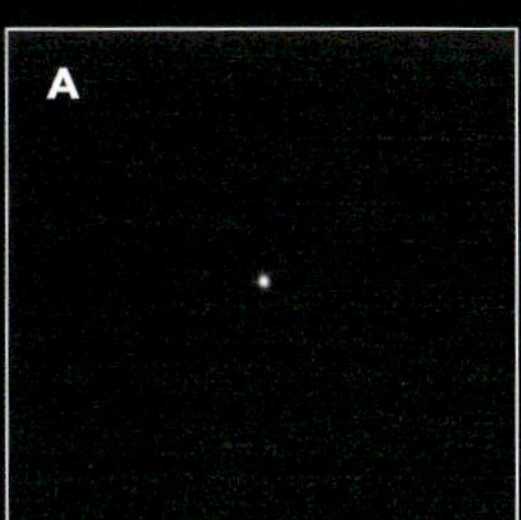

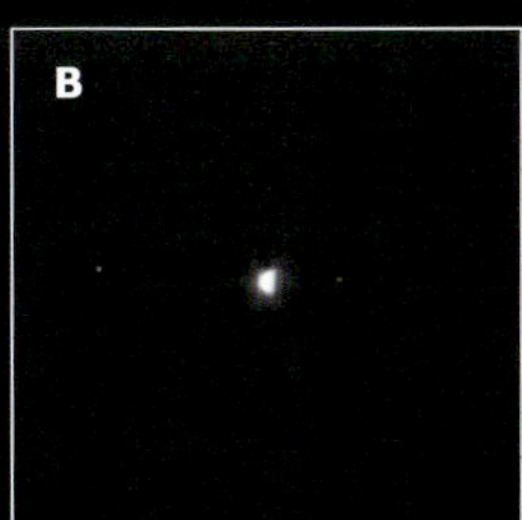

Les 23 et 24 juin 2010, lors de la 4e vérification annuelle de tous les systèmes de la sonde (« annual checkout » / ACO-4), New Horizons teste sa caméra LORRI à haute résolution et prend ces deux images lointaines des planètes Neptune (A) et Jupiter (B) accompagné de deux de ses quatre gros satellites galiléens, visibles de part et d'autre : Ganymède à gauche et Europe à droite. Neptune et Jupiter se trouvaient respectivement à 3,46 et à 2,41 milliards de km de la sonde. *(NASA / JHU-APL / SwRI)*

une mission orbitale, qui dispose d'une longue période pour rassembler ses données. La géométrie de la rencontre était comparable à celle que New Horizons emprunterait près de Pluton. Voyager 2 avait dû traverser à 90° le plan équatorial d'Uranus. C'est-à-dire que la sonde s'était trouvée au même moment au point le plus proche de tous les corps à observer. Le choix entre tous les pointages possibles était cornélien et il avait fallu, à l'époque, que Charley Kohlhase, qui dirigeait le design de la mission, et Edward « Ed » Stone (1936-), le directeur scientifique de Voyager, usent de trésors de diplomatie avec les chercheurs pour ménager les susceptibilités et éviter maintes frustrations.

Une fois les priorités scientifiques définies et réparties, la programmation des observations avait été transmise à Voyager 2. Le 24 janvier 1986, lors de son passage au plus près d'Uranus, la sonde n'avait eu que quelques heures pour mener à bien toutes ses observations rapprochées, obligeant sa plateforme d'instruments à virevolter en tous sens pour récupérer quelques images fugitives et de parcimonieuses informations. Le point d'orgue avait été la découverte de la surface très accidentée de la lune Miranda, détaillée depuis 29 000 km. Mais après le survol et le dépouillement des données, il était apparu que l'on avait soulevé plus de questions qu'acquis de certitudes, car les instruments n'étaient pas assez perfectionnés, par exemple pour déterminer les compositions chimiques de l'atmosphère d'Uranus et des surfaces de ses satellites. Cela avait tout de même fourni un premier aperçu très réussi de la géante glacée, et les ingénieurs du JHU-APL savaient qu'ils pouvaient s'inspirer de leurs aînés pour élaborer leur stratégie de rencontre avec Pluton. Mais ils savaient aussi qu'ils allaient devoir faire mieux pour la collecte de données... Bien mieux encore.

Car en 2015, leur sonde va couper le plan équatorial du système plutonien sous un angle

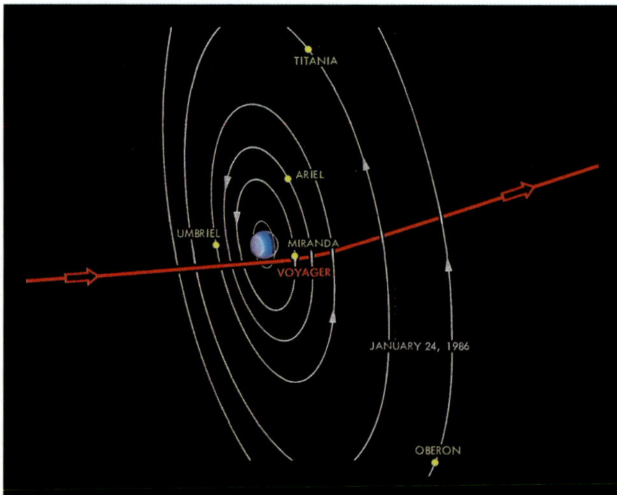

Géométrie et trajectoire de la traversée du système d'Uranus par la sonde Voyager 2 en janvier 1986

Voyager 2 était « dans la situation d'une flèche qui va percer une cible géante », comme aimait à l'expliquer Charley Kohlhase, qui dirigeait le design de la mission Voyager. Le défi à relever était de parvenir à concentrer sur une vingtaine d'heures la totalité de la collecte de données détaillées, car la sonde coupait le plan équatorial du système uranien à 90° et à la vitesse de 14,7 km/s. Pour prendre les images les plus détaillées des cinq grands satellites d'Uranus, on ne disposait, en fait, que de moins de 8 heures. La caméra a dû alors pointer en tous sens avant le passage au plus près (0 h 00 min), pour obtenir les prises de vues souhaitées : Obéron à –9 h 15 min ; Titania, en couleurs, à –8 h 51 min ; Umbriel à –6 h 15 min ; Titania, en mode panchromatique (noir & blanc), à –3 h 45 min ; Ariel, en couleurs, à –3 h 25 min ; Miranda, en couleurs, à –3 h 01 min ; Ariel, en mode panchromatique, à –1 h 53 min ; et Miranda, en mode panchromatique, à –1 h 25 min. Après cela, la sonde devait consacrer ses observations aux occultations du Soleil par la planète et ses anneaux. Les navigateurs de New Horizons sauront s'en inspirer pour la rencontre avec Pluton et sa programmation sera tout aussi complexe à mettre au point. *(NASA/JPL)*

Le système plutonien avec ses valeurs d'avant le survol. Le barycentre de rotation du système (la croix), à partir duquel sont données toutes les distances, se situe à l'extérieur de Pluton. Notez l'extrême petitesse du système plutonien : son satellite le plus éloigné, Hydra, n'est situé qu'à deux fois la distance d'un satellite géostationnaire terrestre. *(NASA/JHU-APL)*

certes moins contraignant de 43° environ, mais à une vitesse élevée, très similaire, de 13,78 km/s. En outre, le système plutonien est minuscule comparé à celui d'Uranus, et les corps qui le constituent sont bien moins gros. Les ingénieurs vont devoir relever ce double défi : la sonde devra tourner très vite et les instruments de New Horizons devront viser au plus juste. Il n'y aura pas de seconde chance.

On se souvient que, dans leur réponse à l'appel d'offres, l'équipe du JHU-APL avait dû rassurer la NASA sur le fait que la sonde pourrait remplir ses objectifs malgré les fortes contraintes pesant sur la planification pendant la rencontre. L'acquisition des données va pouvoir débuter quelque deux semaines avant le survol, mais guère plus tôt, car Pluton et Charon sont des corps si petits qu'on les verra grossir très lentement. Par exemple, entre le 4 avril et la fin juin 2015, sur les images de LORRI, le diamètre de Pluton ne s'élargira que de 4 à 28 pixels (la moitié pour Charon). La vraie cartographie débutera seulement à quelques jours du survol. L'essentiel de la mission sera donc concentré sur une dizaine d'heures. Au point de passage au plus près de Pluton, ses satellites seront visibles de tous côtés de part et d'autre, et cela nécessitera un pointage des instruments

En novembre 2011, Hal Weaver, de l'université Johns-Hopkins (à l'arrière-plan), et Mark Showalter, du SETI Institute (au premier plan), planifient les observations des petits satellites de Pluton. *(JHU-APL/SwRI/John Spencer)*

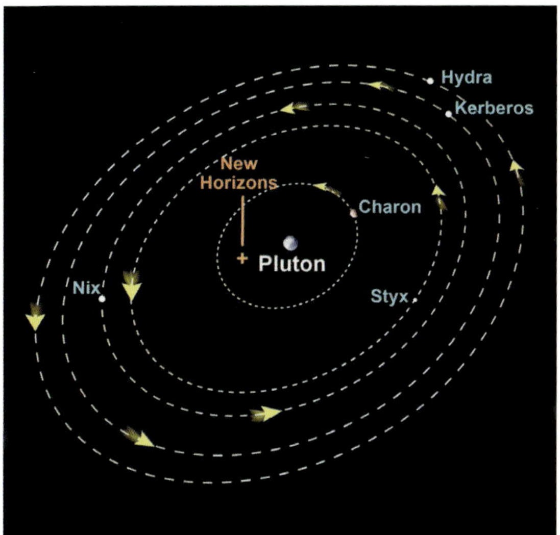

Le point de passage de la sonde — la petite croix rouge — dans le système plutonien, avec la position de tous les corps au moment du survol. *(JHU-APL/SwRI/Hal Weaver)*

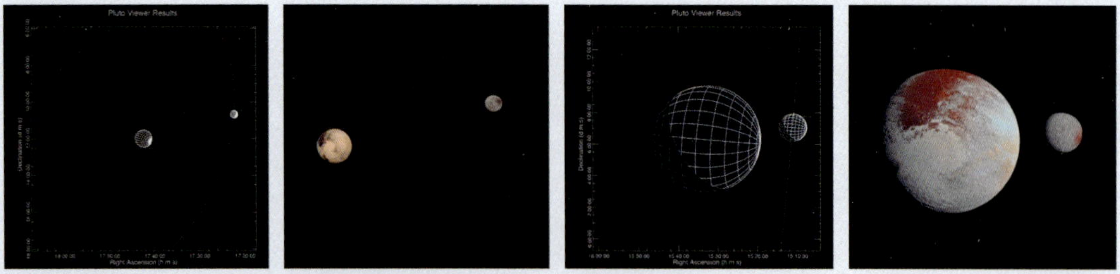

Géométrie du couple Pluton-Charon au moment de la rencontre

La sonde arrive sur une trajectoire inclinée de 2,34° au-dessus du plan de l'écliptique et approche la planète par le nord, avec une grande partie de l'hémisphère sud plongé dans la nuit. Les 3e et 4e images ci-dessus montrent la situation deux heures et demie après les 1re et 2e images, illustrant la grande vitesse à laquelle les corps grossissent dans le champ des instruments.

L'approche de New Horizons dans le système plutonien est orientée face au pôle Nord selon les conventions de l'Union astronomique internationale (UAI). Car, depuis que Pluton s'est vu retirer son rang de neuvième planète, la règle commune à tous les corps célestes lui est désormais appliquée. Auparavant, elle bénéficiait de la règle suivie pour les planètes Vénus et Uranus, dont les rotations sur elles-mêmes (sur leur axe de rotation) sont rétrogrades (celle de la Terre est prograde), avec un pôle Sud correspondant à la latitude positive qui pointe vers le sud de l'écliptique. Le déclassement de Pluton a été décidé en 2006, après la conception de la mission par le JHU-APL, et les ingénieurs ont préféré conserver leurs anciens repères pour éviter d'avoir à réécrire des milliers de lignes de codes informatiques en inversant les longitudes sur 360°. C'est ainsi le pôle Sud qui fait face à la sonde dans les présentations techniques du JHU-APL. Mais toutes les cartes de Pluton assemblées après le survol en 2015 seront présentées avec le pôle Nord en haut. *(Pluto Viewer, NASA/PDS Ring Node et JHU-APL/SwRI)*

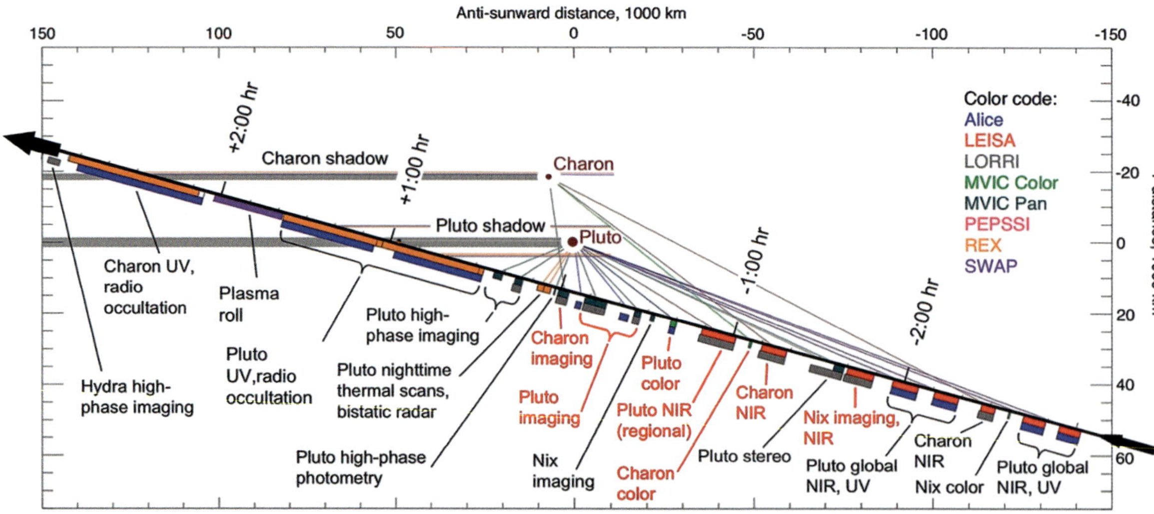

La planification du survol de Pluton a été un vrai casse-tête pour les ingénieurs, qui devaient tenir compte des *desiderata* des chercheurs, car il fallait faire tourner la sonde très vite en tous sens pour orienter les instruments vers leur cible. Sur ce schéma, on voit, minute par minute, quels instruments vont être sollicités (avec leur code couleur) et vers quel corps ils vont être pointés (Pluton, Charon et les quatre petits satellites) : un véritable exploit de programmation qui va être couronné de succès. *(JHU-APL/SwRI)*

en tous sens : la répartition du temps alloué à chaque expérience va être cruciale. Les chercheurs vont ainsi devoir récupérer, aux abords de Pluton, un maximum de données en un minimum de temps, mais avec une qualité de mesures qui devra être similaire à celle obtenue avec une sonde orbitale. C'est ce dernier impératif qui justifie à lui tout seul la mission. Aucun autre survol de Pluton ni mission orbitale ne sont prévus à l'avenir : New Horizons sera la mission de la première et de la dernière chance. Elle cumule tous les défis imaginables.

Autre contrainte, lors du survol, la sonde se trouvera à 4,921 milliards de kilomètres de la Terre. Son signal mettra 4 heures, 33 minutes et 10 secondes à parvenir au JHU-APL. La piloter en temps réel sera donc impossible et, au vu du planning très serré, elle devra d'abord travailler en mode autonome, puis transmettre ses données. Il faudra être patient, car la masse d'informations à récupérer sera voisine de 60 gigabits. Après la rencontre avec Jupiter, les 34 gigabits acquis ont pu être transmis le mois suivant avec un débit de 38 kilobits par seconde. Mais près de Pluton, le débit ne sera que de 1 kilobit par seconde… Une seule image de la caméra LORRI (de 1 024 × 1 024 pixels, encodée sur 12 bits) et compressée à 2,5 mégabits nécessitera 42 minutes pour être envoyée. En outre, New Horizons ne disposera du réseau mondial des grandes antennes du Deep Space Network que 8 heures par jour, car le temps d'écoute devra être partagé avec les autres missions planétaires. Dans les faits, après l'extraordinaire réussite du survol, faisant fi du lent protocole de transmissions qui était prévu, Alan Stern va souhaiter l'envoi des données non compressées — donc plus lourdes — dès le 5 septembre 2015, afin de pouvoir publier au plus tôt ses premiers résultats. Ils seront spectaculaires…

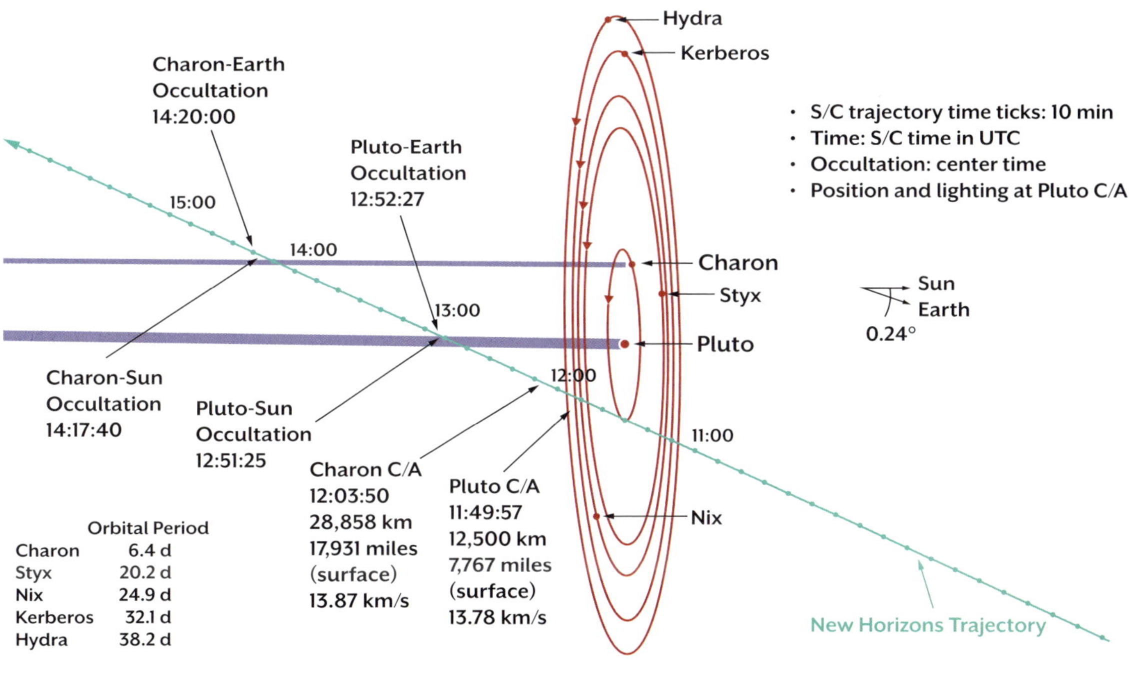

Géométrie et trajectoire de la traversée du système plutonien par la sonde New Horizons, avec les intervalles de temps marqués toutes les dix minutes. « C/A » (pour « Closest Approach ») indique le passage au plus près. Tout comme pour la rencontre d'Uranus par Voyager 2, le survol de Pluton par New Horizons sera concentré sur quelques heures seulement. *(JHU-APL/SwRI)*

Le survol de Pluton : les sept contraintes des ingénieurs et leurs solutions

<table>
<tr><th></th><th>Les contraintes</th><th>Les solutions</th></tr>
<tr><td>1</td><td>Il faut traverser le système plutonien à un endroit libre de matière. Or, au-delà de Charon tournent des petits satellites peut-être environnés de débris, voire intégrés au sein d'anneaux très fins. Cela empêcherait un survol au plus près.</td><td>Scinder la mission en sept phases d'approche. Du 11 mai au 1er juillet 2015 (2e phase), la caméra à haute résolution LORRI essayera de détecter de nouveaux petits satellites et de fins anneaux. S'ils existent, une trajectoire d'évitement, dite de mise en sécurité grâce à une autre trajectoire (« Safe Haven by Other Trajectory »/SHBOT), peut être empruntée avant le 1er juillet. Finalement, rien ne sera détecté et la sonde ne sera pas déviée.</td></tr>
<tr><td>2</td><td>La traversée du système plutonien se fera à 13,78 km/s, concentrant l'essentiel de la mission sur 10 heures.</td><td rowspan="2">Les instruments Ralph, LORRI et P-Alice seront sollicités en même temps. REX le sera lors des occultations radio pour sonder l'atmosphère de Pluton, puis de Charon (si elle existe). La programmation sera validée des 5 au 14 juillet 2013, lors d'un test de préparation opérationnelle (« Operational Readiness Test ») avec mise en conditions réelles de survol : les 6 jours avant la rencontre, puis le jour du survol et, enfin, les 2 jours suivants. 20 800 instructions préenregistrées et 460 observations pourront alors être réalisées avec succès, même si ce ne sont que des étoiles que l'on voit dans le champ des caméras. Le mode automatique fera ses preuves, confortant la pertinence de la programmation des ingénieurs.</td></tr>
<tr><td>3</td><td>Le système plutonien est très incliné et la sonde coupera son plan équatorial à 43° environ. Il faudra pointer les instruments en tous sens pour récupérer les données et intégrer une occultation radio pour sonder l'atmosphère de Pluton.</td></tr>
<tr><td>4</td><td>Au plus près de Pluton, la sonde sera à 4,921 milliards de km de la Terre. Son signal mettra 4 h 33 min 10 s à nous parvenir. Toute la séquence du survol devra être automatisée.</td><td rowspan="2">Pendant le survol, l'antenne ne sera plus dirigée vers la Terre. Aucune donnée ne pourra être reçue. Le 12 juillet 2015, la sonde transmettra les dernières images prises par LORRI. Le 13 juillet, quelques données avant le survol seront envoyées (session de mise en sûreté en cas d'échec /« Fail Safe Downlink ») avec une toute dernière image LORRI de Pluton (résolution de 3,9 km par pixel). Le signal bip (ou « Phone Home »/« téléphone maison »), émis le 15 juillet à 01 h 00 TU, indiquera que toute la programmation s'est déroulée sans anicroche et quelques données prioritaires (« High Priority data set ») seront reçues (session de transmission du premier coup d'œil/« First Look »). Du 20 juillet au 5 septembre, les données SWAP et PEPSSI seront envoyées, suivies des autres résultats.</td></tr>
<tr><td>5</td><td>Il faut tenir compte des priorités des chercheurs dans l'interprétation de leurs résultats. La répartition du temps alloué à chaque expérience va être complexe, car la sonde devra non seulement tourner en tous sens pour récupérer ses données en fonction des instruments à utiliser, mais en outre elle ne pourra pas transmettre toutes ses données en temps réel. Les chercheurs devront donc être patients.</td></tr>
<tr><td>6</td><td>Pluton et Charon sont des corps si petits qu'on les verra grossir très lentement. La vraie cartographie ne débutera qu'à quelques jours du survol.</td><td>La caméra LORRI permettra de cartographier Pluton et Charon à la résolution de 38 km/pixel, celle des meilleures observations de la face opposée. Un gros progrès, comparé aux 250 km/pixel de résolution des images du télescope spatial Hubble.</td></tr>
<tr><td>7</td><td>La masse de données à transmettre après le survol est voisine de 60 gigabits. Près de Pluton, le débit ne sera que de 1 kilobit par seconde. Et il faudra partager le réseau mondial d'antennes du Deep Space Network avec d'autres missions.</td><td>Toute la mission repose sur le bon stockage des informations, avec un protocole de transmission tenant compte des priorités des chercheurs : elle possède deux mémoires de 64 gigabits (dont une de secours). La sonde transmettra 5 % des données juste après le survol. Après le 20 juillet, la sonde se stabilisera par rotation sur elle-même à 5 tours/minute (spin) pour caler la bonne orientation de sa grande antenne vers la Terre et envoyer plus de données.</td></tr>
</table>

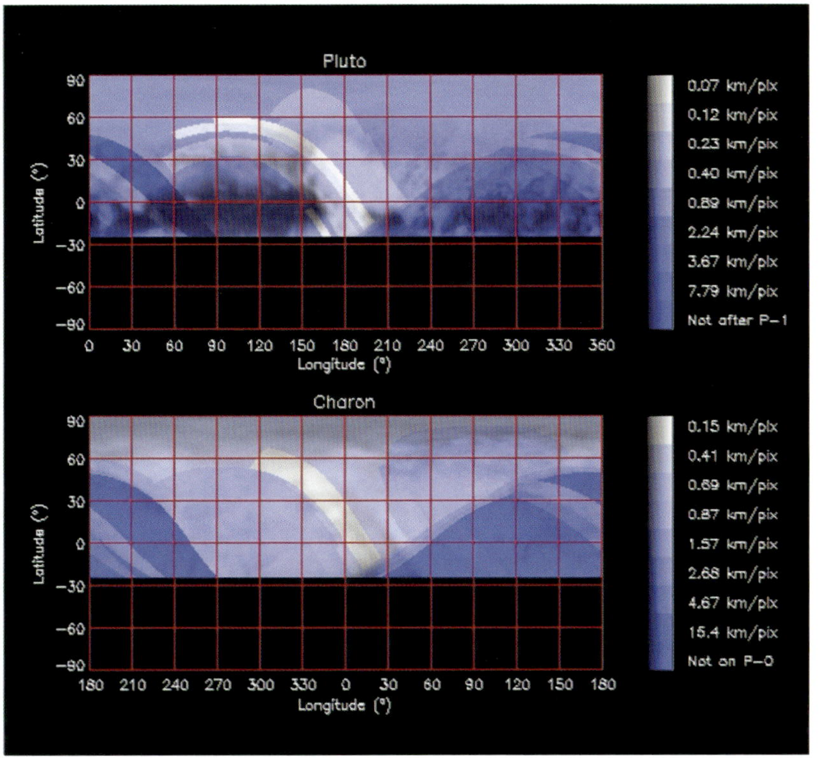

Zones de couverture par les caméras pour Pluton (en haut) et Charon (en bas) avec les résolutions des images (échelle de droite) exprimées en km par pixel. Des images ont pu être prises :

- de Pluton aux résolutions de 0,7 km/pixel par Ralph-MVIC et 0,37 km/pixel par LORRI ;
- de Charon aux résolutions de 1,30 km/pixel par Ralph-MVIC et 0,41 km/pixel par LORRI.

Les images les plus détaillées ont été obtenues en balayant les terminateurs :

- de Pluton (Ralph-MVIC à 0,27 km/pixel et LORRI à 0,08 km /pixel) ;
- de Charon (Ralph-MVIC à 0,66 km/pixel et LORRI à 0,17 km/pixel).

(Images : « Crater Mapping Campaign for the Pluto-Charon System », S. J. Robbins, K. N. Singer, V. J. Bray, P. Schenk, A. Zangari, W. B. McKinnon, L. A. Young, K. Runyon, R. A. Beyer, S. Porter, T. R. Lauer, J. M. Moore, R. P. Binzel, M. W. Buie, B J. Buratti, A. F. Cheng, W. M. Grundy, I. R. Linscott, H. J. Reitsema, M. R. Showalter, J. R. Spencer, G. L. Tyler, H. A. Weaver, C. B. Olkin, K. Ennico, and S. A. Stern, Planetary Crater Consortium meeting #6, August 12-14, 2015)

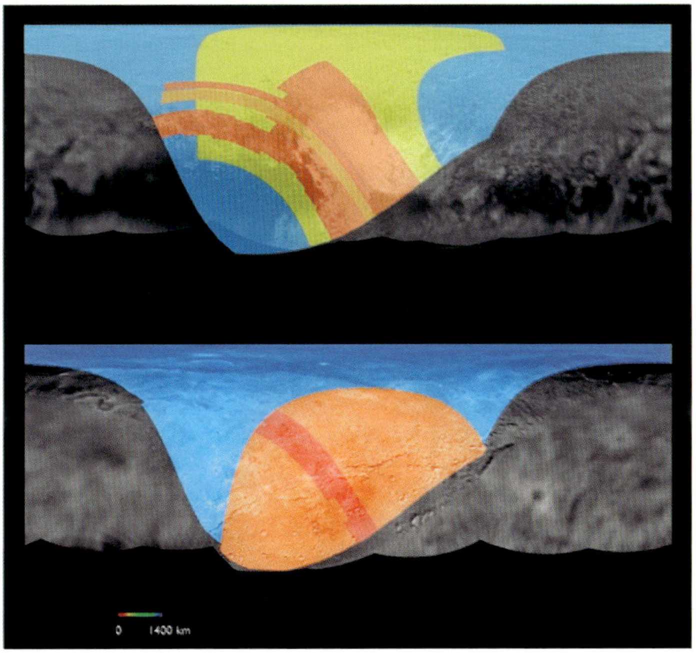

Zones couvertes pour établir les cartes topographiques de Pluton (en haut) et de Charon (en bas) grâce aux chevauchements d'images pour générer des vues en relief. Les résolutions verticales obtenues vont de 100 m en rouge à 1 km en bleu. *(Images : « Topography of Pluto and Charon: Impact Cratering », P. Schenk, K. N. Singer, S. J. Robbins, V. J. Bray, R. A. Beyer, J. M. Moore, W. B. McKinnon, J.-R. Spencer, K. Runyon, S. A. Stern, L. A.Young, C. B. Olkin, K. Ennico, H. A. Weaver, and the New Horizons Science Team, 47 th Lunar and Planetary Science Conference, 2016)*

Le 4 juillet 2015, c'est la catastrophe : le contact est perdu avec New Horizons ! L'ordinateur de bord a bogué lorsqu'il a dû compresser des images pour libérer de la mémoire. Spontanément, un programme de secours s'est mis en route. La tension est nettement perceptible en direct sur NASA-TV : on y voit Alice Bowman (Mission Operations Manager, à droite) et son adjoint Karl Whittenburg (à gauche) scruter fébrilement leurs écrans dans la salle de contrôle. À leur grand soulagement, le signal sera capté à nouveau moins d'une heure après l'incident. Les ingénieurs ont vite identifié le problème mais, à la distance à laquelle la sonde se trouvait, un dialogue aller-retour avec la Terre prenait 9 heures. Le 7 juillet, New Horizons a pu reprendre le cours normal de sa mission. « Ça a été notre sauvetage d'Apollo 13 », confiera plus tard Alan Stern. *(NASA-TV / JHU-APL)*

L'incroyable succès du survol de Pluton

Lors de la phase d'approche, le globe de Pluton ne présente que des variations d'albédo qui ne révèlent rien de la morphologie de la surface. La formation sombre la plus longue mesure près de 3 000 km et va être nommée la Baleine. Elle en jouxte une autre, très claire, en forme de cœur. Large d'environ 1 600 km, elle est interprétée comme une zone de glaces de méthane ou d'azote. Au nord-ouest de la « queue » de la Baleine, une forme circulaire large de 350 km va être baptisée le Donut. S'agit-il d'un grand cratère d'impact ? Les chercheurs trépignent d'impatience en attendant le survol.

La sénatrice Barbara Mikulski s'adressant à la presse le 13 juillet au JHU-APL juste avant le survol historique. Elle s'est tant battue pour ce projet qu'elle pourrait en parler des heures ! Même Alan Stern, de dos, à droite, en reste collé à son siège. *(NASA/Bill Ingalls)*

Alan Stern et Bill Nye, de la Planetary Society, font le « salut de Pluton » : les paumes sont levées avec les dix doigts, moins un, bien écartés... affirmant que Pluton restera, dans les cœurs, la neuvième planète. *(Avec l'aimable autorisation de Navid Baraty, Los Angeles, USA)*

Voici sept vues de Pluton prises par la caméra LORRI et reproduites à l'échelle. Elles montrent sa dernière rotation avant le survol : le 7 juillet (depuis 7,8 millions de km, à 39 km/pixel), le 9 juillet (depuis 6,3 et 5,4 millions de km, à 32 et 27 km/pixel), le 11 juillet (depuis 4 et 3,1 millions de km, à 20 et 15,3 km/pixel), le 12 juillet (depuis 2,5 millions de km, à 12,5 km/pixel) et enfin le 14 juillet (depuis 780 000 km, à 3,9 km/pixel). Celles prises le 11 juillet sont les plus détaillées de la face qui ne sera pas survolée. *(JHU-APL/SwRI, retraitements O. de Goursac)*

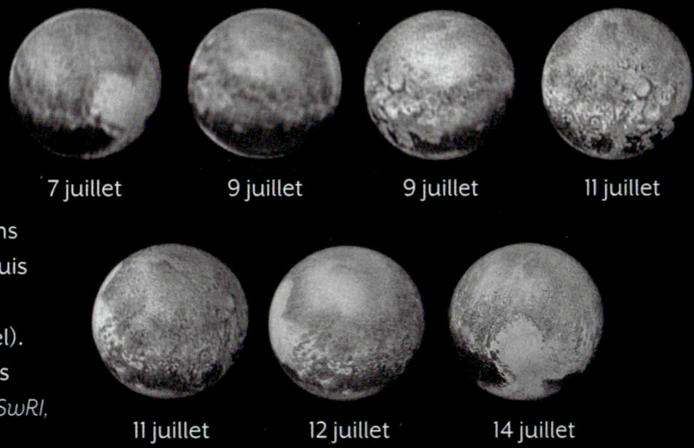

Les images de Pluton (ci-dessous, à gauche) et de son satellite Charon (à droite) dévoilées à la presse le 14 juillet 2015. Elles ont été prises la veille à 768 000 km et à 466 000 km de distance, peu avant que la sonde n'entre en mode autonome. Les couleurs de la caméra multispectrale Ralph-MVIC ont été superposées aux images panchromatiques LORRI. Les chercheurs en déduisent que :

- Pluton est un monde brun rougeâtre, tandis que Charon est d'un gris terne, avec son pôle marqué de brun ;
- la vaste formation en forme de cœur, large d'environ 1 600 km, nommée Tombaugh Regio, la « région de Tombaugh », présente une plaine glacée lisse (Sputnik Planitia), qui témoigne sans doute de changements récents (à l'échelle géologique) ;
- on découvre sur Charon de larges failles qui s'étirent sur plus de 1 000 km. Au bord du disque de Charon, vers deux heures, on devine ce qui ressemble à un canyon de 7 à 9 km de profondeur.

(JHU-APL/SwRI)

Alan Stern levant les bras en signe de victoire lors de la réception du bip, signal indiquant que le survol s'est bien passé. *(NASA/Bill Ingalls)*

Le 13 juillet, les VIP brandissent l'autocollant à placer sur leurs voitures, qui clame : « Mon autre véhicule est en route pour Pluton ». De gauche à droite : Ralph Semmel, directeur du JHU-APL, Alan Stern, John Grunsfeld, administrateur associé de la NASA (légèrement flouté), Dava Newman, administratrice adjointe de la NASA, et, au premier plan, la sénatrice Barbara Mikulski. *(NASA/Bill Ingalls)*

L'assemblée des spectateurs au centre du JHU-APL, célébrant le succès de la mission. Ça y est : on a survolé Pluton ! *(NASA/Bill Ingalls)*

Victoire ! Le 14 juillet 2015, face à la presse, l'équipe brandit, comme un trophée, un agrandissement du timbre postal, avec la mention *not yet* (« pas encore ») barrée. On y voit : Alan Stern (à gauche), investigateur principal de la mission, Ralph Semmel, directeur du JHU-APL (au centre) et Will Grundy (à droite), de l'observatoire Lowell, coinvestigateur principal de la mission. *(NASA/Bill Ingalls)*

La joie règne le 15 juillet à la réception des premières images détaillées de Pluton. Photo de gauche, debout, de gauche à droite : Jeff Moore (science team, NASA Ames Research Center), Randy Gladstone (science team, Southwest Research Institute/SwRI), Andrew « Andy » Chaikin (écrivain scientifique), Willam Lewis (écrivain scientifique), Will Grundy (coinvestigateur principal, observatoire Lowell), Maria Stothoff (relations presse JHU-APL), Steve Maran (écrivain scientifique) ; assis, de gauche à droite : Laura Cantillo (relations presse NASA), John Spencer (science team, Southwest Research Institute/SwRI) et Alan Stern, l'investigateur principal de la mission New Horizons. Photo de droite : l'image immortalise Stern, ébahi, les yeux exorbités, qui comprend soudain que la glace a glissé lentement vers Sputnik Planitia : Pluton possède une géologie qui semble toujours active ! *(NASA/Bill Ingalls)*

Le jour du survol est un moment de grande excitation. Tous les journalistes se sont rassemblés dans l'État du Maryland. La journée promet d'être historique, tandis que la sonde travaille maintenant en mode autonome, tournoyant en tous sens pour acquérir ses précieuses données. Cette attente, qui semble interminable à tous, s'achève le 14 juillet à 20 h 52 EDT (heure de la côte Est) par la réception de plusieurs bips, signaux qui indiquent aux ingénieurs que chacun des systèmes de la sonde est en bon état et que la séquence automatique s'est parfaitement déroulée. C'est un immense succès !

Après la réussite de son survol de Pluton et de Charon, la sonde file maintenant vers son second objectif : l'objet de Kuiper 2014 MU69. C'est une autre aventure qui commence avec, cette fois encore, son lot de défis à relever.

(NASA/Bill Ingalls)

Après Pluton, un exploit de navigation spatiale

New Horizons survole un KBO. Une vue d'artiste belle mais trompeuse : ces petits corps sont espacés de dizaines, voire de centaines de millions de kilomètres. *(JHU-APL/Dan Durda)*

L'autre objectif assigné par la NASA était d'explorer un KBO, ou « Kuiper Belt Object », l'un de ces petits corps de la ceinture de Kuiper qui ont dû conserver leur aspect très primitif d'il y a 4,6 milliards d'années. Parmi les critères d'attribution de l'appel d'offres figurait la nécessité de communiquer avec la sonde jusqu'à 50 UA, soit 7,48 milliards de kilomètres. Mais l'Agence se réservait le droit de choisir entre différentes options de survol et l'équipe d'Alan Stern savait qu'il lui faudrait soumissionner un nouveau dossier après l'exploration de Pluton. Une extension de 5 ans fut ainsi formellement proposée fin 2015 par le JHU-APL : la Kuiper Belt Extended Mission (ou KEM), dont le contenu et le déroulement ont été officiellement approuvés par la NASA le 1er juillet 2016. À cet accord était jointe une dotation budgétaire pour les années 2017 et 2018, ainsi qu'un supplément permettant le fonctionnement de la KEM jusqu'à fin 2020, afin de s'assurer que toutes les données du survol du KBO soient bien réceptionnées sur Terre.

Dès 2013 l'équipe s'était mobilisée pour identifier les KBOs accessibles, sachant qu'il ne faudrait pas trop attendre après le survol de Pluton pour effectuer la correction de trajectoire qui permettrait d'aller explorer l'un d'entre eux. En effet, plus le choix tarderait, moins la sonde aurait de souplesse pour rejoindre le KBO. John Spencer, coinvestigateur de la mission, soumit donc au Space Telescope Science Institute, qui gère le télescope spatial Hubble, une requête

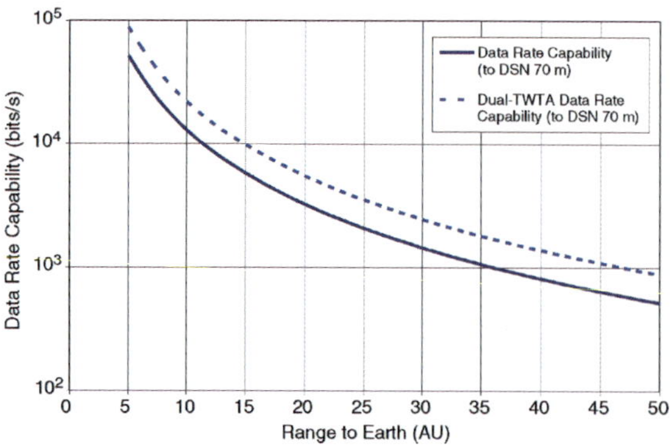

Décroissance du débit de réception des antennes paraboliques de 70 m de diamètre du Deep Space Network pour les signaux de la sonde New Horizons en fonction de la distance. *(JHU-APL)*

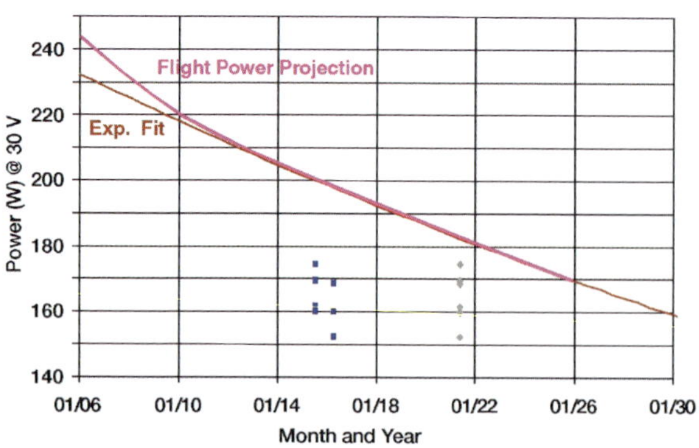

Décroissance de la puissance électrique en fonction du temps. Les petits carrés bleus et gris représentent les puissances requises au moment des survols respectifs de Pluton et d'un KBO. *(JHU-APL)*

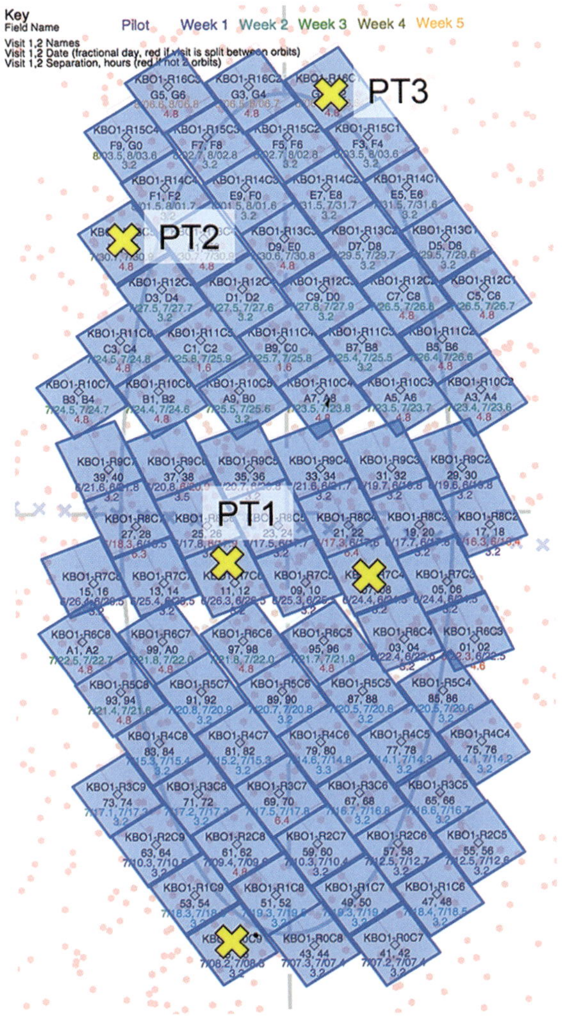

La zone de recherche des KBOs établie pour le télescope spatial Hubble. Elle contient les trois principaux objets, PT1, PT2 et PT3, pouvant être survolés. *(NASA / JHU-APL / SwRI)*

L'objet de Kuiper PT1 (cerclé) se déplace sur un fond étoilé, au fil des images prises par Hubble. *(NASA / ESA / SwRI / JHU-APL / New Horizons KBO Search Team)*

de temps d'observation. Malgré la disponibilité très disputée de Hubble, 40 orbites d'observation lui furent allouées le 13 juin 2014. Il était prévu que, si au moins deux objets intéressants étaient découverts, l'institut leur allouerait 160 orbites supplémentaires. Dès le 27 juin, un KBO fut identifié, baptisé Kuiper Belt Object 1110113Y (dit 2014 MU69, ou MU69), et aussitôt surnommé par l'équipe PT1, pour « Potential Target 1 », soit « cible potentielle 1 ». Fin juin, un autre KBO fut repéré et nommé Kuiper Belt Object 0720090F, mais on se rendit compte le 22 août que seul PT1 était accessible. La découverte de deux cibles supplémentaires, PT2 et PT3, fut dévoilée le 15 octobre 2014.

Mais comment être sûr de rejoindre PT1 ? Avec ses 77 kg d'ergols embarqués dans son gros réservoir, la sonde avait, au départ de la Terre, une capacité de variation de vitesse – une valeur nommée Delta-V (Δ-V), exprimée en mètres par seconde – d'environ 400 m/s. Début 2015, après le survol de Jupiter en 2007, l'équipe estima qu'il lui resterait à peu près 35 kg d'ergols pour aller explorer un KBO, soit un Δ-V de 130 m/s.

Pari gagné : au lendemain du survol de Pluton, on constate que New Horizon dispose encore de 33 kg d'hydrazine. Les ingénieurs souhaitent en conserver 8 kg pour parer à tout incident, soit un Δ-V disponible de 100 m/s. La NASA annonce, le 28 août 2015, que c'est un survol de PT1/MU69 qui est envisagé, et il est prévu pour le 1er janvier 2019. Mais son budget n'est pas encore validé. En

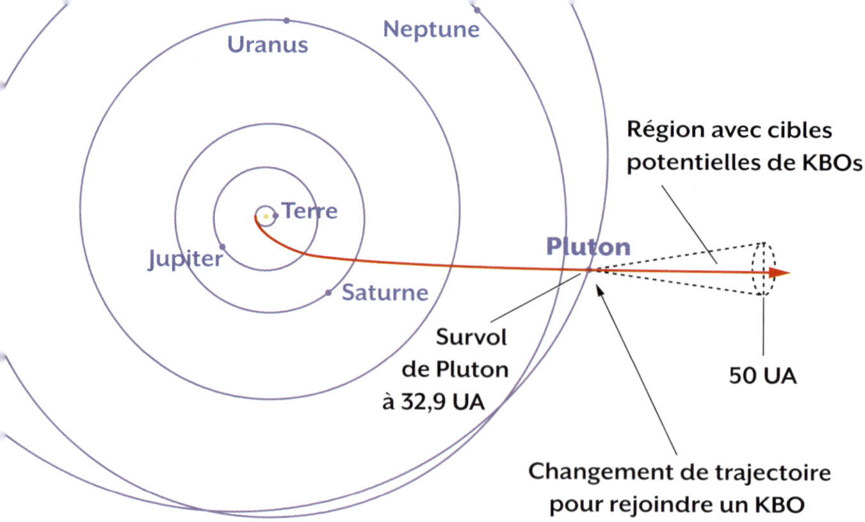

Après le survol de Pluton, la sonde New Horizon présente une disponibilité en ergols qui permettra aux navigateurs de lui faire rejoindre un KBO se trouvant dans un cône étroit de 0,54 °, jusqu'à 50 UA du Soleil. *(D'après JHU-APL/SwRI)*

effet, lors de l'appel d'offres PKB, lancé en 2001, pour la conception d'une sonde capable d'assurer une mission lointaine vers un KBO, la NASA avait accordé un budget de fonctionnement jusqu'à fin 2016 pour financer la réception des données du survol de Pluton et les corrections de trajectoire vers un objectif final. La prolongation sera finalement validée en juillet 2016 et la mission va se poursuivre.

Du 3 juin au 17 juillet 2017, une campagne d'observation de trois occultations d'étoiles par PT1/MU69 est organisée en Argentine sous l'égide du Southwest Research Institute (SwRI), coordonnée par Marc Buie. Cet objet semble très petit et — surprise ! — les premières analyses dévoilent qu'il pourrait être soit très allongé et étroit (30 km de long), soit formé de deux corps larges de 18 à 20 km qui tournent proches l'un de l'autre, ou qui sont même soudés entre eux. Une brève occultation détectée le 10 juillet par le télescope SOFIA, (« Stratospheric Observatory for Infrared Astronomy »), installé dans un avion Boeing 747 SP, laisse supposer que MU69 posséderait un petit satellite large de 5 km qui

Caractéristiques des trois KBOs envisagés en 2015 et possibilités de survol

	PT1/MU69	PT2	PT3
Période orbitale	293,88 + 0,08 ans	292,49 ± 0,09 ans	294,6 ± 0,4 ans
Demi-grand axe de l'orbite (en unités astronomiques)	44,220 + 0,008 UA	44,080 ± 0,009 UA	44.29 ± 0,04 UA
Excentricité orbitale	0,036 + 0,002	0,027 ± 0.007	0,068 ± 0,005
Inclinaison sur l'écliptique (J2000)	2,4486° + 0,0001°	3,805° ± 0,001°	4,1139° ± 0,0004°
Magnitude	26,8	26,3	26,4
Diamètre estimé (avec albédo : de 0,04 à 0,10)	30 – 45 km	35 – 55 km	35 – 55 km
Date nominale pour correction de trajectoire	1er décembre 2015	---	1er octobre 2015
Δ-V nécessaire si correction en octobre 2015	56,8 + 1,0 m/s	182,1 ± 5,1 m/s	115,9± 1,5 m/s
Δ-V nécessaire si correction en décembre 2015	59,8 + 1,1 m/s	191,9 ± 5,3 m/s	121,8± 1,6 m/s
Accessibilité pour New Horizons	100 %	7 %	97 %
Date possible de survol	2 janvier 2019 ± 1,1 jour	---	15 mars 2019 ± 2,5 jours

Note : en vert, les valeurs « feu vert » ; en rouge, les valeurs « feu rouge » pour le choix du KBO.

Sources : NASA/JHU-APL et «Orbits and Accessibility of Potential New Horizons KBO Encounter Targets», S. B. Porter, A. H. Parker, M. Buiel, J. Spencer, H. Weaver, S. A. Stern et al.*, 46th Lunar & Planetary Science Conference, Houston, TX, 2015*

tournerait à 250 km de lui : une hypothèse vite démentie. La NASA confirme alors que MU69 sera survolé à 3 500 km de distance. À partir de cet instant, l'équipe de New Horizons va s'activer avec les ingénieurs du JHU-APL pour planifier la mission. Le survol est prévu pour le 1er janvier 2019, mais il faut vite en savoir plus sur la taille de PT1/MU69 et sa position exacte afin de pouvoir le frôler au plus près, car on veut en obtenir de bonnes images. Il faut aussi préparer les campagnes d'observation lointaine d'autres KBOs et d'étude du milieu régnant dans ces endroits les plus reculés du Système solaire.

MU69 : la visite d'un corps très primitif

C'est ainsi que, le 1er janvier 2019, à 5 h 33 TU, la sonde New Horizons survole MU69, que l'équipe a temporairement surnommé Ultima Thulé, à 3 538 km de distance, et collecte 50 gigabits de

Le 23 octobre 2014, après la découverte de deux autres cibles, PT2 et PT3, l'équipe chargée des observations avec le télescope spatial Hubble est réunie au Southwest Research Institute (SwRI) pour examiner les possibilités qui s'offrent. On la voit ici en train de détailler les dernières images prises par Hubble. On reconnaît, de gauche à droite : (debout) Marc Buie (observatoire Lowell, Flagstaff), Alex Parker (SwRI), Catherine « Cathy » Olkin (SwRI) et Simon Porter (SwRI) ; (assis) John Spencer (SwRI) et Anne Verbiscer, de l'université de Virginie. *(NASA/JHU-APL, Amanda Zangari)*

Le 4 novembre 2015, le contrôleur de vol George Lawrence surveille la quatrième correction de trajectoire afin que New Horizons puisse intercepter PT1/MU69 le 1er janvier 2019. Pendant ce temps, l'équipe affine sa proposition à la NASA pour l'extension de mission Kuiper Belt Extended Mission. *(NASA / JHU-APL / SwRI)*

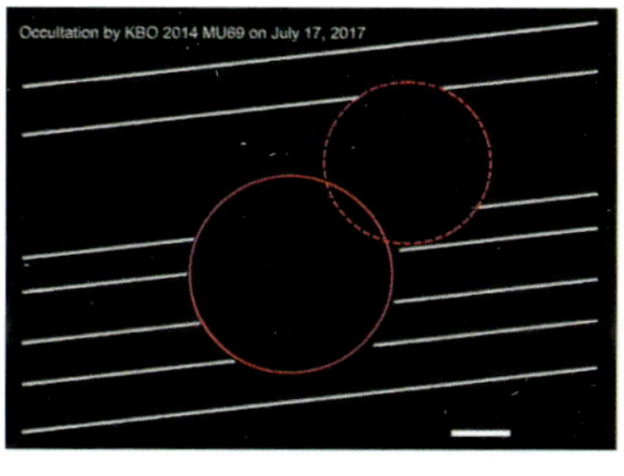

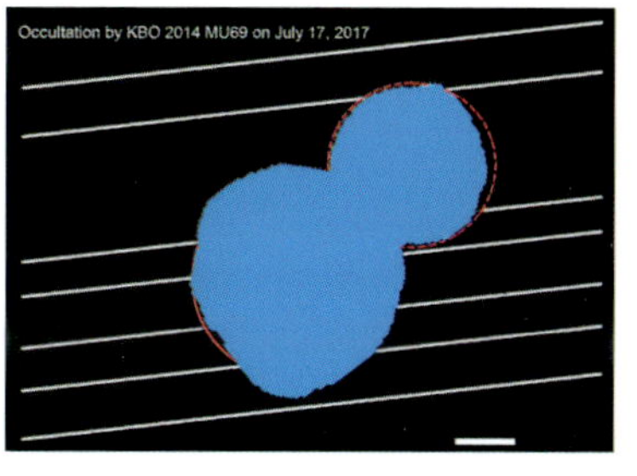

La prouesse des astronomes : en 2017, grâce à une campagne d'observation d'étoiles effectuée depuis la Terre, ils voient la silhouette du corps MU69 se dévoiler grâce aux occultations. Ils devinent que MU69 est constitué de deux corps, peut-être même soudés entre eux (à gauche) et diffusent une illustration d'artiste (au centre). Les observations de la sonde pendant le survol (à droite) coïncideront parfaitement avec les observations astronomiques.
Note : le trait d'échelle, en bas à droite, représente 5 km. *(JHU-APL/SwRI. Vue d'artiste : NASA/JHUAPL/SwRI/Alex Parker)*

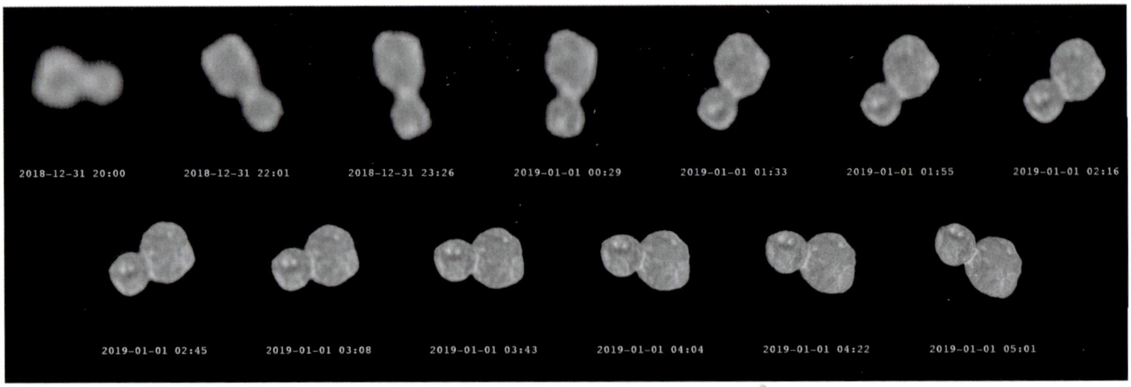

MU69, surnommé aussi le Bonhomme de Neige, tourne sur lui-même comme une grosse cacahuète en 15 heures et 55 minutes, et son axe de rotation est orienté vers la sonde lors de la phase d'approche, car son pôle est incliné à 98 ° sur le plan de l'écliptique. *(JHU-APL/SwRI)*

Deux vues montrant l'ambiance survoltée régnant lors du survol de MU69, surnommé Ultima Thulé pour l'occasion. *(NASA/JHUAPL/SwRI/Henry Throop et Ed Whitman)*

Alan Stern agite son drapeau pour célébrer le succès du survol par New Horizons : Ultima Thulé est le corps le plus lointain jamais visité par une sonde spatiale ! *(NASA/JHUAPL/SwRI/ Henry Throop et Ed Whitman)*

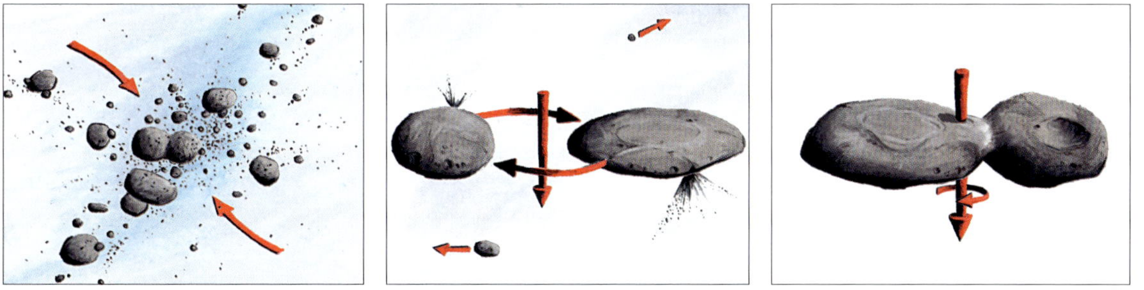

La formation de MU69 en trois étapes.

- Il y a 4,56 milliards d'années, dans les endroits les plus froids et reculés de la nébuleuse solaire, des particules glacées commencent à s'assembler, puis fusionnent entre elles ;
- Ultima et Thulé adoptent leurs formes définitives et leur rotation vient nettoyer les environs du reste des débris ;
- Les deux corps rentrent doucement en contact l'un avec l'autre pour former l'objet visible aujourd'hui.

(NASA/JHU-APL/SwRI – Dessins : James Tutlle Kane)

données. C'est le corps céleste le plus lointain jamais visité par une sonde spatiale ! On constate que celui-ci est formé de deux corps reliés entre eux par un col étroit et plus clair, haut d'environ 300 m. Leur géomorphologie diffère : à la surface d'Ultima (aujourd'hui nommé Wenu), le lobe le plus gros, s'étalent des zones circulaires, sûrement un reliquat de petits corps glacés qui se sont soudés entre eux. Le lobe le plus petit, Thulé (aujourd'hui nommé Weeyo), semble quant à lui de nature plus homogène. Mais le choc qui a créé sa dépression circulaire baptisée Sky a peut-être gommé, en surface, les traces d'un assemblage plus hétéroclite. La couleur rouge brique de MU69, bien représentative des KBOs, est due à des substances nommées tholins, constituées de molécules qui se forment grâce à l'action des ultraviolets solaires sur des composés organiques (méthane, éthane…) en présence d'azote, mais également d'eau.

Le 12 novembre 2019, MU69 va être officiellement nommé Arrokoth par l'Union astronomique internationale. Ce nom signifie « ciel » dans le langage des Powatans et des Algonquins, tribus indiennes d'Amérique du Nord dont les derniers représentants vivent dans l'État du Maryland, là où se trouve le centre du JHU-APL.

Et après ?

En avril 2020, la sonde New Horizons étant parvenue aux confins du système solaire, les chercheurs ont souhaité réaliser une expérience de parallaxe en visant, avec sa caméra LORRI, deux étoiles, Proxima Centauri et Wolf 359, situées respectivement à 4,244 et 7,86 années-lumière. En comparant leurs images prises depuis la Terre avec celles prises par la sonde les 22 et 23 avril 2020, ces étoiles apparaissent dans une position différente, traduisant ainsi le chemin parcouru dans l'espace.

La sonde New Horizons va achever de transmettre 90 % des données du survol d'Arrokoth en septembre 2020. Les chercheurs ont fait budgéter, par la suite, une mission d'observation nommée KEM, pour « Kuiper Belt Extended Mission », dédiée à l'observation lointaine d'environ une trentaine de KBOs. Les ingénieurs estiment en effet que la sonde dispose d'énergie en quantité suffisante pour transmettre jusqu'en 2040 des données sur le milieu spatial, mais aussi pour un survol rapproché d'un autre KBO après Arrokoth, à condition qu'il se trouve dans l'alignement de la trajectoire suivie par la sonde.

Grâce à la caméra LORRI, les chercheurs vont également pouvoir déterminer que le fond optique cosmique, ou COB (« Cosmic Optical Background »), qui est le flux de lumière visible

A

B

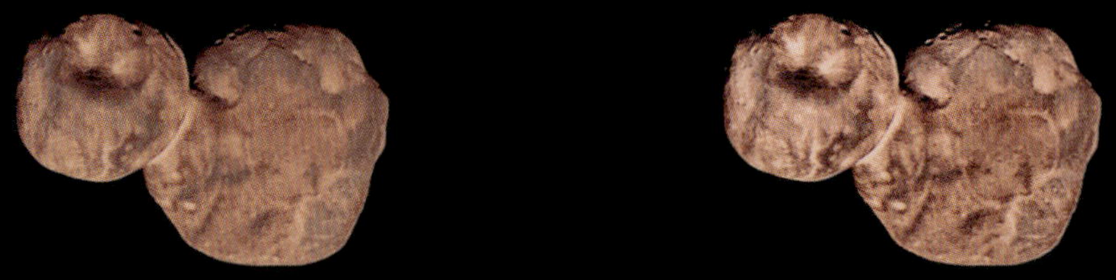

La structure d'Arrokoth (MU69)

Arrokoth est un KBO rougeâtre constitué de deux lobes surnommés Ultima pour le plus gros (aujourd'hui nommé Wenu), et Thulé (aujourd'hui nommé Weeyo) pour le plus petit. Ce dernier présente une dépression circulaire (« Sky ») large de 7 km et profonde de 2 km, peut-être creusée par un gros impact. Le long du terminateur (la limite jour-nuit), on voit comme des puits, peut-être percés par l'expulsion de gaz à la suite de la sublimation des glaces. Le ruban très clair entre les deux lobes a été baptisé Akasa Linea, et la zone circulaire au milieu d'Ultima, Ka'an (mh sur la vue C). **A** – Vue en couleurs naturelles. **B** – La même image intensifiée, qui permet de bien repérer les zones différenciées. **C** – Une carte géologique dressée par les chercheurs : les zones bm, dm et rm sont respectivement formées de matériaux clairs, sombres et rugueux. Les huit zones ma à mh ont des topographies vallonnées qui sont les éléments sûrement constitutifs du lobe Ultima. Pour comparaison, le noyau de la comète 67P/Churyumov-Gerasimenko est représenté à l'échelle.
(NASA/JHU-APL/SwRI et ESA/Rosetta/NAVCAM)

C

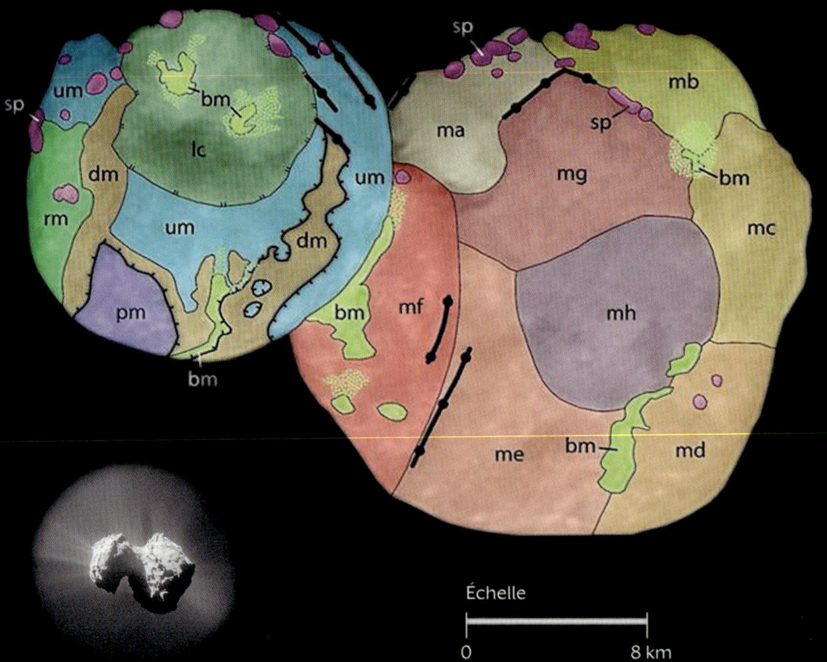

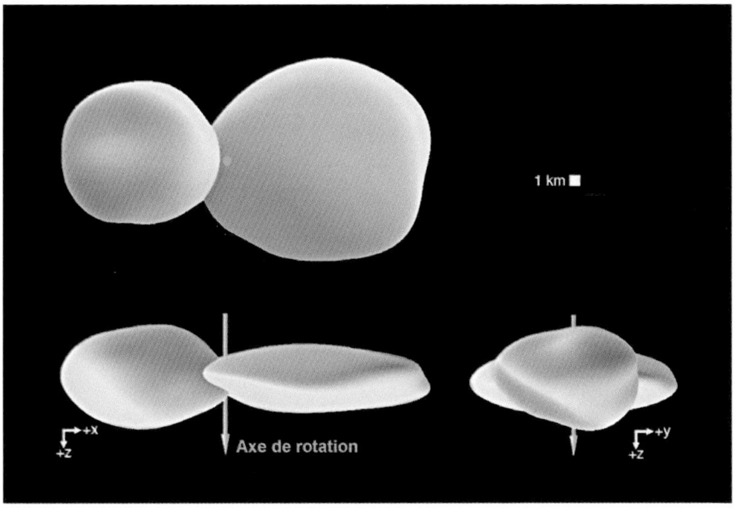

Arrokoth (MU69) ne cesse d'étonner les chercheurs. Un modèle en trois dimensions montre que le plus gros des lobes (Ultima) est d'une forme lenticulaire (22 × 20 × 7 km), tandis que le plus petit (Thulé) est plus arrondi (14 × 14 × 10 km). Leurs centres sont distants de 16 km et leurs grands axes sont quasiment parallèles (décalés de 7° seulement). Les chercheurs déduisent que les deux lobes s'étaient déjà placés en rotation synchrone (ils se faisaient face à la verticale d'un même point), avant d'entrer doucement en contact l'un avec l'autre. *(JHU-APL/SwRI)*

en arrière-plan de l'Univers, est plus lumineux qu'escompté. Celui-ci est difficile à mesurer à partir de la Terre, car les poussières interplanétaires diffusent la lumière du Soleil et voilent le COB, qui apparaît de plus faible intensité. Mais à bord de New Horizons, maintenant dans les franges extérieures du système solaire, LORRI peut observer un ciel vraiment noir dans lequel les sources de lumière sont plus facilement individualisables. De 42 à 45 UA du Soleil (6,28 à 6,73 milliards de kilomètres), les chercheurs vont alors prendre des images en direction du ciel le plus sombre qu'ils peuvent trouver, situé en dehors du plan de la Voie lactée (plan galactique). En supprimant ensuite toutes les sources de lumière identifiables, en retranchant même le fond de lumière émis par l'ensemble des galaxies, mesuré sur les images prises par Hubble, on constate un niveau de luminosité résiduel deux fois supérieur à ce qui avait été estimé auparavant, là où le ciel est dix fois plus sombre que le ciel le plus sombre accessible au télescope spatial Hubble. Il s'agit d'un véritable mystère : existe-t-il une multitude de sources lumineuses

Existe-t-il une parenté entre des petits KBOs et certaines comètes ? Des chercheurs pensent que quelques-uns de ces corps lointains se sont retrouvés sur des orbites suffisamment proches de Jupiter, puis du Soleil, pour amorcer une activité cométaire, avec l'éjection en abondance de gaz et de poussières. Ici, une vue spectaculaire du noyau de la comète 67P/Churyumov-Gerasimenko (4 × 3,5 km) en train d'éjecter ses poussières. Elle a été prise par la sonde Rosetta le 7 juillet 2016, à une distance de 154 km. *(ESA/Rosetta/NAVCAM)*

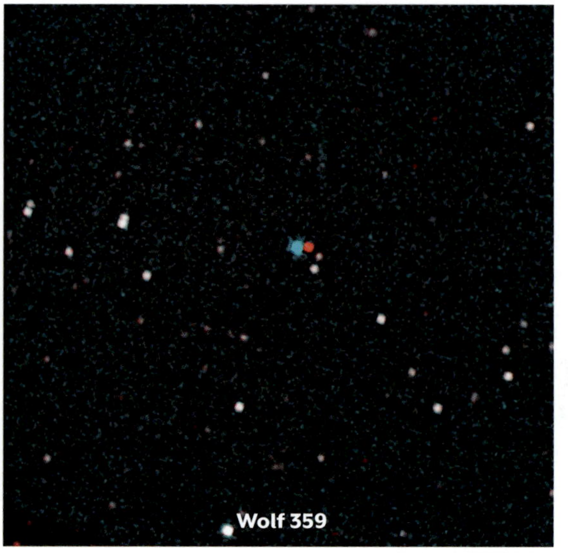

Une expérience de visée d'étoiles aux confins de notre système solaire. Ces deux anaglyphes (à regarder avec des lunettes colorées, œil gauche rouge et œil droit bleu) sont le résultat de la superposition de plusieurs prises de vues et révèlent les déplacements parallactiques des étoiles Proxima Centauri (image de gauche) et Wolf 359 (image de droite).

(Source des images

– Images prises depuis la Terre.

– Proxima Centauri, **en bleu** *: Edward Gomez, observatoire de Las Cumbres, Siding Spring node.*

– Wolf 359, **en rouge** *: observatoire du mont Lemmon, John F. Kielkopf, université de Louisville, et Karen A. Collins, Harvard and Smithsonian Center for Astrophysics.*

– Images prises par New Horizon

– Proxima Centauri, **en rouge***, et Wolf 359,* **en bleu** *: JHU-APL/SwRI)*

trop faibles pour être détectées et qui créent un halo de lumière ? Le comptage des galaxies effectué par les astronomes est-il incomplet ? Les chercheurs se perdent en conjectures et les spéculations vont bon train...

La Nasa prévoit, en outre, l'utilisation de la sonde pour une mission d'observation de l'héliosphère, dite NHIM (« New Horizons Interstellar Mission ») visant à étudier les interactions des vents solaires avec le milieu interstellaire. L'aventure continue...

Quoi qu'il en soit, la sonde New Horizons s'enfonce maintenant dans les zones les plus reculées et froides de notre système solaire. Vue de la Terre, elle se trouvera dans la constellation de l'Aigle par 293° d'ascension droite et 2,1° de déclinaison. Ainsi s'achèvera cette mission presque improbable, tant sa mise en œuvre aura été difficile. Mais tous ses acteurs auront été fiers d'avoir participé à la « première mission vers la dernière planète ».

Pluton : un monde toujours actif

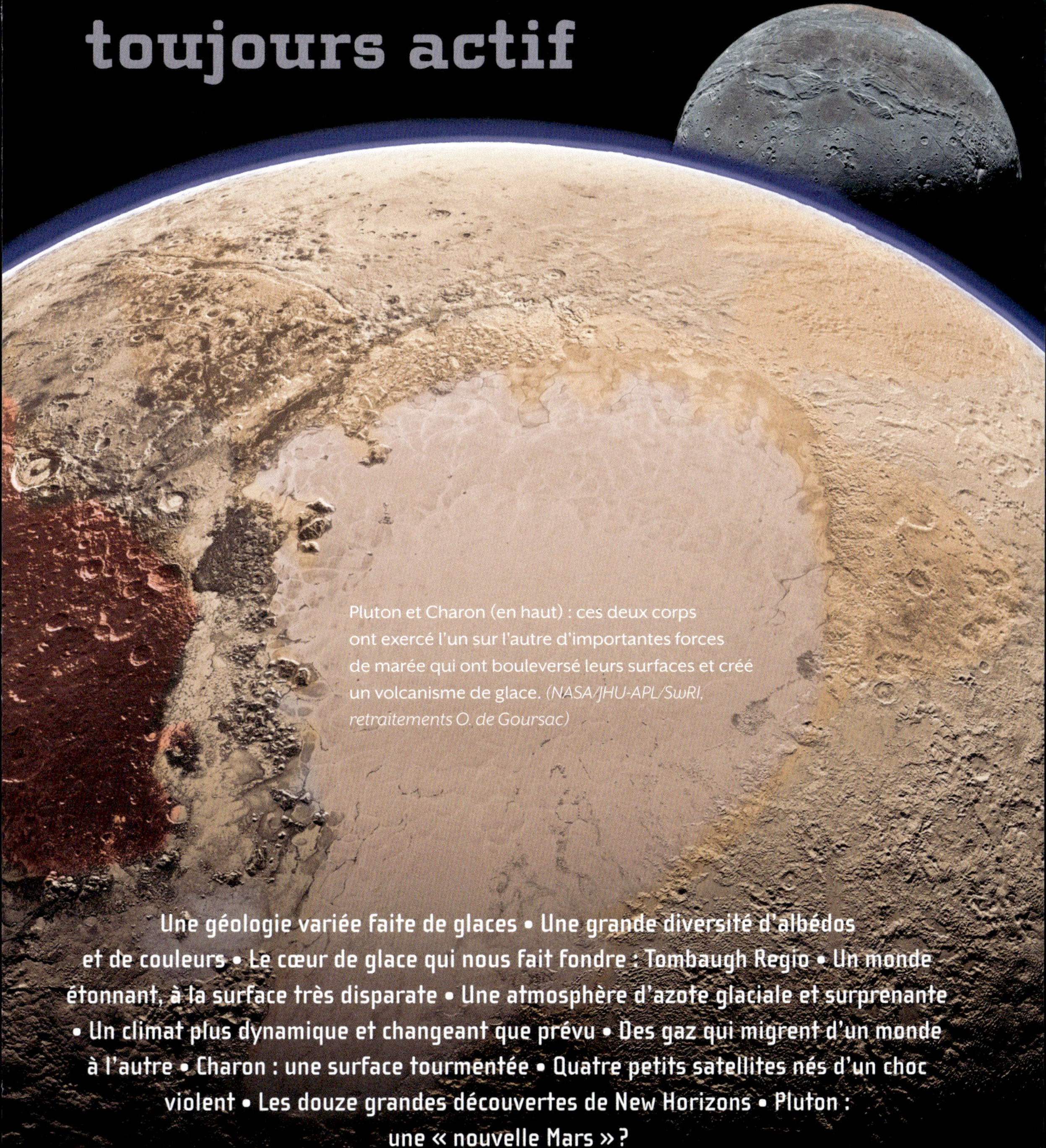

Pluton et Charon (en haut) : ces deux corps ont exercé l'un sur l'autre d'importantes forces de marée qui ont bouleversé leurs surfaces et créé un volcanisme de glace. *(NASA/JHU-APL/SwRI, retraitements O. de Goursac)*

Une géologie variée faite de glaces • Une grande diversité d'albédos et de couleurs • Le cœur de glace qui nous fait fondre : Tombaugh Regio • Un monde étonnant, à la surface très disparate • Une atmosphère d'azote glaciale et surprenante • Un climat plus dynamique et changeant que prévu • Des gaz qui migrent d'un monde à l'autre • Charon : une surface tourmentée • Quatre petits satellites nés d'un choc violent • Les douze grandes découvertes de New Horizons • Pluton : une « nouvelle Mars » ?

Pluton : un monde toujours actif

« Ce qui est très étonnant, c'est que dans toute l'exploration de notre système solaire, ce que nous avons trouvé de plus ressemblant à Pluton, c'est Mars. Il vous faut examiner l'ensemble de tous les petits mondes du Système solaire avant de trouver quelque chose ressemblant à ça ! »

C'est ainsi qu'Alan Stern, l'investigateur principal de la mission New Horizons, résumera le survol réussi de la sonde le 9 novembre 2015, devant un parterre de sommités réunies lors du grand rendez-vous annuel de la Division des sciences planétaires à Washington (« AAAS 47th Annual Division for Planetary Sciences Meeting »). En effet, les données récupérées et les premiers résultats délivrés par la sonde New Horizons ont dépassé toutes les espérances.

Et ceci à la grande surprise des chercheurs ! Car Pluton est un petit corps. S'il avait été beaucoup plus gros, avec un diamètre de l'ordre de 4 000 km à 6 000 km, comme on l'imaginait encore au début des années 1970, on aurait pu, *de facto*, s'attendre à lui trouver une géologie évoluée. Car son cœur aurait été encore chaud, avec des flux de matière remontant vers la surface pour s'épancher. *A contrario*, la logique voulait que Pluton – un petit monde – se soit très vite refroidi. Dès qu'on a connu sa petite taille, une majorité d'astronomes se sont persuadés qu'on ne verrait là-bas qu'une surface glacée, grêlée par les bombardements d'une multitude de corps et figée ensuite pour l'éternité. Un monde peu engageant à la découverte, ce qui explique le manque d'empressement de bon nombre de chercheurs à vouloir l'explorer.

La révélation de la surface de Triton, en 1989, par Voyager 2, relança pourtant quelque intérêt pour Pluton, malgré sa géologie peu accidentée. On y découvrit des terrains qui semblaient avoir été renouvelés plusieurs fois de suite, un volcanisme de glace et quelques geysers dont les panaches foncés soulignaient les fines couches d'une atmosphère très ténue. Les variations de couleurs donnaient un aperçu de ce qu'on avait des chances d'observer sur Pluton au gré des saisons, du fait de sublimations saisonnières et exotiques des glaces d'azote. Mais comme Triton est déjà 65 % plus massif que Pluton, on se persuadait que cette dernière avait dû conserver moins de chaleur interne et qu'elle risquait d'être à peine plus intéressante qu'une version glacée de notre Lune. Pluton n'offrait donc guère d'argument susceptible d'enflammer les imaginations... mis à part celles d'Alan Stern et de son petit groupe de militants du Pluto Underground. Voici pourquoi l'envoi de New Horizons peut être considéré comme un pari fou : celui d'aller chercher un monde à la géologie bien vivante, là où tout le monde ne voulait voir qu'une petite planète morte.

De fait, Alan Stern et son équipe ont gagné leur pari. Ils n'en ont pas cru leurs yeux eux-mêmes, et leurs hypothèses audacieuses ont pu être vérifiées *in situ*. Contrairement aux prédictions pessimistes, Pluton s'est révélé être un monde beaucoup plus complexe qu'on ne l'imaginait, dévoilant une géologie très diversifiée

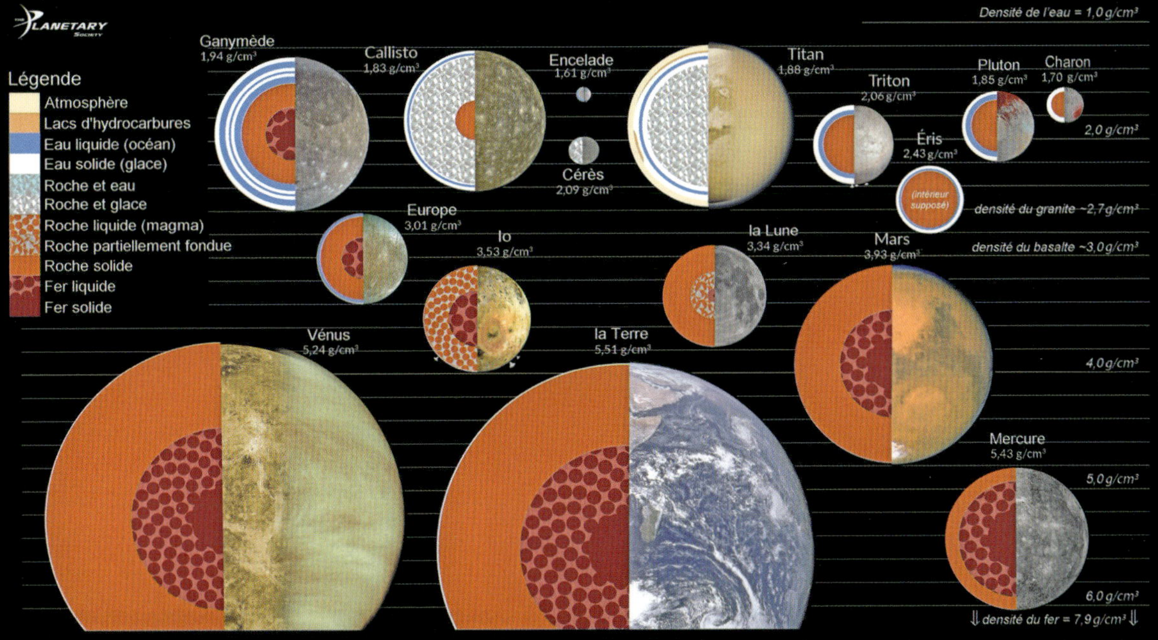

Anatomie et classification des planètes (hors géantes de glaces et gazeuses)

Lorsqu'on compare l'intérieur de quelques planètes non joviennes et satellites de notre système solaire, on s'aperçoit qu'il existe trois types de corps.

- D'abord, les mondes telluriques (ou rocheux) comme Mercure, Vénus, la Terre, Mars, Io (satellite de Jupiter) et notre Lune, qui ont tous conservé une chaleur interne.
- Ensuite, les mondes recouverts de glaces, dont le cœur peut être parfois rocheux, comme Ganymède et Europe (satellites de Jupiter), Triton (satellite de Neptune), Éris et Pluton (planètes naines) et Charon (satellite de Pluton).
- Enfin, les mondes composés uniquement de glaces et de roches mélangées, comme Titan (satellite de Saturne), Callisto (satellite de Jupiter avec son minuscule cœur rocheux), Cérès (planète naine) et Encelade (satellite de Saturne).

On constate que Triton, Pluton et Charon (en haut à droite) font partie des corps qui se sont différenciés, c'est-à-dire que la chaleur en leur intérieur a permis qu'ils se réorganisent en couches dont les densités augmentent avec la profondeur, à l'instar des grosses planètes rocheuses. On pensait toutefois que, compte tenu de leur petitesse, ils s'étaient rapidement refroidis et figés en surface, comme sur la Lune. Finalement, il n'en a rien été et la surprise a été totale. *(Images coupes planétaires : Emily Lakdawalla / The Planetary Society. Images surfaces planétaires NASA / JPL-Caltech / Emily Lakdawalla - The Planetary Society Images Lune par Gari Arrillaga et Titan par NASA/JPL-Caltech / University of Nantes / University of Arizona. Retraitements Ted Stryk, Gordan Ugarkovic, Emily Lakdawalla, et Jason Perry. Infographie et assemblages : O. de Goursac)*

où alternent les terrains jeunes (en termes géologiques) et anciens, présentant une surface tourmentée ornée d'une gamme de couleurs variant du jaune pâle au brun foncé. Le comptage des cratères, utilisé pour déterminer l'âge des régions, indique que Pluton présente encore des zones anciennes datant d'environ 4 milliards d'années, juste après la formation des planètes. En revanche, un vaste secteur en forme de cœur, Tombaugh Regio, abrite une plaine glacée

À quoi peut bien ressembler Pluton ?

Avant le survol, les chercheurs avancent leurs hypothèses.

1 – En mars 2015, l'Union astronomique internationale (UAI) publie cette vue imaginaire. Un Pluton « avec des caractéristiques peut-être pas trop dissemblables de celles visibles sur cette vue d'artiste », précise-t-elle... Un monde bombardé par une multitude de corps qui ont grêlé sa surface glacée, qui s'est ensuite figée pour l'éternité. *(IAU/L. Calçada)*

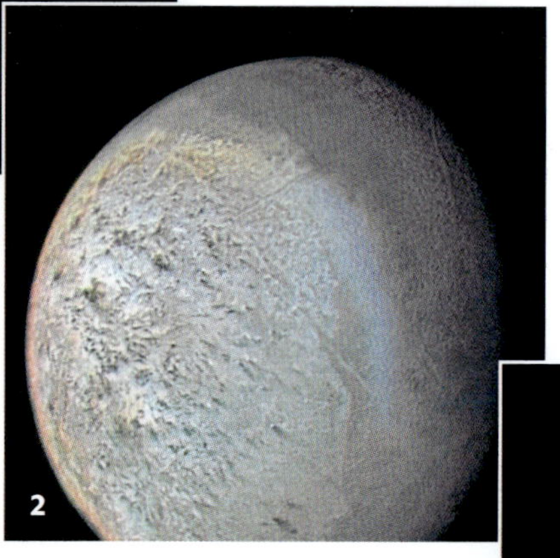

2 – Quelques chercheurs pensent que Pluton doit ressembler à Triton, avec une géologie peu accidentée. Ses couleurs évoluent au gré des sublimations saisonnières des glaces. *(NASA/JHU-APL/SwRI ; retraitements O. de Goursac)*

3 – L'équipe New Horizons est persuadée que Pluton se présentera comme un « Triton gonflé aux stéroïdes ». Sa surface doit être accidentée et marquée de zones à forts contrastes, trahissant une grande variété de glaces, maculées par des dépôts de matière organique. *(NASA/JHUAPL-SwRI)*

4 – Pluton, telle qu'elle s'est révélée aux caméras de New Horizons. C'est bien un « Triton gonflé aux stéroïdes ». Et des glaces exotiques ont joué le rôle des roches sur Terre pour remodeler une surface tourmentée ; une vision insoupçonnée jusqu'alors. *(NASA/JHU-APL-SwRI)*

presque lisse et sans impacts, qui semble très jeune : Sputnik Planitia. Son existence suggère que Pluton est resté un monde géologiquement actif pendant la majeure partie de son histoire, et peut-être même encore aujourd'hui. Certaines des autres régions observées sur Pluton ont connu des changements géologiques attribués à la chaleur interne de la planète : des éruptions de glace d'eau ont formé des sortes de volcans glacés au sud de Sputnik Planitia. La majeure partie de ce que nous voyons ailleurs sur Pluton peut être attribuée aux interactions entre la surface et l'atmosphère et à la migration de glaces réchauffées par le Soleil et transportées au loin.

Une géologie variée faite de glaces

Pour étudier Pluton, les chercheurs se servent des mêmes méthodologies et outils qu'ils utilisent pour comprendre l'histoire géologique de la Terre et des autres planètes. Mais ici, la surface n'est pas faite, comme sur notre planète, de roches constituées de minéraux : ce sont les différentes variétés de glaces — glace d'eau (H_2O), de monoxyde de carbone (CO), d'azote (N_2) et de méthane (CH_4) — qui les remplacent. Et, avec une température moyenne en surface extrêmement basse (44 K/ –229 °C), ces glaces sont plus dures que certaines pierres sur Terre. Parfois, néanmoins, lorsque les températures deviennent relativement plus clémentes (au-dessus de 63 K/ –210 °C), elles deviennent pâteuses, peuvent fondre, voire se vaporiser — se sublimer — dans l'atmosphère. C'est cette variété de glaces qui permet toutes les variations surprenantes de couleur et d'albédo observées lors du survol de Pluton. Mais elles contribuent aussi à la grande diversité de formations géologiques découverte par les chercheurs, dont certaines ressemblent beaucoup à celles qui existent sur les planètes rocheuses (ou telluriques). Lorsqu'un petit astéroïde vient frapper la surface glacée de Pluton, il la creuse et projette au loin des débris, en formant un cratère qui ressemble à ceux que l'on trouve sur la Lune ou sur Mars. De même, les flux de chaleur provenant du cœur rocheux de la planète, et qui atteignent la surface, rendent les glaces pâteuses, voire liquides : celles-ci jaillissent alors du sous-sol, jouant le même rôle que la lave sur la Terre, et forment des volcans de glace. On décrit ce phénomène sous le nom de cryovolcanisme.

Certaines régions sont modelées par les impacts d'une multitude de corps qui ont percuté sa surface glacée : ces cratères datent probablement des premiers âges du Système solaire. À l'inverse, dans la vaste région en forme de cœur que l'on nomme région de Tombaugh, la plaine glacée baptisée Sputnik Planitia ne présente aucune trace d'impacts, mais une épaisse couche glacée datant de 10 millions d'années, brassée par de lents mouvements convectifs. On trouve aussi sur Pluton d'autres endroits, modifiés moins récemment, mais qui témoignent d'un passé actif.

Tout autour de Sputnik Planitia figure une surface variée et complexe, avec des régions montagneuses, des plaines exposant des zones à différents stades d'érosion, des provinces peu ou très cratérisées, ainsi que des escarpements et des failles, des grabens[1] dont l'origine est peut-être due à des cassures de la croûte de la planète. Mais aujourd'hui, l'évolution de Pluton se cantonne à la surface par l'action de glaces très diverses : glaces de méthane (CH_4), d'azote (N_2) et glace carbonique (CO). Dans Sputnik Planitia, des blocs de glace d'eau flottent comme des icebergs au milieu d'un océan gelé d'azote et de méthane. Aux basses latitudes, le long de l'équateur, s'étalent également des régions recouvertes d'une substance organique rougeâtre, poudreuse et sombre[2]. Le rôle de l'atmosphère est tout aussi important : lorsqu'elle s'est épaissie sous l'influence de variations climatiques, les vents et les fontes de glaces ont modelé par endroits la surface, créant les paysages que nous contemplons aujourd'hui.

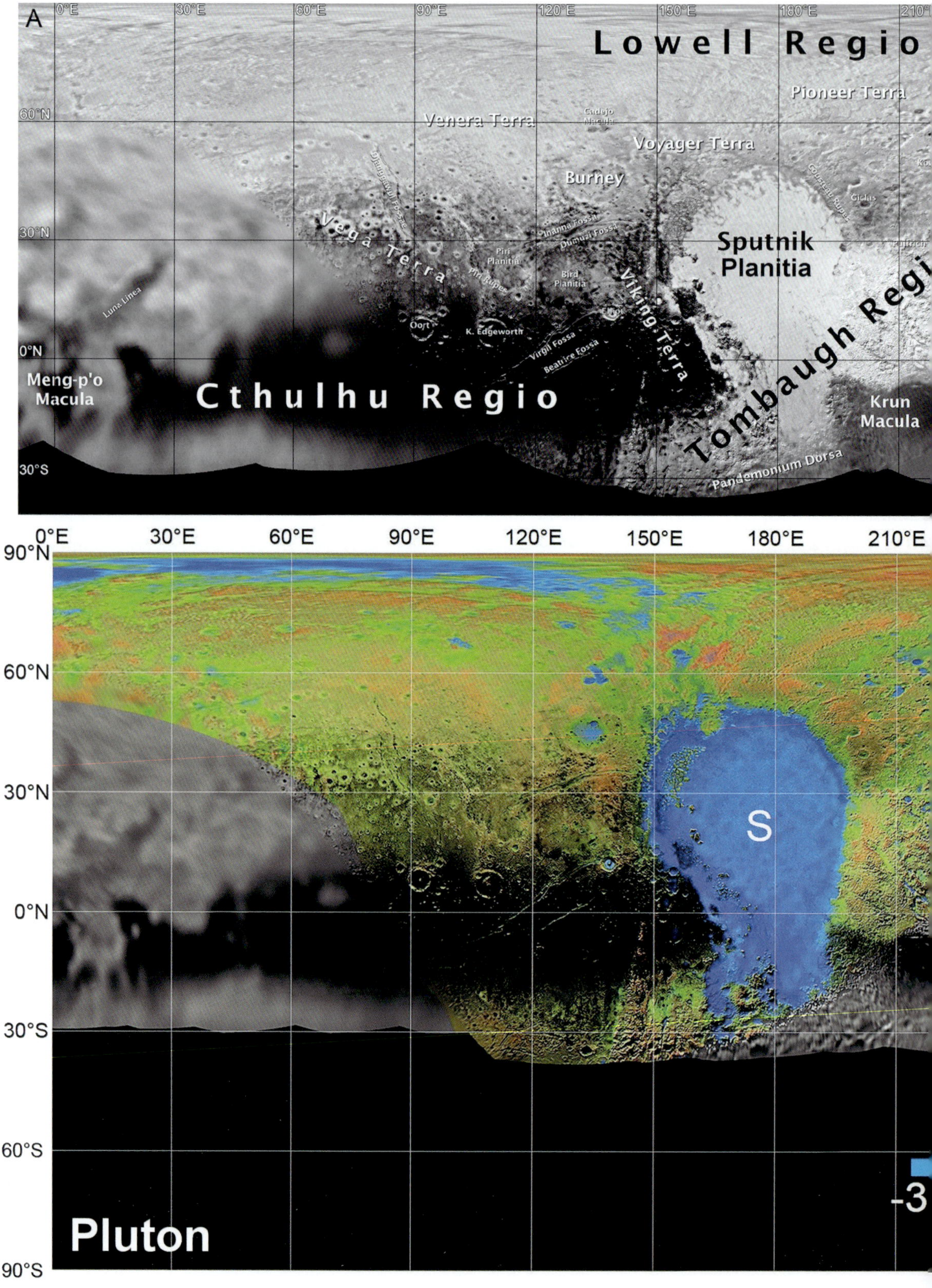
A
Lowell Regio
Pioneer Terra
Venera Terra
Voyager Terra
Burney
Vega Terra
Sputnik
Planitia
Piri
Planitia
Bird
Planitia
Viking Terra
Tombaugh Regi
Luna Linea
Oort
K. Edgeworth
Virgil Fossa
Beatrice Fossa
Meng-p'o
Macula
Cthulhu Regio
Krun
Macula
Pandemonium Dorsa
0°E
30°E
60°E
90°E
120°E
150°E
180°E
210°E
90°N
60°N
30°N
0°N
30°S
60°S
90°S
S
-3
Pluton

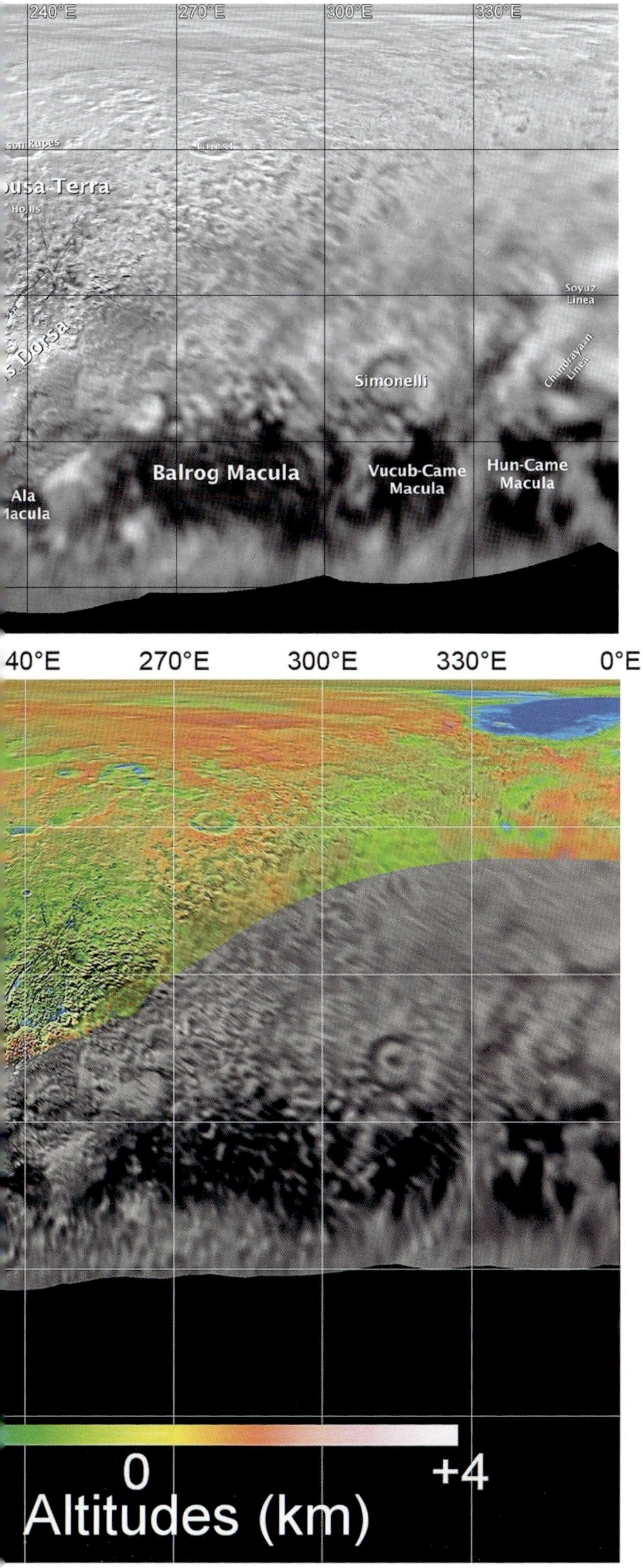

Voici les premières cartes de Pluton établies après le survol par la sonde New Horizons. En haut figure la carte des zones claires et sombres (carte des albédos) tirée des images prises par la caméra LORRI. On notera que les zones situées en dessous du 38e parallèle sud sont plongées dans l'obscurité de l'hiver. Néanmoins, la lumière diffusée par la couche de brumes a permis de détailler les reliefs au-delà du terminateur. La nomenclature intègre celle des chercheurs et celle validée par l'Union astronomique internationale (cf. les cartes de l'atlas en fin d'ouvrage). En bas se trouve la carte topographique dressée d'après les vues stéréophotographiques. On remarquera que les deux grandes dépressions identifiées à ce jour sur Pluton sont Sputnik Planitia (S) et celle près du pôle Nord. Les terrains « en lames » ou « en peau de serpent » (*bladed terrain* ou *Snakeskin terrain*) sont identifiés par un T (Tartarus Dorsa). *(NASA/JHU-APL/SwRI/Lunar and Planetary Institute)*

Cf. également Annexe X, p. 258 : *Répartition des grandes zones géologiques sur Pluton*.

Pluton vue en couleurs « naturelles » par la caméra multispectrale MVIC le 14 juillet 2015 depuis 39 385 km, 40 minutes environ avant le passage au plus près de la sonde. La résolution est de 780 m/pixel et le nord est en haut. Trois des quatre filtres ont été utilisés : bleu (« BLUE » 400-550 nm), rouge (« RED » 540-700 nm) et proche infrarouge (« NIR » 780-975 nm), visualisés en bleu, vert et rouge respectivement. La grande formation claire au centre est Sputnik Planitia : c'est le « ventricule droit » de la région en forme de cœur nommée Tombaugh Regio. Au sud-ouest, s'étire la région sombre Cthulhu. La région nord, de couleur jaunâtre, est en haut. Notons que le globe doit être basculé de 90° vers la droite pour voir son orientation réelle au moment de la rencontre. *(NASA/JHU-APL/SwRI)*

Une grande diversité d'albédos et de couleurs

La surface de Pluton présente de nombreuses zones claires et sombres, détectées dès 1953, et qui résultent des combinaisons entre des éléments qui sont successivement vaporisés (sublimés) dans l'atmosphère, puis condensés sous forme de glaces. Les régions les plus claires, aux albédos élevés et qui réfléchissent le rayonnement solaire vers l'espace, sont aussi les plus froides, et les glaces viennent s'y accumuler. Les régions les plus sombres, à l'inverse, sont celles qui absorbent le mieux la chaleur solaire : les gaz gelés qui s'y trouvent peuvent s'y sublimer plus facilement. Mais juger de la composition de la surface de Pluton à l'aune de son albédo peut s'avérer trompeur, car certaines condensations peuvent éclaircir ou assombrir une région, influençant ainsi son réchauffement ou son refroidissement. Grâce aux instruments MVIC et LEISA, les composants de la surface ont pu être discriminés. Leur diversité trahit une variabilité des climats plus importante que prévu. En effet, les points triples du monoxyde de carbone (CO) et de l'azote (N_2), c'est-à-dire le point de température et de pression où ces éléments peuvent être à la fois solides, liquides ou gazeux, se situent aux alentours de 63 K (–210 °C).

L'azote est un élément chimique particulièrement intéressant du point de vue des variations de température sur Pluton. Car là où circule la planète, la température moyenne à la surface n'est que de 44 K (–229 °C). Et au point le plus éloigné de son orbite, elle plonge à 33 K (–240 °C). Quand elle se rapproche du Soleil, les températures remontent à 55 K (–218 °C) ; un réchauffement très relatif. Or l'azote, à la température très basse de 38 K (–235 °C), se trouve dans une phase dite « cubique » moins volumineuse et dense, mais elle entre, vers 44 K (–229 °C), dans une phase plus « plastique », avec des molécules qui se déplacent plus librement. Ce phénomène

À gauche, les couleurs plutôt ternes de Pluton. À droite, les bandes passantes de chacun des filtres ont été étirées, puis réassemblées afin de composer cette image polychrome. On y voit :

- la partie la plus orientale de la région sombre de Cthulhu : un vieux terrain cratérisé recouvert d'une couche de composés organiques (tholins) ;
- la dépression de Sputnik Planitia remplie de glaces qui ont créé, sur son pourtour, un paysage montagneux ;
- la région des hauts plateaux qui prend une teinte jaunâtre, trahissant la présence de glace de méthane ;
- tandis qu'aux altitudes inférieures et vers les basses latitudes, la couleur jaune cède la place à un gris bleuté, trahissant la présence de glaces d'azote et de méthane. *(NASA/JHU-APL/SwRI)*

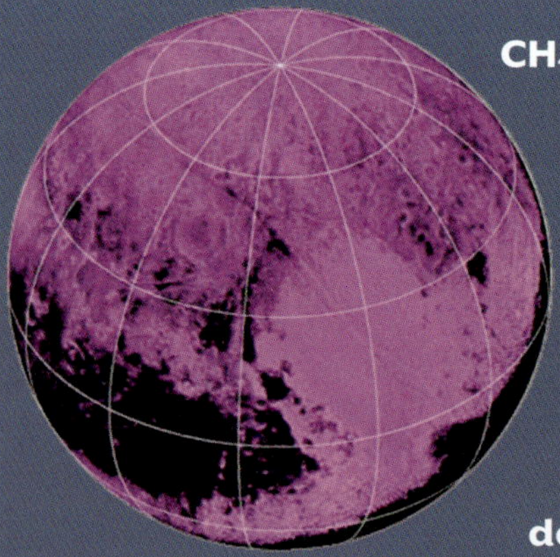

CH_4

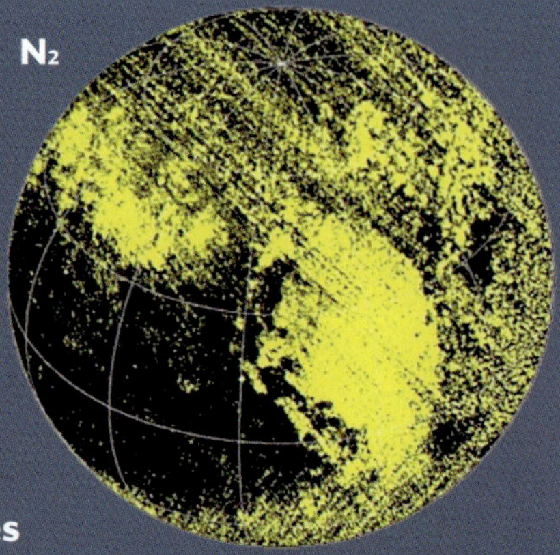

N_2

Des filtres de valeurs infrarouges pour discriminer les glaces

Ces quatre vues, obtenues par l'imageur-spectromètre infrarouge LEISA, permettent de distinguer la répartition des glaces de méthane (CH_4, en violet), d'azote (N_2, en jaune), de monoxyde de carbone (CO, en vert) et d'eau (H_2O, en bleu). L'extrême froideur de Pluton lui permet de retenir une légère atmosphère de méthane et d'azote, ce dernier pouvant, par sublimation, passer de l'état gelé à l'état gazeux, et se condenser de nouveau. On constate ainsi que :

- Cthulhu Regio et les autres maculae sombres sont toutes positionnées le long d'une bande équatoriale riche en composés organiques (les tholins) mais pauvre en glaces d'azote (N_2) et de méthane (CH_4) ;
- vers 20° de latitude, en remontant vers le nord, on observe une transition vers une zone riche en méthane qui évolue ensuite vers un mélange glacé d'azote et de méthane, vers 35° N ;
- vers 55° N, les glaces d'azote s'amincissent progressivement pour faire place à du méthane gelé ;
- Sputnik Planitia concentre toutes les glaces (CH_4, N_2 et CO), sauf celle de l'eau (H_2O) ;
- à l'est de Sputnik Planitia, les terrains « en lames » de Tartarus Dorsa sont spécialement enrichis en méthane grâce à la succession de cycles saisonniers de déposition.

La répartition des glaces selon les latitudes est la conséquence des évolutions climatiques qui dépendent du lent basculement de la position de l'axe de rotation vis-à-vis du Soleil au fil du temps.

- En 1989, au point le plus proche de son orbite autour du soleil (périhélie), chaque hémisphère de Pluton était éclairé (et chauffé) à parts égales. Ensuite, pendant que l'hémisphère sud migrait vers la nuit polaire, l'hémisphère nord se réchauffait : l'azote se sublimait pour laisser transparaître d'autres glaces et se condensait ensuite sur la calotte polaire australe (plongée dans la nuit) qui agit comme un gigantesque piège à froid.
- À l'inverse, l'azote ne se dépose pas sur les zones équatoriales plus sombres et chaudes (cf. la note 3 en fin de chapitre), laissant bien apparents la glace d'eau et les composés organiques. *(NASA/JHU-APL/SwRI)*

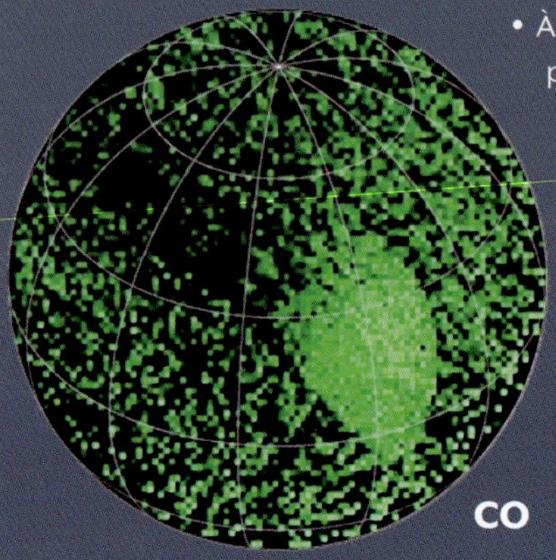

CO

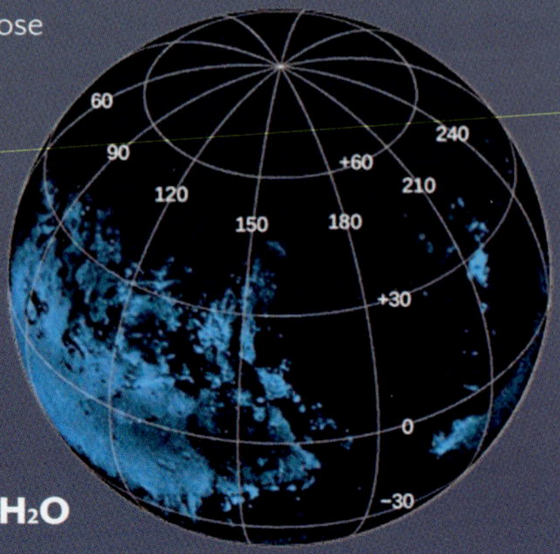

H_2O

peut déclencher de vastes changements à la surface, un peu comme un dégel sur Terre, mais avec une glace devenant pâteuse et plus volumineuse. En outre, sur Pluton, la combinaison de la forte inclinaison de l'axe de rotation (57,5° par rapport au plan orbital) et de la variation de sa distance au Soleil (de 4,4 à 7,4 milliards de kilomètres) permettrait, temporairement, d'élever encore les températures. Au-dessus de 63 K (–210 °C), l'azote pourrait se sublimer massivement pour épaissir l'atmosphère, et se mettrait à couler comme de l'eau sur Terre.

Les chercheurs ont pu répertorier quatre grandes régions sur Pluton : celle autour du pôle Nord (Lowell Regio) ; les zones très sombres le long de l'équateur[3], très peu affectées, au fil des âges, par les fortes amplitudes climatiques subies par Pluton (cf. plus loin) ; la région en forme de cœur (Tombaugh Regio), dont le « ventricule droit » est la plaine glacée de Sputnik Planitia ; enfin la calotte polaire australe, que l'on devine très marginalement le long du terminateur, car déjà presque entièrement plongée dans la nuit polaire. La caméra multispectrale MVIC a obtenu de nombreuses images de Pluton, qui permettent de reconstituer ses couleurs naturelles, mais aussi de révéler une multitude de teintes, que l'on distingue bien en les intensifiant.

On constate parfois une corrélation entre la topographie, les couleurs et les albédos. Par exemple, près des pôles, les dépôts jaunâtres coïncident avec les sommets des petits plateaux qui se regroupent pour former un dôme polaire large de 600 km et haut de près de 3 km. Ils sont constitués de glace de méthane qui s'est déposée préférentiellement en altitude, mais aussi sur la région dite « en lames » (*bladed terrain*) située à l'est de Sputnik Planitia (cf. plus loin), l'un des endroits les plus élevés de Pluton, ainsi qu'au sommet des chaînes montagneuses visibles à l'est de Cthulhu Regio, ainsi que l'a bien détaillé une équipe franco-américaine en 2020.

À l'inverse, lorsqu'on retraite les images de la région équatoriale très sombre de Cthulhu Regio, on s'aperçoit que les composés organiques – les tholins – de couleur brun-rouge tapissent des terrains faits de glace d'eau dans une étroite zone limitée à 13° de part et d'autre de l'équateur. Cette zone de dépôt préférentielle est davantage due aux conditions climatiques qu'à l'altitude. En effet, ces régions de couleur sombre ne subissent jamais les froidures extrêmes de l'hiver plutonien et le méthane ne peut donc jamais s'y condenser, sauf aux endroits dont l'altitude est élevée.

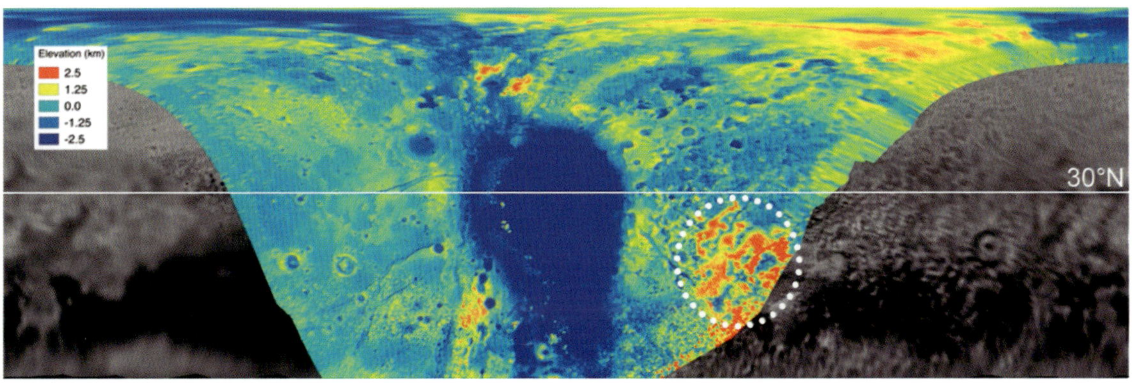

La corrélation qui peut exister entre les altitudes et la composition des terrains apparaît sur cette carte : les zones les plus élevées sont celles où vient se déposer préférentiellement la glace de méthane (zones en rouge et en jaune). La zone cerclée, située à l'équateur, est celle des terrains élevés « en lames » (*bladed terrain*), où vient se condenser le méthane. *(NASA/JHU-APL/SwRI)*

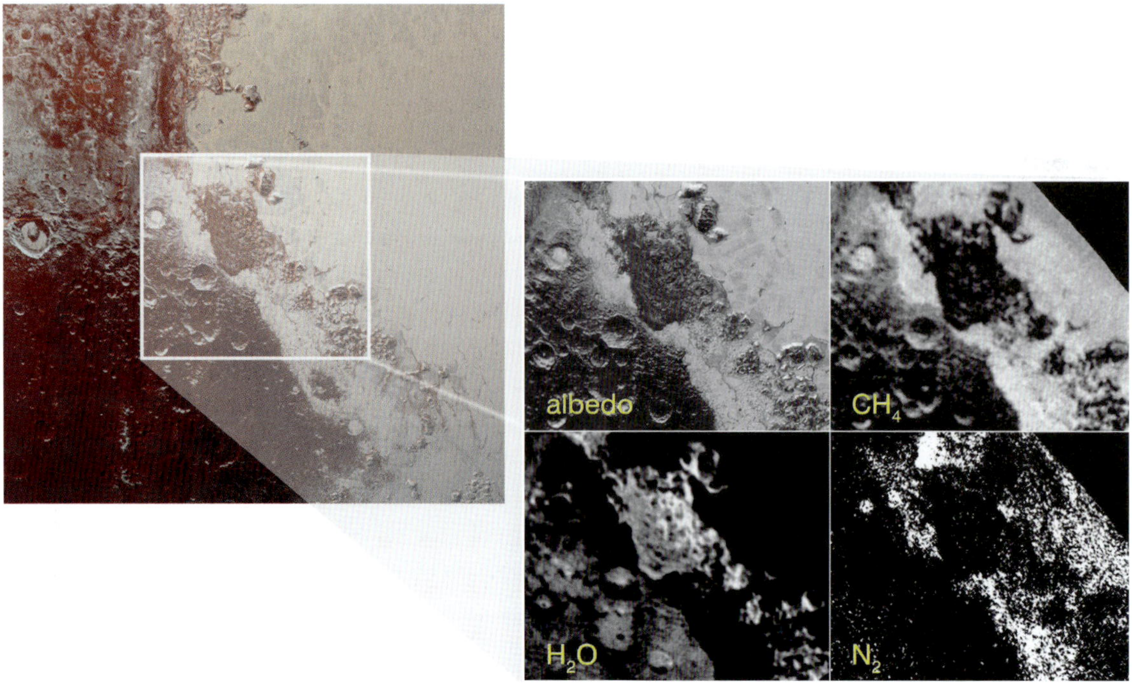

L'imageur-spectromètre infrarouge LEISA a détaillé la région située à la transition de Cthulhu Regio et de Sputnik Planitia (à gauche). À droite figurent quatre vues prises sous différentes longueurs d'onde : celle du visible (albédo), celle du méthane (CH_4), celle de la glace d'eau (H_2O) et celle de l'azote (N_2). On constate que, dans la zone sombre de Cthulhu Regio, la glace d'eau est présente de façon très irrégulière et que la glace d'azote est absente. Par ailleurs, la glace de méthane n'est présente que sur les pentes orientées au nord. En revanche, la plaine claire de Sputnik Planitia est riche en glaces d'azote et de méthane. En haut à gauche, on voit que le fond d'un cratère est rempli de glace d'azote. Notons que les montagnes qui dominent la plaine de Sputnik Planitia sont faites de glace d'eau. *(NASA/JHU-APL/SwRI. Source : « Highest Spatial Resolution New Horizons LEISA Spectral-Imaging Scan of Pluto », W.M. Grundy et al., and the New Horizons Science Team, 47th Lunar and Planetary Science Conference, 2016)*

Le cœur de glace qui nous fait fondre : Tombaugh Regio

Tombaugh Regio est la vaste région en forme de cœur dont la découverte a enthousiasmé non seulement les géologues, mais aussi le grand public, pour qui elle est devenue le signe le plus distinctif de Pluton. Elle s'étire sur près de 1500 km dans sa plus grande largeur et du nord au sud, en descendant jusqu'à sa pointe. L'« oreillette droite » et le « ventricule droit » du « cœur » sont constitués par une plaine glacée nommée Sputnik Planitia. D'une superficie voisine de 870 000 km², elle est d'apparence douce et dénuée de relief. Elle se situe environ 3 km et demi plus bas que les hauts sommets de son pourtour montagneux. Aucun cratère d'impact notable n'y est visible, ce qui indique qu'elle est âgée de moins de 10 millions d'années. Sputnik Planitia est principalement constituée de glace d'azote, et près de 200 formations polygonales, d'un diamètre moyen de quelque 20 km, en marbrent la surface. Ces dernières révèlent les contours des cellules de convection qui ont pris naissance en profondeur. On voit, au centre de Sputnik Planitia, des sortes d'îles qui surplombent la plaine glacée et qui sont en fait de gigantesques blocs de glace d'eau qui ont émergé de la surface. « La glace d'eau flotte sur

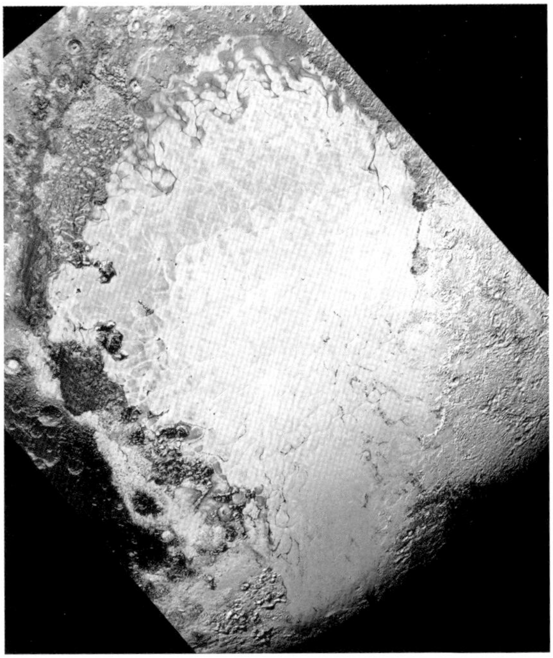

Vue d'ensemble de Sputnik Planitia. On constate qu'elle est constituée par une plaine glacée structurée en une multitude de formations polygonales qui marbrent sa surface. Des écoulements glaciaires de méthane descendent de la partie est de Tombaugh Regio, pour se répandre en contrebas vers l'ouest sur la plaine. Notons que les cellules sont plus sombres au nord, indiquant probablement qu'une sublimation de la glace d'azote est à l'œuvre actuellement. *(JHU-APL/SwRI, retraitements O. de Goursac)*

la glace d'azote, aime à rappeler Alan Stern à la presse. On dirait que ces blocs se sont retrouvés poussés hors d'une couche sous la surface et qu'ils flottent maintenant sur un vaste réservoir. Nous n'avions pas prévu qu'une petite planète comme Pluton pouvait être toujours active et qu'elle ne s'était pas complètement refroidie. »

Sputnik Planitia résulte probablement d'une collision survenue aux premiers âges de l'histoire de la planète avec un petit corps céleste d'une dizaine de kilomètres. Sa forme ovale (1300 × 900 km) attesterait une arrivée légèrement oblique. Le choc violent a créé un bassin dont on estime la profondeur à 5 km, voire plus. Son centre géographique se trouve par 175° E et 18° N, à 400 km environ au nord de l'axe horizontal d'inertie du couple Pluton-Charon. Deux hypothèses pourraient expliquer la subsidence de la croûte à cet endroit. Soit il y subsiste une grande masse d'azote gelé qui devrait avoir 40 km d'épaisseur : une hypothèse peu plausible, car on ne voit pas comment un bassin aussi profond aurait pu être creusé par le petit astéroïde. Soit il existe, à 150 km de profondeur, sous la croûte glacée de Pluton, un océan d'eau global. Lors du choc, la croûte glacée se serait fracturée de haut en bas, puis réchauffée par la force de l'impact pour devenir moins épaisse. Ensuite, ce qui subsistait de la croûte se serait fragilisé, laissant l'océan souterrain remonter sur 80 km de haut pour former une vaste poche d'eau souterraine. La densité de l'eau liquide étant supérieure à celle de la glace d'azote (respectivement 1 g/cm^3 et 0,942 g/cm^3), cette masse d'eau a créé un déséquilibre

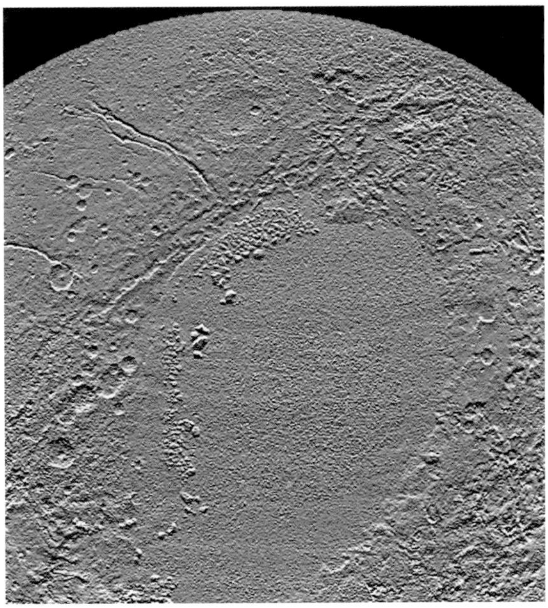

Le relief de Sputnik Planitia, reconstitué à partir des vues stéréo prises par la caméra LORRI. On constate que de gros blocs anguleux semblent flotter sur le pourtour occidental de la vaste plaine d'azote gelé. *(NASA/JHU-APL/SwRI)*

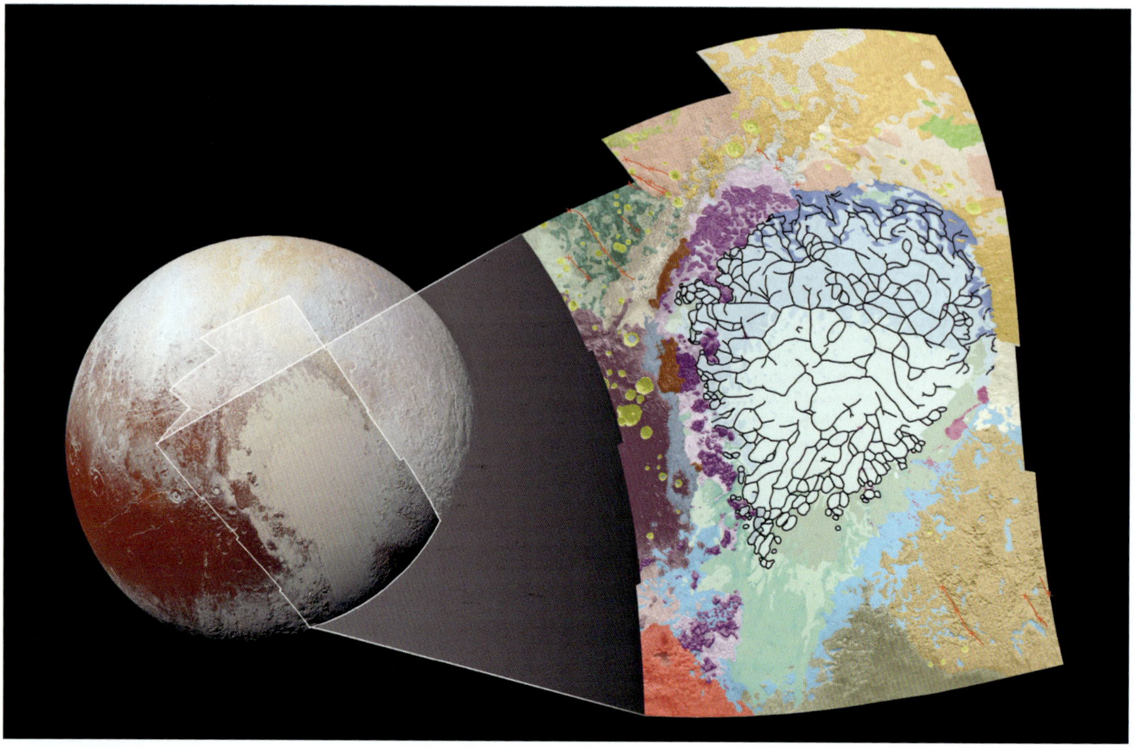

Détail centré sur Sputnik Planitia, correspondant à l'« oreillette droite » et au « ventricule droit » du « cœur », qui s'étend sur une portion de surface longue de près de 2 100 km du nord au sud. Ce grand réservoir d'azote est rendu pâteux par la chaleur interne de Pluton. Il remonte vers la surface sous la forme d'énormes gouttes qui s'étalent en forme de vastes bombements hauts d'une cinquantaine de mètres et qui repoussent sur les côtés les couches plus froides. En périphérie, l'azote refroidi coule à nouveau vers les profondeurs et le cycle se renouvelle ainsi. Près de 200 cellules larges de 10 à 40 km ont été identifiées par les chercheurs. La vitesse de convection de la glace d'azote serait de l'ordre de 7 cm par an au maximum, ce qui implique un renouvellement de la surface tous les 500 000 ans. *(NASA/JHU-APL/SwRI)*

important. Et si elle s'est mélangée à de l'ammoniac (NH_3), cet océan aurait pu rester liquide pendant 4 milliards d'années au moins, même à une température pouvant varier de 180 à 250 K (soit de −93 à −23 °C). C'est cette seconde hypothèse qui est privilégiée aujourd'hui, grâce à la découverte d'étendues de glace d'eau mélangée d'ammoniac à la surface de Pluton.

Au fil du temps, cette vaste dépression de plusieurs kilomètres de profondeur a agi comme un « piège à froid » qui s'est rempli de glace d'azote, peut-être en l'espace de seulement 5 millions d'années. La forte masse de Sputnik Planitia a créé un déséquilibre qui a été compensé par le basculement de l'axe de rotation de Pluton. C'est ainsi que cette formation a migré depuis l'emplacement du point d'impact, par 90° E et 45° N, vers la zone équatoriale où elle se trouve calée aujourd'hui, par 175° E et 18° N.

« Sputnik Planitia est l'une des découvertes géologiques les plus étonnantes depuis plus de 50 ans d'exploration planétaire », déclare William McKinnon (1975-), professeur à l'université Washington de Saint Louis, dans le Missouri, après le survol de New Horizons. Il a compris, avec son équipe, que la plaine glacée est une immense zone de convection de glace réchauffée par la chaleur interne du centre de Pluton. À cet endroit, de l'azote plus chaud

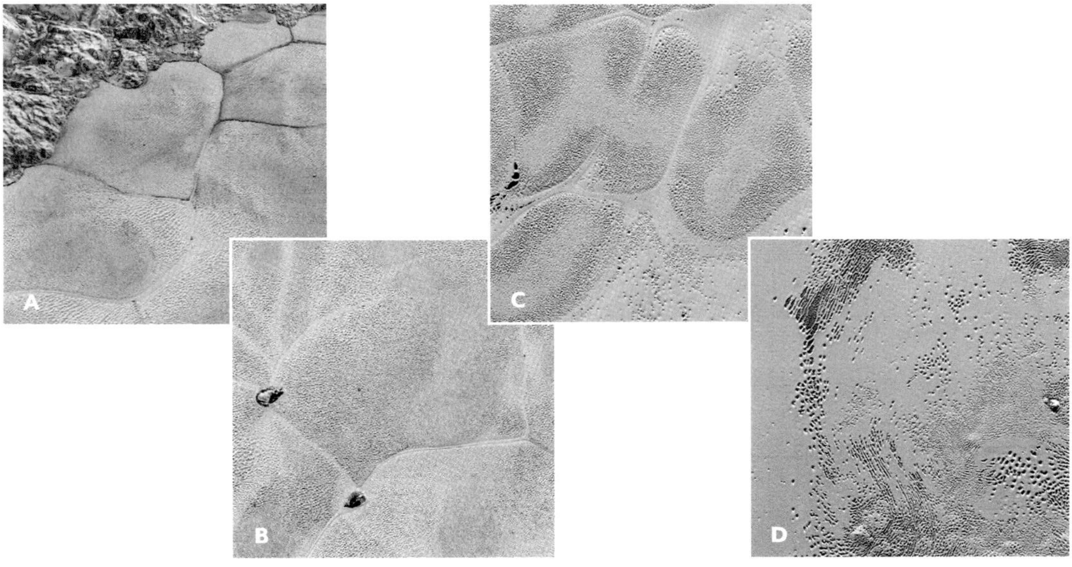

Quatre vues détaillées, prises pendant le survol à la résolution de 80 m/pixel, dévoilent l'intérieur de Sputnik Planitia (du nord au sud).
A – En remontant des profondeurs, la glace d'azote s'est trouvée au contact du rebord glacé de Sputnik Planitia. À d'autres endroits, on a l'impression que des avalanches de glace s'y sont répandues. Sur les cellules polygonales, on distingue des dunes (au centre et en bas de l'image) : elles ont été formées par l'accumulation de particules de méthane gelé, déposées sur Sputnik Planitia par des vents qui ont soufflé depuis les zones montagneuses orientales en descendant la pente. Leur jeunesse apparente indique qu'elles datent peut-être de la toute dernière « super-saison » d'il y a 800 000 ans, qui a modelé Pluton grâce à une atmosphère beaucoup plus dense qu'aujourd'hui (cf. plus loin).
B – Au milieu de Sputnik Planitia, on distingue des blocs de glace d'eau, larges de plusieurs kilomètres, qui se retrouvent isolés dans les sillons entre les cellules polygonales. Moins denses, ils flottent et ne pourront jamais s'enfoncer *. Ils sont piégés là et ne bougeront qu'au gré des grosses remontées d'azote.
C – Plus au sud, les cellules polygonales commencent à se piqueter de trous (ou puits), profonds d'une centaine de mètres et qui ressemblent de loin à des bactéries (ils sont nommés « bacilli », pluriel latin de « bacillus »). Les cellules sont larges de 2 km en moyenne, bombées et hautes de 100 à 150 m. Les bacilli sont principalement orientés nord-sud, peut-être à cause de l'influence de la chaleur solaire, et les chercheurs ont remarqué qu'ils semblent épouser des pentes douces. Ils pensent que ces puits sont autant de sources de gaz permettant à l'atmosphère de se renouveler. La noirceur des puits est révélatrice, soit d'une accumulation de composés organiques (tholins) qui stagnent au fond après la sublimation de la glace, soit d'un sous-sol très sombre que les trous révèlent au grand jour. Grâce aux bacilli, on a pu mesurer que la glace s'étire vers les pourtours des cellules à une vitesse allant de 1,5 à 6,2 cm/an en moyenne, ce qui implique une surface jeune, âgée de 42 000 à 89 000 ans. Une datation cohérente avec la vitesse moyenne de 7 cm/ an des mouvements de la glace dans les cellules de convection.
D – Très au sud, les cellules polygonales disparaissent et les trous s'agrandissent.
(NASA/JHU-APL/SwRI, retraitements O. de Goursac)

(*) La densité de la glace d'eau sur Pluton varie de 0,80 g/cm³ (avec une porosité de 15 %) à 0,935 g/cm³, contre de 0,942 g/cm³ à 1 g/cm³ pour la glace d'azote. À la température de surface de Pluton, qui est de 38 K (– 235 °C), la glace d'azote est plus dense mais bien moins rigide que la glace d'eau. C'est ainsi que la glace d'eau se met à flotter sur la glace d'azote, tandis que cette dernière reste plastique en dessous. Lorsqu'elle émerge à la surface, la glace d'azote peut aussi créer des coulées qui s'étirent très lentement.

remonte des profondeurs vers la surface sous la forme d'énormes gouttes. Celles-ci repoussent devant elles, sur les côtés, les couches superficielles plus froides, comme dans une gigantesque lampe à lave où elles joueraient le rôle de la cire fondue. Parvenues à la surface, ces gouttes chaudes viennent s'étaler en vastes bombements, hauts d'une cinquantaine de mètres, pour créer ces formes aléatoires irrégulières. Une fois refroidi au contact du milieu extérieur, l'azote plonge de nouveau vers les profondeurs depuis les côtés des cellules, et le cycle se renouvelle sans cesse. Des simulations ont montré qu'avec des cellules de 10 à 40 km de large, la vitesse de convection de la glace d'azote serait de l'ordre de quelques centimètres par an (7 cm au maximum), impliquant un renouvellement de la surface tous les 500 000 ans. Entre les cellules, là où se concentre l'azote solide, se développent des sillons au profil doux, profonds d'une centaine de mètres.

Vue des montagnes isolées marquant le pourtour de Sputnik Planitia. Les plus imposantes d'entre elles sont peut-être l'émergence des reliefs les plus anciens, qui datent de la formation même du bassin. Au milieu de l'image, on voit les monts Hillary, qui surplombent la plaine de leurs 1 600 m. *(NASA/JHU-APL/SwRI, retraitements : O. de Goursac)*

Au sud de Sputnik Planitia, les cellules de convection disparaissent, mais elles font place à une surface piquetée de trous larges chacun de quelques kilomètres : les bacilli. Peut-être est-ce la conséquence d'une sublimation vers l'atmosphère d'une couche de glace d'azote située au-dessus d'une sous-couche de terrains très sombres qui arrive à conserver une certaine chaleur. L'équipe pense que ces puits sont autant de sources de gaz qui permettraient à l'atmosphère plutonienne (constituée d'azote à 99 %) de se renouveler au fil du temps.

Sur le pourtour occidental de Sputnik Planitia, s'observent de nombreuses montagnes isolées, certaines s'allongeant sur plusieurs dizaines de kilomètres, et dont les reliefs abrupts surplombent la plaine parfois de près de 4 000 m. La position de certaines d'entre elles coïncide avec les bords de cellules polygonales. Quelques hypothèses ont été émises pour expliquer ces formations. Les moins hautes pourraient être de gros blocs de glace d'eau issus du pourtour montagneux à l'ouest, qui auraient glissé vers la plaine et se seraient mis à flotter sur la glace d'azote. Les plus gros blocs, ceux qui ressemblent à des montagnes isolées, sont peut-être la survivance de très anciennes « montagnes d'eau entourées par des glaciers d'azote », comme aime à l'expliquer Richard Binzel (1958-), professeur des sciences planétaires au MIT. Originaires des profondeurs de Sputnik Planitia, elles témoigneraient de la formation du bassin d'impact après être remontées au fil de son remplissage par la glace d'azote. On observe aussi une sorte de connexion entre les deux moitiés du cœur de Pluton, avec des écoulements glaciaires qui descendent de la partie est de Tombaugh Regio, pour se répandre en contrebas vers l'ouest sur la plaine de Sputnik Planitia. Ces coulées seraient principalement constituées de glace de méthane (CH_4), comme l'ont détecté

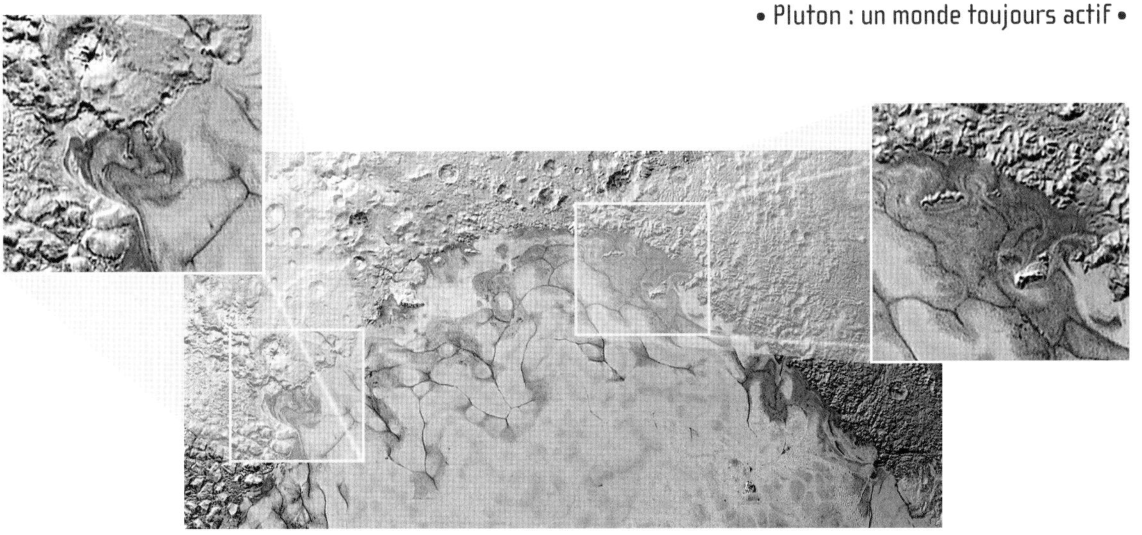

Coulées au nord de Sputnik Planitia, avec des glaces d'azote et de monoxyde de carbone qui descendent lentement en provenance des plateaux du nord, et qui viennent envahir la plaine en contrebas. Les deux vues détaillées montrent clairement les flux descendants qui épousent les reliefs pour mieux les isoler. *(JHU-APL/SwRI, retraitements : O. de Goursac)*

l'imageur-spectromètre infrarouge LEISA et la caméra MVIC.

Le mystère du remplissage de Sputnik Planitia par de l'azote a été résolu par deux chercheurs du Laboratoire de météorologie dynamique (CNRS/École polytechnique/UPMC/ENS Paris), soutenus par le Centre national d'études spatiales (ou CNES, l'agence spatiale française) : François Forget (1967-) et Tanguy Bertrand (1989-). Ceux-ci ont dévoilé en septembre 2016 les résultats impressionnants obtenus grâce au modèle thermique de la surface de Pluton qu'ils ont réussi à développer. Il simule l'évolution à long terme des mouvements cycliques des gaz (azote, méthane et monoxyde de carbone) et explique comment l'azote a été piégé sous forme de glace au fond de Sputnik Planitia en 10 000 ans. Cette vaste dépression agit, même encore aujourd'hui, comme un piège à froid : les températures y restent stables et semblent peu soumises aux variations climatiques. On observe un phénomène identique sur Mars lorsque le gaz carbonique de l'atmosphère se condense l'hiver dans l'hémisphère sud au fond du grand bassin d'Hellas Planitia, dont la profondeur maximale atteint −8 200 m en dessous du niveau moyen de la planète.

Le monoxyde de carbone lui aussi se retrouve presque entièrement piégé dans Sputnik Planitia, ainsi que l'a révélé l'imageur-spectromètre infrarouge LEISA (cf. plus haut l'illustration montrant le globe coloré de vert, p. 160). La glace de méthane, en revanche, se répartit un peu partout, ce qui démontre bien la pertinence du modèle de François Forget et Tanguy Bertrand, qui explique aussi pourquoi il subsiste en permanence, de part et d'autre de l'équateur,

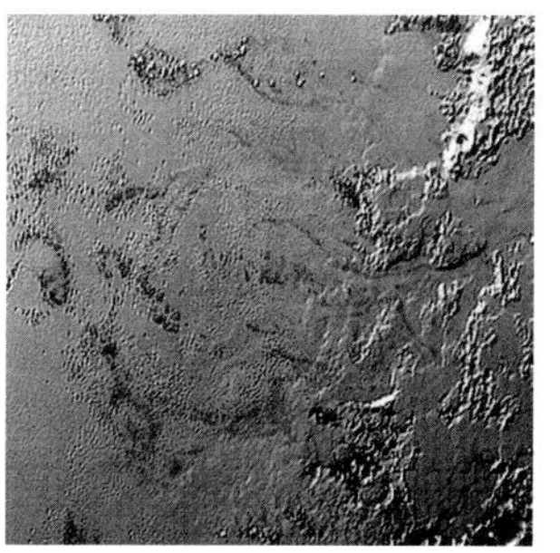

Débouché d'une vallée glaciaire à l'est de Sputnik Planitia. Les glaces d'azote et de monoxyde de carbone s'écoulent lentement vers l'ouest en descendant des hauts plateaux orientaux. Elles forment comme un grand glacier de piémont qui s'étire (de droite à gauche de l'image) pour prendre la forme d'un vaste lobe gelé circulaire (au centre) lorsqu'elles envahissent la plaine en contrebas. *(JHU-APL/SwRI, retraitements : O. de Goursac)*

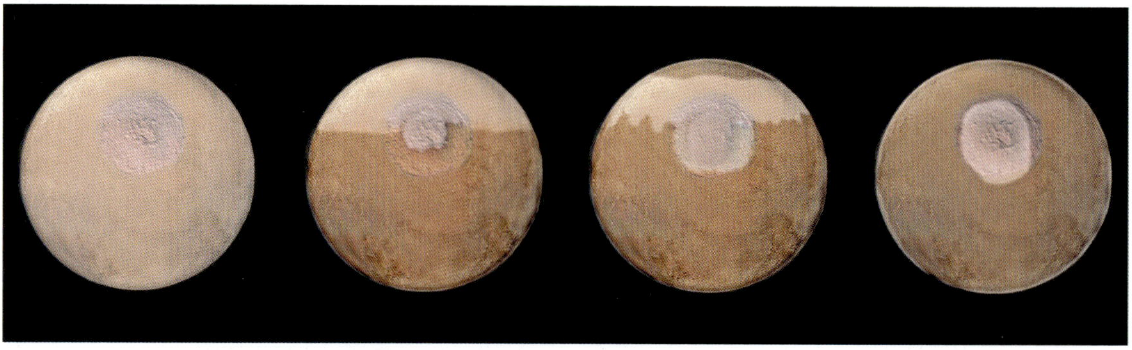

Les simulations effectuées avec le modèle thermique de la surface de Pluton développé par François Forget et Tanguy Bertrand, du laboratoire de météorologie dynamique du CNRS, montrent bien l'accumulation, en 10 000 ans, de la presque totalité de l'azote de Pluton dans le grand bassin d'impact de Sputnik Planitia. *(Reconstitution O. de Goursac)*

L'axe de rotation de Pluton, incliné de 57,5° par rapport à son plan orbital, se déplace lentement perpendiculairement au fur et à mesure de sa course autour du Soleil. Depuis 1989, l'hémisphère sud a commencé à basculer lentement dans la nuit polaire, qui atteindra son maximum en 2029. Ces quatre vues montrent la situation de la planète en 1995, 2005, 2015 et 2025. L'hémisphère nord se retrouve ainsi de plus en plus chauffé par le soleil, tandis que les glaces d'azote et de méthane migrent vers la calotte polaire australe, plongée dans la nuit, qui agit comme un gigantesque piège à froid. En 2030, l'hémisphère nord devrait être libéré de la présence des glaces d'azote et de méthane. *(Reconstitution O. de Goursac)*

une bande libre de glaces de méthane et d'azote. Ce sont les régions qui, malgré les basculements périodiques de l'axe de rotation du globe, restent exposées à un flux solaire ininterrompu, qui réchauffe la surface. C'est là que s'étirent Cthulhu Regio et les autres maculae très sombres.

Un monde étonnant, à la surface très disparate

À la grande surprise des chercheurs, la mission de la sonde New Horizons aura permis de découvrir, sur Pluton, une grande diversité de morphologies de terrains. Jeffrey « Jeff » Moore (1953-), leader de l'équipe de géologie et de géophysique de la mission New Horizons (« Geology and Geophysics Investigation » ou « GGI Team ») au centre NASA d'Ames, n'a pas hésité à admettre, face à la presse le 21 mars 2016, lors de la 47e conférence des sciences lunaires et planétaires (la grande réunion annuelle des spécialistes des planètes au Texas) : « Il y a des types de terrains qu'on n'arrive pas encore à comprendre et on en est encore à émettre des hypothèses en fonction de leur nature. » Néanmoins, les chercheurs ont pu déjà cataloguer les terrains plutoniens en dix grandes typologies, que l'on trouvera détaillées dans l'Annexe XI de cet ouvrage, en page 260, suivie des Annexes XII et XIII, qui présentent les différentes morphologies de cratères et les fosses d'effondrement tectoniques.

En 1989, après le survol de Triton par la sonde Voyager 2, on imaginait que Pluton devait lui ressembler beaucoup, avec une surface sans grands reliefs notables. Qui aurait pu se douter que ce petit monde posséderait une si étonnante diversité de formations ? D'autre part, l'identification, sur Pluton, d'un cryovolcanisme qui a pu être encore actif voici moins de 1 milliard d'années (un temps géologique assez récent), avec l'extrusion de matière glacée à la place des roches, sous des températures extrêmement basses, dans un milieu où règnent une faible gravité et une pression atmosphérique ténue, est une découverte majeure. La grande diversité des glaces et leur abondance à la surface de Pluton, rendent ce corps unique parmi ceux déjà visités dans le Système solaire.

Une atmosphère d'azote glaciale et surprenante

Depuis sa découverte, l'atmosphère de Pluton (cf. chap. 1) semblait pleine de paradoxes : sa ténuité ne devait pas lui permettre de subsister longtemps sans geler à la surface après 1989, quand la planète s'éloignerait du Soleil. Mais dès 2002, contre toute attente, on constate un doublement de la pression atmosphérique parce que la calotte polaire de glace d'azote se sublime au printemps. New Horizons allait résoudre l'énigme grâce à l'occultation des signaux radio, ce qui permit de déduire les températures et la pression qui caractérisaient cette atmosphère. Trois expériences furent également mises à contribution. Tout d'abord, le spectromètre ultraviolet P-Alice, pour connaître la composition et la structure de l'atmosphère. Ensuite, le spectromètre d'analyse des particules énergétiques PEPSSI, pour comprendre le processus d'échappement des gaz de l'atmosphère vers l'espace. Enfin, grâce au détecteur de particules SWAP, on a pu constater l'effet du vent solaire sur la haute atmosphère de Pluton.

Aujourd'hui, on sait que l'atmosphère de Pluton est constituée à 99,5 % d'azote (N_2). On a identifié la présence de 0,25 % de méthane (CH_4), ainsi que de traces de monoxyde de carbone (CO) et de cyanure d'hydrogène (HCN). Sous l'influence du Soleil et des radiations cosmiques, ces gaz réagissent entre eux pour former des particules d'hydrocarbures qui viennent tapisser la surface, comme l'éthane (C_2H_6), l'éthylène (C_2H_4) et l'acétylène (C_2H_2). Les chercheurs pensent que les composés organiques brun-rouge — les tholins — se forment en présence d'azote, mais aussi en réaction avec la glace d'eau et grâce aux rayons ultraviolets. Ce sont eux qui viennent recouvrir les zones équatoriales de Pluton.

La température de l'atmosphère à la surface varie de 37 K (–236 °C) à 40 K (–233 °C). La pression atmosphérique est en moyenne de 0,0115 millibar (11,5 µbar), contre 1013 millibars au niveau de la mer sur Terre, et elle chute à 0,0012 millibar (1,2 µbar) à 115 km d'altitude. Toutefois, une différence a été mesurée par l'instrument REX de part et d'autre du globe à l'entrée (0,0128 millibar) et à la sortie (0,0102 millibar) de la phase d'occultation du signal radio vers la Terre. Elle trahit les différences d'altitude par rapport au rayon moyen de la planète (1188 km) : –1,5 km à l'entrée (par 193,5° E /17,0° S) et +4,4 km à la sortie (par 15,7° E /15,1° N). Mais elle est due aussi en partie au cycle journalier de l'azote qui se sublime au lever du soleil au sein de Luna Linea, juste au nord de la « queue » de la Baleine (à l'ouest de Cthulhu Regio), et qui gèle à la surface à son coucher dans Sputnik Planitia à son extrême sud.

En descendant à partir de 1670 km d'altitude dans l'atmosphère de Pluton, on décèle un étagement par couches où l'on distingue du méthane (960 km), puis des hydrocarbures

Croissant de Pluton vu par la caméra MVIC avec une phase de 147° après son passage au plus près, et colorisé ensuite avec les données multispectrales. Sur les coupes détaillées, on distingue bien la vingtaine de couches de brumes qui s'étagent depuis la surface. À gauche et à droite du croissant, on détaille la couche de brume plus claire en suspension à 5 km de la surface. *(NASA/JHU-APL/SwRI. Retraitements : O. de Goursac)*

(420 km) et enfin, en dessous de 200 km, vingt fines couches de brumes de 3 à 5 km d'épaisseur, qui sont constituées de particules très fines, larges de 0,5 micromètre. Elles se forment entre 150 et 300 km d'altitude, là où règne une pression de 0,6 à 0,1 µbar, et grossissent jusqu'à ce que leur poids les entraîne vers la surface. La couche de brumes la plus basse semble évoluer entre 6 et 10 km d'altitude et s'étire horizontalement sur plus de 1000 km sur les images prises à contre-jour.

Lors d'une occultation d'étoile en 2019, une équipe japonaise a détecté une baisse notable de la pression atmosphérique moyenne, comme si l'atmosphère commençait à geler à la surface de Pluton du fait de son éloignement progressif du Soleil. Après une augmentation continue de pression d'environ 4 % par année terrestre entre 1988 et 2016, sa diminution annuelle serait maintenant de 7,1 %. Elle serait descendue, en 2019, à 0,00956 millibar (9,56 µbar) à comparer aux 11,5 µbar mesurés en 2015. Si ces résultats se révèlent exacts, il n'était effectivement que temps d'aller explorer Pluton avant que son atmosphère se raréfie. En 2019, les chercheurs associés à la mission New Horizons ont affiné leurs calculs. En dessous d'une pression de 0,06 µbar, l'atmosphère n'enveloppe plus la planète dans son intégralité et devient éparse, pour se cantonner au-dessus des zones les plus

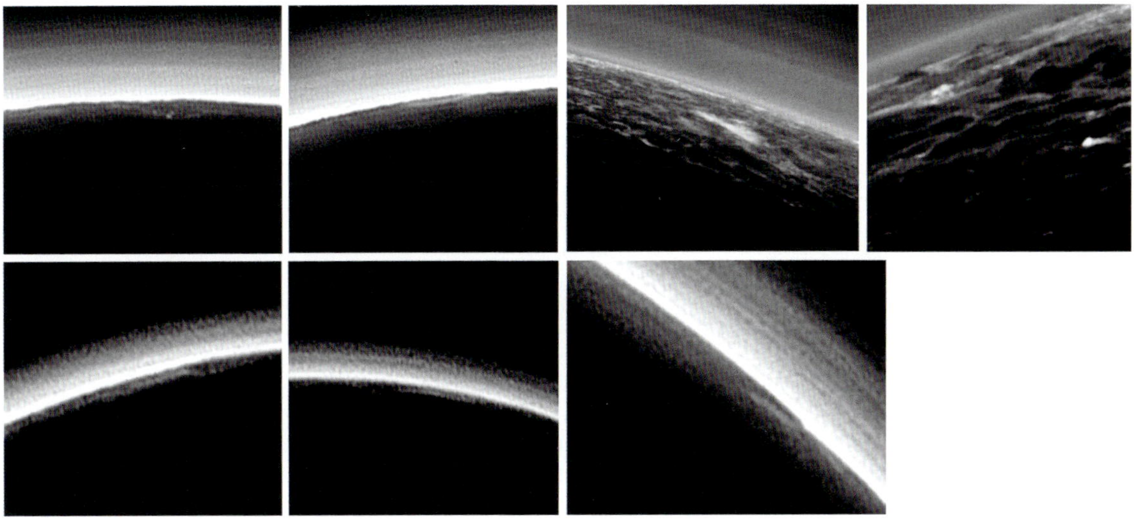

Sept formations pouvant être qualifiées de bancs de brumes ont été observées en examinant de près les images prises à contre-jour par la caméra MVIC. *(NASA/JHU-APL/SwRI, retraitements O. de Goursac)*

chaudes. Et si l'atmosphère se raréfie davantage avec des valeurs de pression devenant infimes, entre 0,001 et 0,0001 µbar, elle devient complètement transparente aux rayons ultraviolets et les particules très fines qui forment la brume cessent d'être produites. Pourtant, en modélisant le comportement de l'atmosphère, ils ont découvert que sa pression minimale se situe entre 0,01 et 3 µbar et que, depuis les 10 derniers millions d'années, elle n'a pas chuté en dessous de 0,004 µbar. Cela signifie que, même au point le plus éloigné de son orbite, Pluton conservera une atmosphère légère, certes très raréfiée, mais détectable, dans les régions ayant conservé un peu de leur chaleur estivale.

Quant à la haute atmosphère plutonienne – l'exosphère –, elle a été mesurée par les instruments SWAP et PEPSSI comme étant plus froide et plus compacte que prévu. Alors que les chercheurs pensaient que son taux d'échappement atmosphérique (perte des gaz dans l'espace) serait très important, ils se sont aperçus qu'il est plus proche de celui observé dans les exosphères terrestre et martienne, car celle de

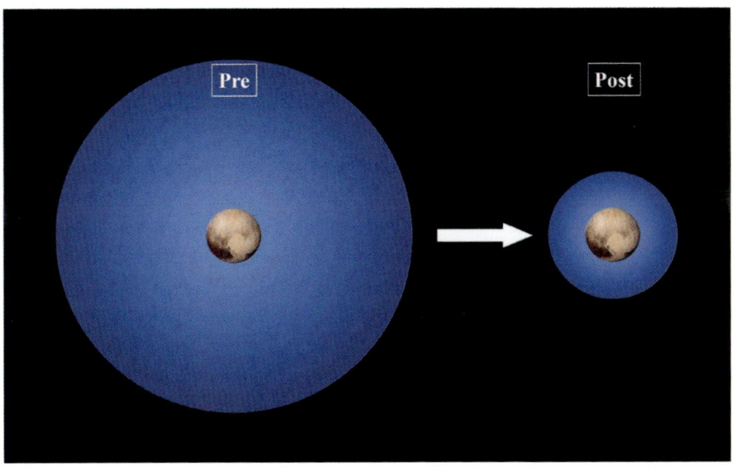

Une exobase (la partie inférieure de l'exosphère) qui se trouve abaissée de 9 600 km (à gauche) à... 2 800 km d'altitude (à droite) ! On a découvert que certains composants de l'atmosphère agissent comme des réfrigérants, qui la compactent davantage et empêchent les gaz de s'échapper. Précisons que les deux Pluton ont bien le même diamètre sur le schéma. *(NASA/JHU-APL/SwRI)*

« Qui aurait pu s'attendre à voir un ciel bleu dans la ceinture de Kuiper ? C'est magnifique ! » s'est exclamé Alan Stern. Prise après le survol de Pluton par la caméra LORRI, l'image a été colorisée par superposition des données de la caméra MVIC. La couleur bleutée est bien réelle : elle résulte de la diffusion de la lumière solaire par l'azote et le méthane, mais aussi par les tholins en suspension, qui filtrent les longueurs d'onde vers le rouge. *(NASA/JHU-APL/SwRI)*

Pluton est plus froide que prévu : 70 K (–203 °C) au lieu des 100 K (–173 °C) attendus. Pluton a ainsi perdu moins d'azote au cours des âges : l'équivalent d'une épaisseur de glace d'azote de 7 cm seulement, contre les 800 m envisagés initialement. Elle n'a donc peut-être pas été ce petit monde calme imaginé jusqu'alors. L'étonnante découverte, sur Charon, d'un pôle Nord teinté de brun-rouge, témoigne que des composés organiques peuvent migrer de Pluton pour s'y retrouver piégés, puis se polymériser sous l'action du Soleil.

Le fin disque de Pluton vu par MVIC depuis 18 000 km et à contre-jour (le nord est en haut), 15 minutes après le survol historique. En haut, on devine le sud de Sputnik Planitia, avec les reliefs qui surplombent la plaine glacée de leurs 3 400 m. *(NASA/JHU-APL/SwRI, retraitements : O. de Goursac)*

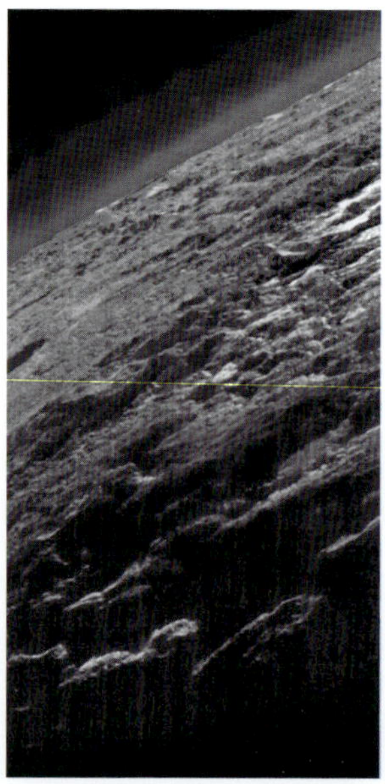

Détail du fin croissant de Pluton pris à contre-jour par la caméra à haute résolution LORRI après le survol. *(NASA/JHU-APL/SwRI ; retraitements : O. de Goursac)*

Un climat plus dynamique et changeant que prévu

Lors de la 47e conférence de l'Institut lunaire et planétaire (du 21 au 25 mars 2016), Richard Binzel et Alan Stern stupéfient leur auditoire en annonçant que Pluton aurait peut-être connu, dans un passé géologique proche, des périodes où la pression atmosphérique pouvait atteindre de 120 à 150 millibars, soit jusqu'à vingt-cinq fois celle de Mars (6 millibars). Mais comme on va le voir, ces estimations optimistes seront revues à la baisse par la suite.

Certaines formations à la surface de Pluton semblent avoir subi l'influence d'un climat très changeant. La distance de Pluton au Soleil varie beaucoup (de 4,4 à 7,4 milliards de kilomètres), tout comme l'intensité du flux solaire reçu, qui est multiplié par 2,8 entre les points le plus éloigné et le plus proche de sa trajectoire. En effet, l'orbite de Pluton est inclinée de 17,1° par rapport au plan de l'écliptique, le plan où circulent les planètes. En outre, l'inclinaison de son axe de rotation par rapport au Soleil (l'obliquité) est de 120° : Pluton circule penché à l'image d'Uranus. Anthony « Tony » Dobrovolskis (1951-), du centre NASA d'Ames, a précisément démontré, en 1989, que l'obliquité plutonienne évolue entre 104° et 127° avec une périodicité de 2,8 millions d'années. La largeur de ses zones arctiques peut ainsi remonter de 13° à 37° de latitude au nord de l'équateur (ou à l'inverse vers le sud) qui, lui, reste toujours ensoleillé (la zone équatoriale débute aujourd'hui à 26° de part et d'autre de l'équateur). Et comme s'y étirent des maculae très sombres, telles Cthulhu Regio, cette zone ne se refroidit jamais assez pour se couvrir de glace d'azote. Comme pour la Terre, Mars et Titan, satellite de Saturne, le climat de Pluton est donc affecté par les variations cycliques orbitales et d'obliquité.

Aujourd'hui, les saisons plutoniennes sont équilibrées. En 1989, lorsque Pluton se trouvait au périhélie (son point le plus près du Soleil), l'équateur faisait face au Soleil et ses pôles recevaient le même ensoleillement. Et même lorsque l'axe a basculé autrefois jusqu'à 127° (se rapprochant de la verticalité), le climat était davantage modéré et 97 % des régions du globe plutonien étaient alors ensoleillées. L'azote peut s'accumuler sur les calottes polaires. Mais il y a 800 000 ans, avec une obliquité de 103°, ce sont les régions polaires qui étaient alternativement illuminées tous les 6 « mois » de l'année plutonienne. L'un des pôles faisait ainsi face au Soleil

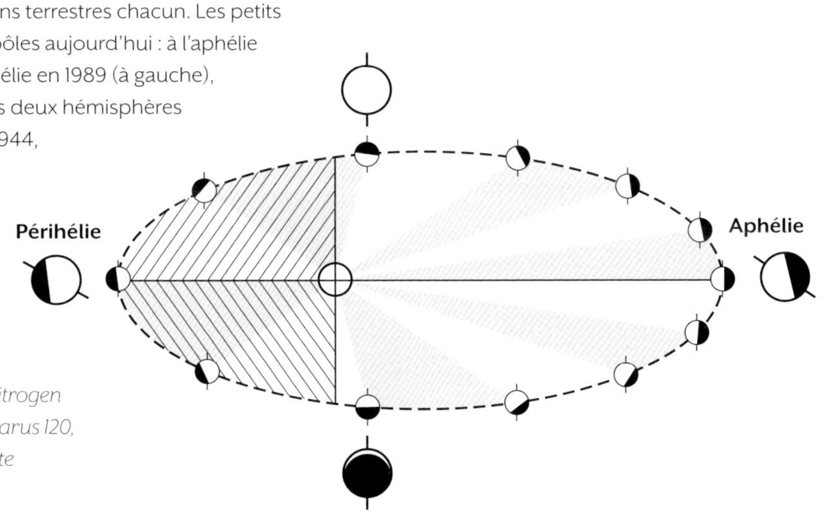

Sur Pluton, les saisons sont marquées. La course de la planète autour du Soleil est divisée en 12 « mois » de 20,67 ans terrestres chacun. Les petits globes indiquent l'inclinaison des pôles aujourd'hui : à l'aphélie en 1865 et 2113 (à droite) et au périhélie en 1989 (à gauche), l'équateur faisait face au Soleil et les deux hémisphères recevaient la même insolation. En 1944, c'était le solstice d'hiver de l'hémisphère nord (en haut) et le pôle Sud faisait face au Soleil. En 2031, ce sera le solstice d'été de l'hémisphère nord (en bas) et le pôle Nord sera pleinement illuminé. *(Adaptation du schéma : Seasonal Nitrogen Cycles on Pluto, Candice J. Hansen, Icarus 120, 247-265, 1996, from California Institute of Technology, 2005 – cf. p. 27).*

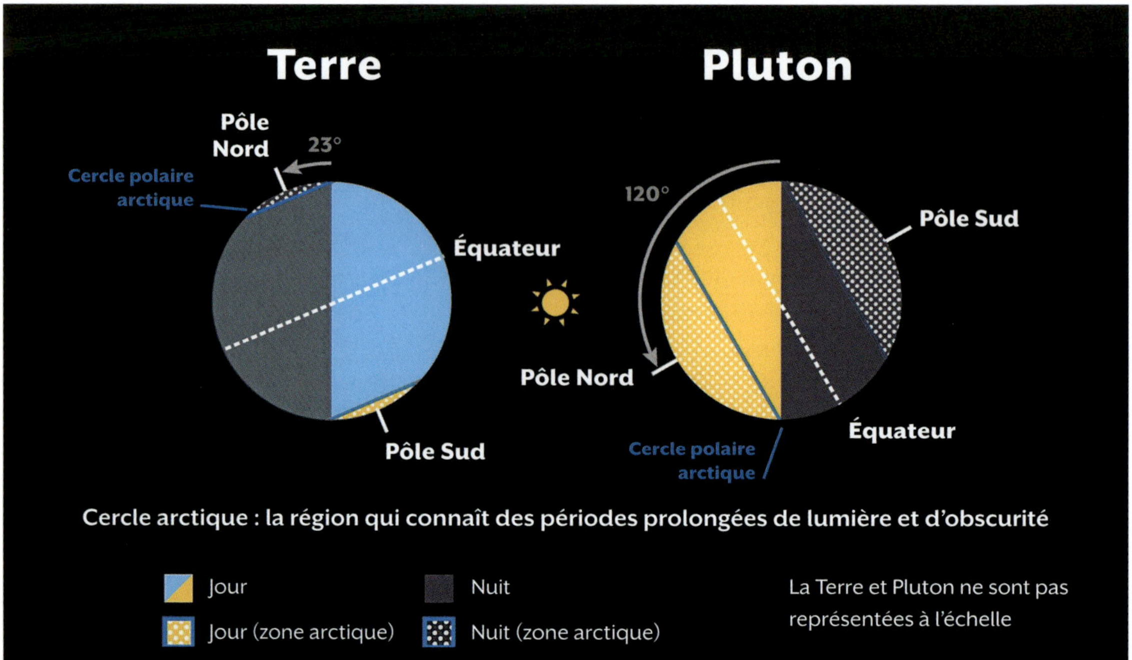

Comparaison entre la Terre (à gauche) et Pluton (à droite). L'axe de rotation de Pluton est beaucoup plus incliné (120° contre 23°) et les saisons y sont plus prononcées. Sur Pluton, le cercle arctique, là où commence la nuit polaire, descend jusqu'à 30° de latitude nord. *(Infographie : Alissa Earle, MIT. Image : NASA/JHU-APL/SwRI)*

au moment même où la planète s'en trouvait au plus près. Les chercheurs ont ainsi imaginé que la température sur Pluton aurait pu s'approcher du point triple de l'azote (63 K, soit −210 °C) et qu'une « super-saison » aurait pu alors s'enclencher grâce à une sublimation massive de glace d'azote. Ce petit monde pouvait alors devenir le théâtre de tempêtes très violentes, avec des vents très forts capables d'éroder des terrains gelés devenus friables, dont les particules glacées étaient dispersées partout.

Mais en 2018, une étude complémentaire, menée en coopération avec l'équipe de New Horizons par François Forget et Tanguy Bertrand, qui avaient déjà dévoilé, en 2016, un modèle thermique de la surface de Pluton (cf. plus haut), vient tempérer l'enthousiasme des premières interprétations. Elle indique que si, dans très un lointain passé, les températures ont pu atteindre 63 K, elles ne peuvent dépasser aujourd'hui les 40 K (−233 °C). De même, la pression atmosphérique au sol n'a pu excéder le millibar (leurs simulations indiquent 0,88 millibar au mieux), pendant les derniers cycles de 2,8 millions d'années, et ceci même aux conditions les plus favorables d'obliquité. Car la glace d'azote possède une inertie thermique et un albédo relativement élevé qui empêchent les mouvements brusques de sublimation et de condensation. La topographie de Pluton est maintenant bien connue et on s'aperçoit que la nature même des reliefs empêche le déclenchement de « super-saisons ». D'une part, les grands réservoirs de glace d'azote (tel Sputnik Planitia) sont situés dans les régions équatoriales dont le climat reste froid et stable sur de très longues périodes. Et Sputnik Planitia agit comme un énorme piège à froid où la

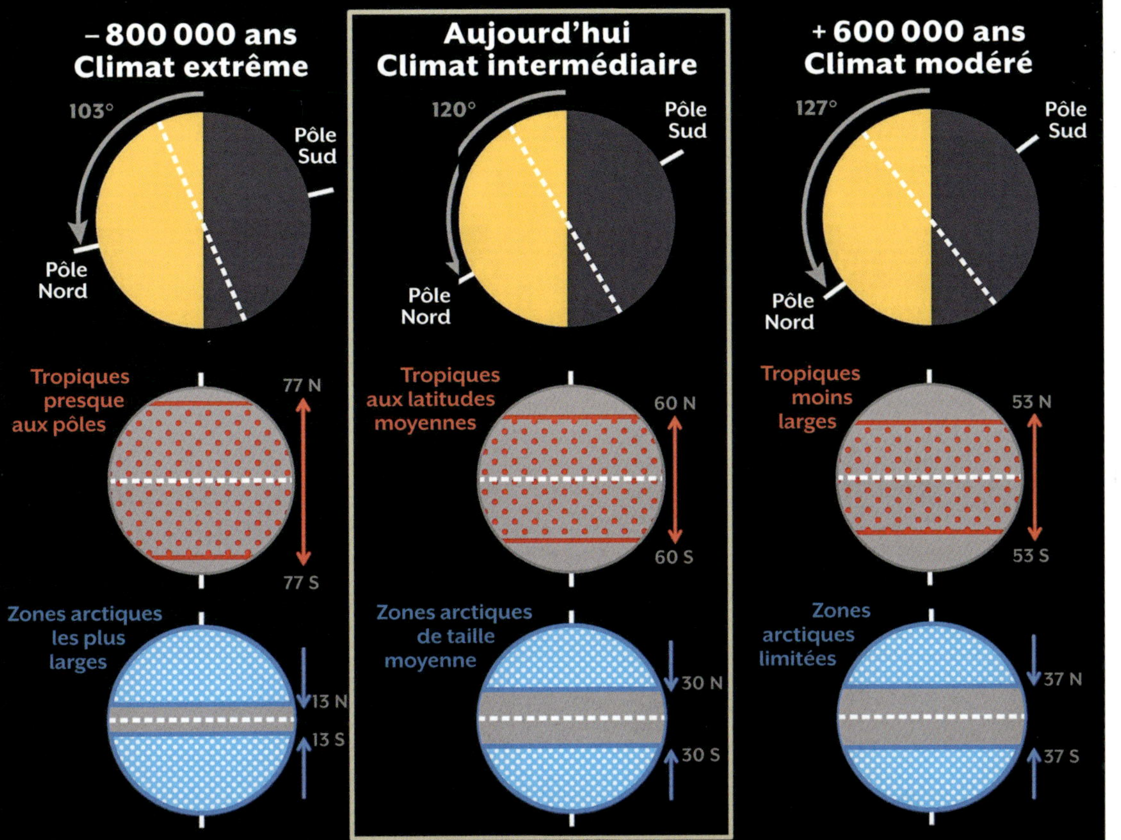

Le climat de Pluton oscille entre deux extrêmes

- **À gauche, il y a 800 000 ans.** La faible obliquité* de 103°, cantonne la nuit polaire au-delà des 13° de latitude qui restent illuminés de part et d'autre de l'équateur (limite des cercles polaires), et seule la glace d'eau peut s'y accumuler.
- **Au centre, la situation actuelle (encadrée).** Avec une obliquité de 120°, les tropiques s'étendent jusqu'à 60° de latitude nord et sud. La nuit polaire reste cantonnée ainsi dans les 30° de latitude restants.
- **À droite, le climat sur Pluton dans 600 000 ans.** La forte obliquité de 127° va réduire l'étendue des zones tropicales et l'ensoleillement sera mieux réparti.

Une étroite bande qui ne connaît jamais les extrêmes froidures de l'hiver s'étend de part et d'autre de l'équateur. C'est là que s'étirent les zones sombres comme Cthulhu Regio. *(NASA/JHU-APL/SwRI. Infographie : Alissa Earle, MIT.)*

(*) Inclinaison de l'axe de rotation de Pluton. Le référentiel du sens des pôles (nord-sud) est ici inverse de celui de la Terre par convention astronomique. Les 103° d'inclinaison de l'axe de rotation de Pluton impliquent que son pôle Nord a basculé au sud du plan de l'écliptique. Paradoxalement, c'est lorsque l'inclinaison de l'axe de rotation de Pluton est la plus élevée (127°), que le globe est redressé sur son axe.

glace d'azote a tendance à s'accumuler. D'autre part, lors d'une période à obliquité élevée, c'est-à-dire quand l'axe de Pluton est plus vertical, la glace d'azote n'est jamais longtemps stable aux pôles et ne peut pas constituer un réservoir d'appoint pour gonfler la pression atmosphérique, car les pôles conservent toujours une bonne partie de la chaleur accumulée l'été précédent. Enfin, la glace d'azote est plus stable sur les terrains situés aux altitudes les plus basses, par exemple aux fonds des cratères situés près de l'équateur et dans la vaste dépression de Sputnik Planitia, contrairement aux terrains polaires dont l'altitude est plus élevée.

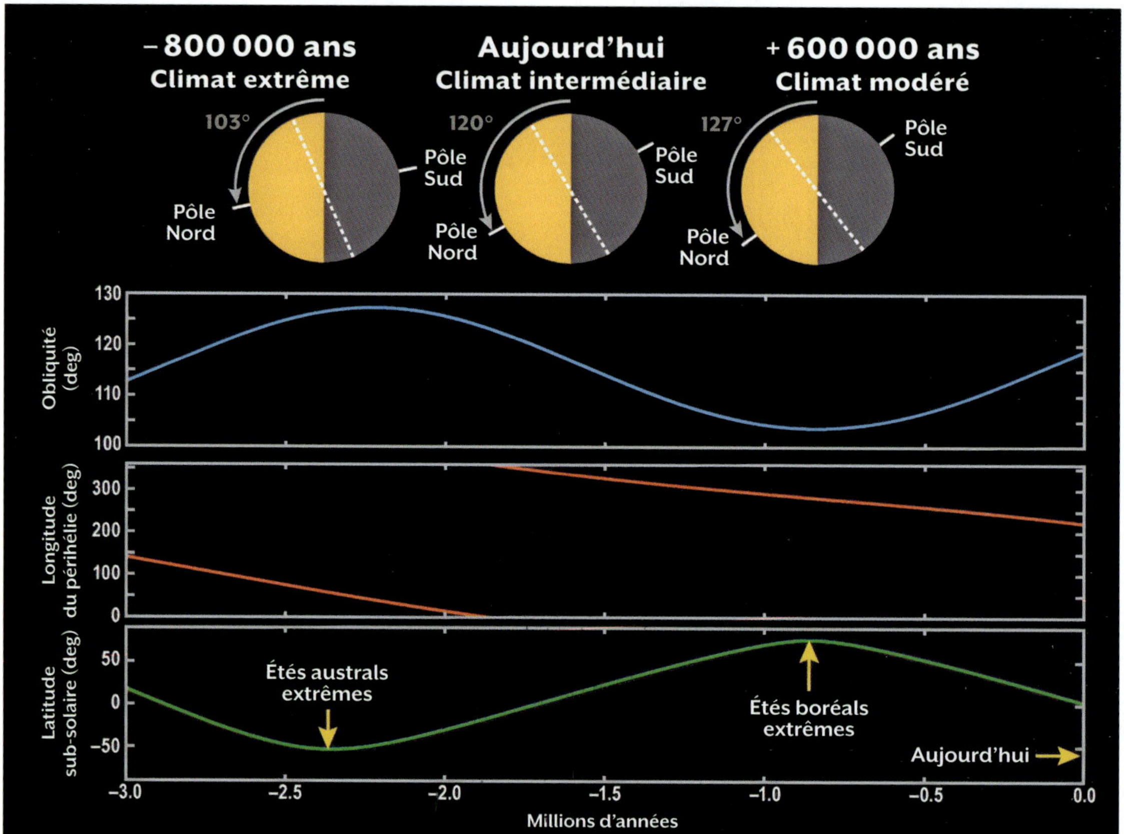

Les climats sur Pluton sont fortement influencés par la combinaison de trois variations sur des périodes de 2,8 millions d'années (axe des abscisses). Sur l'axe des ordonnées :

- courbe bleue en haut : les variations de l'obliquité de 103° à 127°;
- courbe rouge au milieu : le décalage progressif de l'emplacement du périhélie sur l'orbite plutonienne due à la régression des nœuds (les deux points où le plan orbital de Pluton, incliné à 17,1°, croise celui de l'écliptique) : le point du périhélie effectue un tour complet (360°) autour du Soleil en 2,8 millions d'années ;
- courbe verte en bas : la variation de la latitude du point de la surface où le soleil se trouve au zénith (point subsolaire). Il y a 2,4 millions d'années, sa position à 53° de latitude sud s'est redressée, jusqu'à un maximum de 77° de latitude nord voici 800 000 ans, pour redescendre vers sa valeur d'aujourd'hui.

Une période plus chaude se déclenche lorsque l'obliquité de Pluton dépasse 125°, sa position orbitale se trouve au périhélie à 60° (d'un tour de 360° autour du Soleil) et le point d'insolation est au zénith.

(Infographie : Alissa Earle, MIT. Image : NASA/JHU-APL/SwRI – D'après Earle et Binzel, 2015, Dobrovolskis et al., 1997, et Dobrovolskis & Harris, 1983)

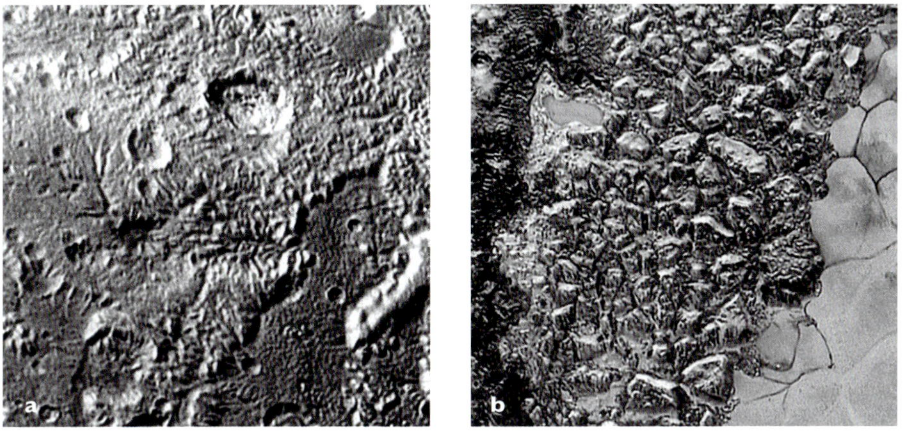

Quelques formations sur Pluton témoignent de changements climatiques passés :
a – les réseaux de chenaux ramifiés (*dendritic valley networks*) qui ressemblent aux anciens chenaux martiens. Il s'agirait d'anciennes coulées d'azote formées au débouché de grands glaciers d'azote aujourd'hui disparus ;
b – visible à l'ouest de Sputnik Planitia, se trouve un petit lac d'azote gelé en forme de cœur, long de 30 km. Nommé Alcyonia Lacus, il résulterait d'un piégeage de l'azote atmosphérique et se serait figé lorsque l'atmosphère s'est refroidie. *(NASA/JHU-APL/SwRI, retraitements O. de Goursac)*

Des gaz qui migrent d'un monde à l'autre

Quelques chercheurs pensaient que la haute atmosphère de Pluton pouvait englober Charon, du fait de la faible gravité de ce monde[4]. Mais après le survol, l'atmosphère est apparue plus compactée que prévu. Malgré tout, le pôle Nord de Charon est apparu comme saupoudré d'une teinte rougeâtre, une étendue nommée Mordor Macula[5]. C'est une dépression large de 275 km, cernée d'une bordure plus pâle large de 175 km, incisée par de multiples failles. Or, du méthane de la haute atmosphère de Pluton s'échappe périodiquement dans l'espace et se trouve capturé par l'attraction de Charon. En touchant ce dernier, ce méthane se refroidit à la température régnant à sa surface et n'a plus la vitesse suffisante pour échapper à son attraction. Les molécules de gaz migrent alors jusqu'à être capturées aux pôles de Charon, où elles forment une croûte glacée solide d'une épaisseur avoisinant les 30 µm, sous des températures hivernales qui peuvent descendre jusqu'à 17 K (–256 °C) ! Lorsque arrive le printemps, les températures

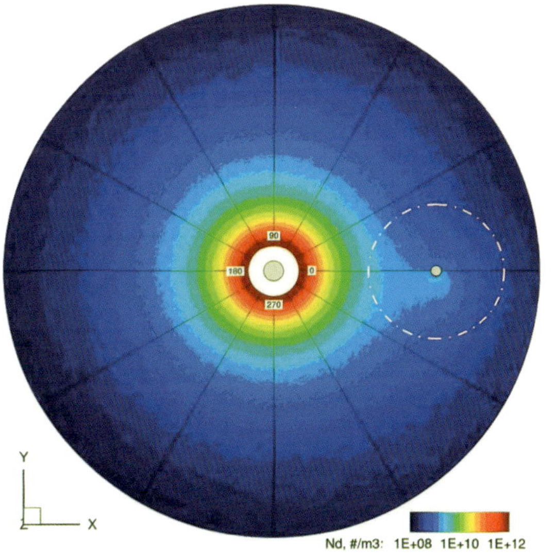

Contours montrant une simulation de l'échappement des gaz au sein du système Pluton-Charon. Pluton est au centre. Charon est le minuscule disque à droite. On voit que le gaz forme parfois comme un « pont » reliant l'exosphère de Pluton à l'orbite de Charon. Le cercle en pointillé indique l'influence gravitationnelle de Charon : le flux survole son équateur par 135° E de latitude, puis migre sur le globe *(Source :* Rarefied Gas Dynamic Simulation of Transfer and Escape in the Pluto-Charon System with the DSMC Method, *W. A. Hoey,* et al., *47th Lunar and Planetary Science Conference, 2016)*

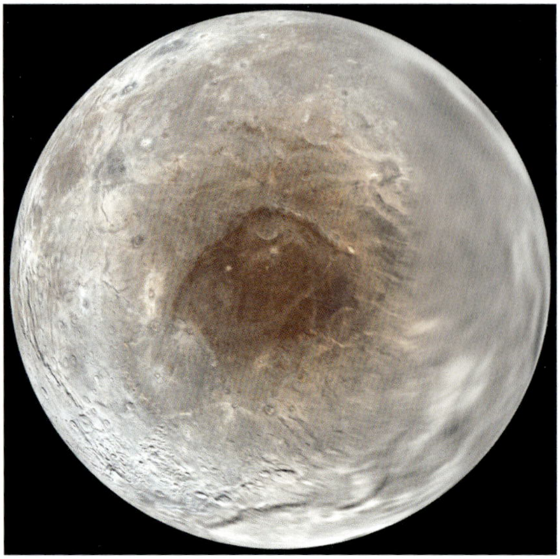

Mosaïque d'images de la caméra LORRI centrées sur le pôle Nord de Charon, et colorisées grâce aux données de la caméra MVIC. La dépression rougeâtre, Mordor Macula, fait 275 km de large et se trouve entourée d'une bordure plus pâle. *(NASA/JHU-APL/SwRI)*

Charon (à gauche) et Pluton (à droite) vus par la caméra panchromatique LORRI le 11 juillet 2015, d'une distance de 2 800 000 km, et colorisés grâce aux données de la caméra multispectrale MVIC. Notons les différences entre ces deux mondes : Charon est d'un gris terne et sombre, tandis que Pluton est rougeâtre et présente un albédo plus clair. *(NASA/JHU-APL/SwRI)*

augmentent jusqu'à 60 K et le méthane s'évapore tout en se polymérisant sous l'action du soleil. Les hydrocarbures les plus lourds restent à la surface et, sous l'effet des rayonnements ultraviolets, se transforment progressivement en composés organiques de couleur brun-rouge nommés « tholins ». Ce tapis de composés organiques a rempli la dépression de Mordor Macula au fil de centaines de millions d'années. Et après le survol, on a discerné, au pôle Sud de Charon, une zone foncée similaire illuminée au « clair de Pluton ».

De ces échanges gazeux, Charon ne conserve toutefois pas d'atmosphère notable, comme l'ont confirmé les trois expériences d'occultation dans l'ultraviolet (P-Alice), le visible (LORRI) et les ondes radio (REX). Néanmoins, Charon s'entoure d'une exosphère, une zone où les collisions entre particules sont négligeables et où les atomes peuvent suivre diverses trajectoires en toute liberté. Les chercheurs ont découvert que cette exosphère possède une dynamique saisonnière extrême, avec des siècles de grand calme ponctués par des épisodes très brefs (environ quatre années terrestres) aux équinoxes, au moment où le Soleil printanier réchauffe le méthane gelé situé dans la zone polaire qui sort de l'hiver. Le méthane se sublime alors et s'échappe, pour regeler tout aussi vite sur l'hémisphère qui entre dans l'automne. Les calottes polaires de méthane peuvent ainsi rapidement permuter entre le nord et le sud deux fois par année plutonienne, laissant au sol le dépôt brun-rouge de tholins que nous observons aujourd'hui.

Charon : une surface tourmentée

Alors que Pluton est rougeâtre, Charon est plutôt grisâtre et sombre et les astronomes s'attendaient à y découvrir une surface uniformément recouverte de glaces d'eau et d'ammoniac. Grâce à New Horizons, on a pu explorer une planète double dont le satellite se découvrait une surface aussi tourmentée que sa planète mère, ayant partagé la même histoire. En 2013, Alyssa Rose Rhoden (1981-), professeur assistant de sciences planétaires à l'université d'État d'Arizona, ainsi que l'équipe du centre

À quoi pouvait bien ressembler Charon ?

Avant le survol, les chercheurs avancent leurs hypothèses.

1 – Charon est un corps glacé, très cratérisé et d'une couleur uniforme, à l'image d'Umbriel (diam. : 1169 km), satellite d'Uranus. *(NASA/JPL)*

2 – À moins qu'il ne présente les caractéristiques de Téthys (diam. : 1062 km), satellite de Saturne. Un monde uniforme, toutefois marqué par quelques transformations locales de sa croûte glacée. *(NASA/JPL)*

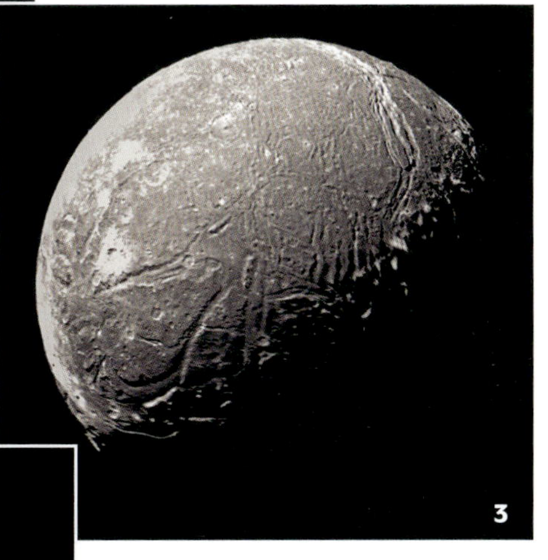

3 – Charon a peut-être connu d'anciens effets de marée, lorsqu'il s'éloignait de Pluton, peu après sa formation. Il ressemblera peut-être à Ariel (diam. : 1158 km), un autre satellite d'Uranus. *(NASA/JPL)*

4 – Finalement, on découvre que Charon (diam. : 1212 km) possède une géologie aussi tourmentée que celle d'Ariel. C'est un monde déformé et fracturé par de puissantes forces tectoniques, avec des épanchements venus de l'intérieur. Et ses pôles, teintés d'une matière rougeâtre, sont une vraie surprise. *(NASA/JHU-APL-SwRI)*

NASA de Goddard, eurent l'intuition que Pluton et Charon avaient exercé l'un sur l'autre d'importantes forces de marée qui avaient dû bouleverser leurs surfaces. Avec New Horizons, on a effectivement constaté que Charon a subi une activité tectonique intense, qui s'est matérialisée avec des épanchements d'une matière glacée, échappée de l'intérieur par d'importantes fractures, un peu comme sur Encelade (satellite de Saturne) et Ariel (satellite d'Uranus).

Charon apparaît donc d'un gris terne. Seule exception : la région de Mordor Macula, au pôle Nord, qui arbore très distinctement une teinte rougeâtre. Globalement, l'hémisphère nord présente une plus grande variété de couleurs que l'hémisphère sud (avec Vulcan Planum). Les observations de l'imageur-spectromètre infrarouge LEISA ont permis de déterminer que la surface de Charon est principalement composée de glace d'eau. Les visées de LEISA sur Mordor Macula n'ont pas révélé de signature spectrale particulière, laissant supposer que la teinte rougeâtre n'est probablement due qu'à un fin dépôt de matière organique. Néanmoins, on trouve quelques traces de glace d'ammoniac sur les cratères aux éjectas les plus clairs, tel (Leia) Organa. Celles-ci devant disparaître en moins de 10 millions d'années sous les effets des rayonnements UV et cosmiques, les chercheurs pensent qu'il s'agit d'impacts récents.

Charon est un monde fascinant. D'aspect très ancien, il laisse supposer que, il y a au moins 4 milliards d'années, après avoir subi les bouleversements datant des origines du Système solaire, sa surface s'est rapidement figée. Les géologues avaient imaginé que les effets de

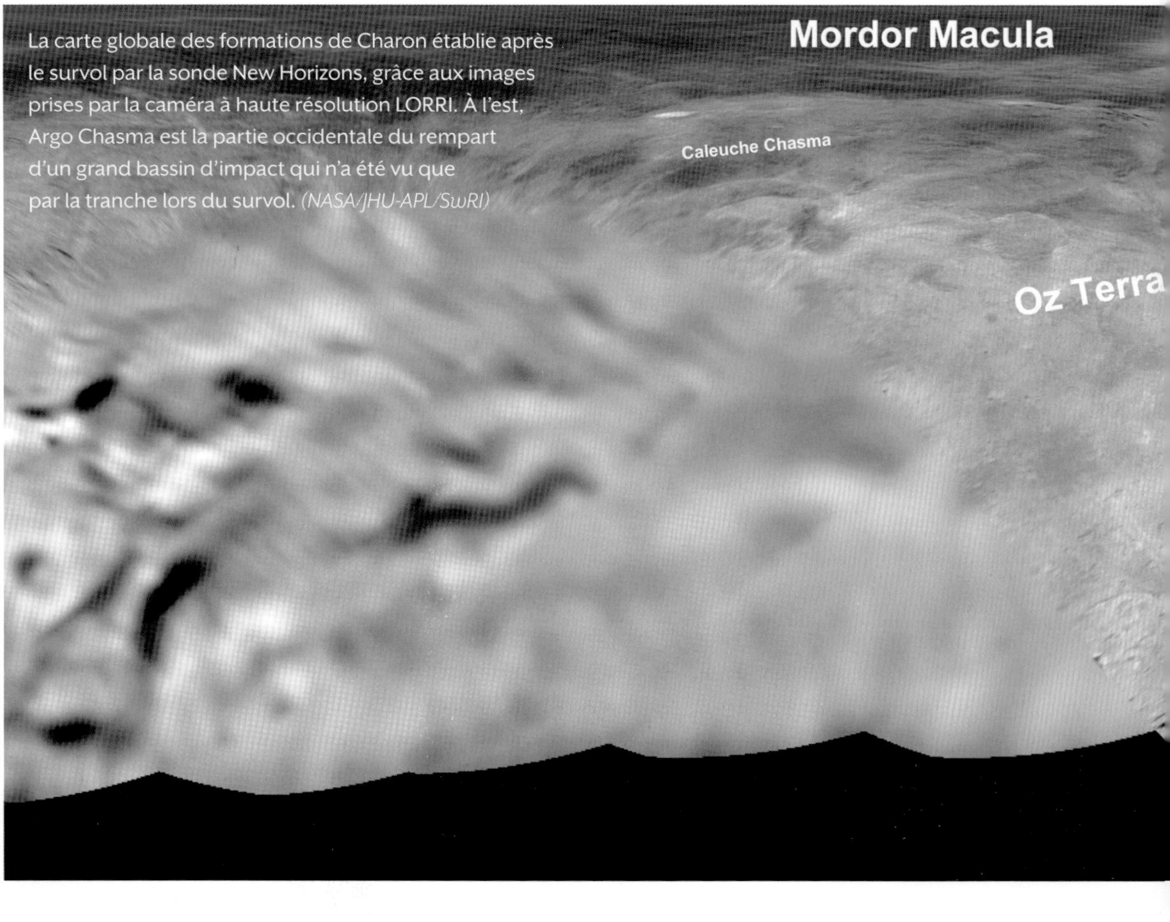

La carte globale des formations de Charon établie après le survol par la sonde New Horizons, grâce aux images prises par la caméra à haute résolution LORRI. À l'est, Argo Chasma est la partie occidentale du rempart d'un grand bassin d'impact qui n'a été vu que par la tranche lors du survol. *(NASA/JHU-APL/SwRI)*

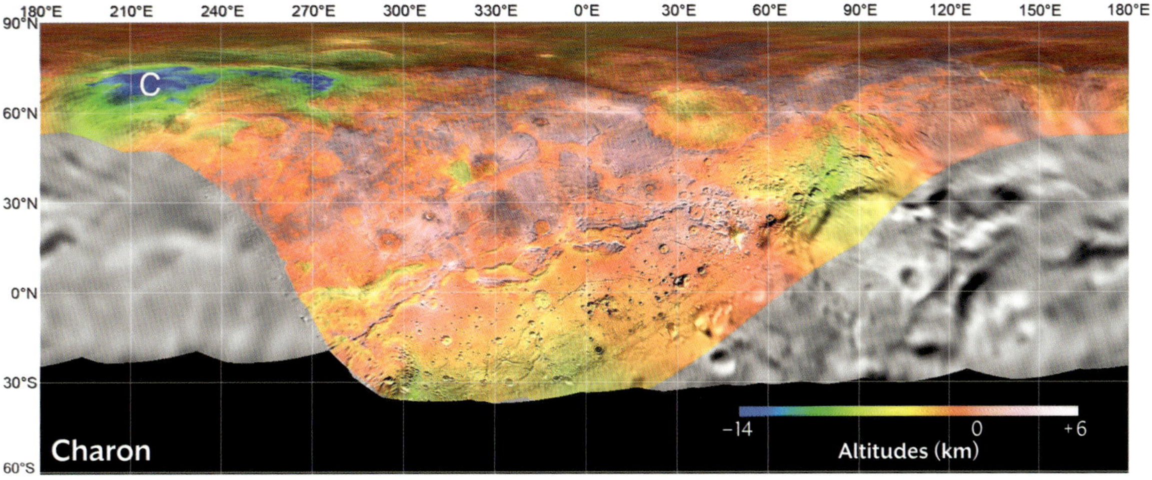

Le relief de Charon a été déduit des vues stéréophotographiques prises pendant le survol. On y voit de grandes différences d'altitude (jusqu'à 20 000 m), avec un relief tourmenté au nord et des formations plus homogènes au sud. Les deux hémisphères semblent être divisés par un réseau de canyons équatoriaux : Mandjet Chasma, puis Macross Chasma et Serenity Chasma. Ce dernier est large de plus de 50 km et profond parfois de 7 000 m. Notons que Caleuche Chasma, au nord (C), est la plus profonde dépression identifiée à ce jour sur Charon. *(NASA/JHU-APL/SwRI/Lunar and Planetary Institute)*

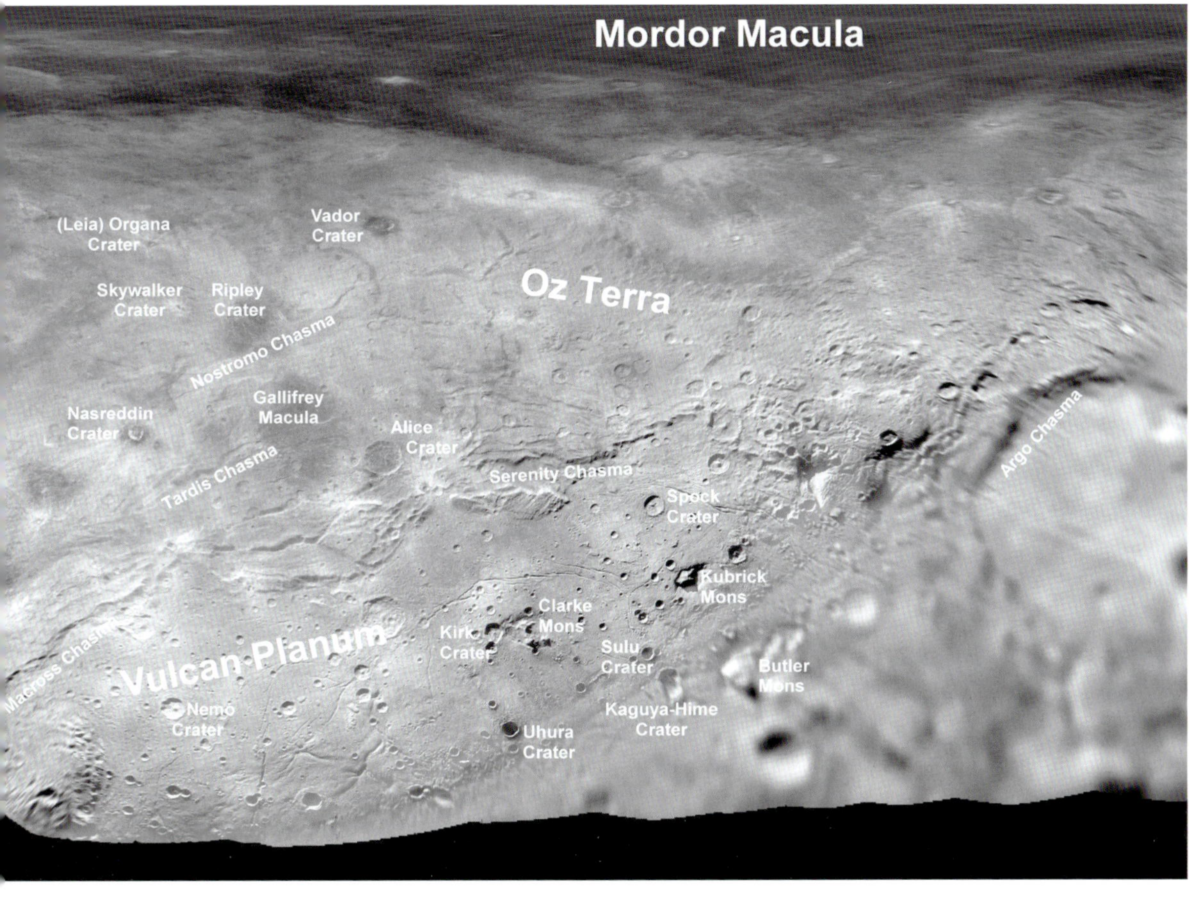

marée de Pluton devaient avoir déformé l'intérieur pâteux du satellite et exercé un fort stress sur sa croûte, la comprimant ou la fracturant en de multiples endroits. Ils n'ont pas été déçus en découvrant les nombreuses fosses qui incisent une surface constituée majoritairement de glace d'eau. En revanche, on n'y trouve pas les dépôts de glaces d'azote, de méthane ou de monoxyde de carbone identifiés sur Pluton, car la faible gravité de Charon est incapable de retenir les gaz dès qu'ils se subliment sous la chaleur solaire. De la matière glacée s'est sans doute aussi échappée de l'intérieur, recouvrant ici ou là certaines régions qui ont été ensuite soumises à des bombardements intensifs des petits corps, reliquats de la formation violente du système plutonien. Au sud, l'aspect plus jeune de Vulcan Planum serait dû au remodelage de la surface, peu après la formation du satellite, par un cryovolcanisme très actif où, nous l'avons déjà vu, la glace qui a jailli du sous-sol a joué le rôle de la lave sur Terre. Certaines montagnes isolées, hautes de 4 000 m, tel Kubrick Mons, émergent de dépressions profondes de 2 000 m, comme si une glace encore pâteuse avait modelé les paysages, puis s'était enfoncée et solidifiée. Malgré

Cette image de Charon a été prise le 14 juillet 2015 par la caméra à haute résolution LORRI, depuis une distance de 467 000 km. On distingue bien la dichotomie entre ses hémisphères nord et sud : l'un semble tourmenté, l'autre plus homogène. L'équateur est ceinturé par un système de canyons. Certains cratères sont entourés d'éjectas plus clairs, trahissant leur jeunesse (au sens géologique). Près du terminateur, on devine ce qui ressemble à des montagnes qui se sont enfoncées dans la croûte glacée. La région sombre de Mordor Macula coiffe le pôle Nord. *(NASA/JHU-APL/SwRI, retraitements O. de Goursac)*

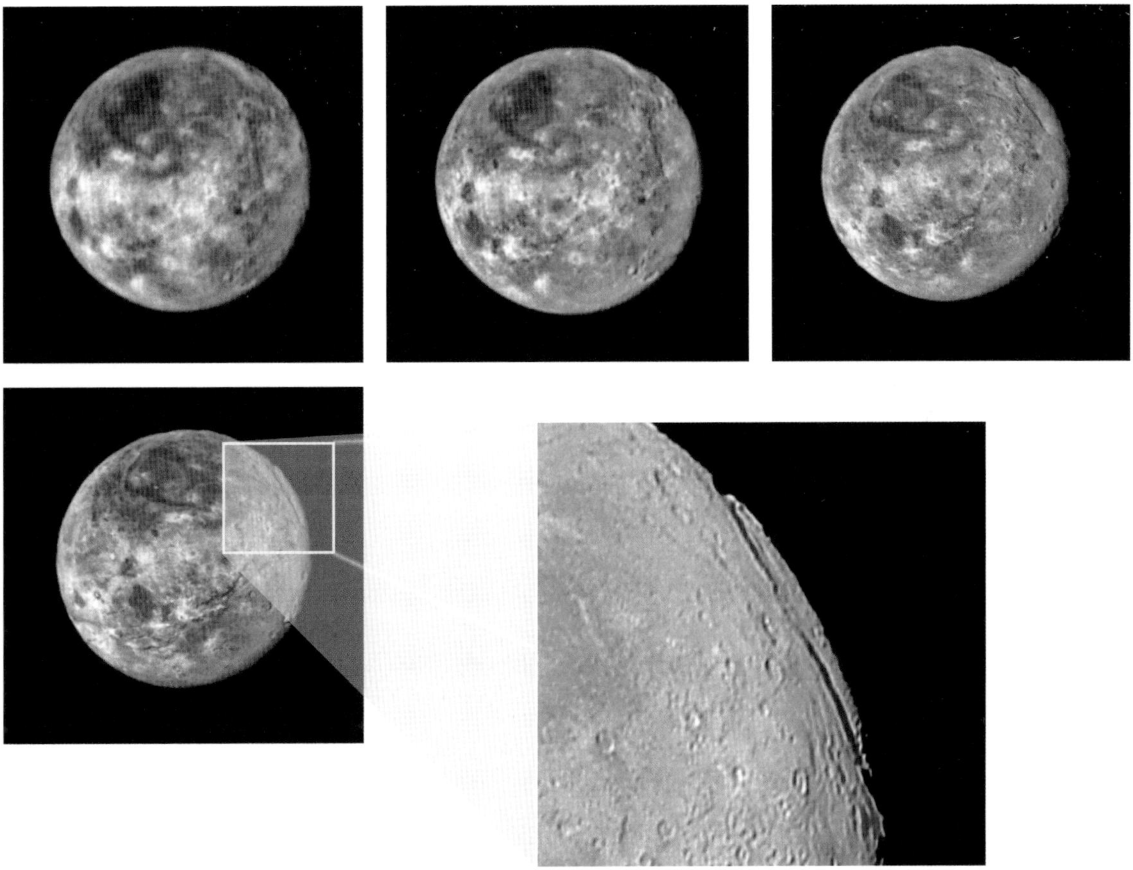

Ces cinq images de Charon dévoilent l'existence de ce qui semblait être, de prime abord, un énorme canyon, baptisé Argo Chasma, vu à l'oblique près du terminateur. Il s'agit en fait de la partie occidentale du rempart d'un grand bassin d'impact, visible sur la première image, et dont le centre a été soulevé par des forces internes. *(NASA/JHU-APL/SwRI ; Retraitements O. de Goursac)*

son aspect plus homogène, l'hémisphère sud se révèle toutefois piqueté d'une myriade de cratères (ce sont les *pitted terrains*), laissant supposer qu'il est aussi âgé que le reste du globe. D'ailleurs, la taille des cratères sur Vulcan Planum indique que les objets qui croisaient dans la ceinture de Kuiper aux premiers âges du Système solaire étaient plus gros qu'escompté : plusieurs dizaines de kilomètres de diamètre au moins.

Deux des canyons qui ceinturent l'équateur, Macross Chasma et Serenity Chasma, ont pu être détaillés. Serenity Chasma s'étire sur 1800 km et sa profondeur atteint par endroits 7000 m, tout comme Mandjet Chasma, vu sur la tranche et situé beaucoup plus à l'ouest. Un quatrième canyon, Argo Chasma, long de 700 km et profond de 9000 m, était visible sur le terminateur (la limite jour-nuit). Lorsqu'une carte globale de Charon a été dressée, on s'est aperçu qu'il s'agissait du bord occidental d'un grand bassin. Autrefois, un océan d'eau liquide était niché sous la croûte de Charon : quand il s'est refroidi, l'expansion de la glace a craqué la surface, un peu comme la croûte d'un gâteau qui enfle. Les chercheurs estiment que Charon a vu son diamètre augmenter de 6 km, correspondant à un océan d'eau souterrain de 35 km d'épaisseur qui aurait fini par geler complètement.

Peu avant le survol au plus près, la caméra multispectrale MVIC a capturé cette image en couleurs « naturelles » de Charon. Notons la région polaire rouge-marron foncé, large de 275 km (Mordor Macula). Un système de falaises et de canyons cisaille l'équateur. *(NASA/JHU-APL/SwRI, retraitements O. de Goursac)*

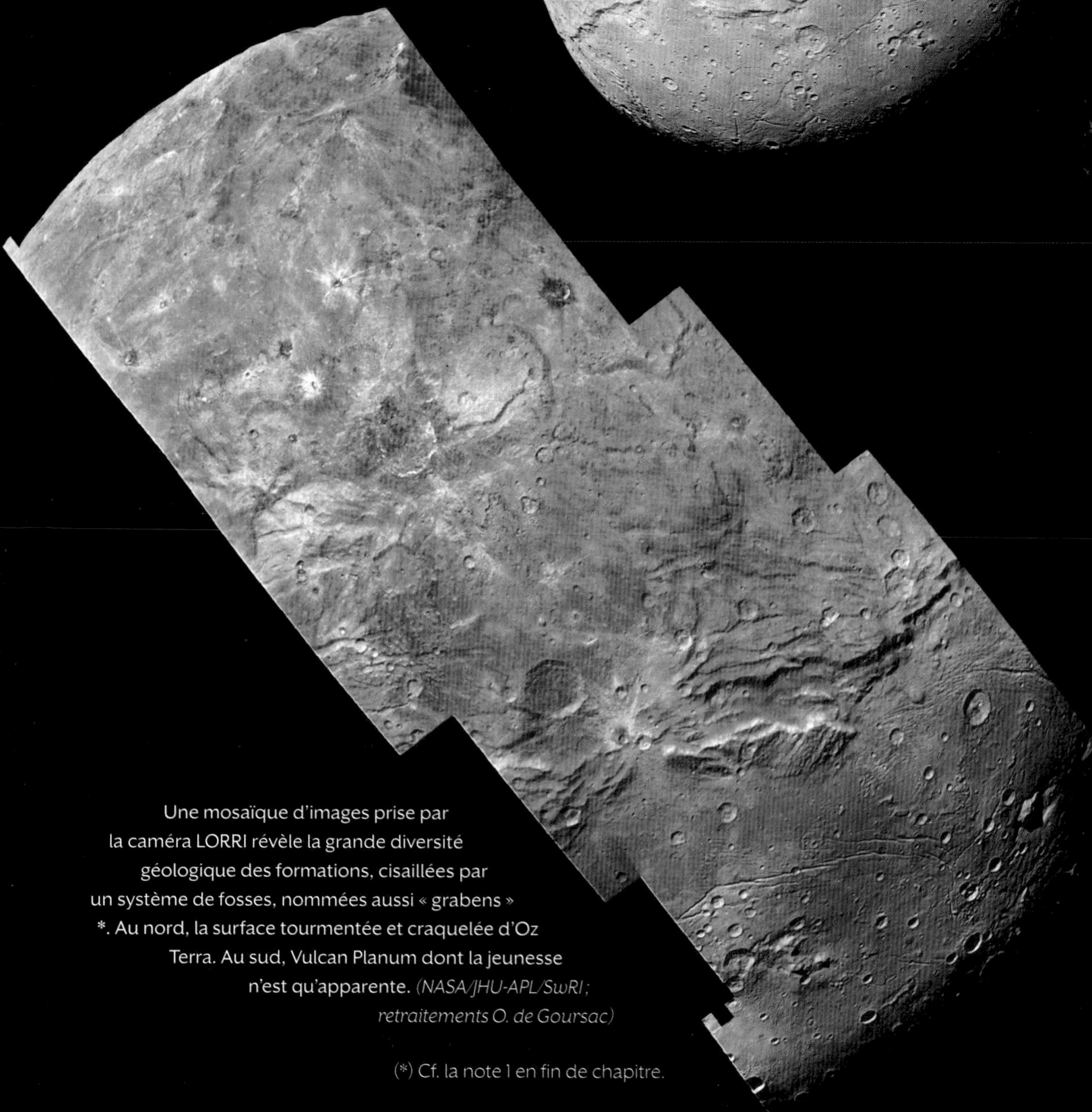

Une mosaïque d'images prise par la caméra LORRI révèle la grande diversité géologique des formations, cisaillées par un système de fosses, nommées aussi « grabens » *. Au nord, la surface tourmentée et craquelée d'Oz Terra. Au sud, Vulcan Planum dont la jeunesse n'est qu'apparente. *(NASA/JHU-APL/SwRI ; retraitements O. de Goursac)*

(*) Cf. la note 1 en fin de chapitre.

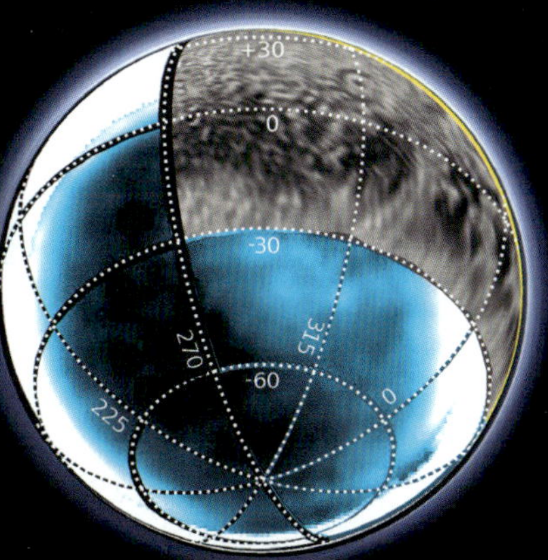

Malgré l'éloignement du Soleil, la lumière renvoyée par Charon est suffisante pour illuminer la face nocturne de Pluton. Sur cette image, reconstruite d'après données réelles, on voit la face de Pluton la moins bien détaillée, car non survolée par la sonde. Mais un large segment révélé par le « clair de Charon », ici coloré en bleu, se révèle : on y découvre une zone claire (par 300° et 45° S), probablement recouverte de glace d'azote ou de méthane. *(NASA/JHU- APL/SwRI/ NOIRLab. Synthèse O. de Goursac)*

Lors du passage au plus près, la caméra à haute résolution LORRI a pu saisir une section de Charon en haute résolution. On y distingue bien la dichotomie des reliefs du nord au sud. Oz Terra apparaît incisée par de nombreuses fosses et piquetée de nombreux cratères d'impacts, trahissant son ancienneté. *(NASA/JHU-APL/ SwRI ; retraitements O. de Goursac)*

Quatre petits satellites nés d'un choc violent

La caméra à haute résolution LORRI a pu capturer les quatre satellites qui tournent autour du couple Pluton-Charon (Styx, Nix, Kerberos et Hydra). Avant la mission, on avait observé ces petits corps au télescope comme de minuscules points et, malgré tout, leurs formes avaient pu être déduites des calculs (cf. chap. 1). Mais leur morphologie résultait des bouleversements qui avaient donné naissance à la planète double. Robin Canup (1968-) et son équipe du Southwest Research Institute, à Boulder, au Colorado, avaient appliqué son modèle de la naissance de notre Lune à celle de Charon et en avaient déduit, en 2005, qu'il était né d'une collision oblique relativement lente (0,7 km/s) entre Pluton et un corps ayant au moins 30 % de sa masse. Un vaste disque de matière s'est d'abord formé. Ensuite, la résonance gravitationnelle entre tous ces petits corps a perturbé leurs trajectoires et a synchronisé leurs périodes orbitales. Enfin, la migration progressive de l'orbite de Charon vers l'extérieur a poussé plus loin les autres satellites. Le fait qu'ils tournent tous sur le même plan et avec des périodes orbitales en résonance prouve leur origine commune.

En 2013, avant le survol du système plutonien, Scott Kenyon (1957-), du Smithsonian Astrophysical Observatory, à Cambridge, et Benjamin Bromley (1961-), de l'université de l'Utah, à Salt Lake City, ont échafaudé une théorie expliquant les grandes étapes de sa naissance. Tout d'abord, des particules s'agglutinent pour créer des petits corps qui grossissent rapidement au sein du vaste disque de matière qui entoure notre Soleil tout juste naissant. Aux distances comprises entre environ 50 et 100 UA (de 7,5 à 15 milliards de kilomètres), des planétoïdes aux diamètres compris entre 500 et 1000 km se forment en moins de 100 millions d'années, puis interagissent les uns avec les autres. Les plus gros capturent les plus petits et certains d'entre eux entrent en collision, à l'instar de ce gros planétoïde, ayant de 25 % à 33 % de la masse de l'actuel Pluton, qui vient percuter notre proto-Pluton. L'impact se fait de biais et il en jaillit une grande langue de débris qui se place en orbite. Les débris les plus gros s'agglutinent entre eux et forment Charon. Les deux corps possèdent

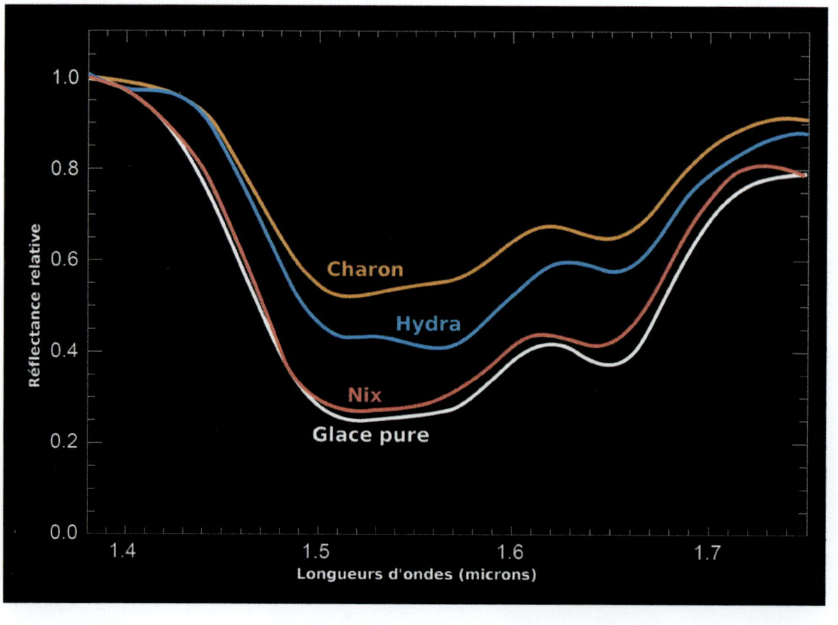

Une comparaison des spectres qui ont pu être récupérés par l'imageur-spectromètre infrarouge LEISA pour Charon (en haut en brun), Hydra (en bleu, depuis 370 000 km et 240 000 km) et Nix (en rouge, depuis 162 000 km et 60 000 km), avec celui de la glace d'eau pure (courbe blanche « Pure ice » en bas). Ces corps sont tous constitués de glace d'eau, mais avec une pureté variable. *(NASA/JHU-APL/SwRI)*

Sous le regard perçant de la caméra LORRI, Styx (16 × 9 × 8 km, à gauche) n'apparaît que comme une tache floue légèrement allongée. Kerberos (19 × 10 × 9 km, à droite), avec ses deux lobes distincts, évoque une cacahuète. Les chercheurs pensent qu'il résulte d'une collision douce entre deux petits corps qui ont fini par se souder. *(NASA/JHU-APL/SwRI ; retraitements O. de Goursac)*

maintenant une croûte faite de glace d'eau qui entoure un intérieur rocheux mélangé de glaces. Un disque de fins débris, dont certains font juste quelques kilomètres de large, se met à tourner autour du couple nouvellement formé. Ensuite, les plus gros de ces petits corps stabilisent leurs orbites et les nettoient en capturant ou en déviant les autres petits corps pour grossir davantage. Les quatre petits satellites, Styx, Nix, Kerberos et Hydra, naissent ainsi autour du couple Pluton-Charon nouvellement formé. Enfin, sur une période s'étendant de 100 000 ans à 10 millions d'années, les effets de marée entre Pluton et Charon viennent synchroniser leurs orbites et ils finissent par tourner en se calant en résonance 3:4:5:6:. Hydra effectue ainsi trois révolutions pendant que Kerberos en réalise quatre, Nix, cinq, et Styx, six. Le système plutonien est désormais figé pour l'éternité ! De tous les chocs datant de leur naissance, les satellites ont conservé une trace : ils tournent plus vite sur eux-mêmes que leur période orbitale autour du couple Pluton-Charon, avec un record détenu par Hydra qui effectue 89 tours sur lui-même à chaque orbite ! En outre, ils ont conservé des formes allongées témoignant d'anciens impacts, avec un rapport entre les grands et petits axes variant entre 1,5 et 2. D'ailleurs, les images les plus détaillées révèlent que Kerberos et Hydra sont constitués de deux petits corps qui sont entrés en collision douce et qui ont fini par se souder entre eux. Seuls Nix et Hydra ont pu être suffisamment détaillés sur les images pour être datés grâce à la méthode de comptage des cratères. Leur nombre par kilomètre carré est équivalent à celui que l'on trouve sur les plus vieux terrains de Charon et de Pluton, ce qui implique qu'ils sont âgés d'au moins 4 milliards d'années.

Styx, Nix, Kerberos et Hydra sont majoritairement composés de glace d'eau, car ils se sont

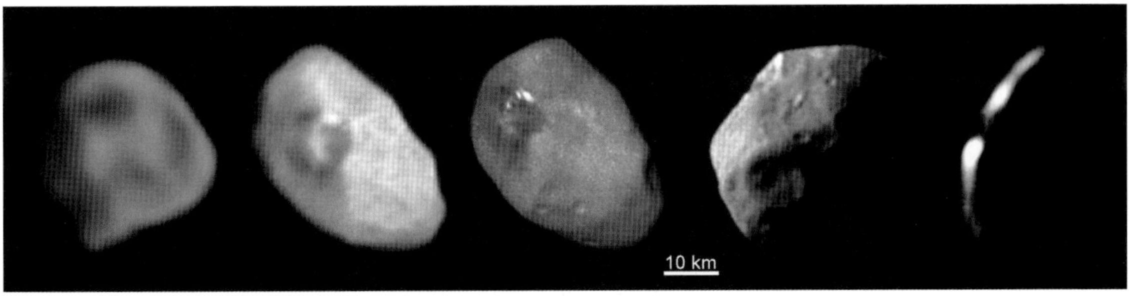

De gauche à droite, cinq vues de Nix (48 × 33 × 30 km) avec le nord en haut. Les trois premières images et la cinquième (à contre-jour) ont été prises par la caméra LORRI les 13 et 14 juillet 2015. La quatrième image a été prise par la caméra MVIC le 14 juillet. Le gros cratère vu d'abord de face, puis sur la tranche, fait 9,7 km de diamètre. Celui situé à cheval sur le terminateur atteint 14 km de diamètre. *(NASA/JHU-APL/SwRI ; retraitements O. de Goursac)*

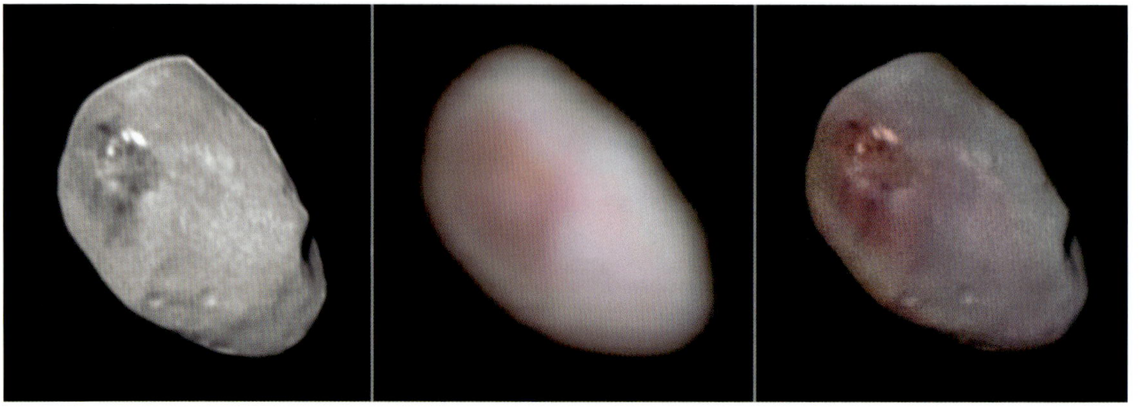

Nix vu en couleurs grâce à la superposition d'une image prise en mode panchromatique (noir et blanc) par la caméra à haute résolution LORRI (à gauche), avec une image en couleurs prise par la caméra multispectrale MVIC (au milieu). À droite, on constate que Nix est de couleur neutre, mais que son gros cratère présente des éjectas rougeâtres, comme si le choc avait exhumé des matériaux situés en profondeur. À moins que la nature même de l'impacteur soit différente de celle de Nix. *(NASA/JHU-APL/SwRI ; retraitements O. de Goursac)*

Dimensions des quatre petits satellites de Pluton comparées à Charon (en bas). Tous ont une forme allongée, ce qui plaide en faveur de l'hypothèse de leur naissance au sein d'un vaste anneau de débris issu de l'impact qui est à l'origine de la formation de Charon. *(NASA/JHU-APL/SwRI)*

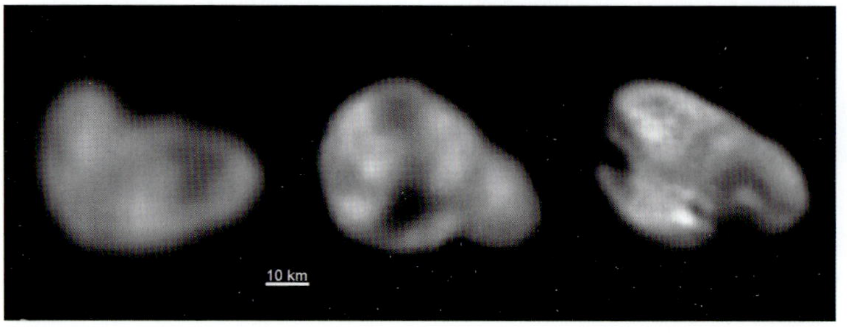

Trois vues de Hydra (50 × 36 × 32 km) par la caméra LORRI. Il tourne si vite sur lui-même et de façon si chaotique qu'il est difficile d'y prendre ses repères. Comme pour Kerberos, les chercheurs pensent que la forme du satellite résulte d'une collision douce entre deux petits corps. *(NASA/JHU-APL/SwRI ; retraitements O. de Goursac)*

probablement accrétés à partir de la glace d'eau qui formait la croûte du planétoïde d'origine (cf. plus haut). D'ailleurs, leur albédo (leur pouvoir réfléchissant) est semblable à celui des petits satellites de glace d'eau de Saturne : 0,65 pour Styx, 0,56 pour Nix, 0,56 pour Kerberos et 0,83 pour Hydra. Les observations de Hydra et de Nix par l'instrument LEISA attestent cette composition : de la glace d'eau, avec quelques traces d'ammoniac. Toutefois, la couleur légèrement plus bleutée de Hydra implique que sa surface est davantage glacée.

En mars 2016, Harold « Hal » Weaver, responsable scientifique du projet New Horizons au JHU-APL, va en conclure que : « Les petits satellites de Pluton se sont probablement tous formés à partir du nuage de débris créé par l'impact d'une petite planète sur un jeune Pluton. C'est pourquoi nous nous attendions à ce qu'ils soient tous faits de la même matière. La forte signature spectrale de la glace d'eau sur les surfaces des trois satellites (Charon, Nix et Hydra) donne du poids à ce scénario. »

Les chercheurs ont entrepris aussi une recherche systématique d'anneaux de débris autour de Pluton jusqu'à une distance de 6,4 millions de kilomètres avant et après le survol. Rien ne fut discerné, même sur les images prises à contre-jour, là où les particules les plus fines auraient pu être aperçues facilement. Cette absence d'anneau est cohérente avec les modèles des dynamiciens prévoyant que des poussières ne peuvent avoir qu'une durée de vie très courte dans le système plutonien, à cause des fortes perturbations gravitationnelles engendrées par le couple Pluton-Charon, et aussi du fait de la pression constante exercée par le vent solaire qui les repousse au loin.

Caractéristiques finales du système de Pluton après son survol par New Horizons

Corps	Dimensions (km)	Albédo	Densité (g/cm^3)	Distance (km) à partir du barycentre	Période orbitale autour du barycentre	Période de rotation sur lui-même	Nombre de tours sur lui-même par orbite	Obliquité de l'axe de rotation
Pluton	Ø 2376,6 ± 3,2 [1]	0,50-0,66	1,854 [1]	2390	6,387 jours	6,387 jours (synchrone)	1 (synchrone) [4]	120° [5]
Charon	Ø 1212 ± 2 [1]	0,38	1,701 [1]	17180 [3]	6,387 jours	6,387 jours (synchrone)	1 (synchrone) [4]	120° [5]
Styx	Ø 16 × 9 × 8 [2]	0,65	~ 1,0	42660	20,161 jours	3,239 jours	6,22	91° [6]
Nix	Ø 48 × 33 × 30 [2]	0,56	~ 1,0	48695	24,854 jours	1,829 jour	13,60	123° [6]
Kerberos	Ø 19 × 10 × 9 [2]	0,56	~ 1,0	57790	32,167 jours	5,310 jours	6,06	96° [6]
Hydra	Ø 50 × 36 × 32 [2]	0,83	~ 1,0	64738	38,201 jours	0,429 jour	88,90	110° [6]

(1) Estimations les plus récentes basées sur les mesures prises à partir des images de la caméra LORRI.

(2) Meilleures estimations basées sur des ellipsoïdes. Les incertitudes sont de ± 3 km pour Styx, Kerberos et Nix, et de ± 10 km pour Hydra, sachant en outre que Kerberos possède deux lobes qui ne s'intègrent pas parfaitement dans un ellipsoïde.

(3) Soit 19 595 km à partir du centre de Pluton.

(4) Non seulement Pluton et Charon se présentent mutuellement la même face (c'est-à-dire qu'ils sont en verrouillage gravitationnel, ou *tidal locking*), mais en outre, la période de rotation de Pluton et de Charon sur eux-mêmes (leur journée) est de la même durée que leur période de révolution l'un autour de l'autre (6,387 jours terrestres) : ils sont donc en rotation dite « synchrone ».

(5) Ces 120° sont équivalents à une obliquité de 60° pour une planète ayant une rotation sur elle-même directe (ou prograde, c'est-à-dire inverse d'un mouvement rétrograde), ce qui n'est pas le cas de Pluton (rotation rétrograde), car son pôle Nord se trouve dans l'hémisphère sud de son plan orbital autour du Soleil.

(6) Obliquité de l'axe de rotation par rapport à Pluton.

Voir les références des sources des valeurs compilées dans le tableau ci-dessus en fin de chapitre.

Les douze grandes découvertes de New Horizons

New Horizons aura été une incroyable mission dont le bilan est impressionnant ! Avant son survol par la sonde, Pluton était un monde quasiment inconnu. Si l'on doit le décrire à l'aune des découvertes, voici les douze principales.

1. Pluton (2 376 km) est légèrement plus gros qu'Éris (2 326 km). Même si, avant la rencontre, on en avait déjà la certitude (cf. chap. 2), cette mesure met fin à une polémique datant de 2006, lorsque Pluton fut exclue de la communauté des planètes majeures de notre Système solaire.

2. Aucune nouvelle lune n'a été découverte par New Horizons. Les chercheurs escomptaient pourtant bien en dénicher une, même minuscule. Une déception pour l'équipe qui aurait bien voulu voir associer le nom de sa mission à un nouveau corps céleste.

3. Une grande variété de glaces. Avant le survol par la sonde, les astronomes avaient décelé qu'une variété de glaces d'azote, de méthane et de monoxyde de carbone s'étalaient sur Pluton, avec des taches sombres qui migraient au fur et à mesure que l'hémisphère sud s'enfonçait dans sa nuit polaire. Pour les plus optimistes, Pluton était peut-être une sorte de « Triton gonflé aux stéroïdes ». Mais rien ne les avait préparés à cette vision d'un monde à ce point tourmenté et marqué par des étendues de glaces exotiques, qui ont joué le même rôle que les roches sur Terre, et qui ont créé une si grande variété de formations.

4. Un étonnant « cœur » glacé. Tombaugh Regio, une région plus claire en forme de cœur qui domine l'hémisphère visité par la sonde, est une découverte majeure. Avec sa zone occidentale formée d'azote gelé, Sputnik Planitia a été une véritable surprise. En outre, cette plaine glacée semble brassée de l'intérieur par la chaleur interne de Pluton, même encore aujourd'hui.

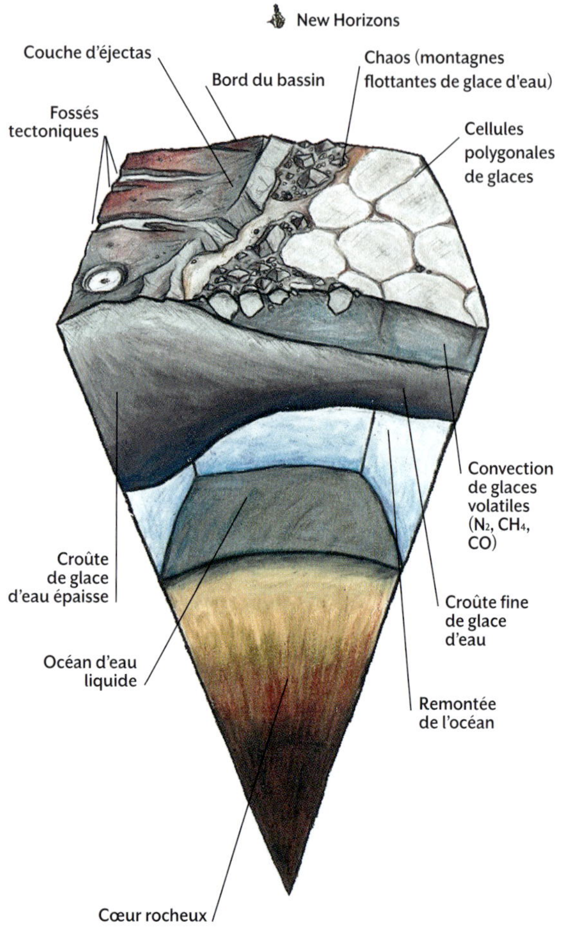

Structure interne de Sputnik Planitia. La croûte de glace d'eau épaisse de 180 km *(thick water ice-rich crust)* serait fortement amincie sous le bassin de Sputnik et elle ne ferait plus que 70 km d'épaisseur *(thin water ice-rich crust)*. La « bulle » d'eau, haute de 80 km au moins, qui remplirait l'intervalle *(ocean uplift)*, explique l'anomalie gravimétrique positive constatée après l'analyse des données. Les flux de chaleur venant du cœur rocheux de la planète *(silicate core)* et qui atteignent la surface, seraient à l'origine du brassage de l'azote *(cellular terrain)* dans le bassin de Sputnik Planitia. De gros morceaux de glace d'eau, détachés du fond du bassin, profond de 7 km, ont remonté à la surface et viennent s'accumuler sur ses bords *(chaos/floating water ice mountains)*. Du pourtour *(basin rim)* rayonnent des fosses d'effondrement tectoniques *(extensional tectonics)* qui viennent cisailler la couche d'éjectas *(ejecta blanket)* datant de la formation du bassin. Notons que les proportions entre les formations et les diamètres ne sont pas respectées. *(NASA/JHU-APL-SwRI/James Tuttle Keane)*

De quoi est fait l'intérieur de Pluton ? Plusieurs modèles sont en compétition, mais le préféré des chercheurs est celui d'un noyau rocheux encore chaud, d'un rayon d'environ 1 000 km, entouré par un vaste océan d'eau liquide. Son existence fait l'objet de fortes présomptions, car, après l'impact qui l'a creusé, le bassin de Sputnik Planitia a migré de son ancienne position 20° plus au nord, vers son emplacement actuel près de l'équateur. Le noyau réchaufferait cet océan qui serait épais d'au moins 170 km et qui contiendrait entre 5 % et 10 % d'ammoniac. Ce dernier agirait à la façon d'un antigel et permettrait de descendre le point de congélation de 273 K (0 °C) à 173 K (−100 °C). Le tout serait recouvert d'une croûte de glace d'eau épaisse de 180 km en moyenne. *(Reconstitution O. de Goursac sur base image NASA/JHU-APL-SwRI)*

5. Un monde toujours en activité. Avec leur idée d'un « Triton gonflé aux stéroïdes », les chercheurs avaient imaginé qu'ils observeraient des geysers en action, comme sur Triton. Mais ils ont découvert, à la place, d'anciens volcans d'où a jadis jailli de la glace d'eau, des glaciers d'azote qui semblent s'écouler lentement, des terrains qui s'érodent et qui se sont déformés… En bref, un monde dont la surface a été souvent renouvelée.

6. De hautes montagnes. C'est l'étendue des massifs montagneux, dont certains culminent à 4 000 m, qui impressionne les géologues. En comparaison, la surface de Triton apparaissait lisse et moins tourmentée.

7. Des saisons « chaudes » au cours desquelles la glace migre à la surface de Pluton. Lorsque les conditions orbitales et d'obliquité sont réunies, la glace d'azote se sublime davantage, ce qui vient épaissir l'atmosphère. Des vents se lèvent alors et sont capables de transporter des particules glacées un peu partout. Ils peuvent même les accumuler et donner naissance à des champs de dunes.

8. Une atmosphère de couleur bleue. Ce fut un joli imprévu. Avant le survol, les chercheurs avaient calculé que la réfraction atmosphérique ne serait pas assez significative pour teinter le ciel. Mais les images ont révélé une atmosphère bleutée due à la diffusion de la lumière solaire par l'azote, et par la suie de tholins en suspension qui filtre la lumière rouge (un peu comme lors d'un coucher de soleil sur Mars).

9. Une haute atmosphère plus compacte que prévu. Les chercheurs se sont aperçus que l'exosphère de Pluton (la région la plus haute de l'atmosphère) est plus compacte que prévu grâce à des composants qui agissent comme des réfrigérants, l'empêchant de s'échapper.

10. La géologie tourmentée de Charon. Ce fut, là encore, une vraie surprise, car on imaginait que Charon ne serait qu'une grosse boule de glace très cratérisée. Ce sont les importantes forces de marée que Pluton et Charon ont mutuellement exercées l'un sur l'autre qui ont créé cette activité tectonique matérialisée par d'importantes fractures.

11. Les pôles rougeâtres de Charon. Il s'agit de composés organiques, les tholins, créés par la polymérisation des molécules de méthane sous l'action du Soleil, et qui sont venus tapisser la surface, après avoir été capturés par l'attraction de Charon.

12. Pluton, une planète toute gentille… qui vous aime très fort, car elle vous offre son cœur gros comme ça ! À la surprise des chercheurs, la région de Tombaugh Regio, en forme de cœur, a permis de créer un lien émotionnel entre l'exploration planétaire et le grand public. Des créatifs ont spontanément donné à Pluton une personnalité attachante, qui a été déclinée en peluches et nombre de dessins remplis d'affection et de tendresse. C'est une retombée sociétale bienvenue, permettant à Pluton d'être adoptée par toutes les générations, jeunes et plus vieilles.

Laquelle des Pluton aimez-vous le plus ? Les deux ! À gauche, le globe produit par la célèbre revue d'astronomie américaine *Sky & Telescope*, d'après les images fournies par la sonde New Horizons. À droite, la peluche Pluton produite par Get Digital, la boutique en ligne pour les fans de cadeaux insolites. *(Andrea Da Cuhna)*

Les géologues tirent un enseignement majeur de ce survol réussi. Comme, à ce jour, aucune planète naine lointaine n'est connue pour avoir une faible densité, cela confirme que l'on pourrait s'attendre à découvrir les traces d'une activité interne importante sur d'autres corps de taille similaire comme Éris et Hauméa. On sait aussi que l'activité géologique peut y être facilitée par la présence de composants chimiques, comme les sels, l'ammoniac et le méthanol qui, mélangés à l'eau, abaissent son point de congélation et favorisent alors sa fluidité, pour faire émerger une activité cryovolcanique à la surface. La confirmation de la présence de glaces d'ammoniac et de glace d'eau sur Charon et Pluton est de bon augure pour envisager l'existence d'une activité géologique au sein d'autres corps de la ceinture de Kuiper.

Pluton : une « nouvelle Mars » ?

Lors de la réunion de la Geological Society of America, du 25 au 28 septembre 2016 à Denver, dans le Colorado, Alan Stern et son équipe ont conclu leur exposé en affirmant sans complexe, devant une audience médusée, que Pluton était comme une « nouvelle Mars ».

En effet, malgré son éloignement du Soleil et ses froidures extrêmes, Pluton partage sept des grandes particularités morphologiques de la Planète rouge, que nous énumérons ci-après.

1. Une surface qui se modèle au gré des éléments, chaque fois que revient une nouvelle saison « chaude ». Alors que, sur Mars, l'eau et le dioxyde de carbone permettent l'augmentation et la diminution de la pression atmosphérique en suivant des cycles de dizaines de milliers d'années, sur Pluton ce rôle est joué par l'azote, qui gonfle son atmosphère. Le climat devient alors plus actif et les vents soufflent partout des particules glacées.

2. Les traces laissées par d'anciens glaciers d'azote qui ont glissé lentement le long des pentes, comme sur Mars, où on a observé les mêmes déformations creusées par des glaciers, mais dans leur cas composés d'eau.

3. Un grand bassin d'impact, datant des origines de Pluton et qui s'est rempli d'azote : Sputnik Planitia. Sur Mars, il existe un vaste bassin similaire, Hellas Planitia, qui s'est rempli progressivement d'une épaisse couche de sédiments glacés au fil des âges.

4. De vastes zones couvertes de cratères d'impacts. Comme sur les plus vieilles régions de Mars : elles témoignent des origines violentes de notre Système solaire.

5. Des régions couvertes de sédiments éoliens qui bougent au gré des saisons. Comme sur Mars, où l'on constate que de vastes zones ont conservé la trace de climats passés plus chauds et où l'atmosphère est périodiquement beaucoup plus active qu'aujourd'hui.

6. Un volcanisme actif où c'est la glace d'eau qui a jailli du sous-sol qui a joué le rôle de la lave sur Terre. On a ainsi découvert quelques cryovolcans sur Pluton. Mars est aussi une planète très volcanique, dont certains édifices sont vraiment gigantesques. D'ailleurs, si l'on devait rapporter l'altitude des volcans de Pluton au diamètre de Mars (6780 km), on s'apercevrait qu'ils sont tout aussi imposants : Wright Mons ferait près de 430 km de diamètre et près de 13 000 m de haut. Piccard Mons, quant à lui, ferait près de 650 km de large et culminerait à près de 20 000 m d'altitude ! Tous deux sont respectivement presque aussi imposants que les volcans géants de Mars, Pavonis Mons et Olympus Mons, qui sont hauts de 14 070 m et de 21 280 m.

7. Deux pôles dont l'épaisseur fluctue au gré des saisons. Sur Pluton, les calottes polaires sont composées de glace d'azote. Sur Mars, elles sont principalement faites de glace d'eau, mais leur épaisseur augmente l'hiver lorsque le CO_2 de l'atmosphère gèle sur place. Puis il se sublime à l'arrivée du printemps, comme sur Pluton où l'azote gelé se réchauffe et retourne dans l'atmosphère.

N'oublions pas non plus que Pluton arbore des régions contrastées d'une belle couleur brunâtre. Vue de l'espace, elle fait vraiment figure d'une planète Mars miniaturisée placée au congélateur. Tout comme au début des années 1970, lorsque les chercheurs découvraient avec stupeur les formations spectaculaires de la Planète rouge, ceux d'aujourd'hui déchiffrent Pluton en échafaudant leurs hypothèses. Comme le confiera Alan Stern en 2018 aux journalistes de *Discover* : « Tout ce que je disais, c'était : "On va trouver quelque chose de merveilleux." Mais Pluton s'est révélée être la belle fille du bal. C'est un rêve de géologue. C'est le rêve d'un chimiste du cosmos. Si vous aimez les mondes avec un océan, eh bien Pluton l'a aussi. Si vous aimez une atmosphère vraiment compliquée qui défie l'imagination, c'est sur Pluton. Et il y a un système de satellites très spectaculaire. Pluton est l'archétype de toute cette nouvelle classe de petites planètes de la ceinture de Kuiper, qui sont tout aussi diverses que les planètes terrestres. »

Une comparaison qui reste bien dans le fil de l'histoire et qui rend un vibrant hommage à Percival Lowell, l'astronome passionné de Mars qui avait construit son observatoire à Flagstaff pour en percer les secrets... et d'où fut finalement lancée la découverte de Pluton. Une sorte de « retour vers le futur » !

Alors, bienvenue à Pluton, la « nouvelle Mars » des confins de notre Système solaire !

---

1 – Le mot « graben » (« fossé » en allemand) est utilisé pour qualifier des fosses d'effondrement tectoniques qui se sont creusées en réponse à des stress exercés sur une croûte planétaire. Il s'oppose au « horst », qui désigne la zone qui se trouve surélevée de part et d'autre et le long du graben.

2 – Nommée aussi « tholins ». Ce sont des substances organiques possédant de l'azote et qui présentent une couleur brun-rouge. Elles ont été détectées à la surface d'objets de Kuiper (KBOs) de notre Système solaire, comme Pluton, Sedna, Varuna et Quaoar. Ils sont constitués de molécules diverses, qui se forment grâce à l'action des ultraviolets solaires sur des composés organiques (méthane, éthane...) en présence d'azote mais aussi d'eau.

3 – « Maculae » (ou taches) sombres nommées d'est en ouest : Meng-P'o, Hun-Came, Vucub-Came, Balrog, Ala et Krun, ainsi que la vaste région de Cthulhu Regio.

4 – Les vitesses de libération sont de 1 220 m/s pour Pluton et de 610 m/s pour Charon.

5 – En référence au royaume de Mordor, dans *Le Seigneur des anneaux*, de J. R. R. Tolkien (1892-1973).

Sources des valeurs compilées dans le tableau page 189

- The Pluto system: Initial results from its exploration by New Horizons, S. A. Stern et al., Science, Vol. 350 no. 6258, 16 Oct. 2015
- Correspondance d'Emily Lakdawalla, de la Planetary Society, depuis la conférence Division for Planetary Sciences, nov. 2015 ; distances orbitales : Showalter et Hamilton ; données orbitales : Mark Showalter ; diamètres : Bill McKinnon et Hal Weaver
- Shapes and Poles of the Small Satellites of Pluto, S. B. Porter, M. R. Showalter, H. A. Weaver, J. R. Spencer, R. P. Binzel, D. P. Hamilton, T. R. Lauer, T. Stryk, A. J. Verbiscer, W. M. Grundy, S. A. Stern, L. A. Young, C. B. Olkin, K. Ennico and the New Horizons Geology, Geophysics, and Imaging Team, 47th Lunar and Planetary Science Conference, 2016
- The small satellites of Pluto as observed by New Horizons, H. A. Weaver, M. W. Buie, B. J. Buratti, W. M. Grundy, T. R. Lauer, C. B. Olkin, A. H. Parker, S. B. Porter, M. R. Showalter, J. R. Spencer, S. A. Stern, A. J. Verbiscer, W. B. McKinnon, J. M. Moore, S. J. Robbins, P. Schenk, K. N. Singer, O. S. Barnouin, A. F. Cheng, C. M. Ernst, C. M. Lisse, D. E. Jennings, A. W. Lunsford, D. C. Reuter, D. P. Hamilton, D. E. Kaufmann, K. Ennico, L. A. Young, R. A. Beyer, R. P. Binzel, V. J. Bray, A. L. Chaikin, J. C. Cook, D. P. Cruikshank, C. M. Dalle Ore, A. M. Earle, G. R. Gladstone, C. J. A. Howett, I. R. Linscott, F. Nimmo, J. Wm. Parker, S. Philippe, S. Protopapa, H. J. Reitsema, B. Schmitt, T. Stryk, M. E. Summers, C. C. C. Tsang, H. H. B. Throop, O. L. White, A. M. Zangari, Science, Vol. 351 Issue 6279, 18 March 2016
- Obliquity evolution of the minor satellites of Pluto and Charon, Alice C. Quillen, Fiona Nichols-Fleming, Yuan-Yuan Chen and Benoît Noyelles, arXiv Preprint, 23 Jan. 2017
- Mean radius and shape of Pluto and Charon from New Horizons images, Francis Nimmo, Orkan Umurhan, Carey M. Lisse, Carver J. Bierson, Tod R. Lauer, Marc W. Buie, Henry B. Throop, Josh A. Kammer, James H. Roberts, William B. McKinnon, Amanda M. Zangari, Jeffrey M. Moore, S. Alan Stern, Leslie A. Young, Harold A. Weaver, Cathy B. Olkin, Kim Ennico, Icarus, Volume 287, 1 May 2017
- The Pluto System After New Horizons, S. Alan Stern, William M. Grundy, William B. McKinnon, Harold A. Weaver, and Leslie A. Young, Annual Review of Astronomy and Astrophysics, pp 357-392, 2018

Chapitre 6

ATLAS DE PLUTON ET DE CHARON
Cartes et imagerie

Pluton

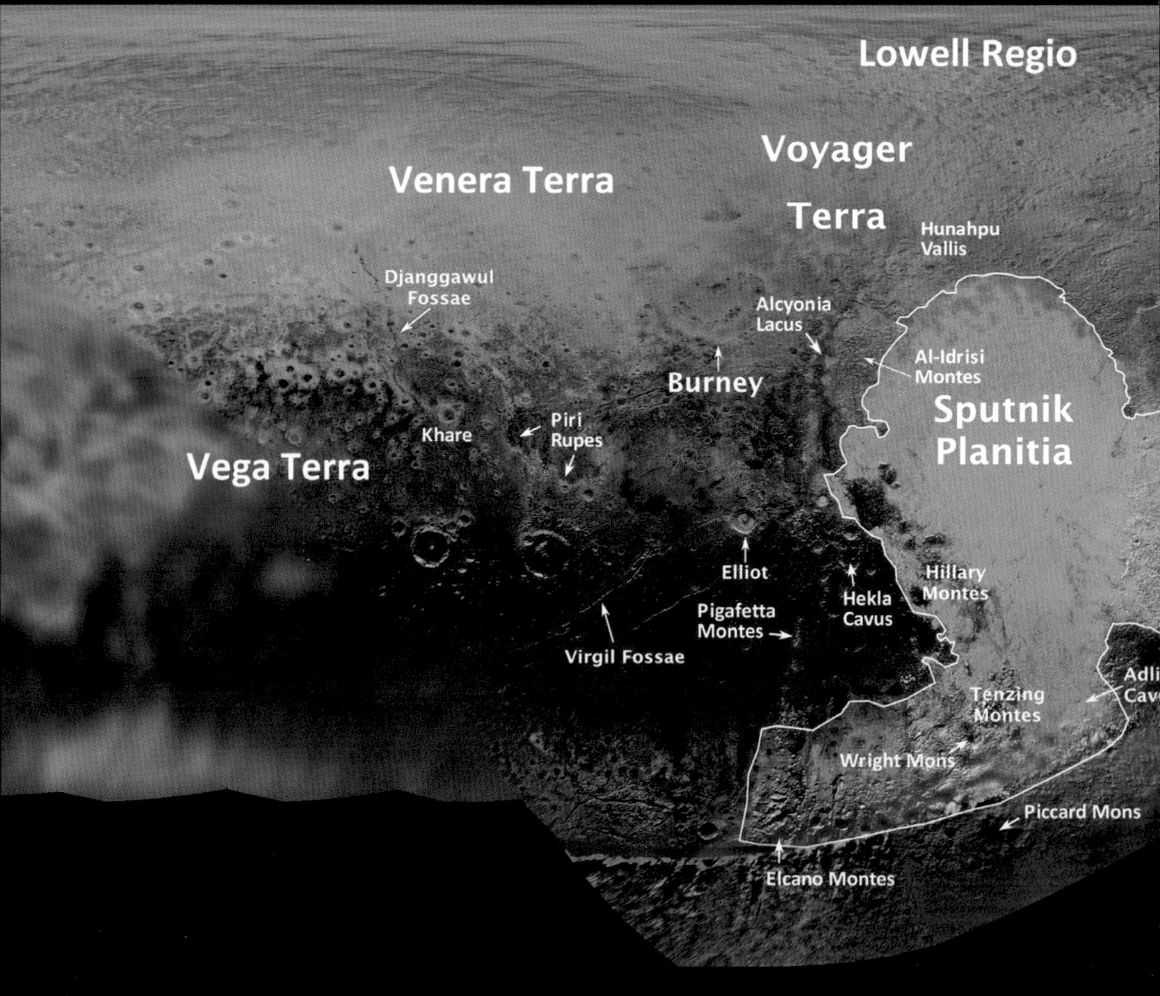

Nota : les noms donnés aux autres formations dans les pages suivantes sont en attente de validation par l'UAI.

Carte de Pluton

Noms approuvés par l'Union astronomique internationale – 8 août 2019
(IAU Working Group for Planetary System Nomenclature)

(NASA/JHUAPL-SwRI / Ross Beyer)

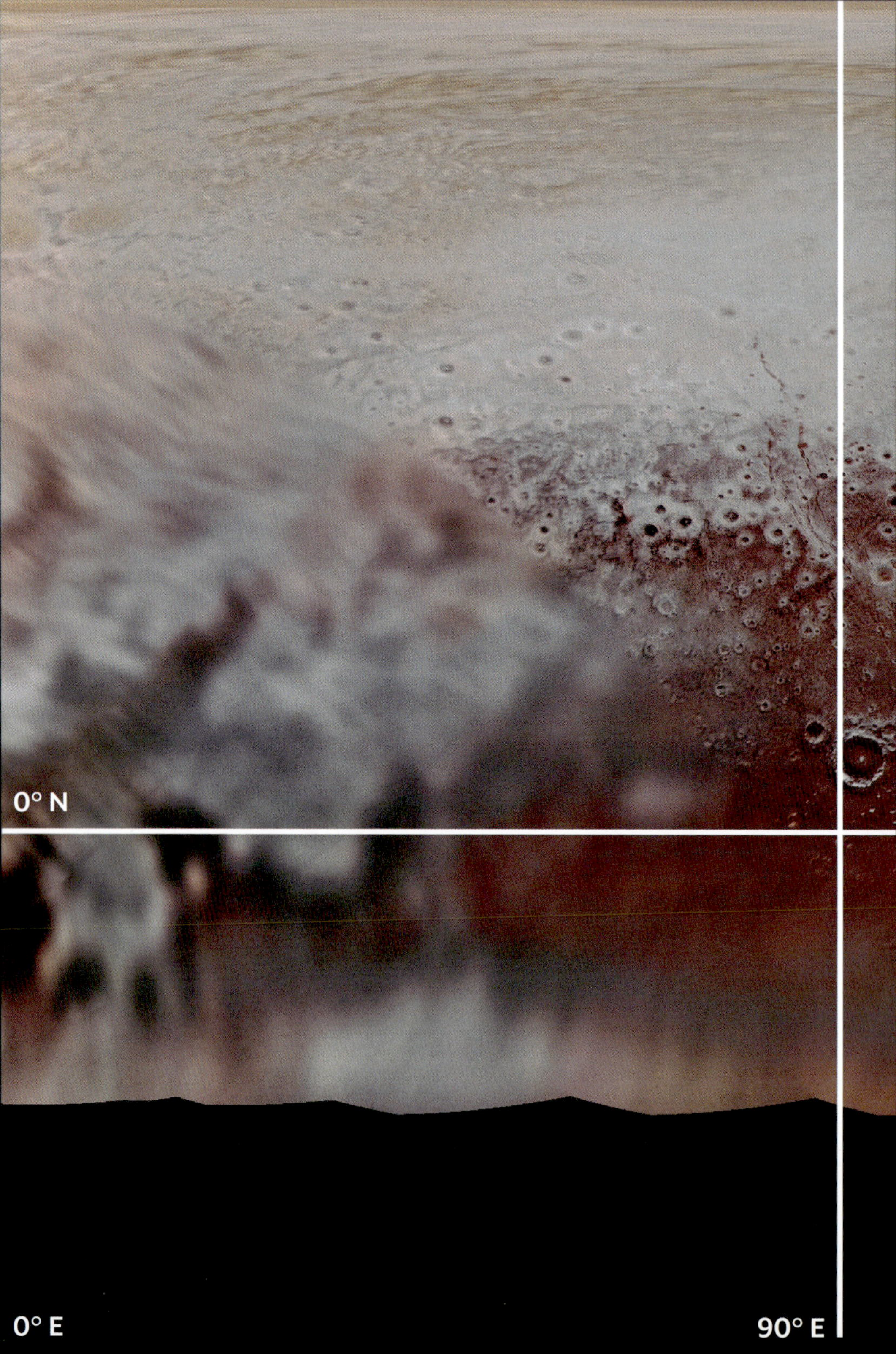
0° N
0° E
90° E

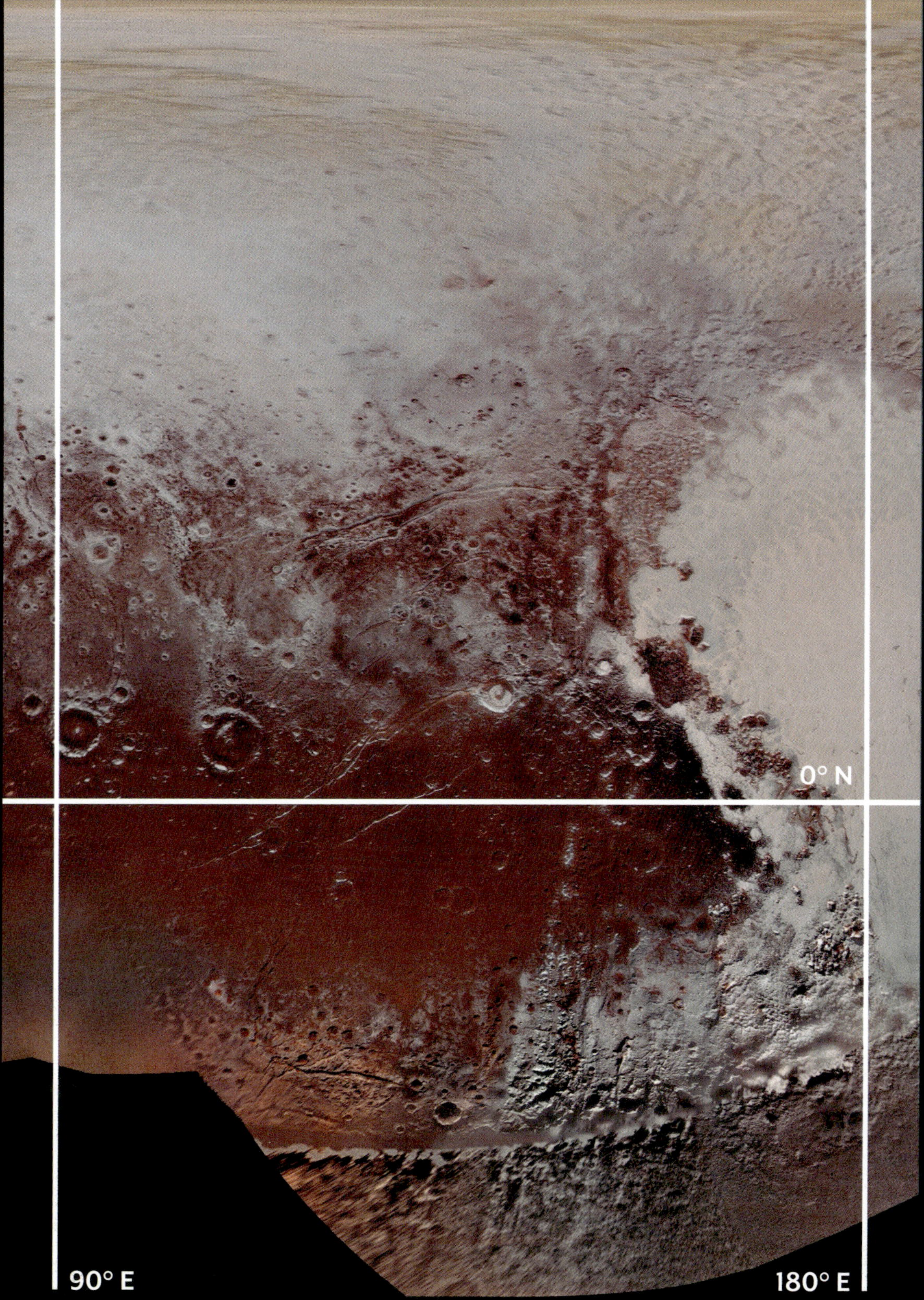
0° N
90° E
180° E

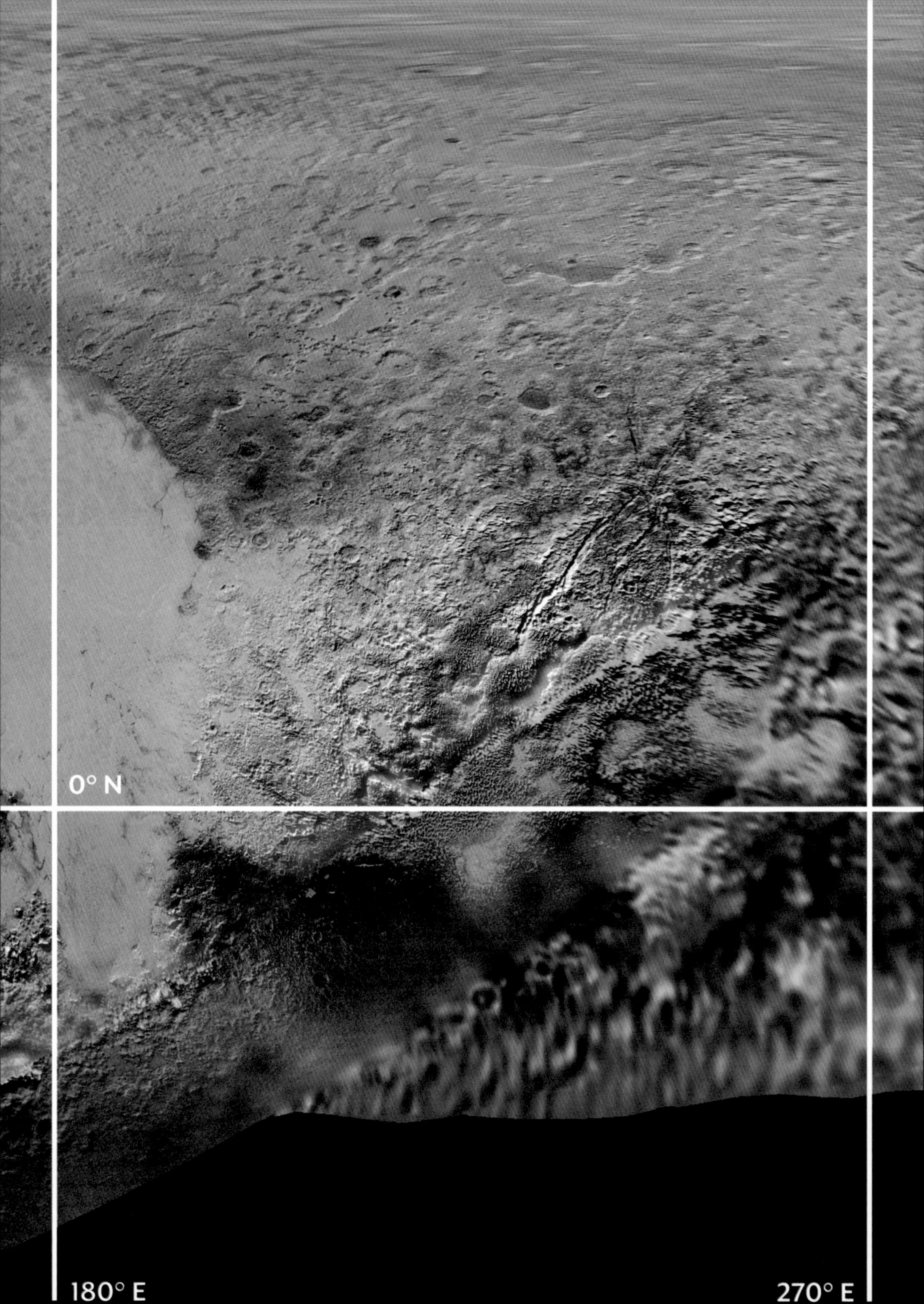
0° N
180° E
270° E

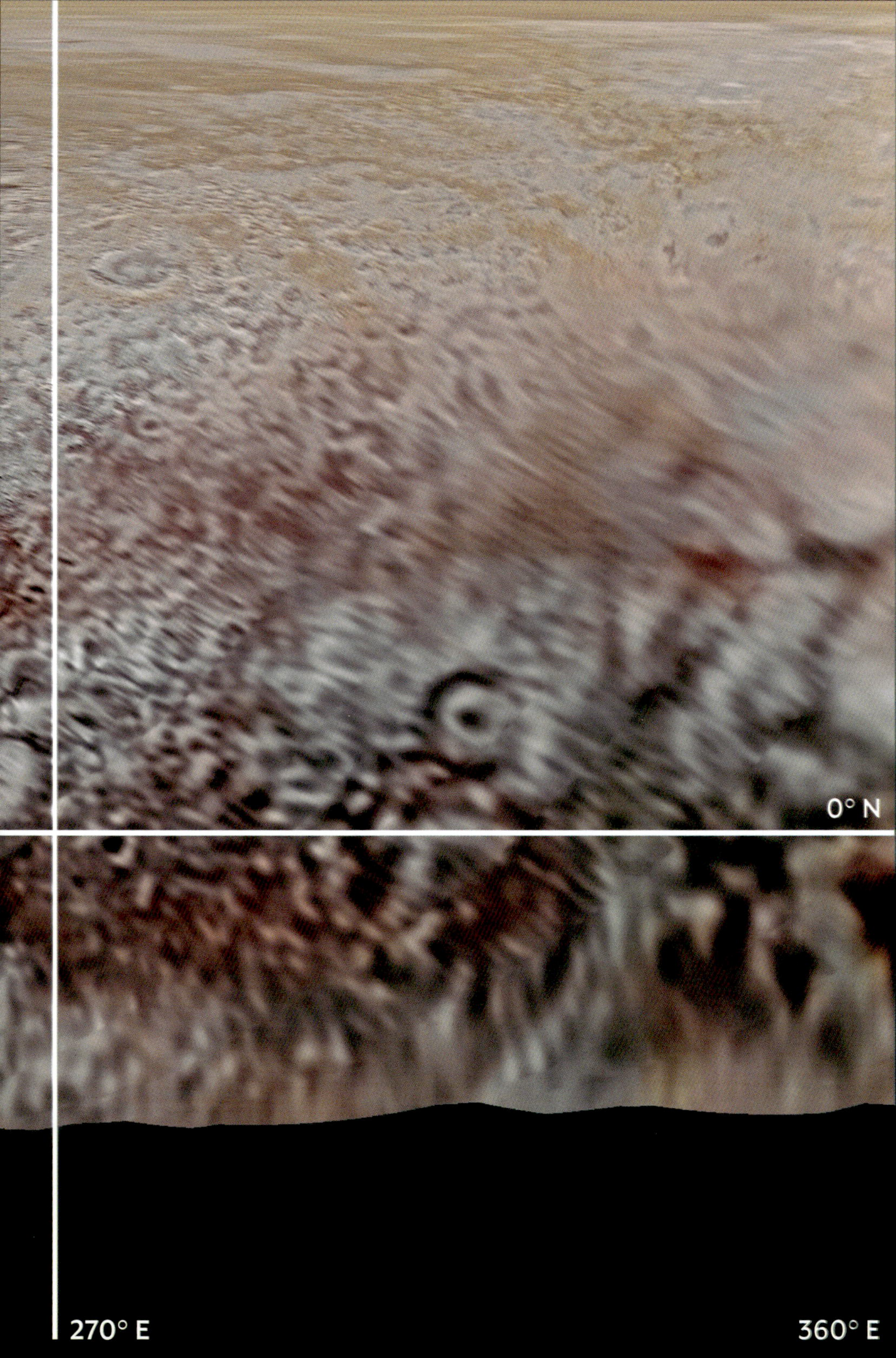
0° N
270° E
360° E

Pluton
Caméra MVIC,
mode couleur
Distance 39 385 km
Résolution 0,78 km/pixel

(NASA/JHUAPL-SwRI.
Retraitements O. de Goursac)

Pluton
Caméra MVIC,
mode panchromatique
Distance 20 206 km
Résolution 0,41 km/pixel

(NASA/JHUAPL-SwRI.
Retraitements O. de Goursac)

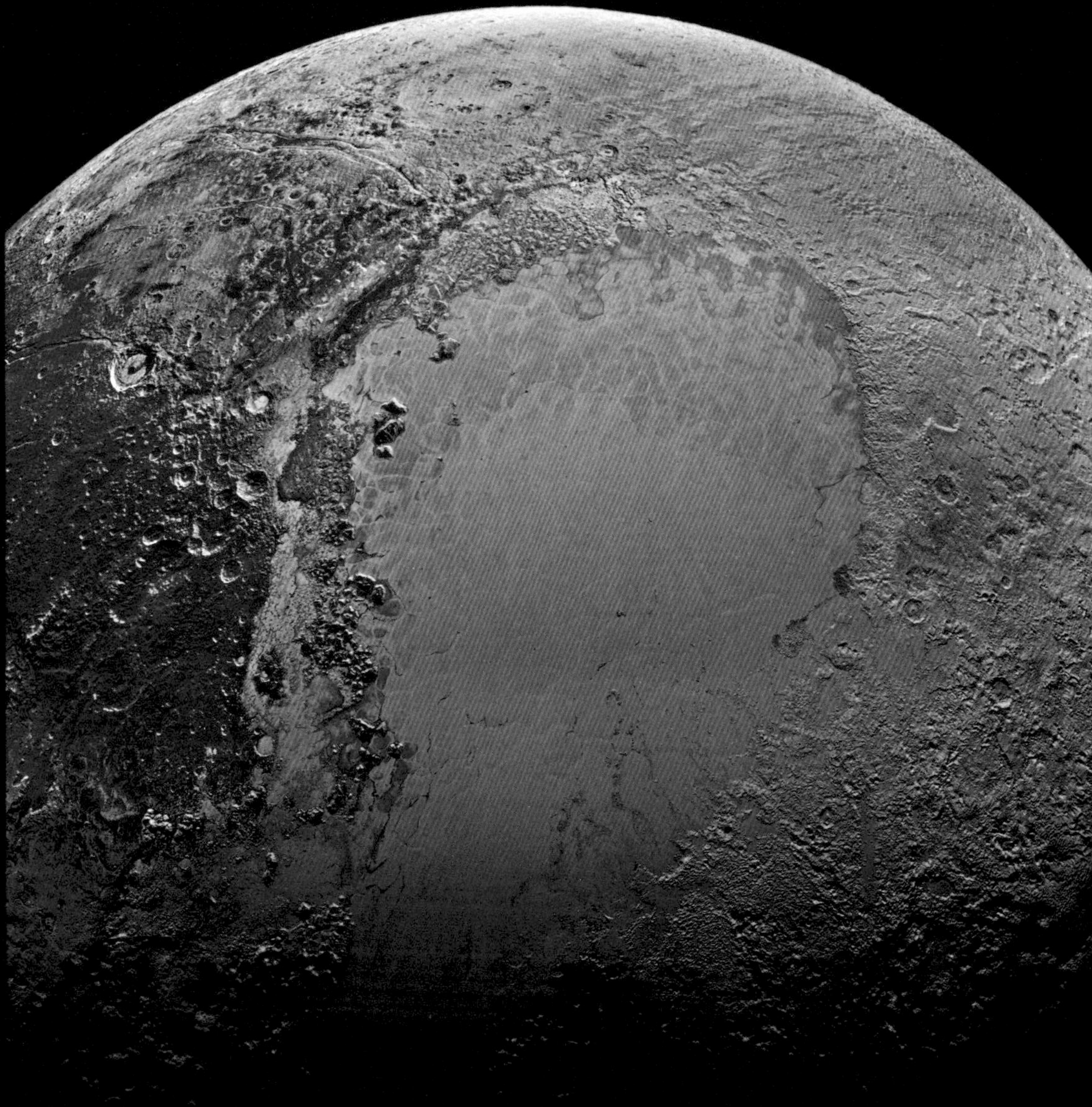

Pluton

Caméra MVIC, mode panchromatique

Distance 20 825 km – Résolution 0,41 km/pixel

(NASA/JHUAPL-SwRI. Retraitements O. de Goursac)

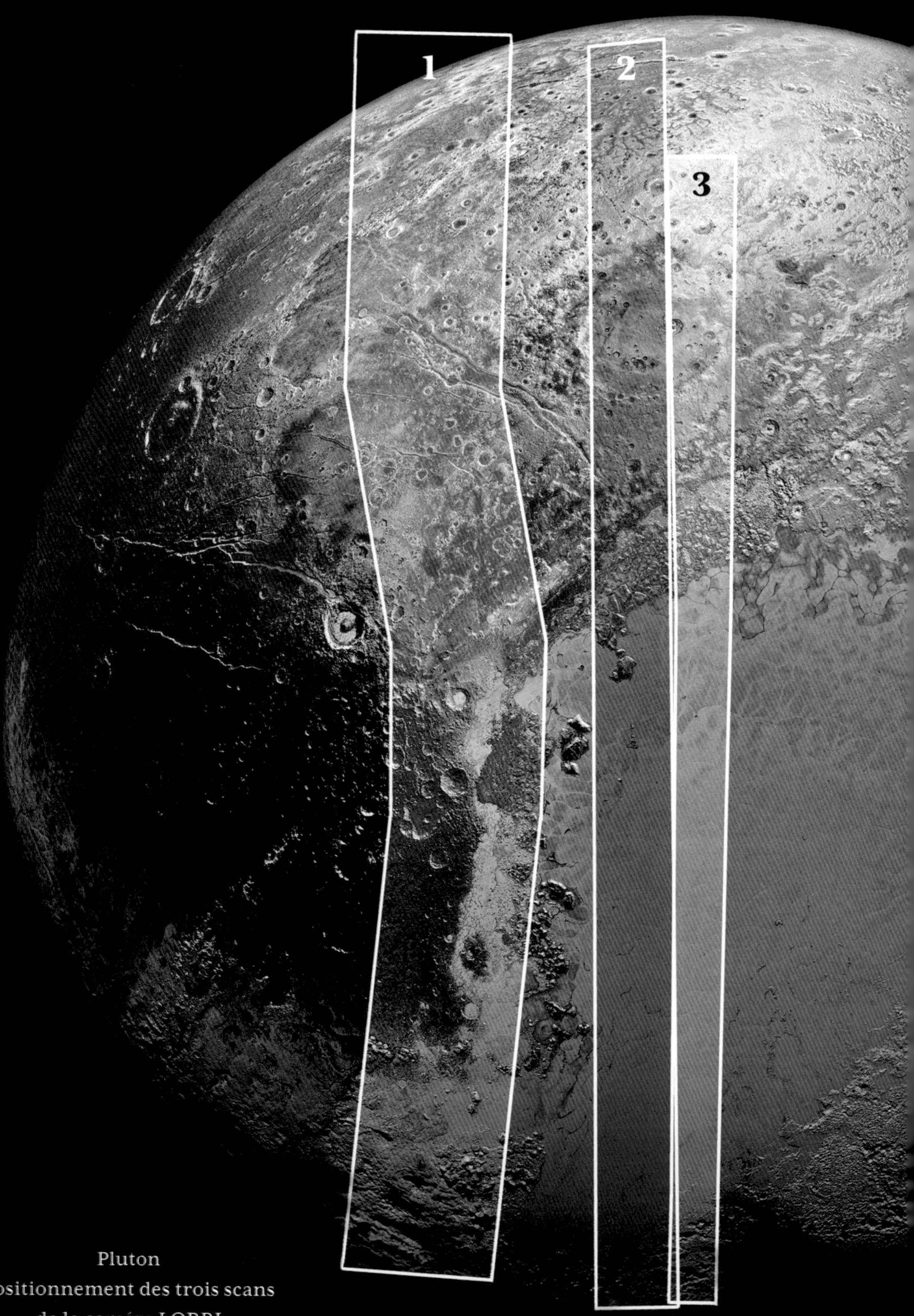

Pluton
Positionnement des trois scans
de la caméra LORRI

Scan 1

Caméra LORRI, scan panchromatique couplé avec observation LEISA

Distance 56 316 km – Résolution 0,28 km/pixel

(NASA/JHUAPL-SwRI. Retraitements O. de Goursac)

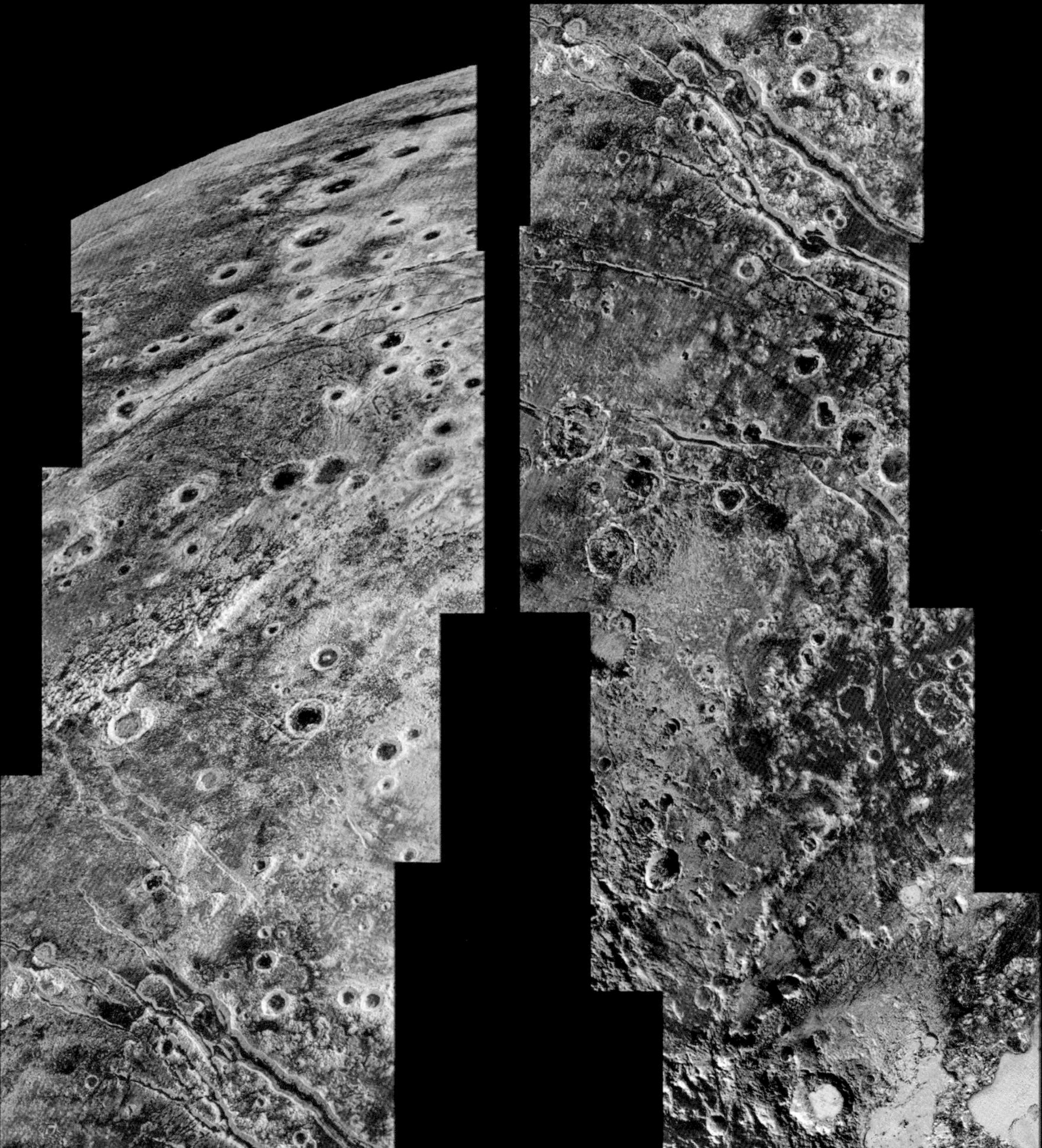

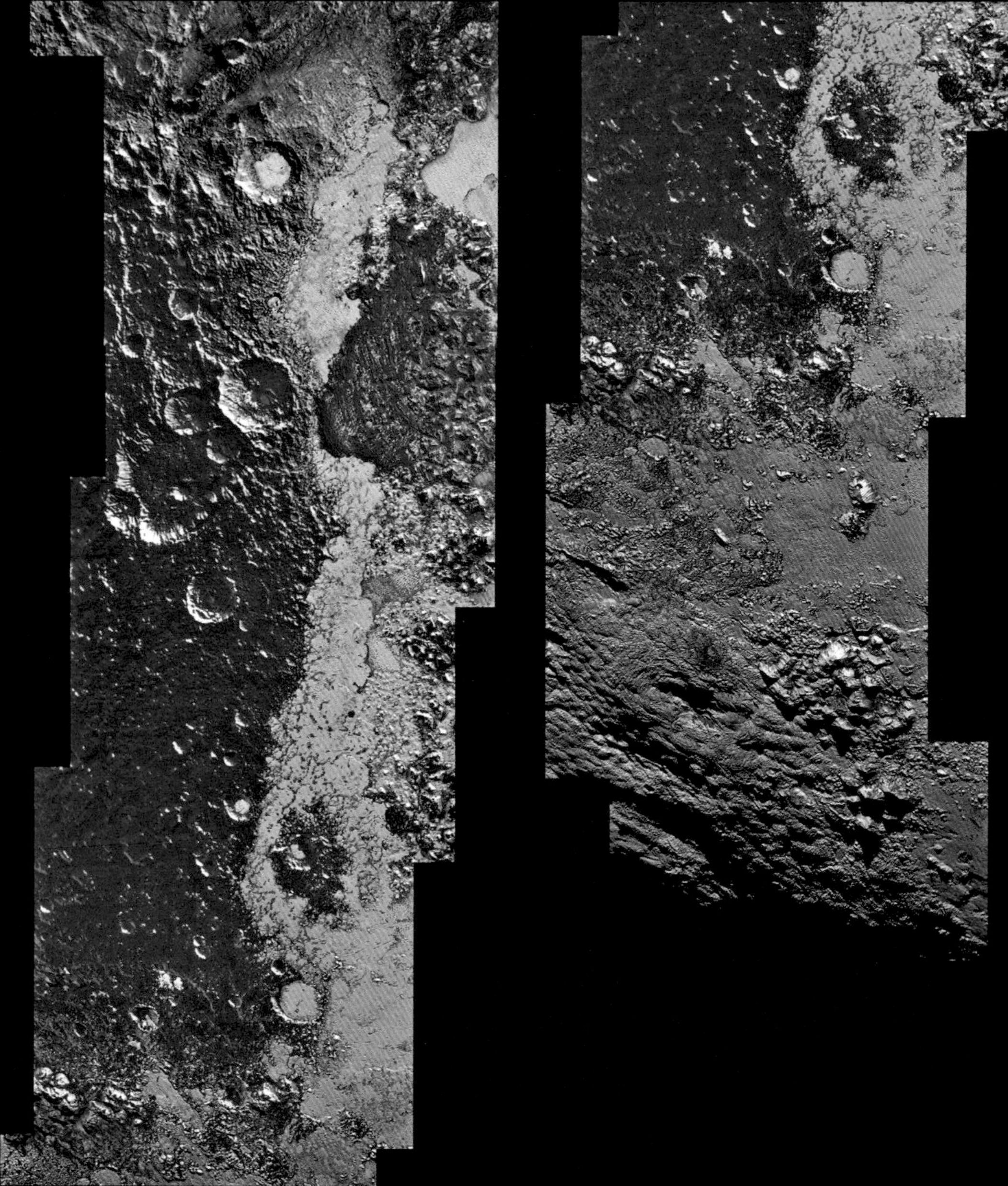

Scan 2

Caméra LORRI, scan panchromatique

Distance 23 860 km – Résolution 0,12 km/pixel

(NASA/JHUAPL-SwRI. Retraitements O. de Goursac)

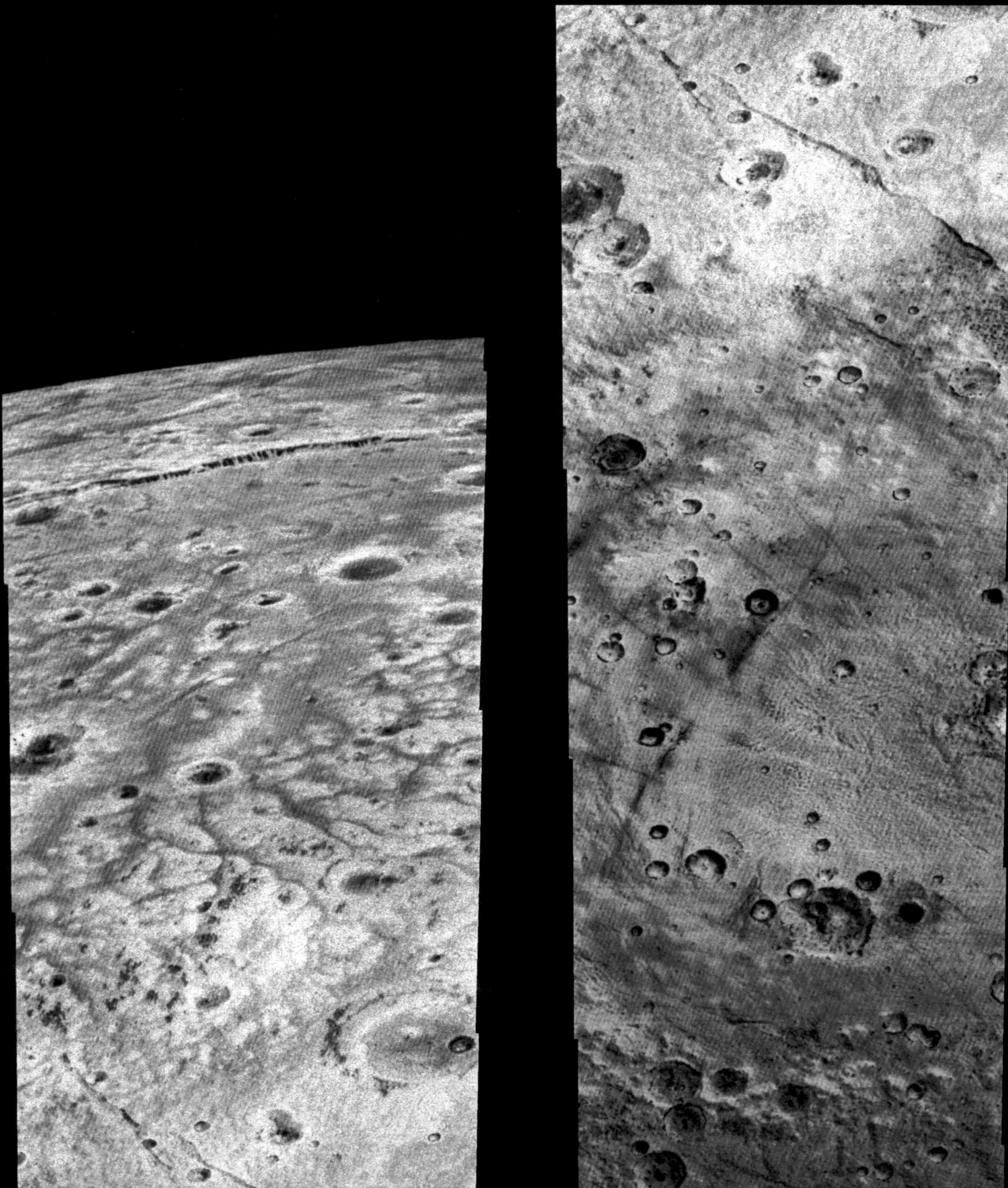

Scan 2 (suite)

Scan 2 (suite)

Scan 2 (fin)

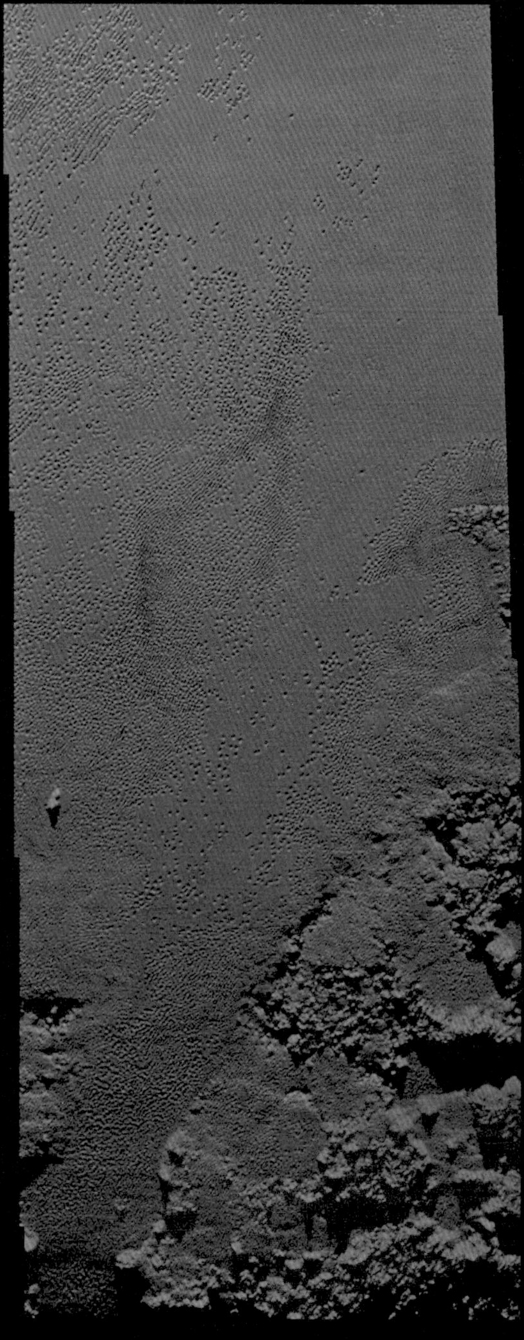

Scan 3

Caméra LORRI, scan panchromatique

Distance 16 100 km – Résolution 0,078 km/pixel

(NASA/JHUAPL-SwRI. Retraitements O. de Goursac)

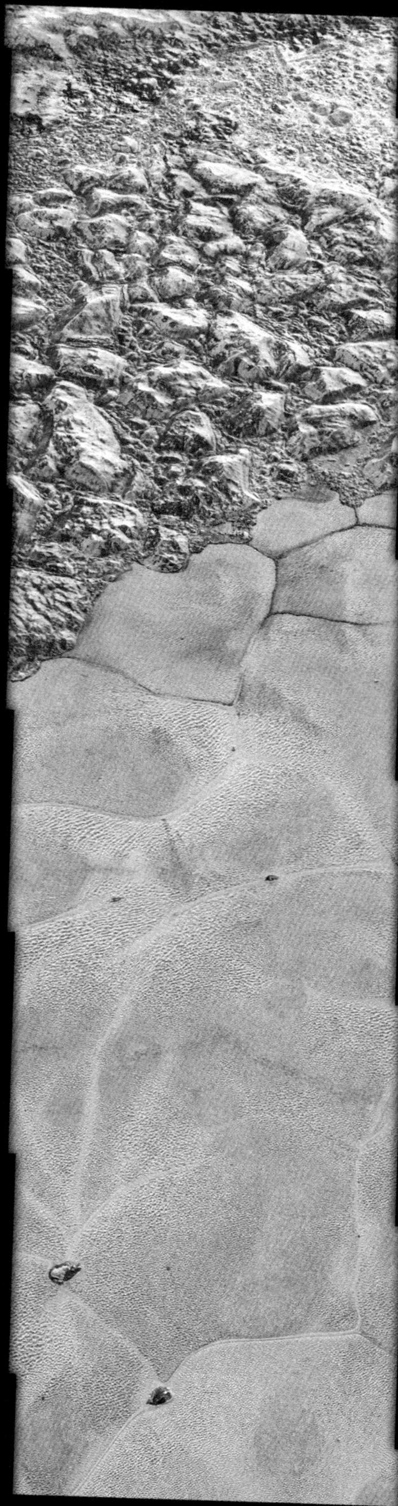

Scan 3 (suite)

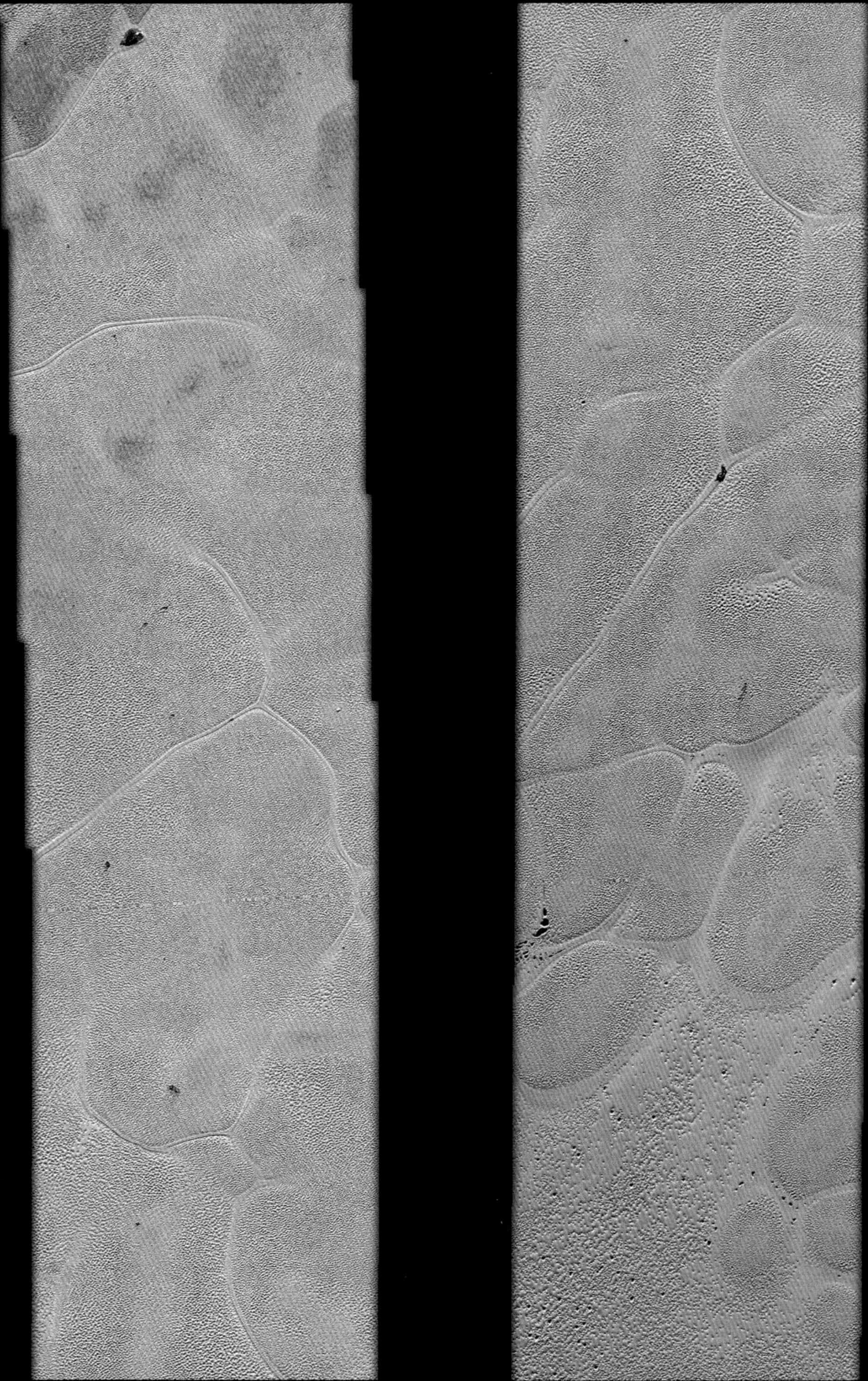

Scan 3 (fin)

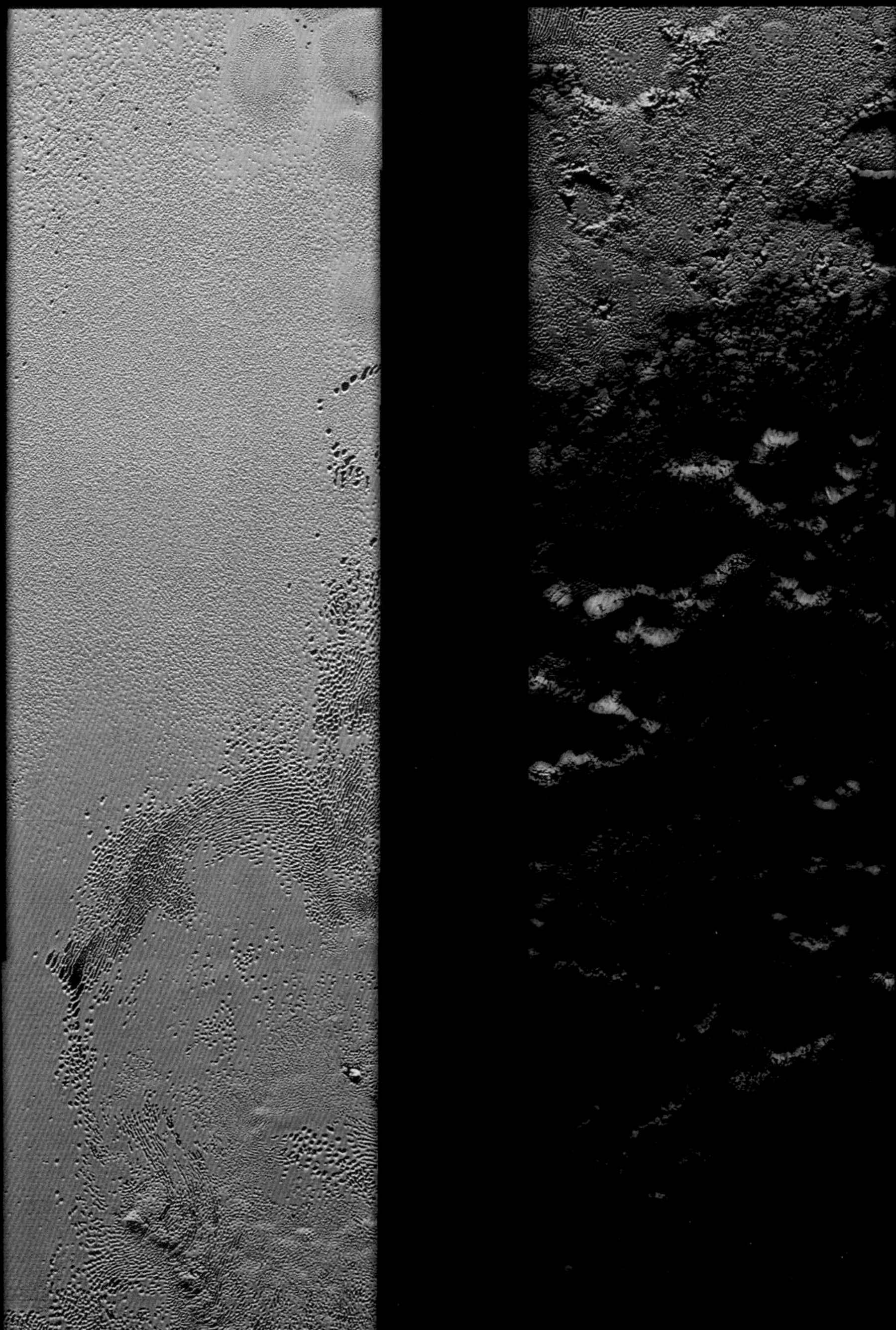

Détails de Pluton en quinze sections

Caméra MVIC couleur, retraitement panchromatique

Distance 39 385 km – Résolution 0,78 km/pixel

(NASA/JHUAPL-SwRI. Retraitements O. de Goursac)

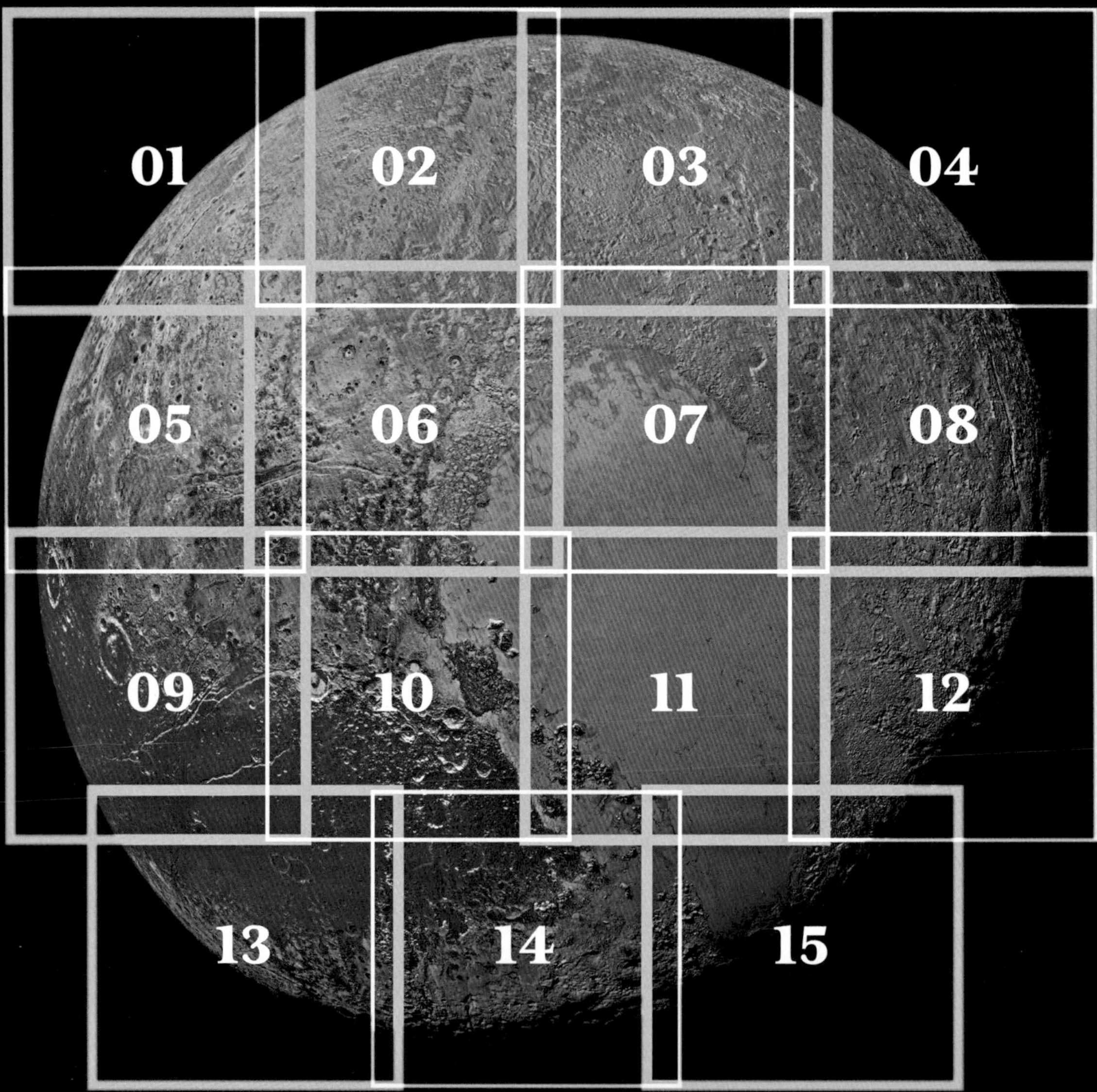

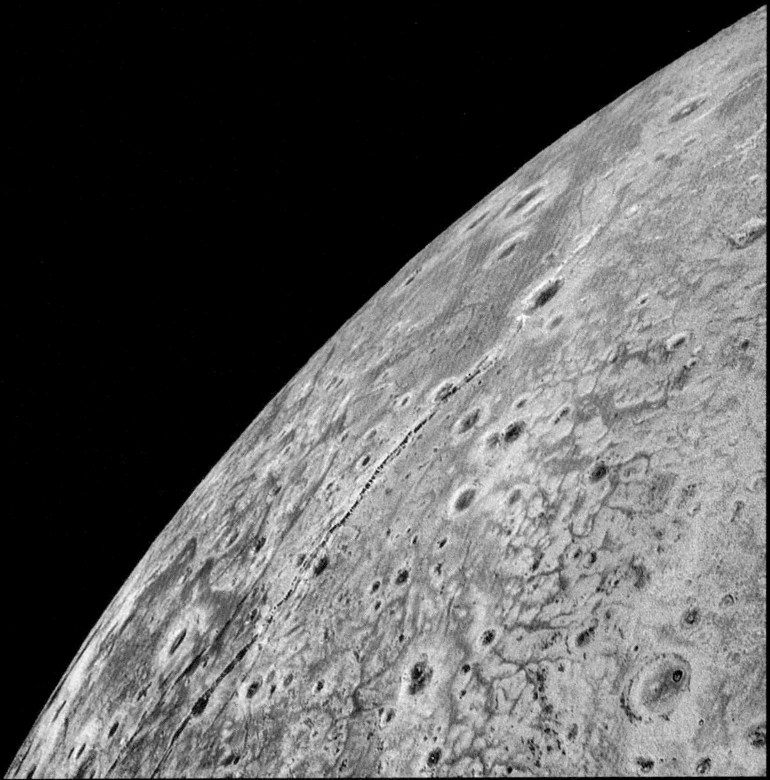

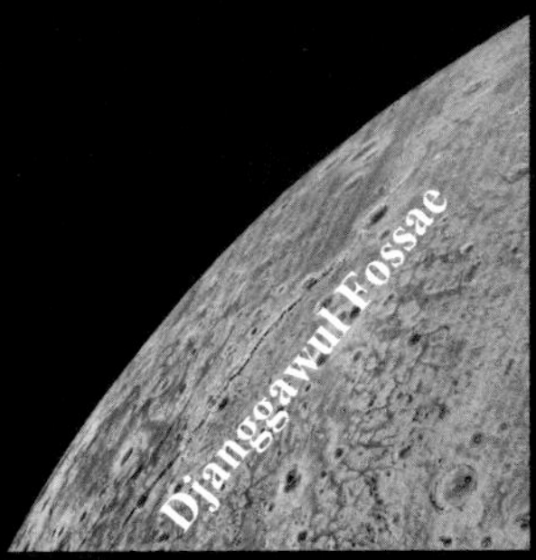

01

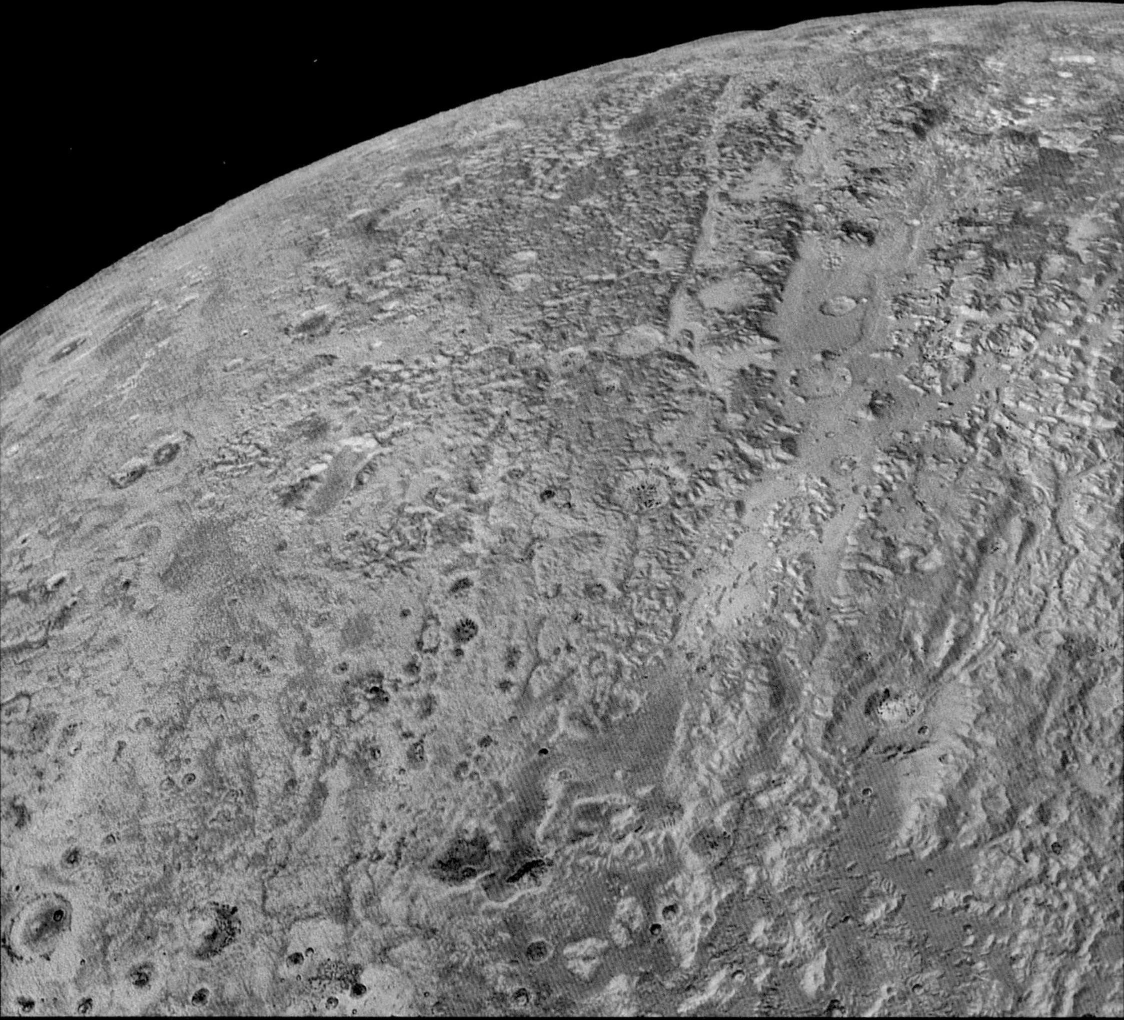

02

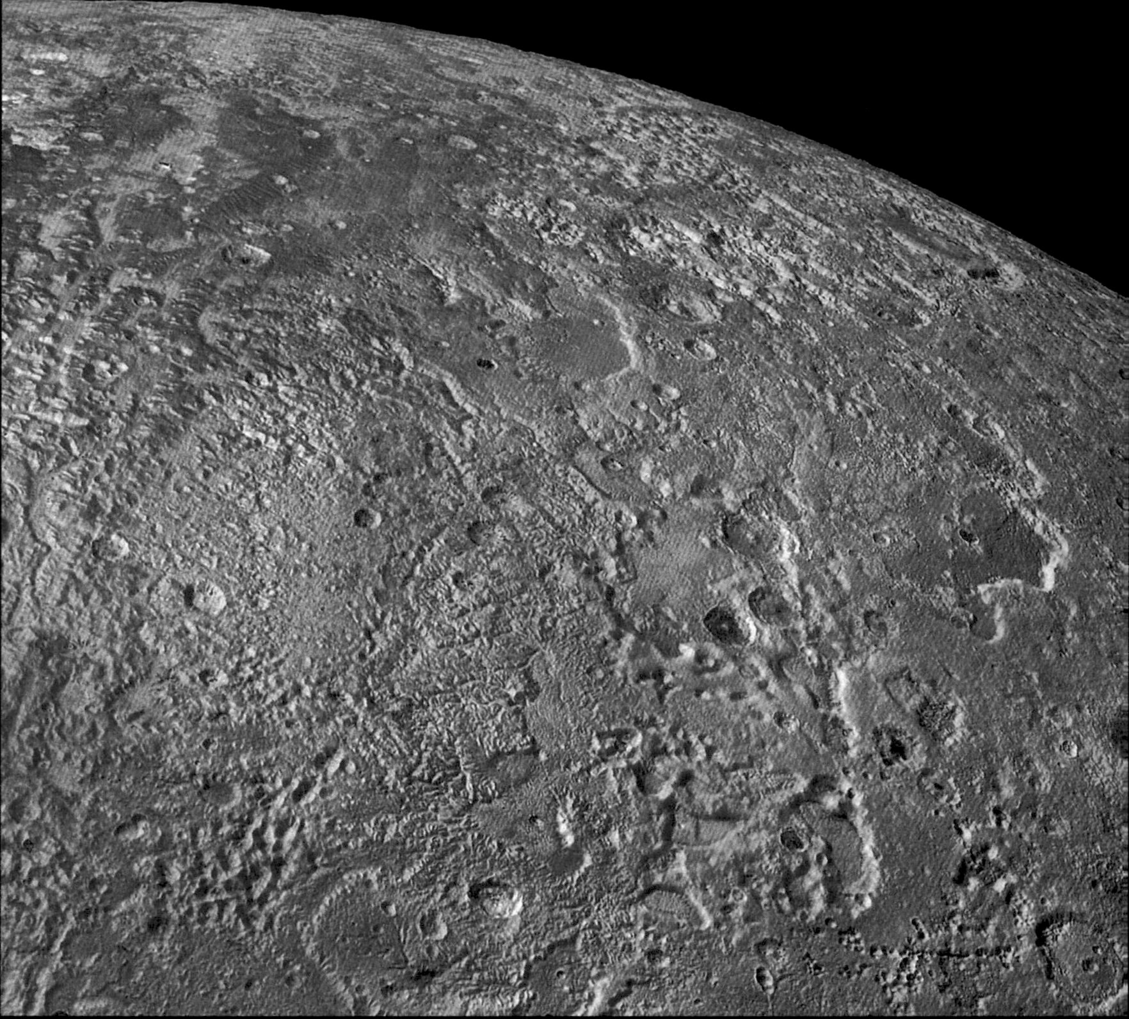

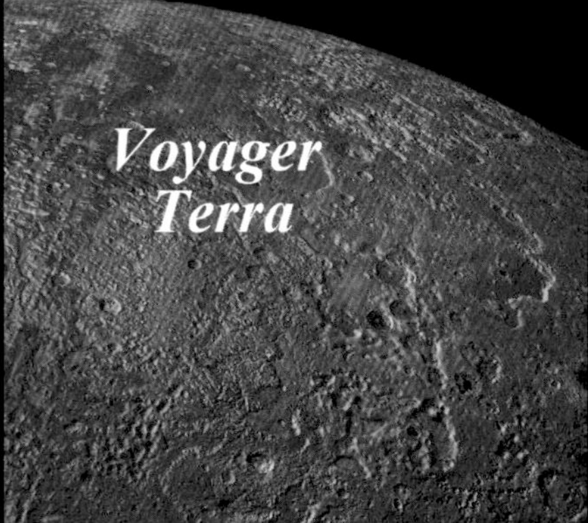

03

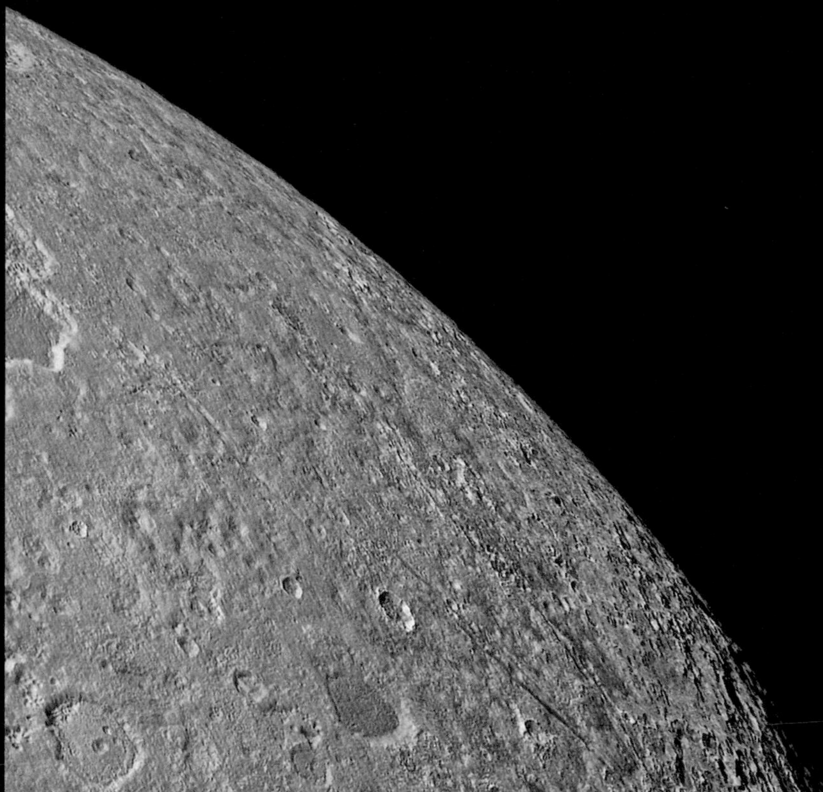

04

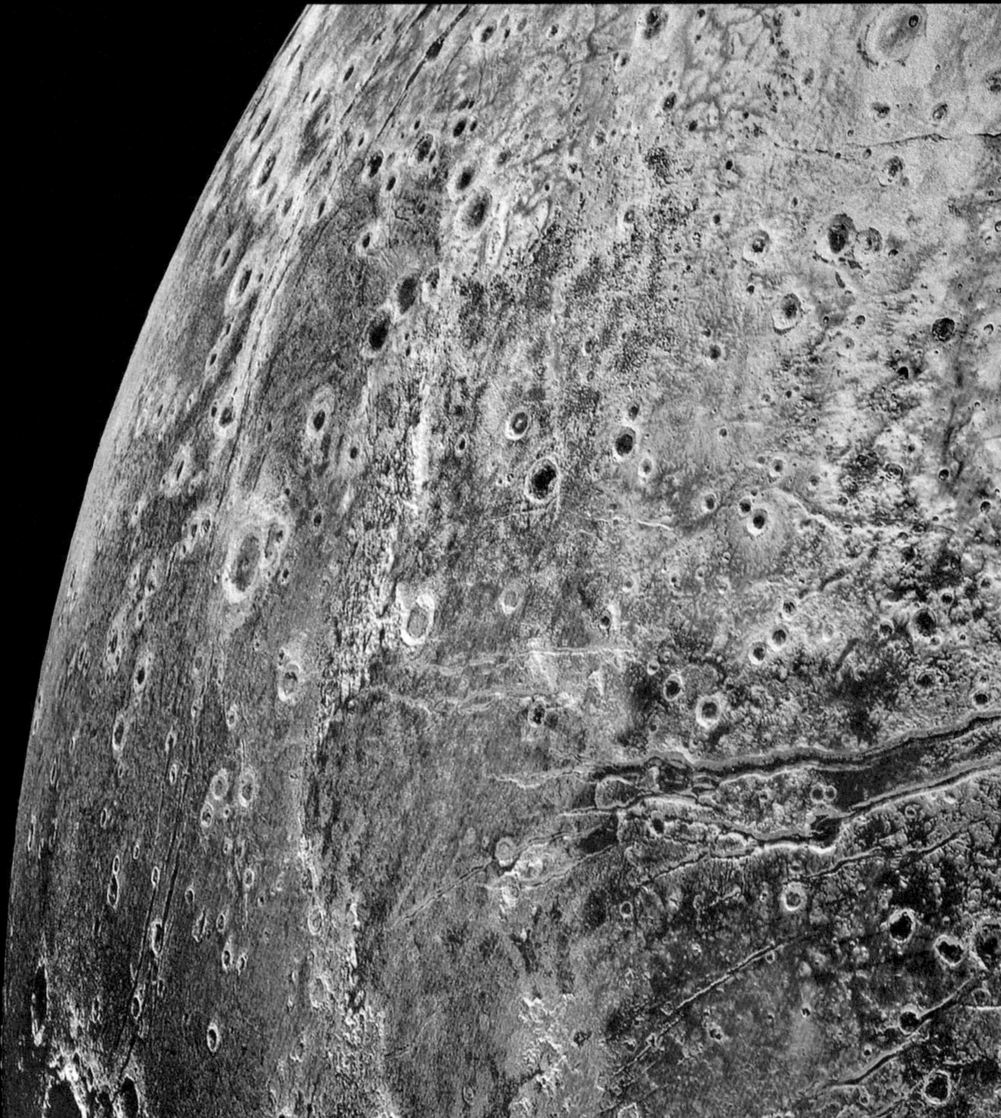

Venera
Terra
Khare
Crater
Piri Rupes
Inanna Fossa
Dumuzi Fossa

05

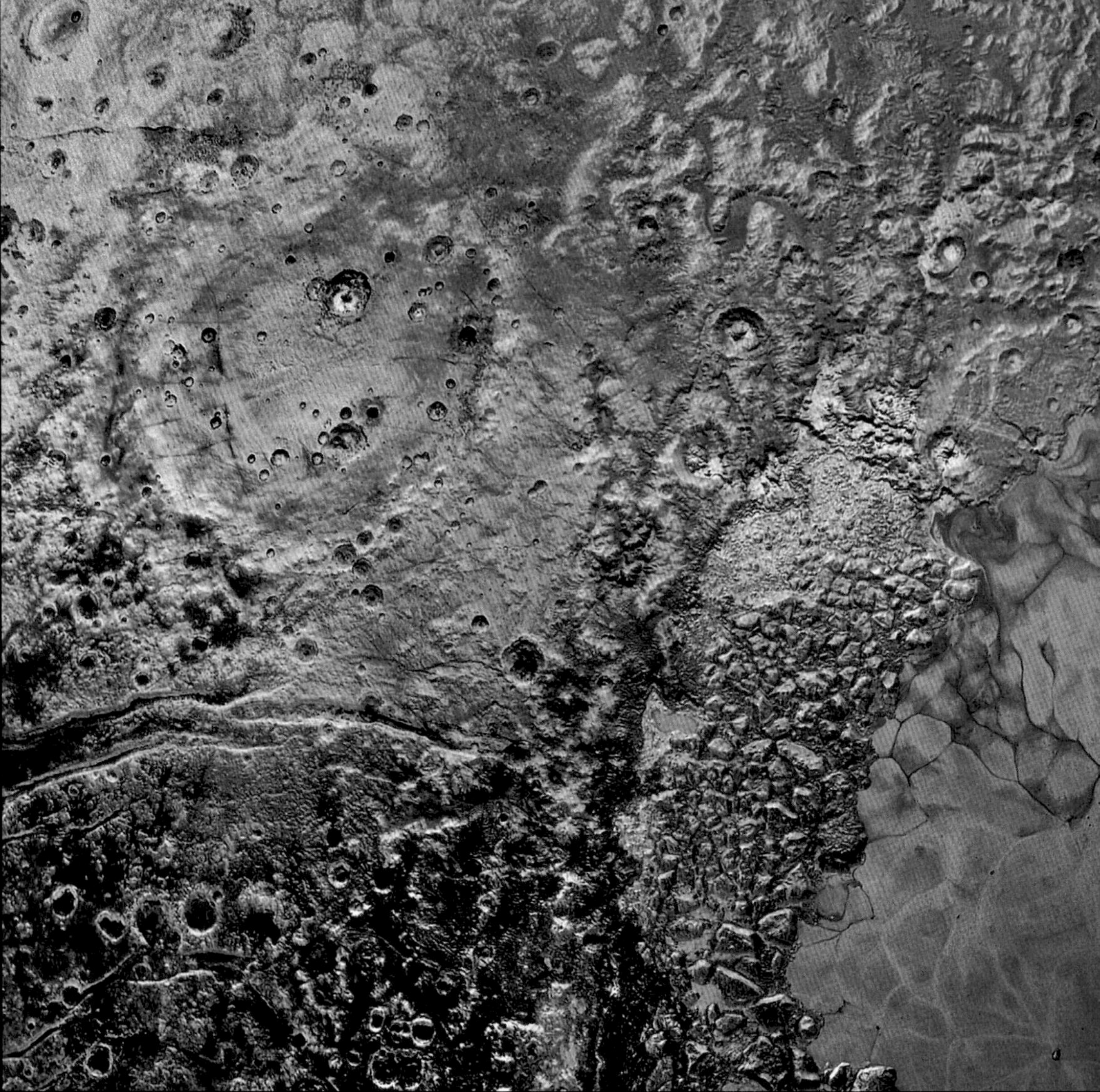

Kupe Vallis
Hunadpu Vallis
Burney Crater
Inanna F.
Alcyonia Lacus
Al-Idrisi Montes
Dumuzi Fossa

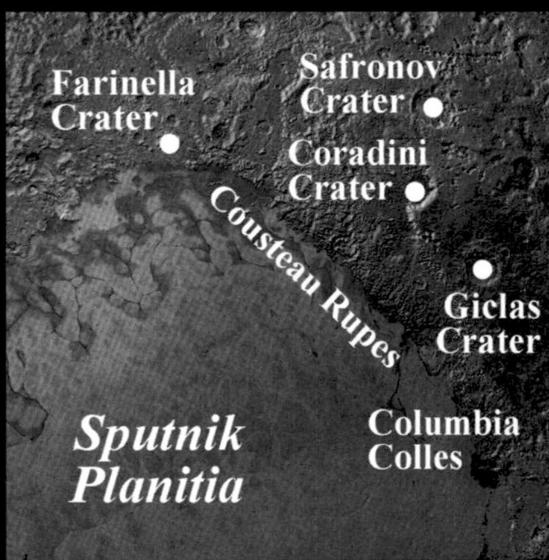

Farinella
Crater
Safronov
Crater
Coradini
Crater
Cousteau Rupes
Giclas
Crater
Columbia
Colles
Sputnik
Planitia

07

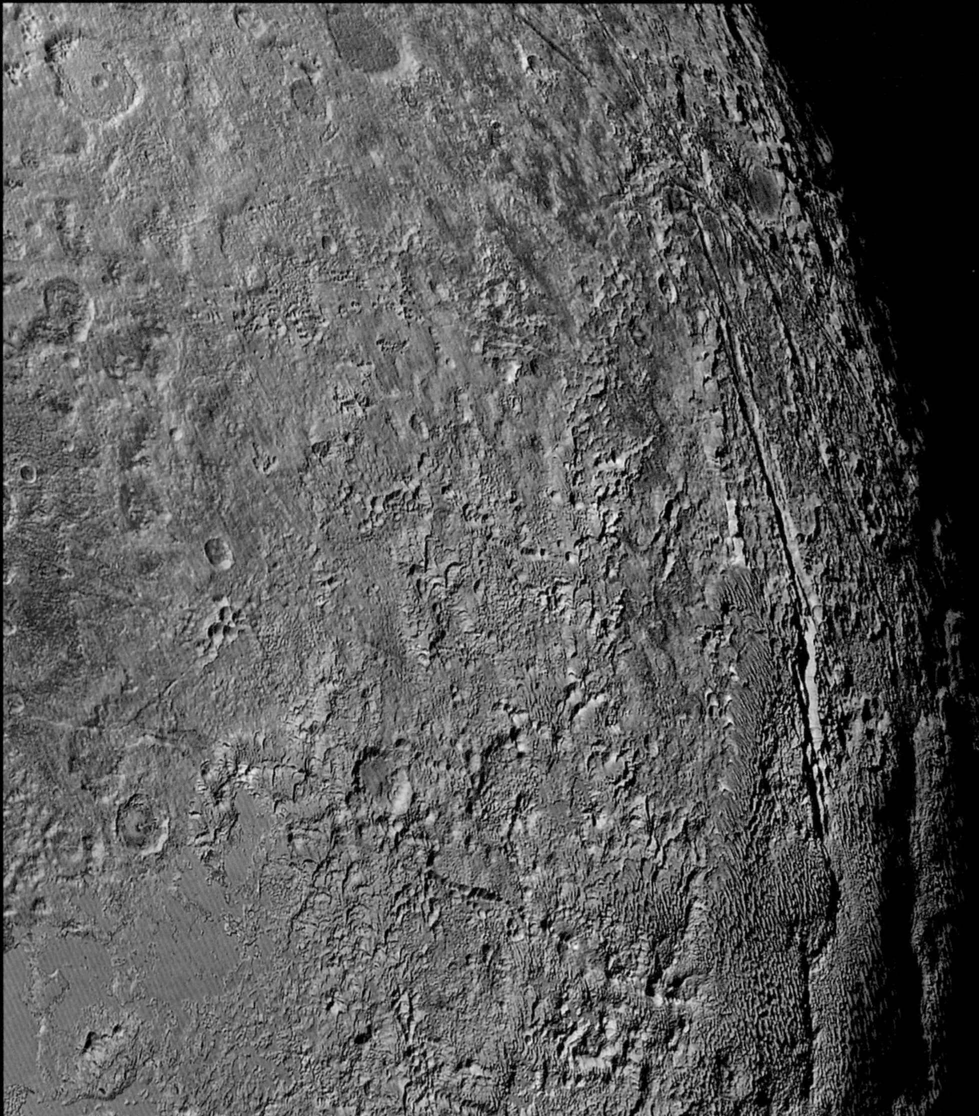

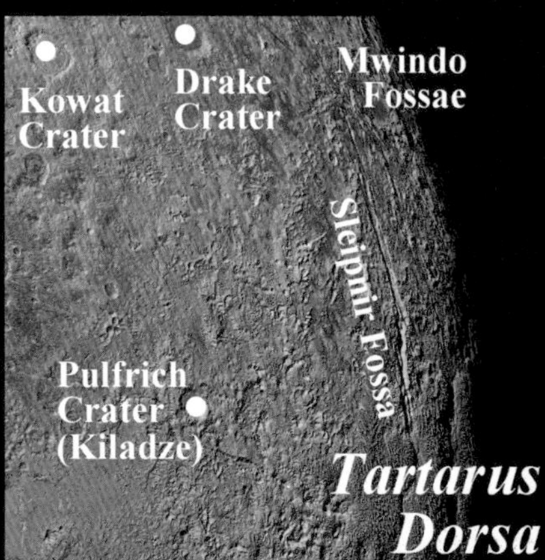
Kowat
Crater
Drake
Crater
Mwindo
Fossae
Sleipnir Fossa
Pulfrich
Crater
(Kiladze)
Tartarus
Dorsa

08

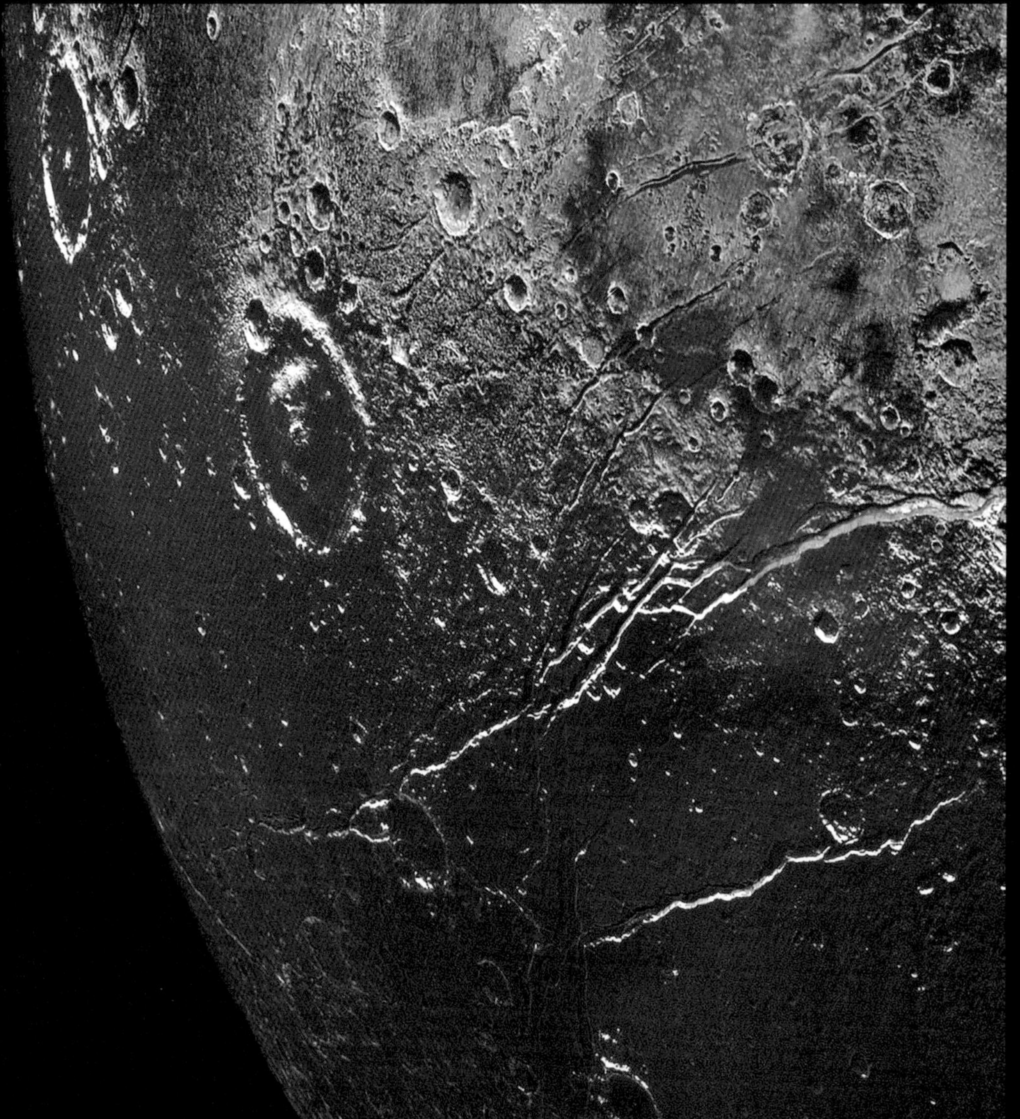

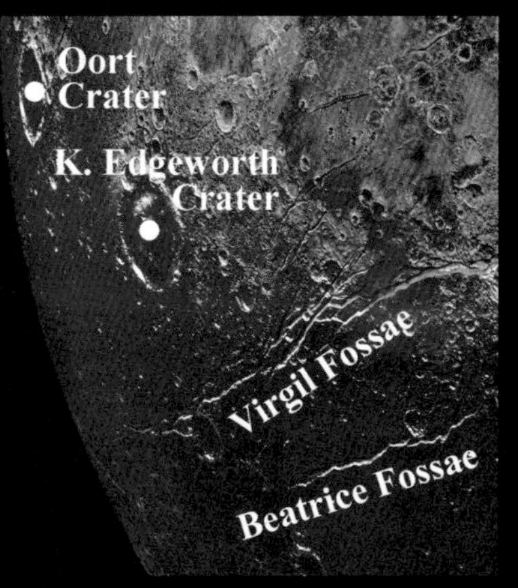
Oort
Crater
K. Edgeworth
Crater
Virgil Fossae
Beatrice Fossae

09

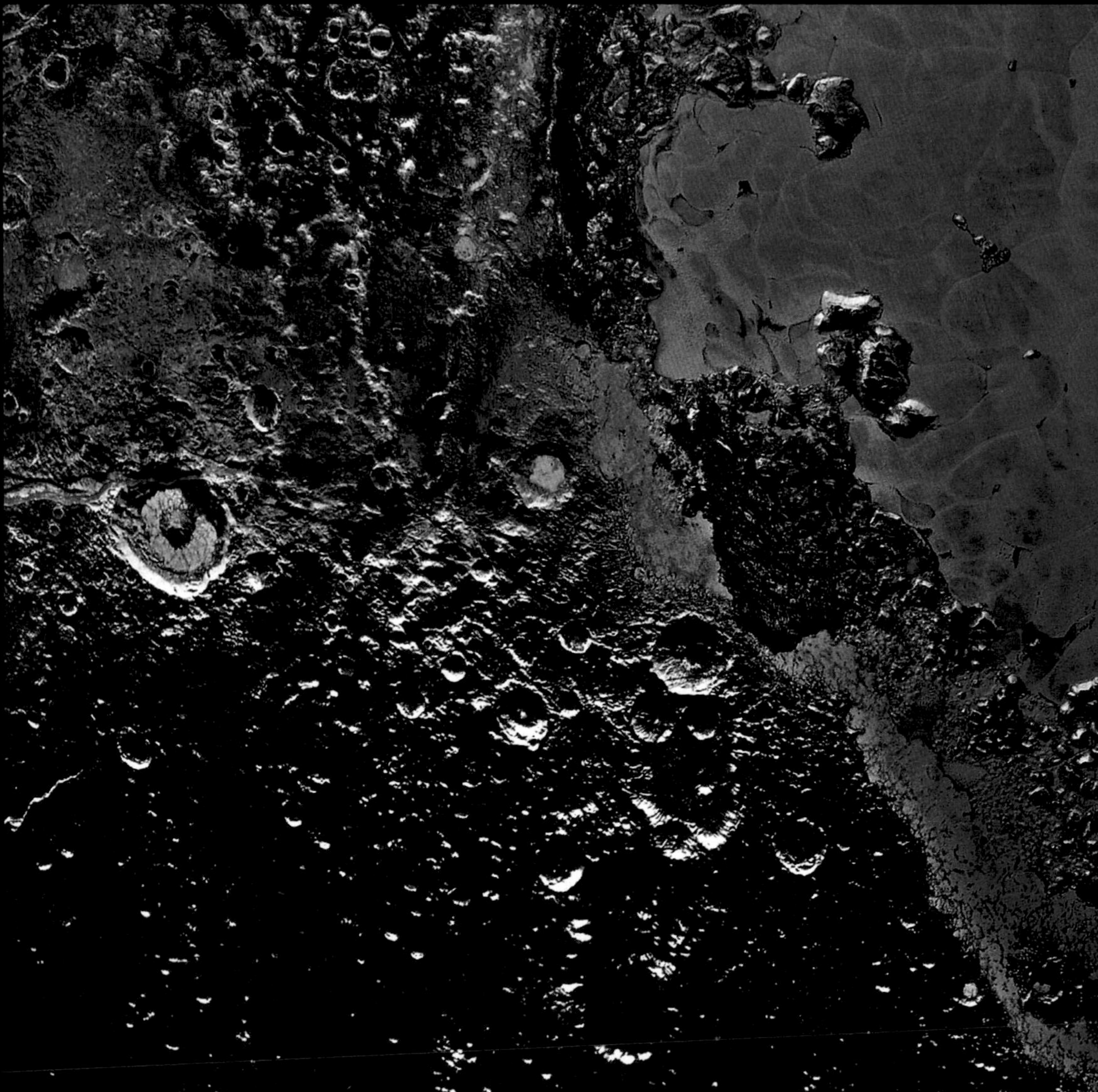

Coleta de Dados
Colles
Zheng He
Montes
Elliot
Crater
Baré
Montes
Hekla
Cavus
Brinton
Crater
H. Smith
Crater
Harrington
Crater

10

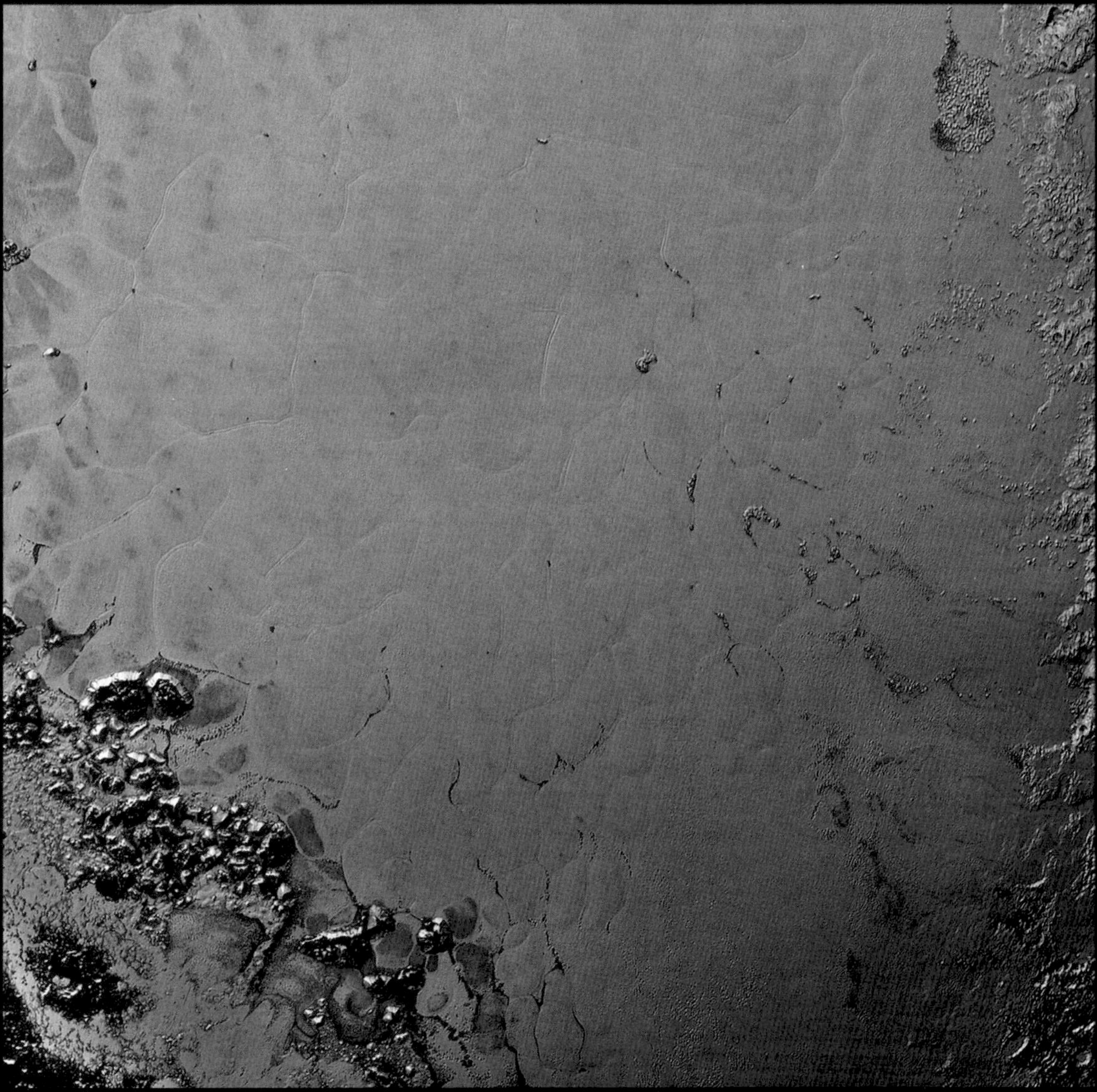

Challenger
Colles
Soyuz
Colles
Sputnik
Planitia
Astrid
Colles
Hillary Montes

11

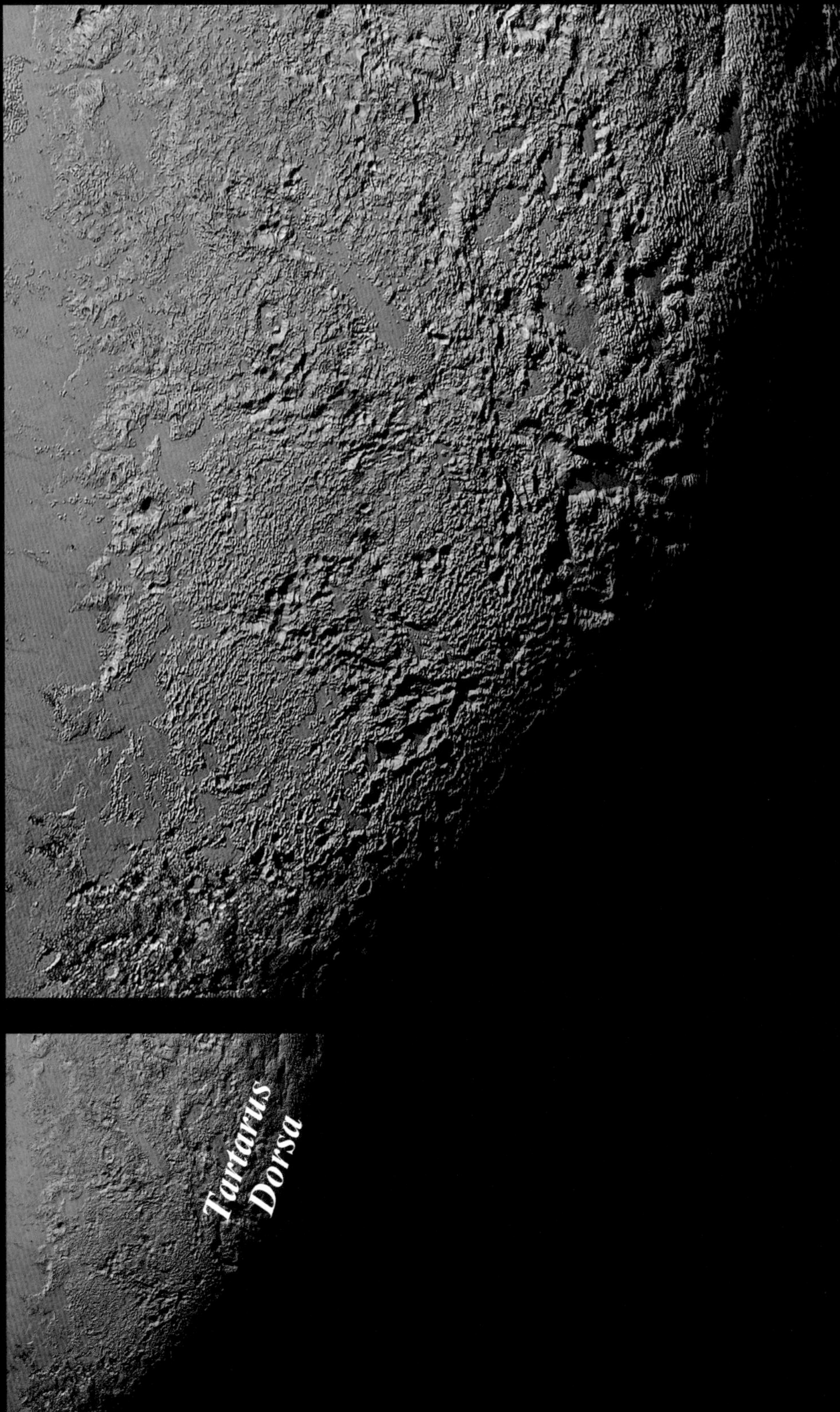

12

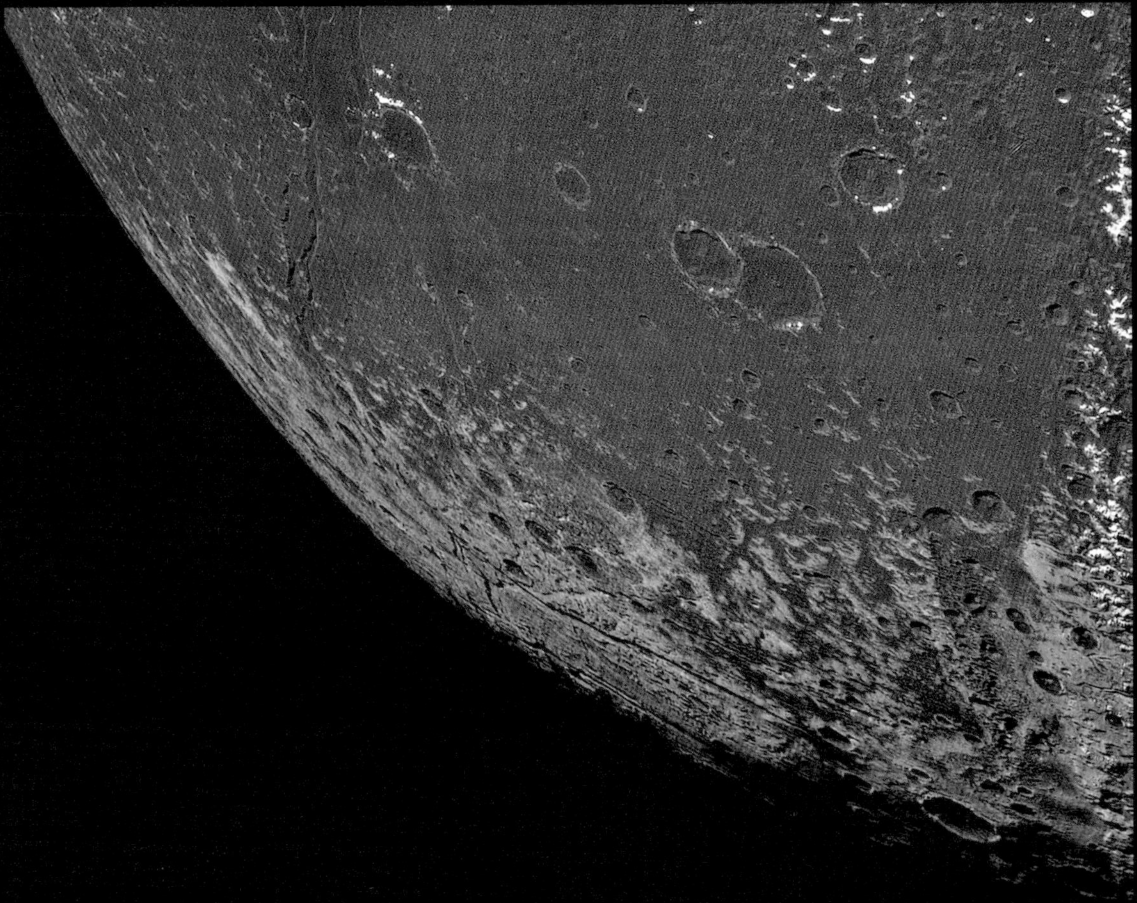

13

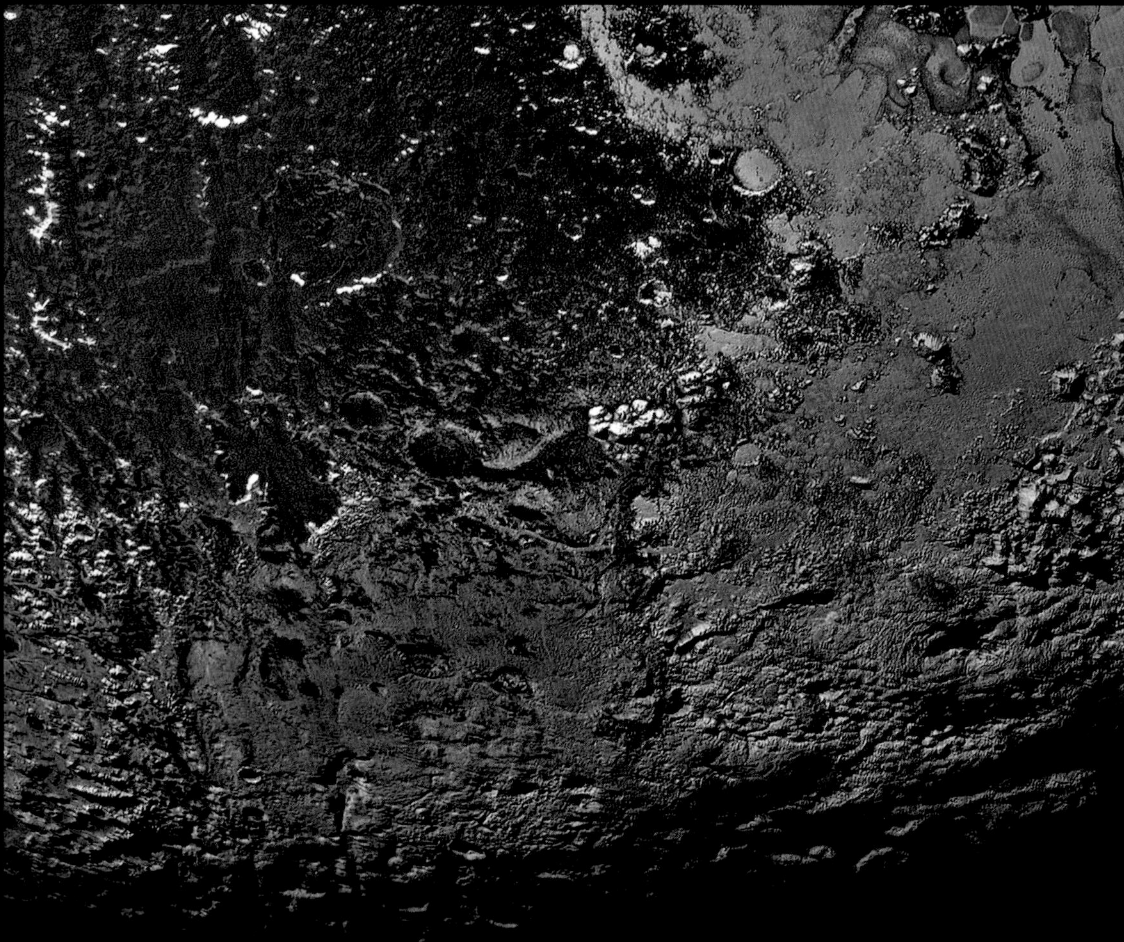

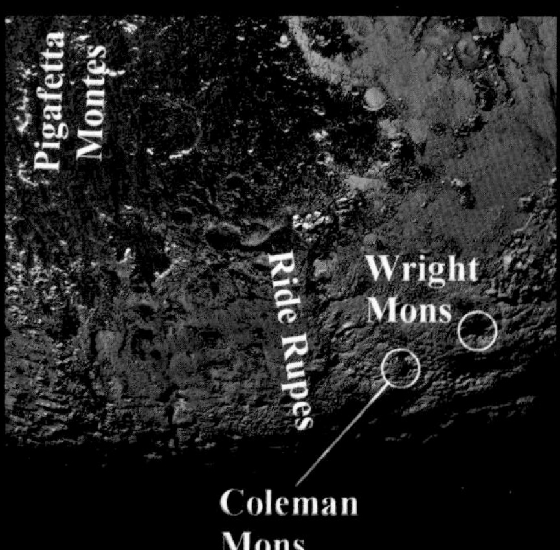

14

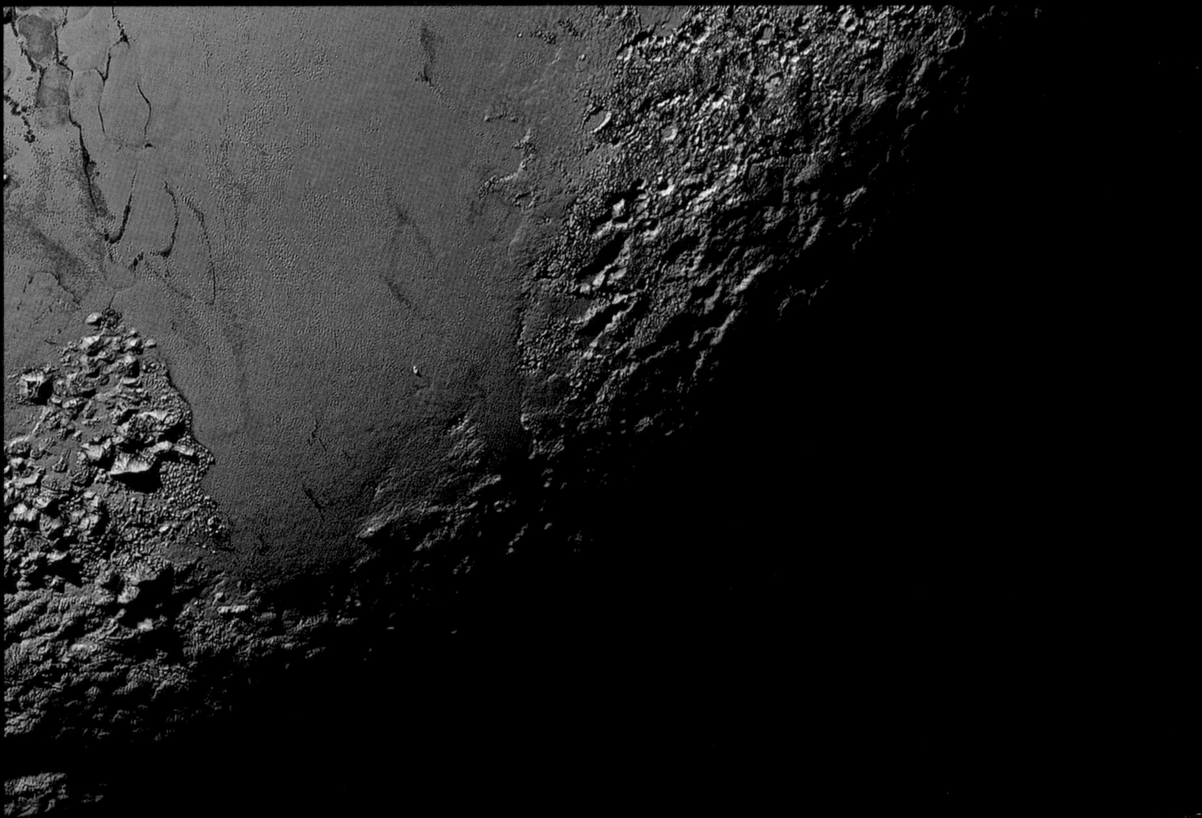

15

Charon

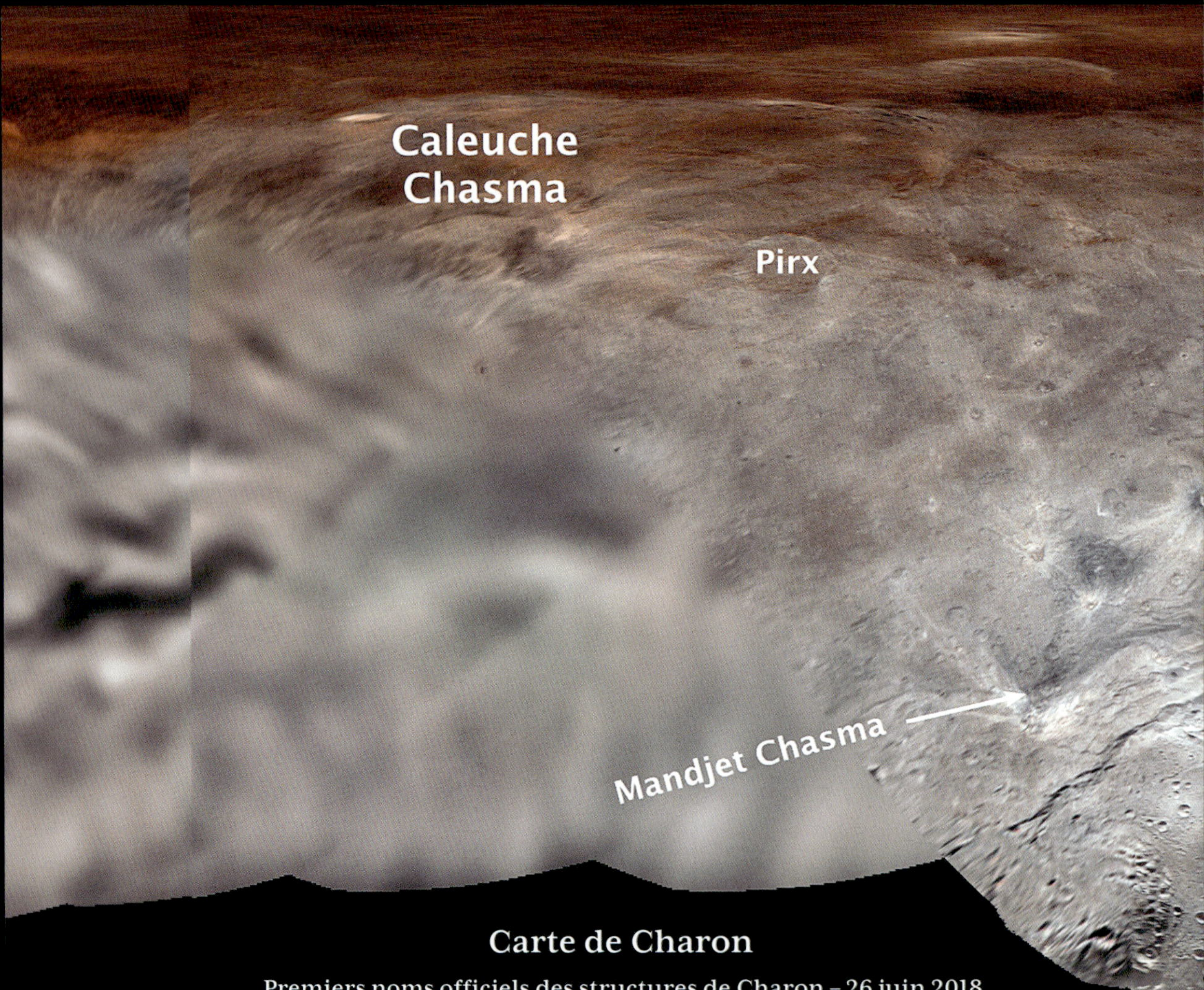

Carte de Charon

Premiers noms officiels des structures de Charon – 26 juin 2018
(IAU Working Group for Planetary System Nomenclature)

(NASA/JHUAPL-SwRI)

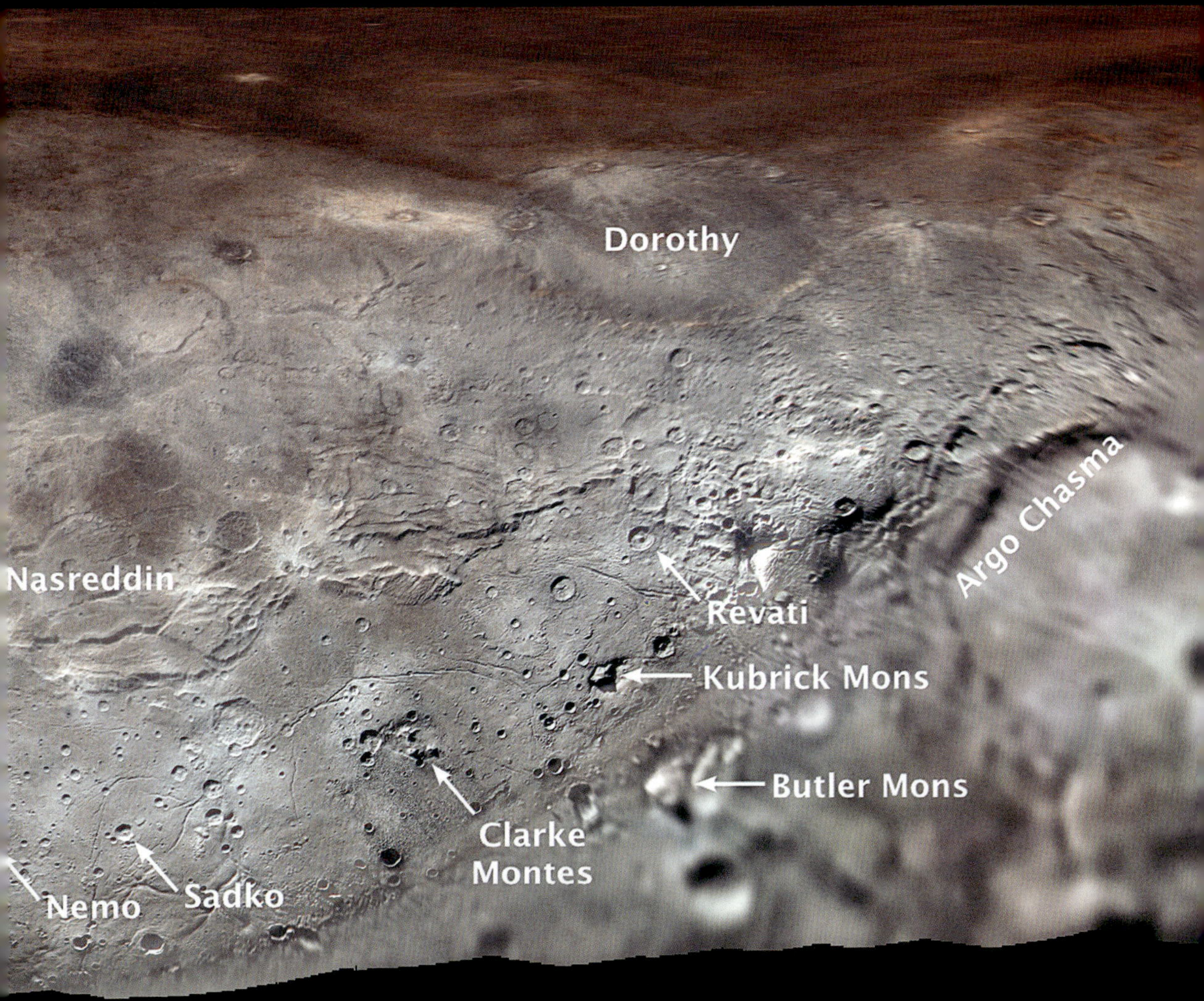

Nota : les noms donnés aux autres formations dans les pages suivantes sont en attente de validation par l'UAI.

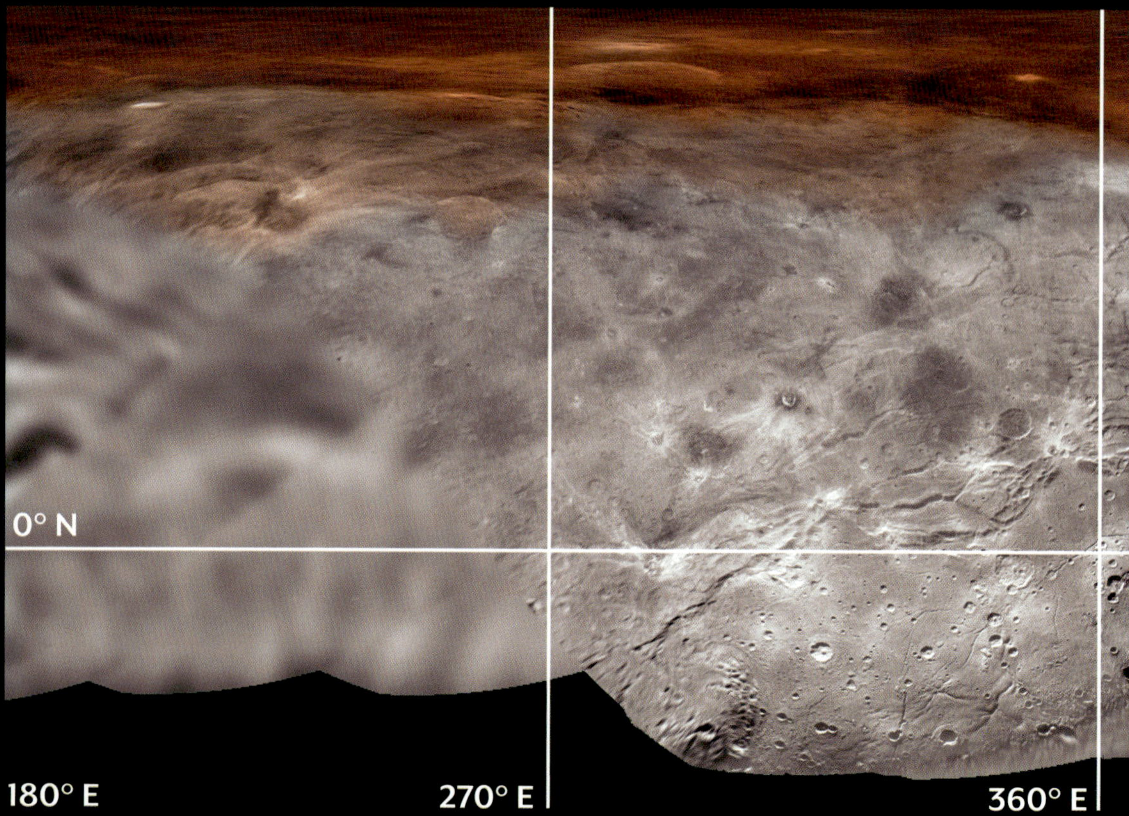

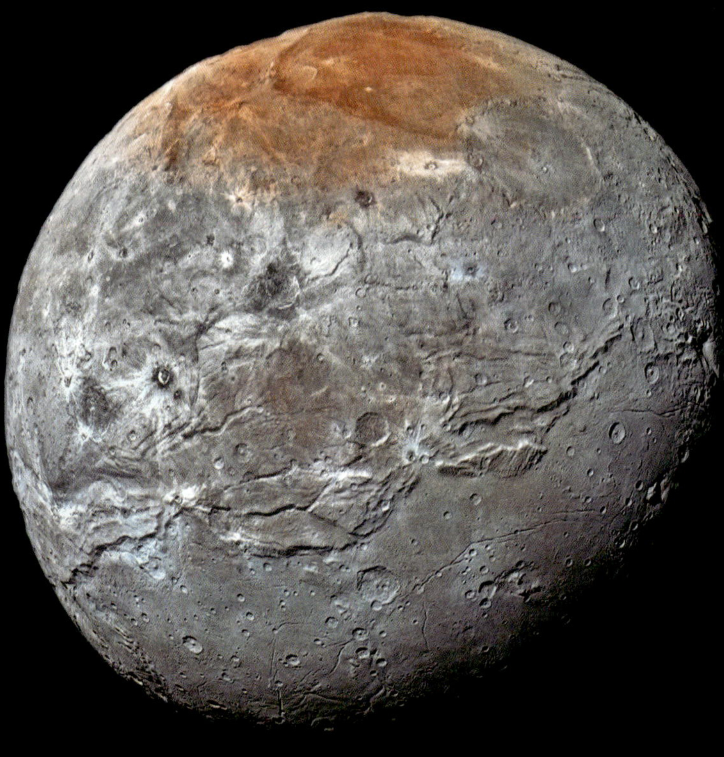

Charon
Caméra MVIC,
mode couleur
Distance 75 668 km
Résolution 1,50 km/pixel
(NASA/JHUAPL-SwRI.
Retraitements O. de Goursac)

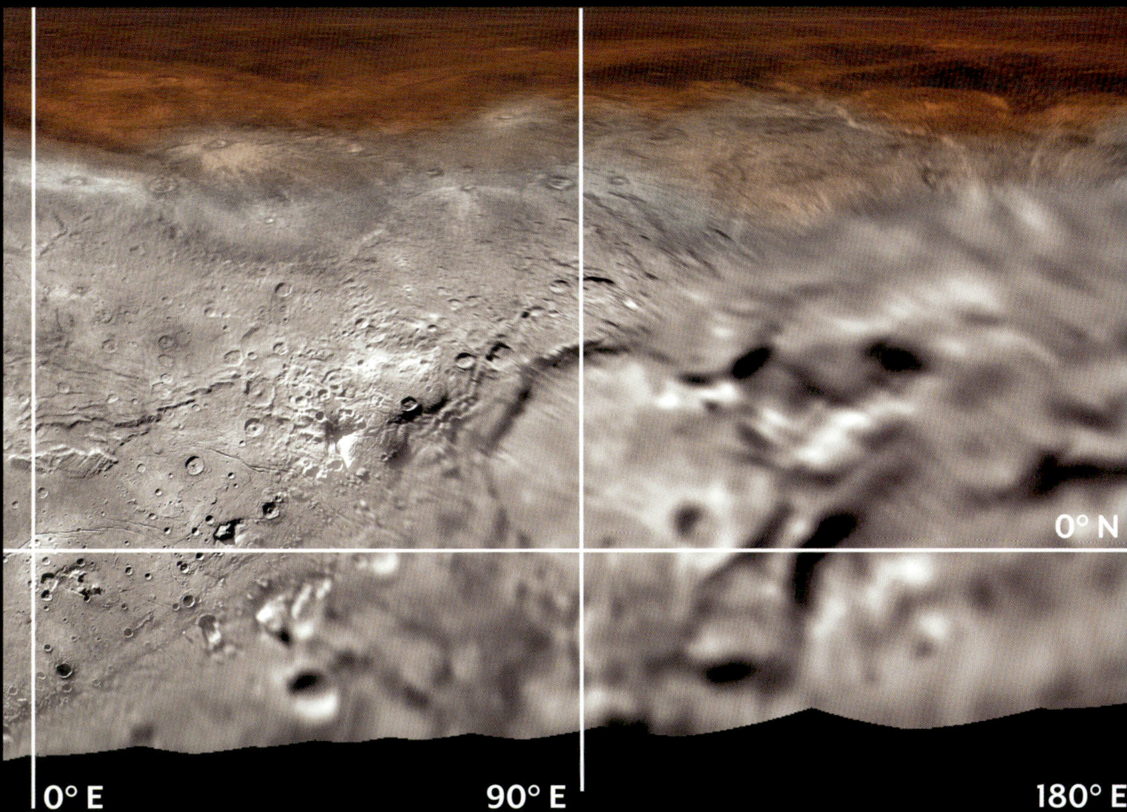

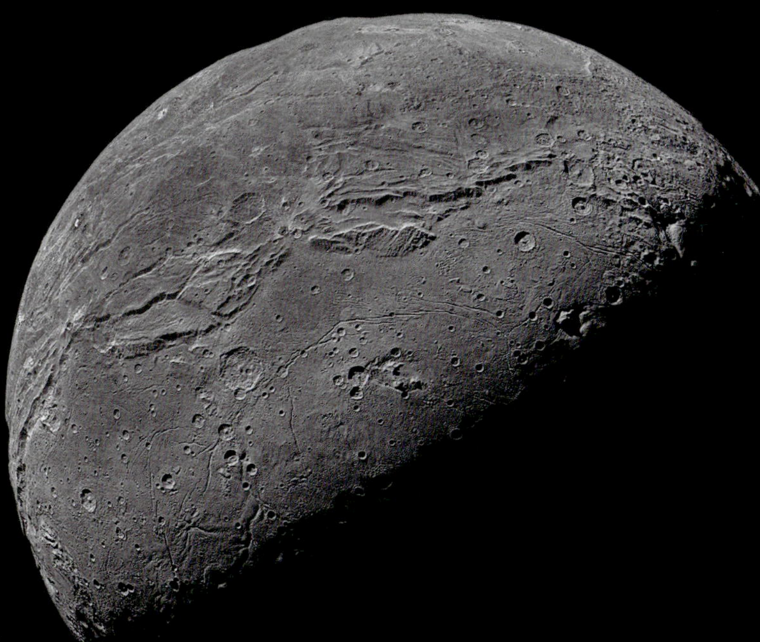

Charon
Caméra MVIC,
mode panchromatique
Distance 33 245 km
Résolution 0,66 km/pixel
(NASA/JHUAPL-SwRI.
Retraitements O. de Goursac)

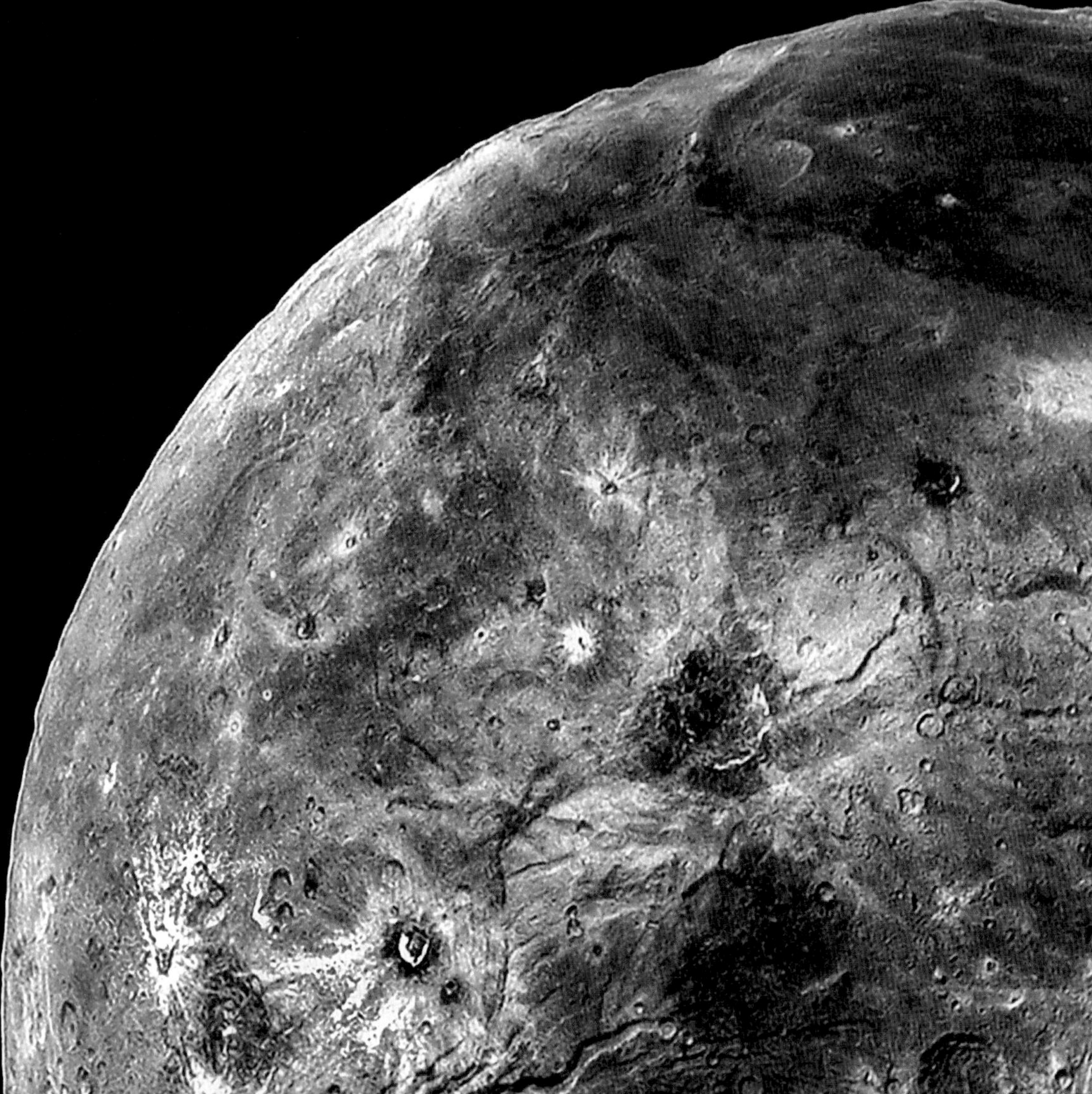

Détails de Charon en quatre quadrants
Caméra MVIC, retraitement panchromatique
Distance 75 668 km – Résolution 1,50 km/pixel
(NASA/JHUAPL-SwRI. Retraitements O. de Goursac)

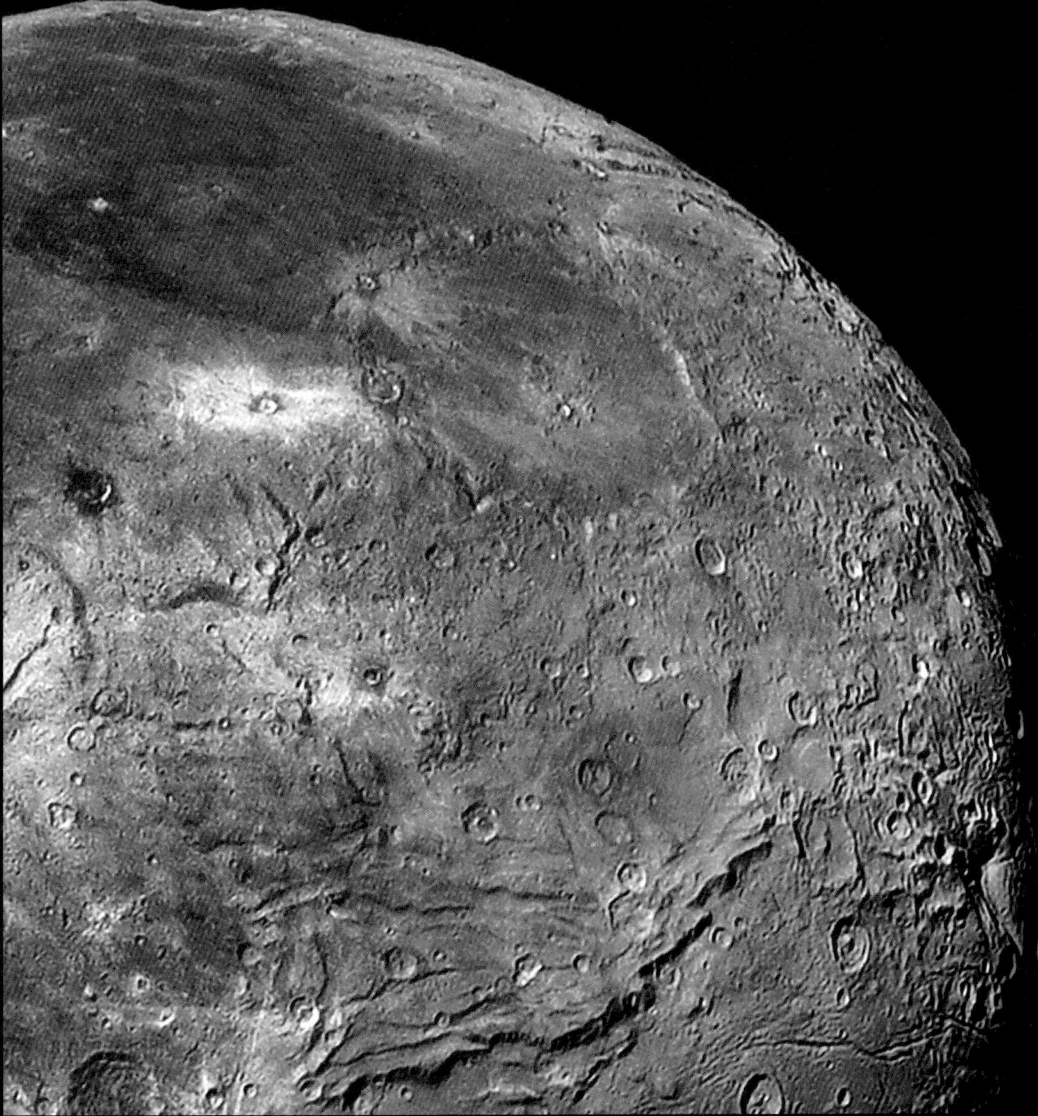

Mordor
Macula
Dorothy
Oz Terra
Revati

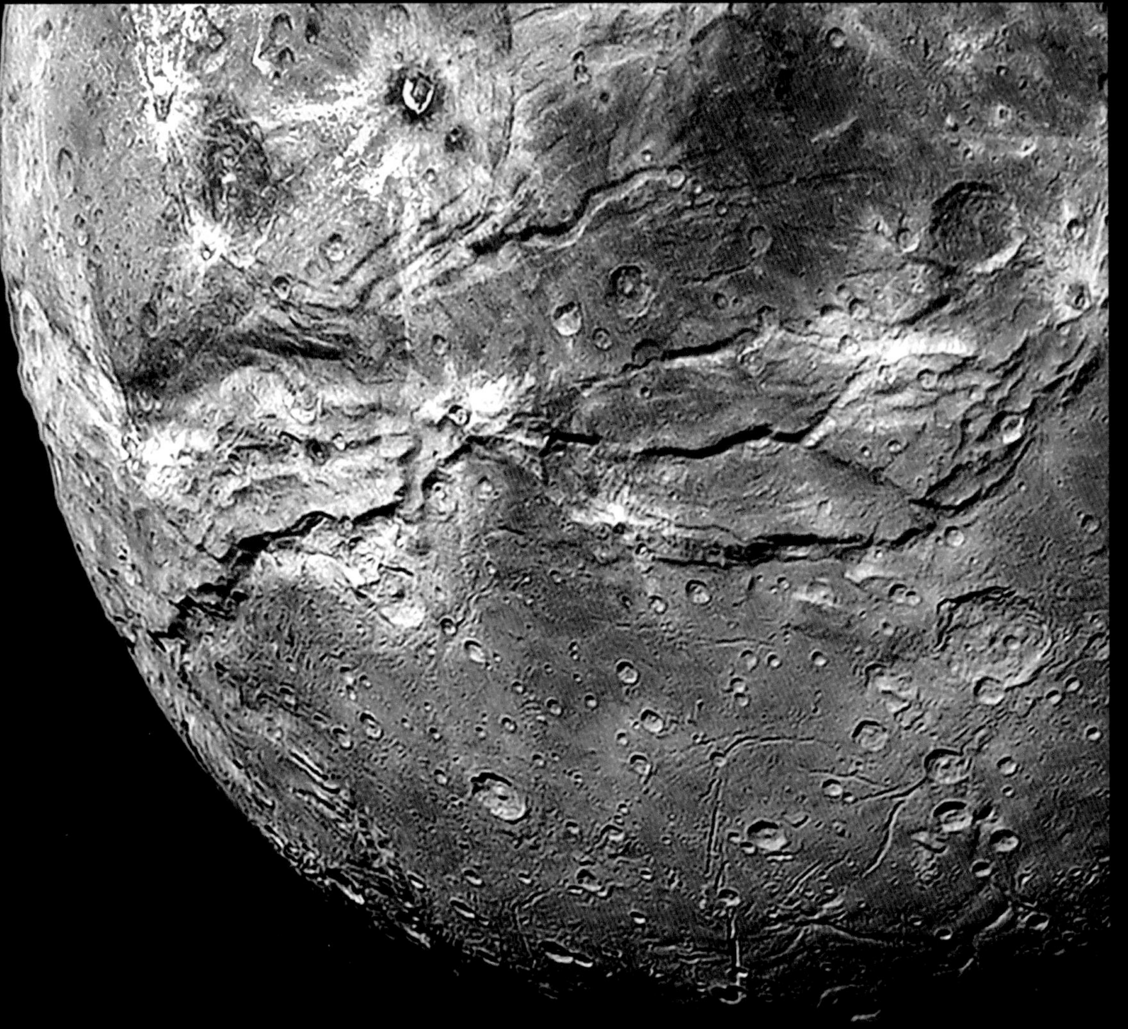

Nasreddin Crater
Gallifrey Macula
Alice Crater
Mandjet Chasma
Vulcan Planum
Nemo Crater
Sadko Crater

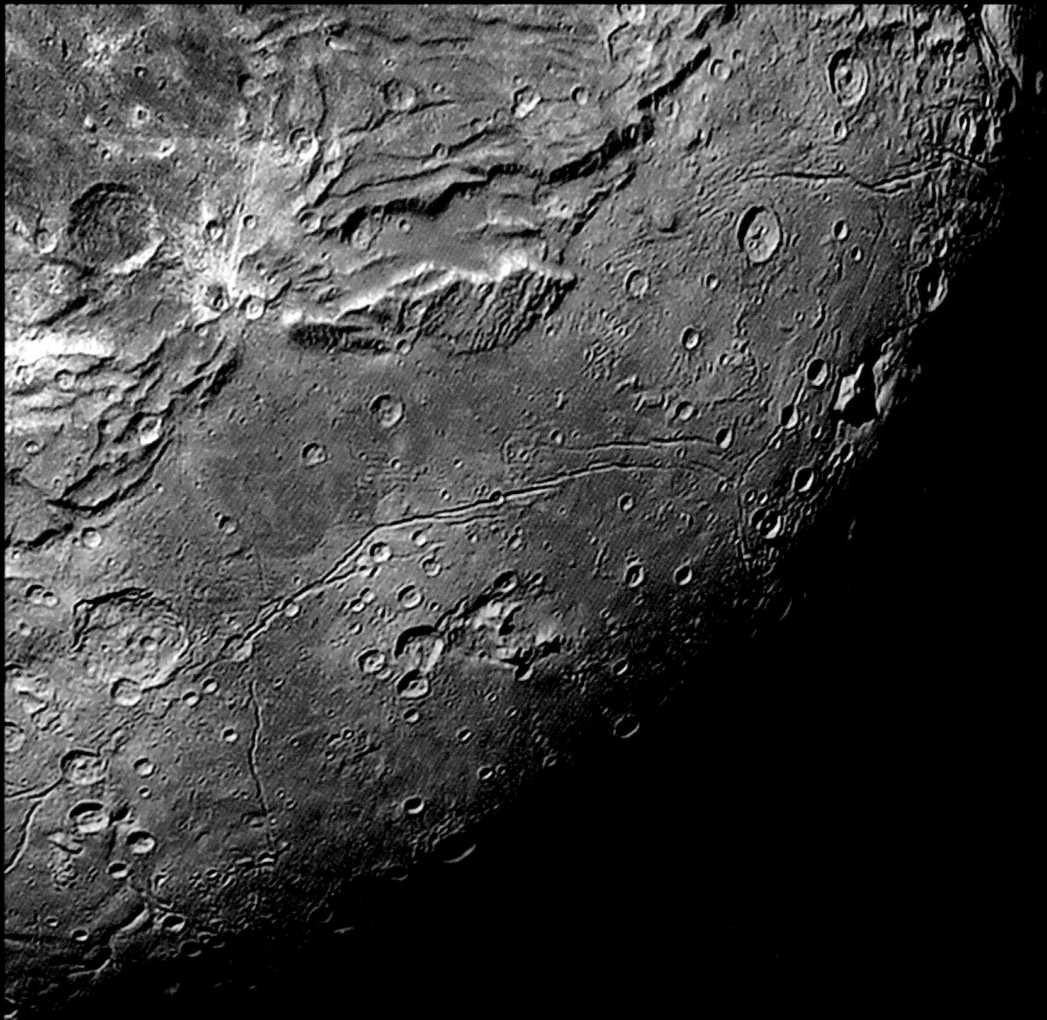

Alice Crater
Serenity Chasma
Spock Crater
Kubrick Mons
Clarke Montes
Kirk Crater
Sulu Crater
Uhura Crater

Détails de Charon en deux sections
Caméra MVIC, retraitement panchromatique
Distance 33 245 km – Résolution 0,66 km/pixel
(NASA/JHUAPL-SwRI. Retraitements O. de Goursac)

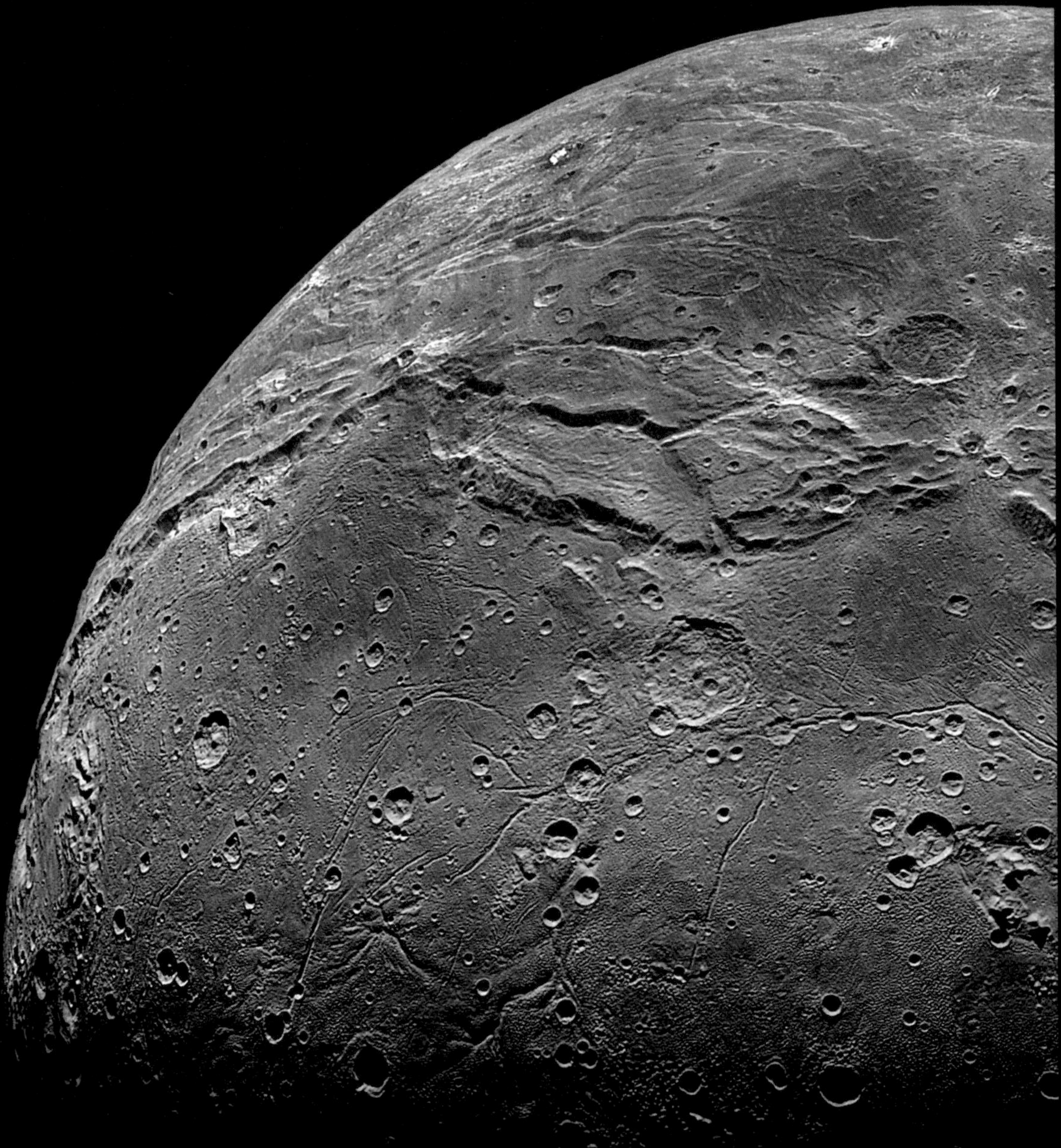

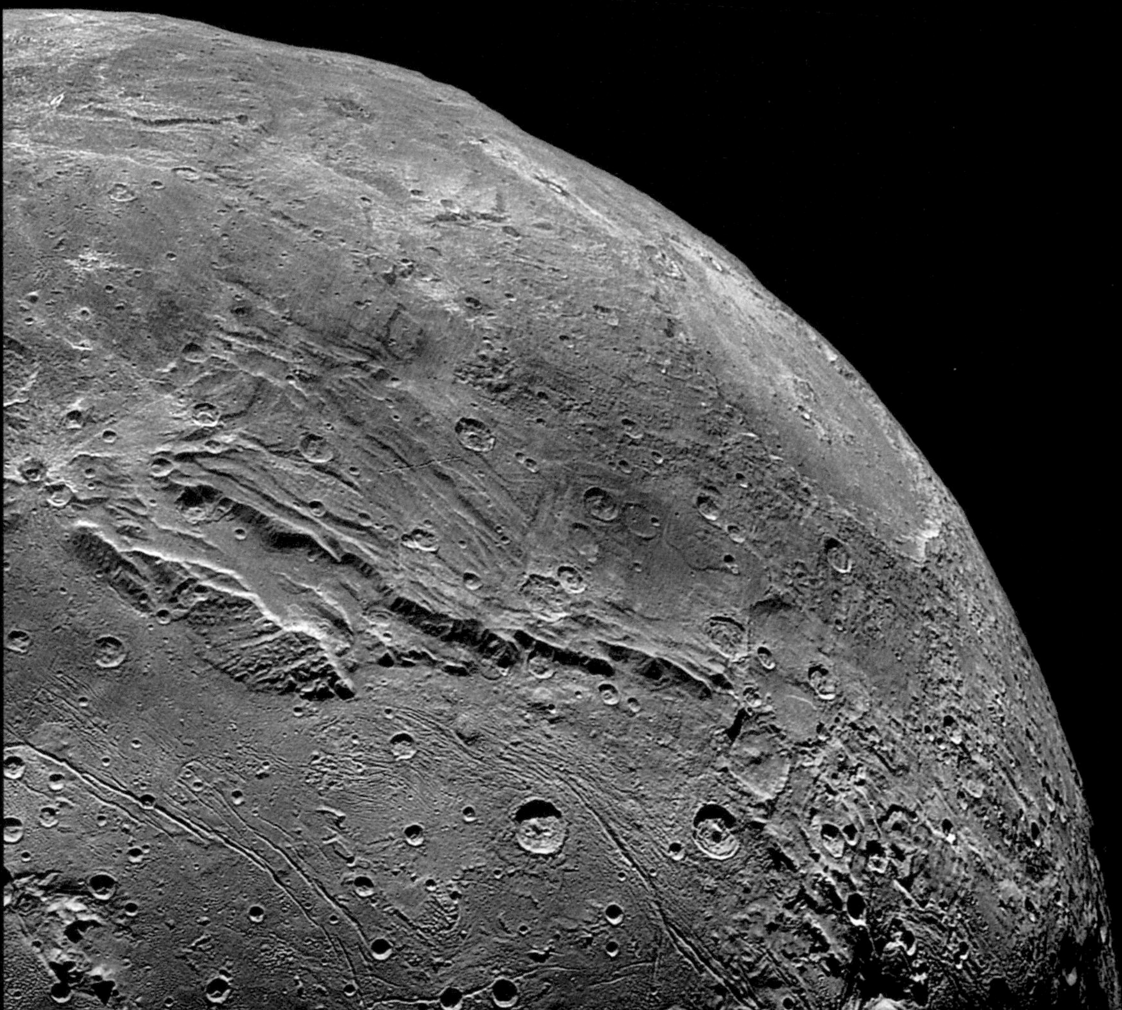

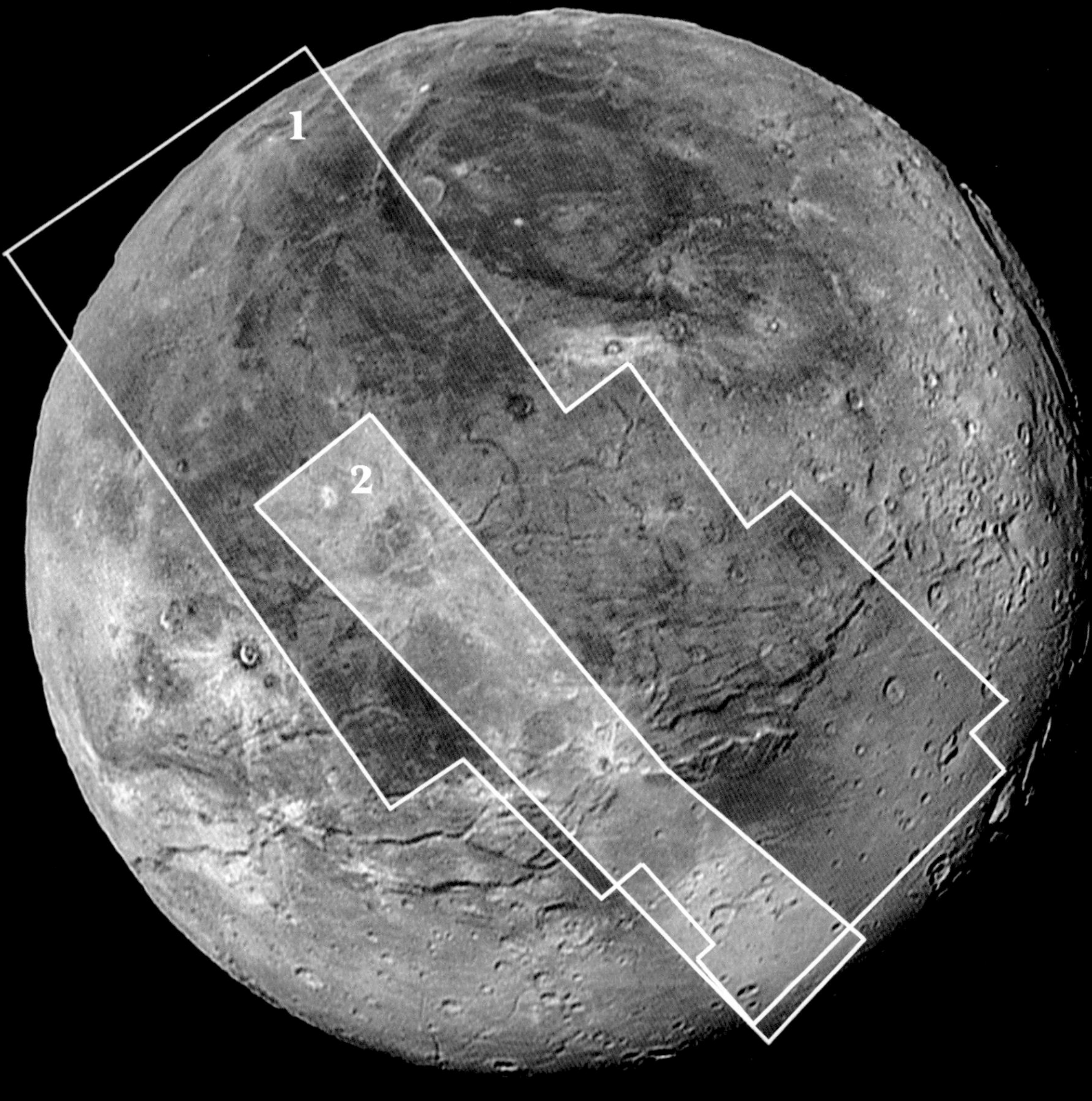

Charon
Positionnement des deux scans
de la caméra LORRI

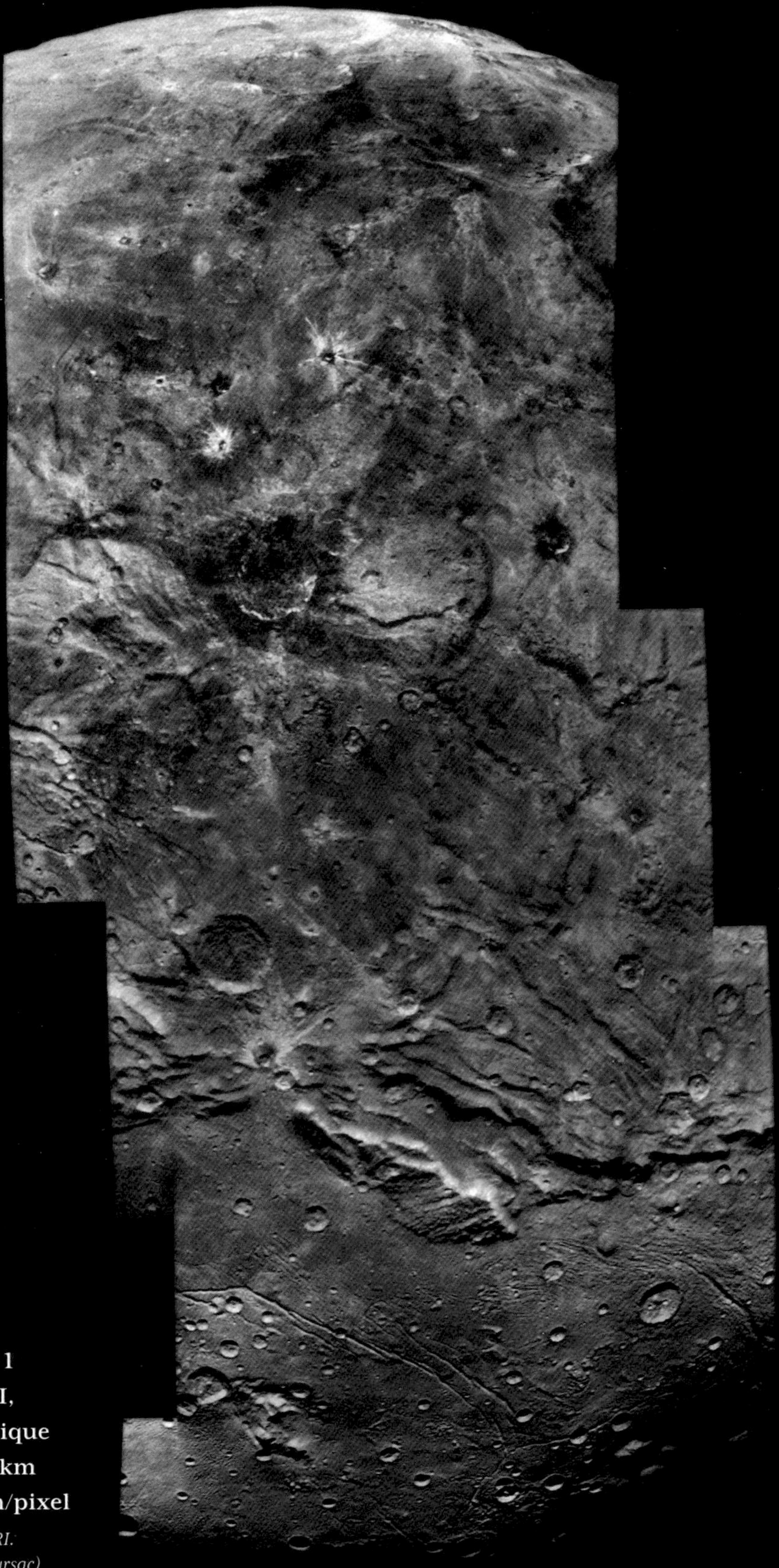

Charon - Scan 1
Caméra LORRI,
scan panchromatique
Distance 88 389 km
Résolution 0,44 km/pixel

(NASA/JHUAPL-SwRI. Retraitements O. de Goursac)

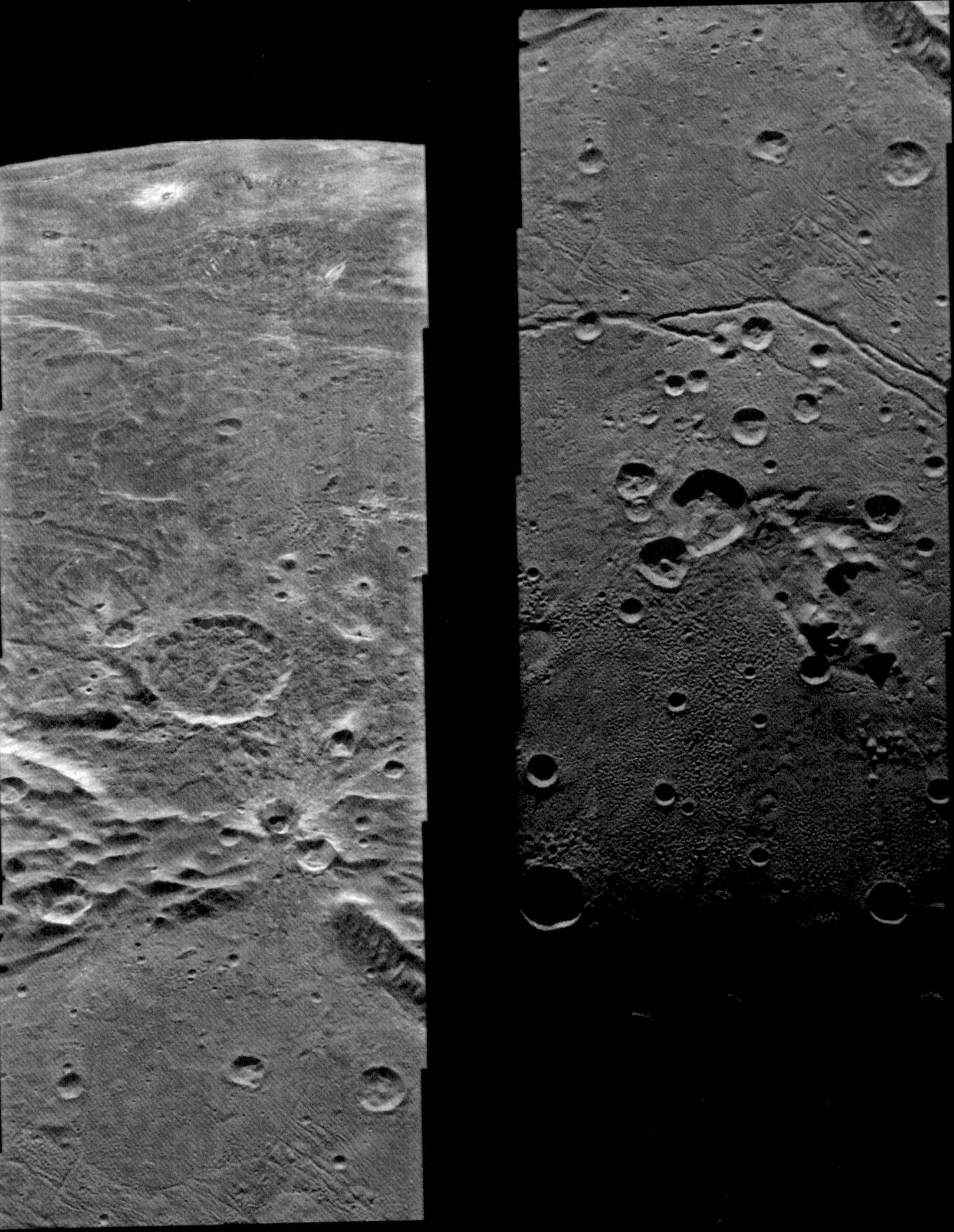

Charon - Scan 2

Caméra LORRI, scan panchromatique

Distance 34 200 km – Résolution 0,17 km/pixel

(NASA/JHUAPL-SwRI. Retraitements O. de Goursac)

Annexes

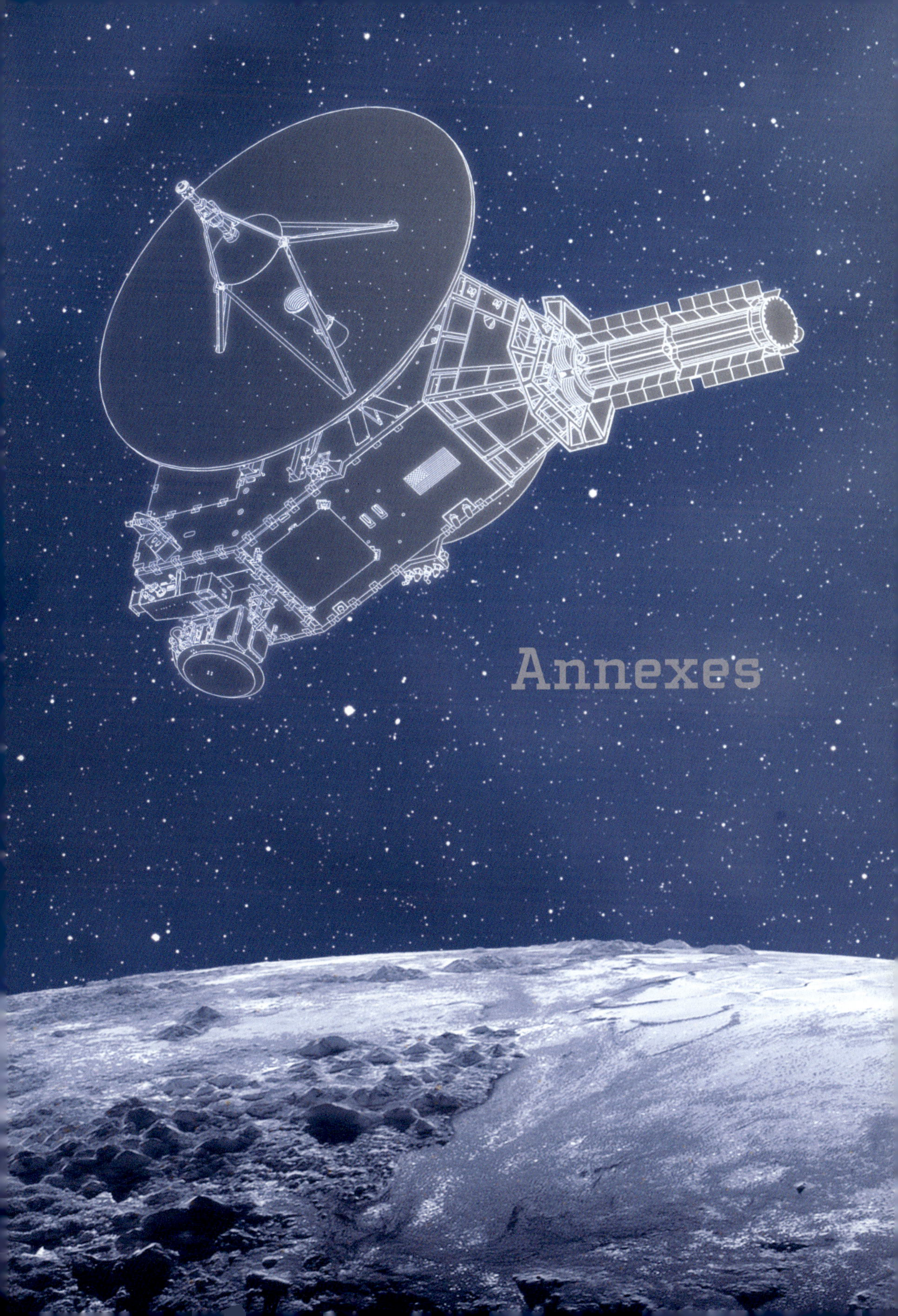

Annexe I

Définition du mot « planète » proposée en novembre 2000 par Alan Stern et Harold Levison, dans sa version anglaise originelle, *in extenso*

A planetary body is defined as any body in space that satisfies the following testable upper and lower bound criteria on its mass [a]. If isolated from external perturbations (e.g., dynamical and thermal), the body must:
(1) Be low enough in mass that at no time (past or present) can it generate energy in its interior due to any self-sustaining nuclear fusion chain reaction (else it would be a brown dwarf or a star). And also,
(2) Be large enough that its shape becomes determined primarily by gravity rather than mechanical strength or other factors (e.g., surface tension, rotation rate) in less than a Hubble time [b], so that the body would on this timescale or shorter reach a state of hydrostatic equilibrium in its interior.

[a] Which, we note, can be determined by radial velocity techniques or from mutual planetary perturbations or from satellite orbits, or be estimated from a radius and a guess at density.
[b] We had to pick some long timescale, and stellar parent lifetime seemed inappropriate because it can give different results for the same planetary mass when orbiting stars with differing lifetimes.

Annexe II

Projet officiel de résolution diffusé à la presse le 16 août 2006 dans sa version anglaise originelle

Draft Resolution 5 for GA-XXVI : Definition of a Planet
Contemporary observations are changing our understanding of the Solar System, and it is important that our nomenclature for objects reflect our current understanding. This applies, in particular, to the designation «planets». The word «planet» originally described «wanderers» that were known only as moving lights in the sky. Recent discoveries force us to create a new definition, which we can make using currently available scientific information. (Here we are not concerned with the upper boundary between «planet» and «star».)
The IAU therefore resolves that planets and other Solar System bodies be defined in the following way:
(1) A planet is a celestial body that (a) has sufficient mass for its self-gravity to overcome rigid body forces so that it assumes a hydrostatic equilibrium (nearly round) shape [1], and (b) is in orbit around a star, and is neither a star nor a satellite of a planet. [2] ;
(2) We distinguish between the eight classical planets discovered before 1900, which move in nearly circular orbits close to the ecliptic plane, and other planetary objects in orbit around the Sun. All of these other objects are smaller than Mercury. We recognize that Ceres is a planet by the above scientific definition. For historical reasons, one may choose to distinguish Ceres from the classical planets by referring to it as a «dwarf planet.» [3] ;
(3) We recognize Pluto to be a planet by the above scientific definition, as are one or more recently discovered large Trans-Neptunian Objects. In contrast to the classical planets, these objects typically have highly inclined orbits with large eccentricities and orbital periods in excess of 200 years. We designate this category of planetary objects, of which Pluto is the prototype, as a new class that we call «plutons» ;
(4) All non-planet objects orbiting the Sun shall be referred to collectively as «Small Solar System Bodies» [4].

[1] This generally applies to objects with mass above 5×10^{20} kg and diameter greater than 800 km. An IAU process will be established to evaluate planet candidates near this boundary.
[2] For two or more objects comprising a multiple object system, the primary object is designated a planet if it independently satisfies the conditions above. A secondary object satisfying these conditions is also designated a planet if the system barycentre resides outside the primary. Secondary objects not satisfying these criteria are «satellites». Under this definition, Pluto's companion Charon is a planet, making Pluto-Charon a double planet.

[3] If Pallas, Vesta, and/or Hygeia are found to be in hydrostatic equilibrium, they are also planets, and may be referred to as «dwarf planets».

[4] This class currently includes most of the Solar System asteroids, near-Earth objects (NEOs), Mars-, Jupiter- and Neptune-Trojan asteroids, most Centaurs, most Trans-Neptunian Objects (TNOs), and comets. In the new nomenclature the concept «minor planet» is not used.

Version française

Projet de résolution 5 pour AG-XXVI : Définition d'une planète :

Les observations contemporaines modifient notre compréhension du Système solaire, et il est important que notre nomenclature des objets reflète notre compréhension actuelle. Ceci s'applique, en particulier, à la désignation des « planètes ». Le mot « planète » décrit à l'origine des « vagabonds » qui étaient connus seulement comme des lumières qui bougeaient dans le ciel. Les découvertes récentes nous obligent à créer une nouvelle définition, que nous pouvons élaborer en utilisant les informations scientifiques actuellement disponibles (ici, nous ne sommes pas concernés par la limite supérieure entre « planète » et « étoile »).

L'UAI décide donc que les planètes et autres corps du Système solaire doivent être définis de la manière suivante :

(1) Une planète est un corps céleste qui (a) possède une masse suffisante pour que sa propre gravité permette de surmonter les forces maintenant la cohésion de la matière de telle sorte qu'elle adopte une forme d'équilibre hydrostatique (presque sphérique) [1], et (b) qui est en orbite autour d'une étoile et qui n'est ni une étoile, ni le satellite d'une planète [2] ;

(2) On fait la distinction entre les huit planètes classiques découvertes avant 1900, qui se déplacent sur des orbites presque circulaires près du plan de l'écliptique, et les autres objets planétaires en orbite autour du Soleil. Tous ces autres objets sont plus petits que Mercure. Nous reconnaissons que Cérès est une planète selon la définition scientifique mentionnée ci-dessus. Pour des raisons historiques, on peut choisir de distinguer Cérès des planètes classiques en se référant à elle comme une « planète naine » [3] ;

(3) Nous reconnaissons Pluton comme étant une planète par la définition scientifique mentionnée ci-dessus, tout comme un ou plusieurs objets transneptuniens récemment découverts. Contrairement aux planètes classiques, ces objets ont généralement des orbites très inclinées, avec de grandes excentricités et des périodes orbitales de plus de 200 ans. Nous désignons cette catégorie d'objets planétaires, dont Pluton est le prototype, comme une nouvelle classe d'objets que nous appelons « plutons » ;

(4) Tous les objets non planétaires en orbite autour du Soleil doivent être qualifiés collectivement de « petits corps du Système solaire » [4].

[1] Ceci s'applique généralement aux objets ayant une masse supérieure à 5×10^{20} kg et avec un diamètre supérieur à 800 km. Une procédure sera établie par l'UAI pour évaluer les planètes candidates près de cette limite.

[2] Pour deux objets ou plus faisant partie d'un système à objets multiples, l'objet principal est désigné comme étant une planète s'il satisfait indépendamment aux conditions ci-dessus. Un objet secondaire satisfaisant à ces conditions est également désigné comme planète si le barycentre du système se situe en dehors de l'objet primaire. Les objets secondaires ne répondant pas à ces critères sont des « satellites ». Selon cette définition, le compagnon de Pluton, Charon, est une planète, faisant de Pluton-Charon une planète double.

[3] Si Pallas, Vesta et/ou Hygeia sont découvertes comme étant en équilibre hydrostatique, ce sont aussi des planètes, et on peut les qualifier de « planètes naines ».

[4] Cette catégorie d'objets contient actuellement la plupart des astéroïdes du Système solaire, les objets géocroiseurs (NEOs), les astéroïdes troyens de Mars, de Jupiter et de Neptune, la plupart des centaures, la plupart des objets transneptuniens (TNOs) et les comètes. Dans la nouvelle nomenclature, le concept de « planète mineure » n'est pas utilisé.

Annexe III

Projet de résolution alternative proposé le 18 août par un groupe de 18 astronomes, menés par Julio-Ángel Fernández-Alves (Source : Details Emerge on Plan to Demote Pluto, Robert Roy Britt, *Space News*)

__New proposal for Resolution 5 : Definition of a Planet__

(1) A planet is a celestial body that (a) is by far the largest object in its local population [1], (b) has sufficient mass for its self-gravity to overcome rigid body forces so that it assumes a hydrostatic equilibrium (nearly round) shape [2], (c) does not produce energy by any nuclear fusion mechanism [3].

(2) According to point (1) the eight classical planets discovered before 1900, which move in nearly circular orbits close to the ecliptic plane are the only planets of our Solar System. All the other objects in orbit around the Sun are smaller than Mercury. We recognize that there are objects that fulfill the criteria (b) and (c) but not criterion (a). Those objects are defined as «dwarf» planets. Ceres as well as Pluto and several other large Trans-Neptunian objects belong to this category. In contrast to the planets, these objects typically have highly inclined orbits and/or large eccentricities.

(3) All the other natural objects orbiting the Sun that do not fulfill any of the previous criteria shall be referred to collectively as '?Small Solar System Bodies?'. [4]

[1] The local population is the collection of objects that cross or close approach the orbit of the body in consideration.

[2] This generally applies to objects with sizes above several hundred km, depending on the material strength.

[3] This criterion allows the distinction between gas giant planets and brown dwarfs or stars.

[4] This class currently includes most of the Solar System asteroids, near-Earth objects (NEOs), Mars-, Jupiter- and Neptune-Trojan asteroids, most Centaurs, most Trans-Neptunian Objects (TNOs), and comets.

Version française

__Nouvelle proposition de résolution 5 : Définition d'une planète__

(1) Une planète est un corps céleste qui (a) est de loin le plus grand objet dans sa population locale [1], (b) possède une masse suffisante pour que sa propre gravité surmonte les forces maintenant la cohésion de la matière de telle sorte qu'elle adopte une forme d'équilibre hydrostatique (presque sphérique) [2], (c) ne produit aucune énergie par un mécanisme de fusion nucléaire [3].

(2) Selon le point (1), les huit planètes classiques découvertes avant 1900, qui se déplacent sur des orbites presque circulaires près du plan de l'écliptique, sont les seules planètes de notre Système solaire. Tous les autres objets en orbite autour du Soleil sont plus petits que Mercure. Nous reconnaissons qu'il y a des objets qui remplissent les critères (b) et (c) mais pas le critère (a). Ces objets sont définis comme des planètes « naines ». Cérès ainsi que Pluton et plusieurs autres grands objets transneptuniens appartiennent à cette catégorie. Contrairement aux planètes, ces objets ont généralement des orbites très inclinées et/ou avec de grandes excentricités.

(3) Tous les autres objets naturels en orbite autour du Soleil qui ne remplissent aucun des critères précédents doivent être appelés collectivement «? petits corps du Système solaire ? » [4].

[1] La population locale est l'ensemble des objets qui traversent ou approchent l'orbite du corps considéré.

[2] Cela s'applique généralement aux objets dont la taille dépasse plusieurs centaines de km, selon la résistance de la matière.

[3] Ce critère permet de distinguer les planètes géantes gazeuses des naines brunes ou des étoiles.

[4] Cette catégorie d'objets contient actuellement la plupart des astéroïdes du Système solaire, les objets géocroiseurs (NEOs), les astéroïdes troyens de Mars, de Jupiter et de Neptune, la plupart des centaures, la plupart des objets transneptuniens (TNOs) et les comètes.

Annexe IV

Projet de résolution proposé à l'UAI le 22 août 2006 à 12 h 30 dans sa version anglaise originelle (Source : Günther Wuchterl, Verein Kuffner-Sternwarte)

__Resolution 5 (draft)__

The IAU therefore resolves that planets and other bodies in the planetary systems be defined in the following way :

(1) A planet is a celestial body that (a) has sufficient mass for its self- gravity to overcome rigid body forces so that is assumes a hydrostatic equilibrium (nearly round) shape [1], and (b) is in orbit around a star, and is neither a star or a satellite of a planet.

(2) In our Solar System we distinguish between the eight «classical planets», as the dominant objects in their local population zones, and «dwarf planets», which are not.

(3) All natural non-planet objects orbiting the Sun, currently including most of the Solar System asteroids, near-Earth objects (NEOs), Mars-, Jupiter-, Neptune-Trojan asteroids, most Centaurs, most Trans-Neptunian Objects (TNOs), and comets, shall be referred to collectively as «Small Solar System Bodies». In the new nomenclature the term «minor planet» is not used.

[1] This generally applies to objects with mass above 5 x 10^{20} kg and diameter greater than 800 km. An IAU process will be established to evaluate planet candidates near this boundary.

__Resolution 6 (draft)__

The IAU further resolves :

Pluto is a dwarf planet by the above scientific definition, as are one or more recently discovered large trans-Neptunian objects. In contrast to the classical planets, these objects have orbital periods in excess of 200 years and typically have highly inclined orbits with large eccentricities. We designate this category of planetary objects, of which Pluto is the prototype, as a new class that we call 'XXXXX' [2]. We propose that the MPC create an new and separate catalog for these objects and their orbital characteristics, with Pluto as the first entry.

[2] Where, XXXXX = plutons, plutoids, plutonids, plutonoids, plutinos (already used)
Or, Tombaugh Objects, Tombaugh Planets, plutians

__Resolution 7 (draft)__

The IAU further resolves :

For two or more objects comprising a multiple object system, the primary object is designated a planet if it independently satisfies the definition of a planet. As secondary object satisfying these conditions is also designated a planet if over most of the orbital period the system's center of gravity resided outside the primary. Secondary objects not satisfying these criteria are satellites.

Version française

__**Projet de résolution n° 5**__

Par conséquent, l'UAI prend la résolution que les planètes et d'autres corps dans les systèmes planétaires doivent être définis de la façon suivante :

1. une planète est un corps céleste qui (a) possède une masse suffisante pour que sa propre gravité permette de surmonter les forces maintenant la cohésion de la matière de telle sorte qu'elle adopte une forme d'équilibre hydrostatique (presque sphérique) [1], et (b) est en orbite autour d'une étoile, et qui elle-même n'est ni une étoile, ni le satellite d'une planète ;

2. dans notre Système solaire, on fait la distinction entre les huit planètes « classiques », qui sont les objets dominants de leurs zones locales de population, et les planètes « naines » qui ne le sont pas ;
3. tous les objets naturels non planétaires qui tournent autour du Soleil, incluant en fait la plupart des astéroïdes du Système solaire, les objets dont l'orbite avoisine celle de la Terre (« Near-Earth objects », NEOs), les astéroïdes troyens de Mars, de Jupiter et de Neptune, la plupart des centaures, la plupart des objets transneptuniens (OTNs) et les comètes devront être référencés collectivement comme « petits corps du Système solaire ». Dans la nouvelle nomenclature, le concept de « planète mineure » n'est pas utilisé.

[1] Cela s'applique généralement aux objets avec une masse supérieure à 5×10^{20} kg et d'un diamètre plus grand que 800 km. Une procédure de l'UAI sera établie pour évaluer les planètes candidates situées près de cette limite.

Projet de résolution n° 6

L'UAI prend également la résolution suivante :

Pluton est une planète naine au sens de la définition ci-dessus, comme le sont les gros objets transneptuniens récemment découverts. Contrairement aux planètes classiques, ces objets ont des périodes orbitales dépassant les 200 ans et typiquement circulent sur des orbites très inclinées avec de larges excentricités. Nous désignons cette catégorie d'objets planétaires, dont Pluton est le prototype, comme une classe nouvelle d'objets que nous appelons « XXXXX » [2]. Nous proposons que le MPC (Minor Planet Center, ou « Centre des petites planètes », N.D.T.) crée un catalogue nouveau et distinct pour ces objets et leurs caractéristiques orbitales, avec Pluton comme première entrée de liste.

[2] Où XXXXX = plutons, plutoïds, plutonids, plutonoïds, plutinos (déjà utilisé) ou : objets de Tombaugh, planètes de Tombaugh, plutiens

Projet de résolution n° 7

L'UAI prend également la résolution suivante :

Pour deux objets ou plus qui forment un système à objets multiples, l'objet primaire est désigné comme étant une planète s'il satisfait indépendamment à la définition d'une planète. Un second objet qui satisfait à ces conditions est aussi désigné comme étant une planète si, pendant la majeure partie de sa période orbitale, le centre de gravité du système réside à l'extérieur de l'objet primaire. Les objets secondaires ne satisfaisant pas à ces critères sont des satellites.

Annexe V

Projet de résolution proposé à l'UAI le 22 août 2006 à 17 h 30 dans sa version anglaise originelle (Source : Günther Wuchterl, Verein Kuffner-Sternwarte)

Modified IAU draft (c) for the Resolution 5 , Planet Definition, Prague

Contemporary observations are changing our understanding of planetary systems, and it is important that our nomenclature for objects reflects our current understanding. This applies, in particular to the designation 'planets'. The word 'planet' originally described 'wanderers' that were known only as moving lights in the sky. Recent discoveries lead us to create a new definition, which we can make using currently available scientific information. (Here we are not concerned with the upper boundary between 'planet' and 'star', nor the distinction between stars and brown dwarfs).

Resolution 5 (draft c)

The IAU therefore resolves that planets and other bodies in the planetary systems be defined in the following way:

(1) A planet is a celestial body that (a) has sufficient mass for its self- gravity to overcome rigid body forces so that it assumes a hydrostatic equilibrium (nearly round) shape[1], (b) is the dominant object in its local population zone and (c) is in orbit around the Sun.
(2) A dwarf-planet is a celestial body that (a) has sufficient mass for its self- gravity to overcome rigid body forces so that it assumes a hydrostatic equilibrium (nearly round) shape[1], and (b) is in orbit around the Sun.
(3) All other objects orbiting the Sun, including most of the Solar System asteroids, near-Earth objects (NEOs), Mars-, Jupiter-, Neptune-Trojan asteroids, most Centaurs, most Trans-Neptunian Objects (TNOs), and comets, shall be referred to collectively as «Small Solar System Bodies». In the new nomenclature the term «minor planet» is not used.

[1] An AIU process will be established to assign borderline objects into either dwarf-planet and other categories.

Resolution 6 (draft c)
The IAU further resolves:
Pluto is a dwarf planet by the above definition, as are one or more recently discovered large trans-Neptunian objects. Dwarf-planets that have orbital periods in excess of 200 years are designated this category of planetary objects, of which Pluto is the prototype, as a new class that we call «plutonids».

Version française partielle

Projet de résolution n° 5 (projet C)
Par conséquent, l'UAI prend la résolution que les planètes et d'autres corps dans les systèmes planétaires doivent être définis de la façon suivante :
1. une planète est un corps céleste qui (a) possède une masse suffisante pour que sa propre gravité permette de surmonter les forces maintenant la cohésion de la matière de telle sorte qu'elle adopte une forme d'équilibre hydrostatique (presque sphérique) [1], (b) est l'objet dominant de sa zone locale de population et (c) est en orbite autour du Soleil ;
2. une planète naine est un corps céleste qui (a) a une masse suffisante pour que sa propre gravité permette de surmonter les forces maintenant la cohésion de la matière de telle sorte qu'elle adopte une forme d'équilibre hydrostatique (presque sphérique) [1], et (b) est en orbite autour du Soleil ;
3. tous les autres objets qui orbitent autour du Soleil, en incluant la plupart des astéroïdes du Système solaire, les objets dont l'orbite avoisine celle de la Terre (« Near-Earth objects », NEOs), les astéroïdes troyens de Mars, de Jupiter et de Neptune, la plupart des centaures, la plupart des objets transneptuniens (TNOs) et les comètes devront être qualifiés collectivement de « petits corps du Système solaire ». Dans la nouvelle nomenclature, le concept de « planète mineure » n'est pas utilisé.

[1] Une procédure sera établie par l'UAI pour affecter les objets situés près de cette limite soit dans la catégorie des planètes naines, soit dans d'autres catégories.

Projet de résolution n° 6 (projet C)
L'UAI prend également la résolution suivante :
Pluton est une planète naine au sens de la définition ci-dessus, comme le sont un ou plusieurs des gros objets transneptuniens récemment découverts. Les planètes naines qui ont des périodes orbitales dépassant les 200 ans sont désignées de cette catégorie d'objets planétaires, dont Pluton est le prototype, comme une classe nouvelle d'objets que nous appelons « plutonides ».

Annexe VI

Projet de résolutions finales présentées en assemblée générale de l'UAI le 24 août 2006 dans sa version anglaise originelle (Source : iau0602 – Press Release)

IAU Resolution: Definition of a Planet in the Solar System

Contemporary observations are changing our understanding of planetary systems, and it is important that our nomenclature for objects reflect our current understanding. This applies, in particular, to the designation 'planets'. The word «planet» originally described «wanderers» that were known only as moving lights in the sky. Recent discoveries lead us to create a new definition, which we can make using currently available scientific information.

Resolution 5A

The IAU therefore resolves that planets and other bodies in our Solar System, except satellites, be defined into three distinct categories in the following way:

(1) A «planet»1 is a celestial body that (a) is in orbit around the Sun, (b) has sufficient mass for its self-gravity to overcome rigid body forces so that it assumes a hydrostatic equilibrium (nearly round) shape, and (c) has cleared the neighbourhood around its orbit.

(2) A «dwarf planet» is a celestial body that (a) is in orbit around the Sun, (b) has sufficient mass for its self-gravity to overcome rigid body forces so that it assumes a hydrostatic equilibrium (nearly round) shape 2, (c) has not cleared the neighbourhood around its orbit, and (d) is not a satellite.

(3) All other objects 3, except satellites, orbiting the Sun shall be referred to collectively as «Small Solar System Bodies».

[1] The eight planets are: Mercury, Venus, Earth, Mars, Jupiter, Saturn, Uranus, and Neptune.

[2] An IAU process will be established to assign borderline objects into either dwarf planet and other categories.

[3] These currently include most of the Solar System asteroids, most Trans-Neptunian Objects (TNOs), comets, and other small bodies.

Resolution 5B

Insert the word «classical» before the word «planet» in Resolution 5A, Section (1), and footnote 1. Thus reading:

(1) A classical «planet»1 is a celestial body...

and

[1] The eight classical planets are: Mercury, Venus, Earth, Mars, Jupiter, Saturn, Uranus, and Neptune.

IAU Resolution: Pluto

Resolution 6A

The IAU further resolves: Pluto is a «dwarf planet» by the above definition and is recognized as the prototype of a new category of trans-Neptunian objects

Resolution 6B

The following sentence is added to Resolution 6A: This category is to be called «plutonian objects.»

Version française

Résolution de l'UAI : Définition d'une planète dans le Système solaire.

Les observations contemporaines changent notre compréhension des systèmes planétaires, et il est important que notre nomenclature d'objets reflète notre compréhension actuelle. Ceci s'applique, en particulier, à la désignation des « planètes ». Le mot « planète », décrivait à l'origine des « vagabonds » qui n'étaient connus que comme des lumières qui bougeaient dans le ciel. Des découvertes récentes ont conduit à créer une nouvelle définition, que nous pouvons élaborer en utilisant les informations scientifiques actuellement disponibles.

Résolution 5A

L'UAI prend donc la résolution que les planètes et les autres corps dans notre Système solaire, sauf les satellites, seront définis dans trois catégories distinctes de la façon suivante :

1. une « planète » [1] est un corps céleste qui (a) est en orbite autour du Soleil, (b) a une masse suffisante pour que sa propre gravité permette de surmonter les forces maintenant la cohésion de la matière de telle sorte qu'elle adopte une forme d'équilibre hydrostatique (presque sphérique) [2], et (c) a nettoyé son voisinage autour de son orbite ;
2. une « planète naine » est un corps céleste qui (a) est en orbite autour du Soleil, (b) a une masse suffisante pour que sa propre gravité permette de surmonter les forces maintenant la cohésion de la matière de telle sorte qu'elle adopte une forme d'équilibre hydrostatique (presque sphérique) [2], (c) n'a pas nettoyé son voisinage autour de son orbite et (d) n'est pas un satellite ;
3. tous les autres corps [3], excepté les satellites, qui tournent autour du Soleil devront être qualifiés collectivement de « petits corps du Système solaire ».

[1] Les huit planètes sont : Mercure, Vénus, la Terre, Mars, Jupiter, Saturne, Uranus et Neptune.

[2] Une procédure sera établie par l'UAI pour affecter les objets situés près de cette limite soit dans la catégorie des planètes naines, soit dans d'autres catégories.

[3] Ils incluent la plupart des astéroïdes du Système solaire, la plupart des objets transneptuniens (OTNs), les comètes et les autres petits corps.

Résolution 5B

Insérer le mot « classique » avant le mot « planète » dans la résolution 5A, section 1 et renvoi 1. On lit alors : « 1. Une planète classique [1] est un corps céleste... » Et : « Les huit planètes classiques sont : ...».

Résolution de l'UAI : Pluton

Résolution 6A

L'UAI prend également la résolution suivante :

Par la définition ci-dessus, Pluton est une « planète naine » et est reconnue comme le prototype d'une nouvelle catégorie d'objets transneptuniens.

Résolution 6B

La phrase suivante est ajoutée à la résolution 6A : Cette catégorie devra être appelée « objets plutoniens ».

Annexe VII

Résolutions finales adoptées en assemblée générale de l'UAI le 24 août 2006, dans sa version anglaise originelle (Source : iau0603 – Press Release / IAU Resolution B5, «Definition of a Planet in the Solar System»)

Contemporary observations are changing our understanding of planetary systems, and it is important that our nomenclature for objects reflect our current understanding. This applies, in particular, to the designation «planets». The word «planet» originally described «wanderers» that were known only as moving lights in the sky. Recent discoveries lead us to create a new definition, which we can make using currently available scientific information. (Here we are not concerned with the upper boundary between «planet» and «star».) The IAU therefore resolves that planets and other Solar System bodies be defined in the following way:

Resolution 5A

The IAU therefore resolves that planets and other bodies in our Solar System, except satellites, be defined into three distinct categories in the following way :

(1) A «planet» [1] is a celestial body that (a) is in orbit around the Sun, (b) has sufficient mass for its self-gravity to overcome rigid body forces so that it assumes a hydrostatic equilibrium (nearly round) shape, and (c) has cleared the neighbourhood around its orbit.

(2) A «dwarf planet» is a celestial body that (a) is in orbit around the Sun, (b) has sufficient mass for its self-gravity to overcome rigid body forces so that it assumes a hydrostatic equilibrium (nearly round) shape [2], (c) has not cleared the neighbourhood around its orbit, and (d) is not a satellite.

(3) All other objects [3], except satellites, orbiting the Sun shall be referred to collectively as «Small Solar-System Bodies».

[1] The eight planets are: Mercury, Venus, Earth, Mars, Jupiter, Saturn, Uranus, and Neptune.

[2] An IAU process will be established to assign borderline objects into either dwarf planet and other categories.

[3] These currently include most of the Solar System asteroids, most Trans-Neptunian Objects (TNOs), comets, and other small bodies.

Resolution 6A

The IAU further resolves : Pluto is a «dwarf planet» by the above definition and is recognized as the prototype of a new category of trans-Neptunian objects.

Version française

Les observations contemporaines modifient notre compréhension des systèmes planétaires, et il est important que notre nomenclature des objets reflète notre compréhension actuelle. Ceci s'applique, en particulier, à la désignation des « planètes ». Le mot « planète » décrit à l'origine des « vagabonds » qui étaient connus seulement comme des lumières qui bougeaient dans le ciel. Les découvertes récentes nous amènent à créer une nouvelle définition, que nous pouvons élaborer en utilisant les informations scientifiques actuellement disponibles (ici, nous ne sommes pas concernés par la limite supérieure entre « planète » et « étoile »).

L'UAI décide donc que les planètes et autres corps du Système solaire doivent être définis de la manière suivante :

(Résolution 5A)

L'UAI décide donc que les planètes et autres corps de notre Système solaire, à l'exception des satellites, doivent être définis au sein de trois catégories distinctes de la manière suivante :

(1) Une « planète » [1] est un corps céleste qui (a) est en orbite autour du Soleil, (b) a une masse suffisante

pour que sa propre gravité permette de surmonter les forces maintenant la cohésion de la matière de telle sorte qu'elle adopte une forme d'équilibre hydrostatique (presque sphérique), et (c) a nettoyé son voisinage autour de son orbite.

(2) Une « planète naine » est un corps céleste qui (a) est en orbite autour du Soleil, (b) a une masse suffisante pour que sa propre gravité permette de surmonter les forces maintenant la cohésion de la matière de telle sorte qu'elle adopte une forme d'équilibre hydrostatique (presque sphérique) [2], (c) n'a pas nettoyé le voisinage autour de son orbite, et (d) n'est pas un satellite.

(3) Tous les autres objets [3] en orbite autour du Soleil, à l'exception des satellites, doivent être qualifiés collectivement de « petits corps du Système solaire ».

[1] Les huit planètes sont : Mercure, Vénus, la Terre, Mars, Jupiter, Saturne, Uranus et Neptune.

[2] Une procédure sera établie par l'UAI pour affecter les objets se trouvant à cette limite dans la catégorie des planètes naines ou dans d'autres catégories.

[3] Ceux-ci incluent actuellement la plupart des astéroïdes du Système solaire, la plupart des objets transneptuniens (TNOs), les comètes et les autres petits corps.

(Résolution 6A)

L'UAI décide en outre : Pluton est une «planète naine» selon la définition ci-dessus et elle est reconnue comme étant le prototype d'une nouvelle catégorie d'objets transneptuniens.

Annexe VIII

IAU Central Bureau for Astronomical Telegrams / Circular No. 8747 / Daniel W. E. Green / 2006 September 13

(134340) PLUTO, (136199) ERIS, AND (136199) ERIS I (DYSNOMIA)

Following the Aug. 24 resolution by the IAU to the effect that the solar system contains eight «planets» (Mercury-Neptune), with (1) Ceres, Pluto (cf. IAUC 255), and 2003 UB_313 (cf. IAUC 8577) to be considered representative «dwarf planets», the Minor Planet Center included Pluto and 2003 UB_313 (along with two other new potential dwarf-planet candidates) in the standard catalogue of numbered objects with well-determined orbits as (134340) and (136199), respectively (see MPC 57525). Following near-unanimous acceptance by both the Committee on Small-Body Nomenclature and the Working Group on Planetary-System Nomenclature (in consultation with the discovery team), the IAU Executive Committee has now approved the names Eris for (136199) and Dysnomia for its satellite (136199) Eris I [formerly S/2005 (2003 UB_313) 1; cf. IAUC 8610].

Version française

Bureau central des télégrammes astronomiques de l'UAI / Circulaire n° 8747 / Daniel W. E. Green / 13 septembre 2006

(134340) PLUTON, (136199) ÉRIS, ET (136199) ÉRIS I (DYSNOMIE)

Suite à la résolution du 24 août de l'UAI selon laquelle le Système solaire contient huit « planètes » (Mercure-Neptune), avec (1) Cérès, Pluton (cf. IAUC 255), et 2003 UB_313 (cf. IAUC 8577) à considérer comme représentatives des « planètes naines », le Centre des planètes mineures (MPC) a inclus Pluton et 2003 UB_313 (ainsi que deux autres planètes naines potentielles) dans le catalogue standard d'objets numérotés avec des orbites bien déterminées, comme respectivement (134340) et (136199) (voir MPC 57525). Après l'acceptation quasi unanime du groupe de travail sur la nomenclature des petits corps et du groupe de travail sur la nomenclature des systèmes planétaires (en consultation avec l'équipe qui a réalisé la découverte), le comité exécutif de l'UAI a maintenant approuvé les noms d'Éris pour (136199) et Dysnomie (Dysnomia) pour son satellite (136199) Éris I [anciennement S/2005 (2003 UB_313) 1 ; cf. IAUC 8610].

Annexe IX

Chronologie de la mission New Horizons

Évènements	Chronologie
Lancement du centre spatial Kennedy (KSC)	**19 janvier 2006 à 19 h 00 min 00 s TU** (14:00:00 EST) s/ ATLAS V-551
Correction de trajectoire/TCM-1A *. Gain : +5 m/s	28 janvier 2006
Correction de trajectoire/TCM-1B. Gain : +13,32 m/s	30 janvier 2006
Correction de trajectoire/TCM-2 annulée	6 février 2006
Correction de trajectoire/TCM-3. Gain : +1,16 m/s	9 mars 2006
Orbite de Mars dépassée	7 avril 2006
Rencontre avec l'astéroïde 2002 JF56, renommé APL (Ø 2,5 km), à 102 000 km de distance : test de pointage et de suivi d'une cible par les instruments (sauf LORRI)	11-13 juin 2006
Ouverture de la protection de la caméra LORRI	29 août 2006
Acquisition de la 1re image par la caméra LORRI (Messier 7)	31 août 2006
1re image de Pluton (très lointaine) prise par la caméra LORRI	21 septembre 2006
Début de la période d'observations de Jupiter. Exercice de suivi de Callirrhoé (Ø 8,6 km), petite lune de Jupiter	10 janvier 2007
Entrée dans le domaine d'attraction gravitationnelle de Jupiter	14 février 2007
Début de la période intensive d'observations de Jupiter	22 février 2007
Approche au plus près d'Europe (satellite de Jupiter), à 2,97 millions de km	28 février à 03 h 17 min TU
Survol de Jupiter à 2 254 630 km : accélération de 3,83 km/s	**28 février 2007 à 05 h 45 min TU**
Approche au plus près de Ganymède (satellite de Jupiter), à 3,02 millions de km	28 février à 06 h 41 min TU
Approche au plus près de Callisto (satellite de Jupiter), à 4,16 millions de km	28 février à 07 h 03 min TU
Approche au plus près d'Io (satellite de Jupiter), à 2,24 millions de km	28 février à 21 h 57 min TU
Fin de la période intensive d'observation de Jupiter. Début de l'envoi des données	5 mars 2007
Sortie du domaine d'attraction gravitationnelle de Jupiter	15 mars 2007
Correction de trajectoire/TCM-4 (durée 15 mn 37 s : gain +2,37 m/s)	25 septembre 2007
1re mise en hibernation de la sonde	27 juin 2007
1er réveil et vérification annuelle 1 (*Annual checkout/ACO-1*)	Septembre-novembre 2007
Orbite de Saturne dépassée	8 juin 2008
2e réveil et vérification annuelle 2 (*Annual checkout/ACO-2*)	Septembre-décembre 2008
3e réveil et vérification annuelle 3 (*Annual checkout/ACO-3*)	Juillet-août 2009
New Horizons est à mi-distance de Pluton	29 décembre 2009
4e réveil et vérification annuelle 4 (*Annual checkout/ACO-4*)	Mai-juillet 2010
Correction de trajectoire/TCM-11 (durée 35,6 s : gain +0,44 m/s)	30 juin 2010
Orbite d'Uranus dépassée	18 mars 2011
5e réveil et vérification annuelle 5 (*Annual checkout/ACO-5*)	Mai-juin 2011
6e réveil et vérification annuelle 6 (*Annual checkout/ACO-6*)	Mai-juillet 2012

Évènements	Chronologie
7e réveil et vérification annuelle 7 (*Annual checkout/ACO-7*)	21 mai-21 août 2013
Revue opérationnelle complète du survol de Pluton (*Operational Readiness Test*)	5-14 juillet 2013
8e réveil et vérification annuelle 8 (*Annual checkout/ACO-8*)	Juillet-août 2014
Correction de trajectoire/TCM-15 (durée 88 s : gain +1,08 m/s)	15 juillet 2014
1re campagne de navigation visuelle (*Optical navigation/OpNav 1*)	20 juillet-27 juillet 2014
Orbite de Neptune dépassée (25e anniversaire de la rencontre de Voyager 2 avec Neptune et Triton)	25 août 2014
New Horizons est à 30 unités astronomiques du Soleil	15 septembre 2014
9e réveil (définitif) de la sonde	**6 décembre 2014 à 20 h 00 min TU (15:00 EST)**
1re période d'observation d'approche de Pluton (*Approach Phase 1*) : vérification de la navigation vers Pluton et des orbites de ses satellites	**6 janvier-4 avril 2015**
2e campagne de navigation visuelle (*Optical navigation/OpNav 2*)	25 janvier-6 mars 2015
Correction de trajectoire/TCM-16 (durée 93 s : gain +1,14 m/s)	10 mars 2015
2e période d'observation d'approche de Pluton (*Approach Phase 2*) : examen des variations des couleurs sur Pluton et Charon et recherche d'autres satellites et d'anneaux	**4 avril-23 juin 2015**
3e campagne de navigation visuelle (*Optical navigation/OpNav 3*)	5-15 avril 2015
4e campagne de navigation visuelle (*Optical navigation/OpNav 4*)	28 mai-16 juillet 2015 (fin après le survol)
Correction de trajectoire/TCM-17 (durée 45 s, ajustement de la distance de survol près de Pluton)	14 juin 2015
3e période d'observations d'approche de Pluton (*Approach Phase 3*) : 1res déterminations de composition de la surface de Pluton et Charon, des propriétés de l'atmosphère + cartographie des albédos des surfaces	**24 juin-13 juillet 2015**
Correction de trajectoire/TCM-18 (durée 23 s, ajustement de la distance de survol près de Pluton)	29 juin 2015
Problème de logiciel interne. Mise de la sonde en mode de *sauvegarde* (*safe mode*)	4 juillet 2015
Problème identifié sur la séquence des évènements dans le logiciel de commande	5 juillet 2015
Réparation réussie. Images et données reçues	7 juillet 2015
Envois des ultimes observations avant mise en mode automatique	12-13 juillet 2015
Début de la période de rencontre au plus près (*Near Encounter Phase*) : Cartographie de Pluton et de Charon à haute définition + composition et températures des surfaces + cartographie 3D **Séquence d'acquisition de données mise en mode automatique**	**13 juillet 2015**
Passage de New Horizons à 13,78 km/s au plus près des centres de : Pluton (13 695 km), Charon (29 432 km), Nix (22 012 km) et Hydra (77 572 km). 50e anniversaire du 1er survol de Mars par Mariner 4	**14 juillet 2015 à 11 h 50 min TU New Horizons à 32,9 UA (4 921 769 945 km) de la Terre (= 4,56 heures-lumière)**
Occultation radio de la sonde par Pluton	14 juillet 2015 à 12 h 40 min TU
Occultation radio de la sonde par Charon	14 juillet 2015 à 14 h 06 min TU
Réception sur Terre du bip signalant le succès du survol	15 juillet 2015 à 00 h 52 min TU (14 juillet à 20 h 52 min EDT)

Évènements	Chronologie
Fin de la période de rencontre au plus près (*Near Encounter Phase*). Début de l'envoi des données jugées prioritaires (quelques images + relevés)	15 juillet 2015
Fin de l'envoi des données prioritaires	20 juillet 2015
1re période d'observations au départ de Pluton (*Departure Phase 1*) : cartographie avec soleil rasant et imagerie de la face nocturne de Pluton et de son atmosphère	**15 juillet-4 août 2015**
2e période d'observations au départ de Pluton (*Departure Phase 2*) : recherches d'anneaux et de satellites	**5 août-22 octobre 2015**
Annonce par la NASA de la poursuite de la mission vers le KBO PT1/MU69	28 août 2015
Début de l'envoi de toutes les données avec les images non compressées	5 septembre 2015
1re correction de trajectoire p/interception KBO PT1/MU69 (poussée : 16 min)	22 octobre 2015
2e correction de trajectoire p/interception KBO PT1/MU69 (poussée : 25 min)	25 octobre 2015
3e correction de trajectoire p/interception KBO PT1/MU69 (poussée : 30 min)	28 octobre 2015
Prise de 4 images par la caméra LORRI du KBO 1994 JR1 (Plutino 15810, Ø 150 km), situé à 274 millions de km de la sonde	2 novembre 2015
4e correction de trajectoire p/interception KBO PT1/MU69 (poussée : 20 min). Succès : Delta-V total conféré à la sonde : 57 m/s	4 novembre 2015
3e période d'observation au départ de Pluton (*Departure Phase 3*) : Analyse des poussières interplanétaires	**23 octobre-31 décembre 2015**
Fin officielle de la période de la rencontre avec Pluton	**1er janvier 2016**
Dernières des images des balayages (*strips*) de la caméra LORRI à haute résolution reçues sur Terre	25 février 2016
Fin de la réception sur Terre de l'ensemble des données du survol de Pluton	25 octobre 2016 (annoncé le 27 octobre)
5e correction de trajectoire p/interception KBO PT1/MU69 (poussée : 44 s). Succès : Delta-V supplémentaire conféré à la sonde : 44 cm/s	1er février 2017
Mise de la sonde en mode de sauvegarde (*safe mode*)	9 février 2017
Problème identifié (problème de chargement de logiciel) : reprise des activités	10 février 2017
New Horizons est à mi-course de son survol de MU69 (à 782,45 millions de km derrière Pluton)	3 avril 2017
Mise en hibernation de la sonde	7 avril 2017
Occultation d'étoile (UCAC4-348-170229) par PT1/MU69 depuis la Terre	3 juin 2017
Occultation d'étoile (UCAC4-347-165664) par PT1/MU69 depuis la Terre	10 juillet 2017
Occultation d'étoile (UCAC4-347-165395) par PT1/MU69 depuis la Terre	17 juillet 2017
Annonce par la NASA du plan de survol du KBO PT1/MU69	6 septembre 2017
Sortie d'hibernation et début de phase de tests en vue du survol de PT1/MU69	11 septembre 2017
New Horizons est à 40 unités astronomiques du Soleil	23 octobre 2017
6e correction de trajectoire p/interception KBO PT1/MU69 (poussée : 2,5 min). Succès : Delta-V total conféré à la sonde : 151 cm/s	9 décembre 2017
Mise en hibernation de la sonde	21 décembre 2017
Sortie d'hibernation et début des préparatifs en vue du survol de PT1/MU69	4 juin 2018
Occultation d'étoile par PT1/MU69 depuis la Terre	4 août 2018

Évènements	Chronologie
Début de la période d'approche de MU69 (*Approach Phase*) : vérification de la navigation vers MU69 et acquisition des premières données	16 août 2018
1re tentative d'imagerie de MU69 avec la caméra LORRI	21 août 2018
7e correction de trajectoire p/interception KBO PT1/MU69	3 octobre 2018
8e correction de trajectoire p/interception KBO PT1/MU69	9 décembre 2018
Début de la période de rencontre (*Core Phase*)	25 décembre 2018
Début de la période de rencontre au plus près (*Inner Core Phase*). Séquence d'acquisition de données mise en mode automatique	30 décembre 2018
New Horizons survole PT1/MU69 (Arrokoth) à 14,4 km/s à 3 538 km	**1er janvier 2019 à 05 h 33 min TU (00:33 EST)**
Réception sur Terre du signal « bip » signalant le succès du survol	1er janvier 2019 à 15 h 00 min TU (10:00 EST)
Début de la conjonction solaire et blocage des transmissions	4 janvier 2019
Fin de la conjonction solaire et début des transmissions des données du survol	9 janvier 2019
Expérience de parallaxe : visée d'étoiles Proxima Centauri et Wolf 359. New Horizons est à 7 milliards de km de la Terre. New Horizons est à 6 h et 30 min/lumière de la Terre	22-23 avril 2020
Fin de transmission de 90 % des données du survol d'Arrokoth	Septembre 2020
New Horizons est à 50 unités astronomiques du Soleil	**17 avril 2021 à 12 h 42 min TU (08:42 EST)**
Fin de l'extension de mission et début de la mission d'observation KEM (« Kuiper Belt Extended Mission »)	30 avril 2021
Mise en hibernation de la sonde	1er juin 2022
Début de la 2e extension de mission d'observation KEM	1er octobre 2022
Sortie d'hibernation	1er mars 2023
Fin de la 2e extension de mission et fin de transmission de toutes les données du survol d'Arrokoth	31 mars 2024
Début de la mission New Horizons Insterstellar Mission (NHIM)	1er avril 2024

(Sources : NASA, JHU-APL, SwRI et Planetary Society. Compilation © O. de Goursac)

(*) TCM = *Trajectory correction maneuver*. TCM-1A et TCM-1B ont été effectuées pour compenser le manque de poussée (6 %) du 3e étage du lanceur, contrairement aux performances attendues. Les options de corrections de trajectoires TCM-5 à TCM-10, puis de TCM-12 à TCM-14 n'ont pas été exercées.

Annexe X

Répartition des grandes zones géologiques sur Pluton

- Plateau découpé (*dissected plateau*, en orange, au nord)
- Terrains découpés sombres (*dark dissected terrain*, en vert fluo au nord-est)
- Terrain recouvert d'un manteau érodé (*eroded mantle terrain*, en gris-jaune pâle, au nord-est)
- Plateaux aux matériaux dégradés (*degrading plateau material*, en bleu turquoise, au milieu à l'ouest)
- Terrains incisés et érodés (*fretted terrain*, en vert pâle, au nord-ouest)
- Au nord-ouest de Sputnik Planitia, les plaines accidentées (*rough plains*, en rose) au milieu desquelles se situent les terrains lessivés (*washboard overlay*)
- Plaines à la morphologie irrégulière (*mottled plains*, en vert pâle, à l'ouest)
- Plateau plutôt lisse (*smooth plateau*, en bordeaux foncé, à l'équateur à l'ouest)
- Terrain très cratérisé (*heavily cratered terrain*, en violet, à l'équateur)
- Zone avec des vallées alpines (*alpine valley terrain*, en vert à l'équateur, en bas)
- Hautes terres modifiées de couleur sombre (*modified dark uplands*, en rouge vif au sud-est)
- Plaines glacées aux motifs cellulaires (*cellular-patterned ice plains*, Sputnik Planitia en bleu-gris, au centre)
- Glace lisse et criblée (*pitted/featureless ice*, en vert pâle sous Sputnik Planitia)

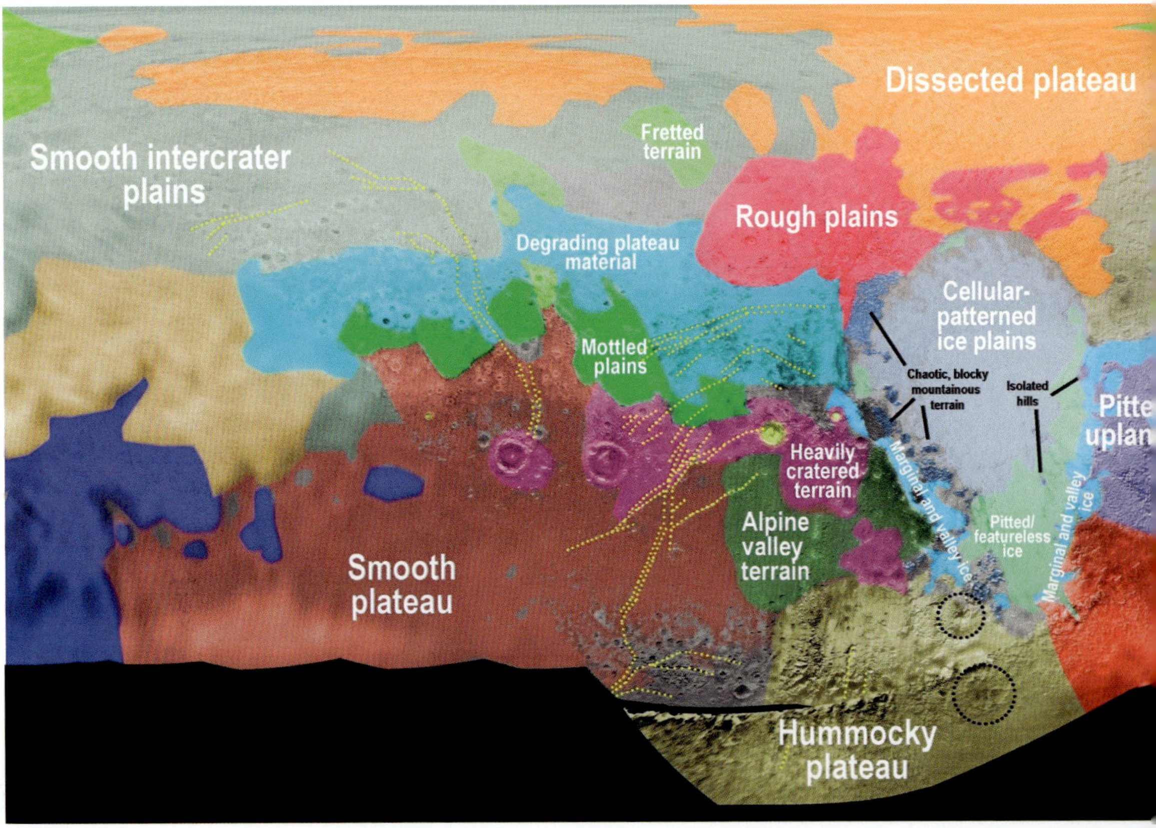

- Terrain montagneux et blocs chaotiques autour de Sputnik Planitia (*chaotic, blocky mountainous terrains*, en bleu-gris foncé)
- Vallées marginales et glace autour de Sputnik Planitia (*marginal and valley ice*, en bleu ciel)
- Hautes terres criblées (*pitted uplands*, en bleu, à l'équateur à l'est)
- Terrain « en lames » ou « en peau de serpent » (*bladed terrain deposits* ou *snakeskin terrain*, en bleu foncé à l'équateur, à l'est)
- Plateau bosselé (*hummocky plateau*, en gris-ocre, au sud)
- Volcans de glace/cryovolcans (*large mounds*, cercles en pointillé au sud). Rappelons que, dans le cryovolcanisme, c'est la glace qui jaillit du sous-sol, jouant le rôle de la lave sur Terre.

Sur la carte géologique, notons que :

1 – il existe une grande dichotomie est-ouest de composition de la surface entre les « oreillettes » et les « ventricules » du « cœur » de Pluton, malgré un albédo global du « cœur » plus élevé que partout ailleurs ;

2 – les fosses d'effondrement tectoniques (grabens) sont figurées par des lignes en pointillé jaunes ;

3 – les cratères dont le fond est rempli de glace sont cerclés de jaune.

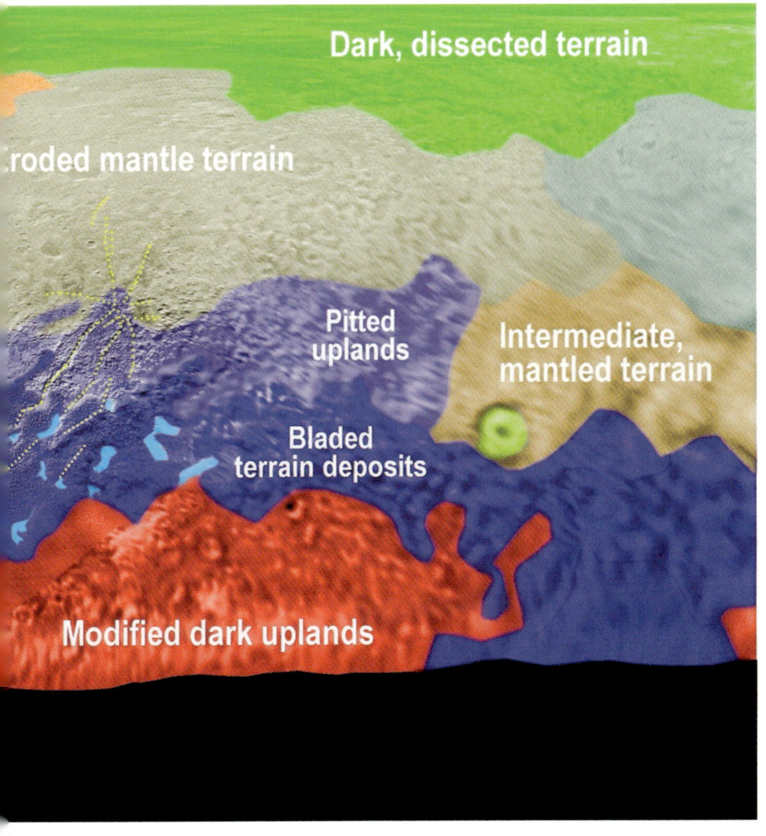

(Carte géologique simplifiée par O. de Goursac d'après : «The geology of Pluto and Charon through the eyes of New Horizons», Jeffrey M. Moore et al. & the New Horizons Science Team, Science, Vol. 351 Issue 6279, 18 March 2016, et NASA/JHU-APL/SwRI/Lunar and Planetary Institute pour la carte topographique ; «Pluto's Far Side», S. A. Stern, O. L. White, P. J. McGovern, J. T. Keane, J. W. Conrad, C. J. Bierson, C. B. Olkin, P. M. Schenk, J. M. Moore, K. D. Runyon, H. A. Weaver, L. A. Young, K. Ennico, The New Horizons Team, arXiv, October 2019)

Annexe XI

Typologie de la surface de Pluton : les dix grands types de terrains

1. Les terrains lessivés (*washboard terrains*)

Situés sur les hautes terres des hémisphères nord et sud, ce sont des petits reliefs hauts parfois de 100 m et espacés de 1 à 2 km. Leur confinement aux altitudes moyennes (entre −2 000 m d'altitude sous le niveau moyen de Pluton et +1 500 m) laisse penser qu'il s'agit d'un dépôt glacé d'azote en provenance de Sputnik Planitia qui a envahi les dépressions et qui s'est retrouvé successivement érodé puis redéposé au gré des cycles climatiques (1 à 2,7 millions d'années) produits par les oscillations de l'obliquité de Pluton. Ici, au nord-ouest de Sputnik Planitia, il s'agit probablement d'un dépôt glacé érodé. *(NASA/JHU-APL/SwRI, retraitements O. de Goursac)*

---

2. Les terrains recouverts d'un manteau érodé (*Eroded mantle terrains*)

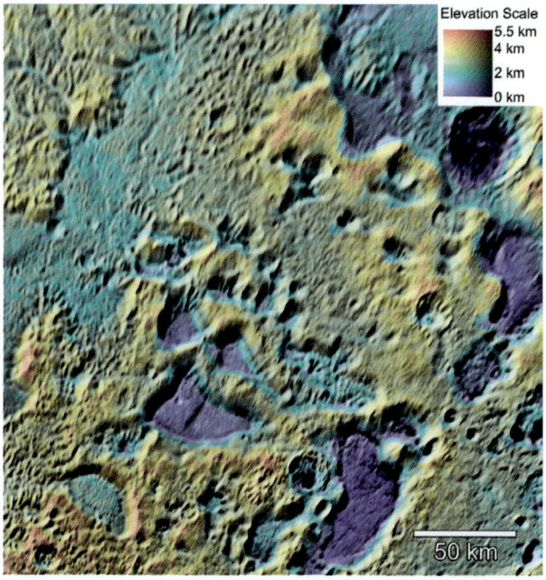

Ils peuvent être épais de 1 000 m par endroits. Il s'agit d'une surface nappée d'une couche de glace de couleur légèrement bleutée qui est en phase d'érosion. On y trouve des dépressions pouvant atteindre 3 000 à 4 000 m de profondeur. L'image montre la topographie d'une de ces zones érodées. Les dépressions font entre 1 800 et 3 500 m de profondeur et sont remplies de glaces. *(NASA/JHU-APL/SwRI)*

3. Les terrains incisés et érodés (*fretted terrains*)

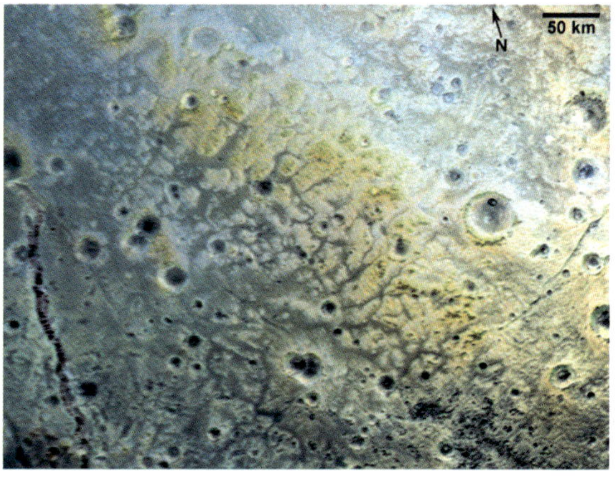

Ce sont des plaines aux couleurs claires, incisées de fosses plus sombres, larges de 3 à 4 km, en forme de polygones. Elles sont ponctuées de cratères de moins de 25 km de large. Les chercheurs pensent qu'il s'agit de terrains incisés et érodés peut-être par des glaciers d'azote aujourd'hui disparus. *(NASA/JHU-APL/SwRI)*

---

4. Les terrains découpés (*dissected terrains*)

Terrains découpés à zones « plissées » (*fluted terrains*) : les dépressions sont espacées de 3 à 4 km et sont profondes de 2 000 m. Ils sont subdivisés en quatre sous-catégories.

- Les terrains plissés (*fluted terrains*) avec des dépressions espacées de 3 à 4 km et profondes de 2000 m. Ces fosses incisent aussi les remparts des cratères. On pense que des dépositions ou les sublimations d'azote ont joué un rôle.
- Les réseaux de chenaux ramifiés (*dendritic valley networks*), ressemblant aux chenaux très érodés que l'on trouve sur les régions les plus anciennes de la planète Mars. On suppose que de l'azote liquide y a coulé, jouant un rôle identique à celui de l'eau sur Mars autrefois.
- Les plateaux incisés (*dissected upland terrains*) qui semblent avoir été créés par un évènement beaucoup plus récent que les régions dans lesquelles on les trouve. Les fosses ont déformé et incisé les grands cratères dont seule subsiste l'ancienne forme circulaire.
- Les systèmes aux larges vallées alpines (*alpine valley systems*) qui viennent buter sur des chaînes montagneuses.

(NASA/JHU-APL/SwRI, retraitements O. de Goursac)

5. Les terrains « en lames » ou « en peau de serpent » (*bladed terrain ou snakeskin terrain*)

Ce sont des formations parmi les plus étranges et les plus remarquables de Pluton. Elles se situent au nord-est des hautes terres criblées (cf. ci-dessus) dans Tartarus Dorsa.
Elles ressemblent à d'énormes dunes plates, larges chacune de 100 km, et sont recouvertes par de fines arêtes en lames de couteau, hautes parfois de 500 m, qui épousent la topographie des lieux. Celles-ci sont espacées de 3 à 5 km et sont grossièrement alignées les unes aux autres, mais elles se rejoignent parfois aussi pour former des Y allongés. Une hypothèse a été émise par Orkan Mehmet « Matt » Umurhan (1969-), du département de mathématiques appliquées de l'université de Californie, pour en expliquer l'origine. Les mesures de l'instrument Ralph-LEISA (cf. chap. 4) ont révélé que ces « lames » seraient constituées d'hydrates de méthane (dits aussi clathrates de méthane), peut-être d'un dépôt de méthane formé au gré des variations climatiques. John Moores, professeur assistant au département des sciences de la Terre et de l'Espace de l'université de York, à Toronto, pense que ces « lames » sont des pinacles de glace (nommés aussi « pénitents de glace ») qui se sont formés un peu à l'image de ceux que l'on peut admirer, sur Terre, au sommet du Kilimandjaro et dans les Andes. Des simulations ont montré qu'ils mettraient des dizaines de millions d'années à grandir, particulièrement au moment où l'atmosphère s'épaissit. Les périodes favorables surviendraient à l'équinoxe soit de printemps, soit d'automne, lorsque Pluton se trouve au périgée de son orbite (cf. plus loin). Quand l'atmosphère se raréfie, les pénitents s'érodent et perdent alors un centimètre de hauteur chaque année plutonienne, soit tous les 248 ans terrestres.
(NASA/JHU-APL/SwRI)

6. Les volcans de glace (*ice volcanoes*).

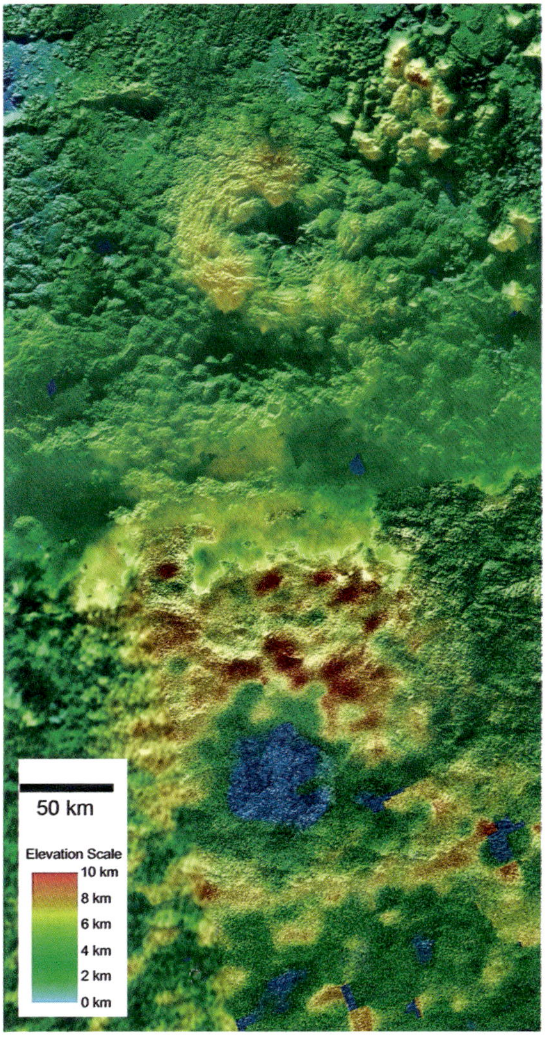

Les chercheurs ont remarqué deux gros édifices volcaniques qui percent les hauts plateaux au sud de Sputnik Planitia. C'est de la glace qui a jailli du sous-sol, jouant le rôle de la lave sur la Terre (activité dite de cryovolcanisme). Le premier de ces volcans (la dépression centrée en haut) a été baptisé Wright Mons. Il fait environ 150 km de diamètre, et de 4 000 à 5 000 m de haut. Sa caldeira est large de 40 à 50 km et profonde de 4 000 m. Au sud de Wright Mons, on devine le second édifice (la tache bleue circulaire en bas), nommé Piccard Mons, qui se situe un peu au-delà du terminateur (la limite jour-nuit) et dont le relief est à peine discernable dans la faible luminosité crépusculaire. Il est large de 225 km et son sommet culmine à 7 000 m au-dessus des terrains environnants. La présence de ces cryovolcans suggère l'existence d'une couche d'eau liquide, peut-être épaisse de 150 km, enfouie sous la croûte glacée. L'eau liquide serait mélangée à de l'ammoniac, ce qui lui éviterait de geler en profondeur. En émergeant, elle aurait la consistance d'une pâte dentifrice, puis deviendrait aussi solide que du roc. On pense que ces cryovolcans sont âgés tout au plus d'un milliard d'années, car leurs flancs ne sont pas ponctués de gros cratères d'impacts. *(NASA/JHU-APL/SwRI)*

7. Les hautes terres criblées (*pitted uplands*)

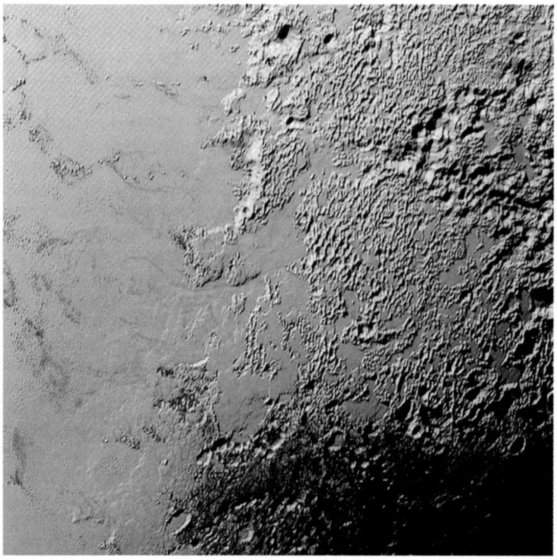

La zone située au sud-est de Tombaugh Regio est un plateau large de 100 km, ponctué de puits dont certains sont larges de plus de 20 km, interconnectés entre eux. Ils constituent des alignements de fosses. Ici, au sud-est de Tombaugh Regio, la photo montre des zones criblées d'une myriade de puits pouvant être larges de 20 km. *(NASA/JHU-APL/SwRI, retraitements O. de Goursac)*

8. La région de Cthulhu (Cthulhu Regio)

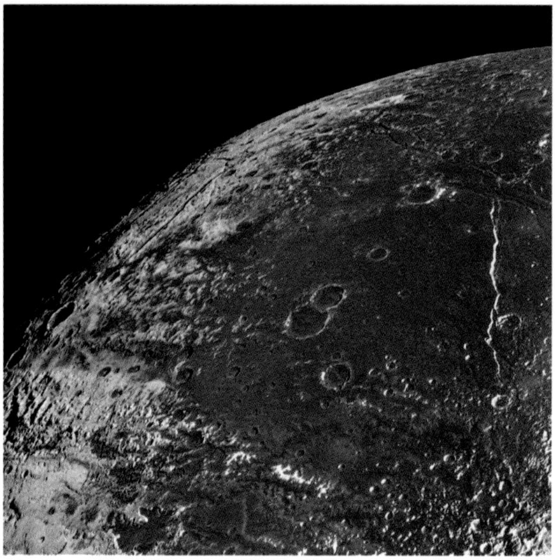

C'est une zone très sombre, située à 13° de part et d'autre de l'équateur et incisée par des fosses. C'est l'une des régions les plus anciennes de Pluton, car elle possède la plus forte densité de cratères à la morphologie peu modifiée. Malgré tout, les chercheurs pensent avoir identifié la présence, par 152° E et 7,8° N, d'une dépression large de 90 km × 60 km, d'où partent des failles très fines : il s'agit peut-être d'un ancien volcan de glace qui aurait surgi en réponse au stress généré par la formation de Sputnik Planitia, et dont la caldeira se serait effondrée par la suite. Cthulhu Regio est presque uniformément recouverte d'une couche de composés organiques (les tholins) de couleur brun-rouge. Cthulhu Regio, comme les autres maculae très sombres, n'est pas recouverte de glace d'azote, car la bande équatoriale n'est jamais plongée dans l'obscurité totale d'une nuit polaire, ce qui témoigne de la persistance de conditions climatiques plus clémentes que partout ailleurs. La photo montre un détail de la région sombre de Cthulhu qui s'étend le long de l'équateur (avec le sud à gauche pour une meilleure lisibilité). Il s'agit du même type de terrain ancien qu'on trouve un peu partout sur Pluton, mais recouvert d'une couche de composés organiques, ce qui rend difficile la perception des reliefs. Notons les chaînes montagneuses (en bas à gauche) dont les sommets sont recouverts de glace de méthane. *(NASA/JHU-APL/SwRI, retraitements O. de Goursac)*

9. Les cratères d'impacts

Ils ont des diamètres qui varient de 0,5 à 250 km, avec une morphologie très variée. Certains sont des cratères dits simples (*simple craters*), avec une cavité en forme de bol et ne possédant pas de pic central. D'autres sont des cratères complexes (*complex craters*) : ils ont un pic central, mais parfois aussi un pourtour intérieur marqué par des terrasses et des glissements de terrains glacés. Ils se caractérisent aussi par une variété d'albédos. Près de l'équateur, leurs cavités sont parfois remplies de composés organiques (tholins). Certains sont cisaillés par des failles, d'autres disparaissent presque sous la glace. Les terrains les plus cratérisés dateraient de 4 milliards d'années. *(NASA/JHU-APL/SwRI, retraitements O. de Goursac)*

---

10. Les grabens

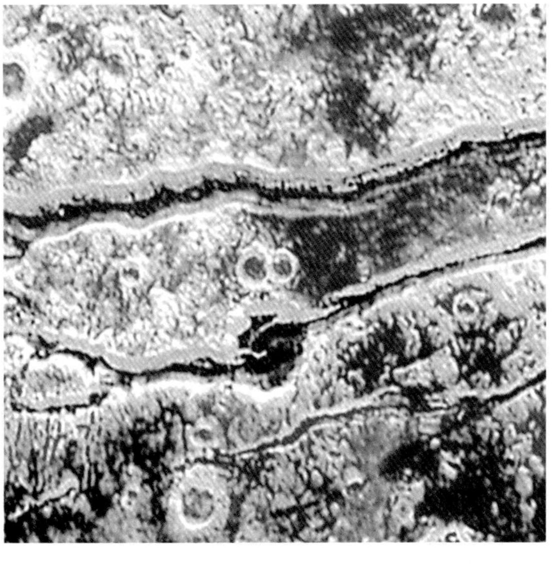

Ce sont des fosses d'effondrement tectoniques qui se sont creusées en réponse à une expansion de la croûte glacée. La plupart sont visibles à l'ouest de Sputnik Planitia (Inanna Fossa, Dumuzi Fossa, Virgil Fossa et Beatrice Fossa), mais d'autres se situent près du pôle Nord. À l'est de Sputnik Planitia, Sleipnir Fossa est un ensemble de fractures qui rayonnent à partir d'un foyer central. Ces fosses pourraient être une réponse au stress exercé sur la croûte par le remplissage progressif de Sputnik Planitia par la glace d'azote.

(NASA/JHU-APL/SwRI, retraitements O. de Goursac)

Annexe XII

Les différentes morphologies de cratères de Pluton

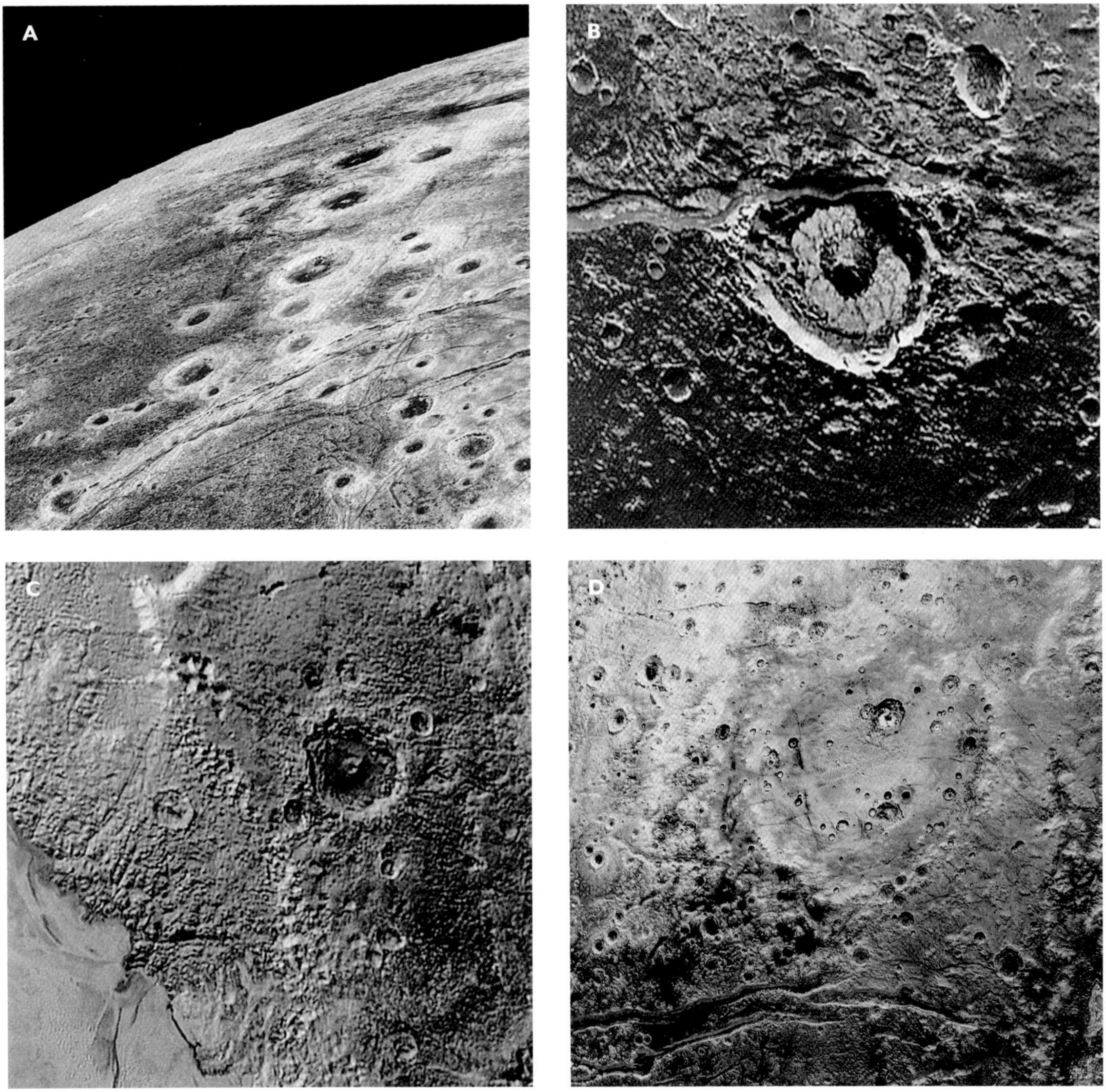

Voici un assortiment de cratères présentant différentes morphologies.

A – Cratères entourés d'un halo clair dans la région de Vega Terra, traversée par la faille Djanggawul Fossae. L'image est centrée par 34,30° N et 83,20° E (l'ouest est en haut et le nord à droite).

B – Le cratère Elliot (Ø 88 km) et son grand pic central ressemblant à un volcan, par 12° N et 138,50° E.

C – Le cratère Giclas (Ø 45 km), avec son pic ressemblant aussi à un volcan, par 39,50° N et 201,50° E.

D – Le grand cratère Burney (Ø 250 km), au nord des failles d'Inanna Fossa et de Dumuzi Fossa, par 45° N et 134,50° E.

(NASA/JHU-APL/SwRI, retraitements O. de Goursac)

Annexe XIII

Quelques fosses d'effondrement tectoniques sur Pluton

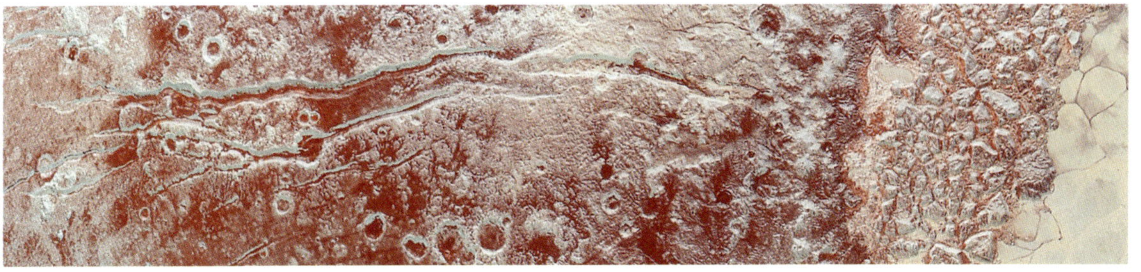

Les deux grabens, qui courent parallèlement, d'Inanna Fossa (en haut) et de Dumuzi Fossa (en bas), à l'ouest de Sputnik Planitia, sont longs d'environ 600 km, larges de 20 km et profonds de 3 000 m.
(NASA/JHU-APL/SwRI, retraitements O. de Goursac)

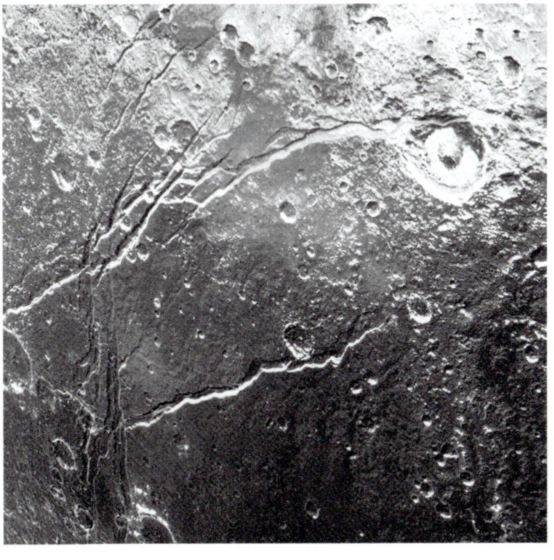

Au sein de Cthulhu Regio, Virgil Fossa (en haut), long de 950 km, incise la croûte de glace sur 4 000 m de profondeur. Beatrice Fossa (en bas), long de 450 km, se trouve relié à Virgil Fossa par un réseau de grabens perpendiculaires.
(NASA/JHU-APL/SwRI, retraitements O. de Goursac)

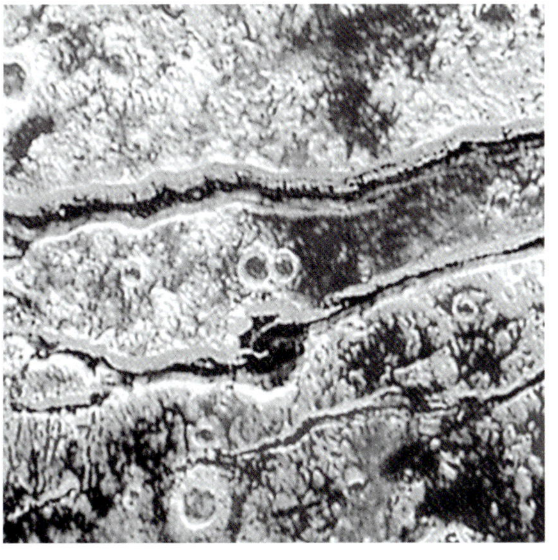

Détails des deux grabens d'Inanna Fossa (en haut) et de Dumuzi Fossa (en bas). Leurs fonds sont remplis de composés organiques sombres.
(NASA/JHU-APL/SwRI, retraitements O. de Goursac)

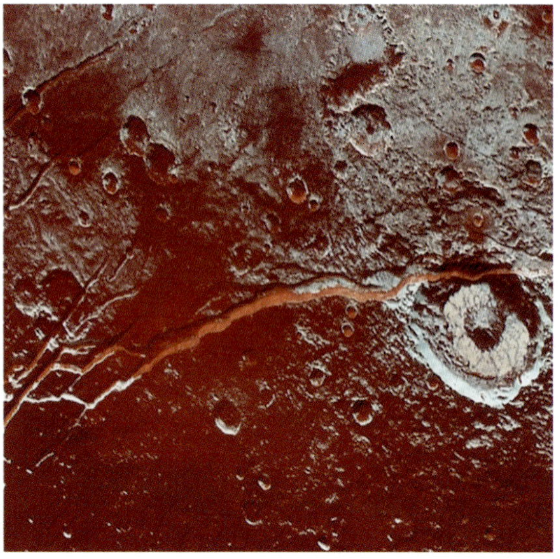

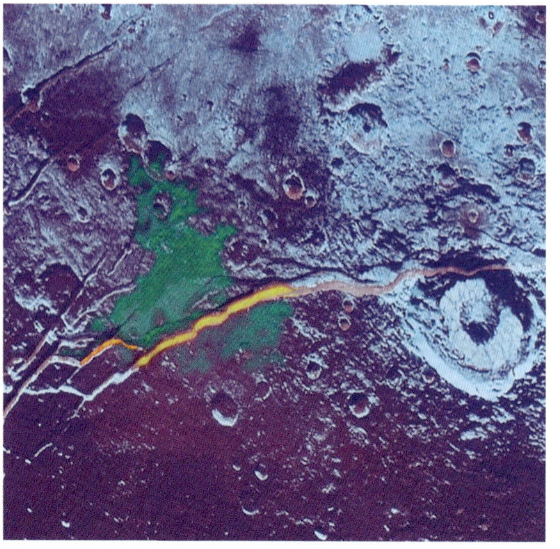

Un détail de Virgil Fossa. À gauche, en couleurs réelles, on note l'accumulation des composés organiques rougeâtres qui en tapissent le fond, et dont la couleur tranche avec le reste de la région. À droite, en fausses couleurs, on voit que cette fissure dans la croûte de Pluton a permis à des liquides souterrains d'atteindre la surface (en jaune), de se répandre et même de jaillir sous forme de larges fontaines qui ont saupoudré la zone de glace d'eau mélangée d'ammoniac (en vert). Cette détection d'ammoniac conforte les chercheurs sur l'existence d'un océan toujours liquide sous la surface de Pluton. *(NASA/JHU-APL/SwRI, retraitements O. de Goursac)*

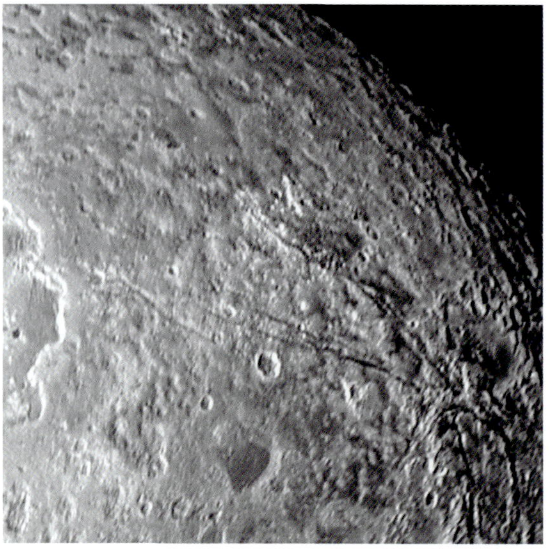

Le graben de Sleipnir Fossa s'étire du nord au sud à l'est de Sputnik Planitia sur 550 km. Il part d'un foyer (à droite), Mwindo Fossae, qui trahit la présence d'un stress sur la croûte. *(NASA/JHU-APL/SwRI, retraitements O. de Goursac)*

Glossaire

ACE. Advanced Composition Explorer : concept de sonde innovante qui servira de modèle aux missions NEAR et New Horizons.

Albédo (planétaire, dit de Bond). Pouvoir réfléchissant d'une surface : celui d'un corps noir est de 0, d'un corps parfaitement réfléchissant de 1. Les albédos de la Lune, de Pluton et de Charon sont respectivement de : 0,11, 0,72 et 0,25.

Aphélie. Point de l'orbite d'une planète où elle se trouve au plus loin du Soleil.

ARC. Ames Research Center ou NASA/Ames : centre de recherche de la NASA, fondé en 1939 (à Moffett Field, en Californie).

Attitude (d'un satellite). Position d'une sonde par rapport à un repère tridimensionnel (axes X, Y et Z). Les petits moteurs d'attitude contrôlent son orientation dans l'espace.

Bassin (d'impact). Très large cratère creusé par l'impact d'un astéroïde qui a percé la croûte et a provoqué des épanchements de fluides issus des profondeurs : son centre en a été rempli et forme une zone sans grands reliefs.

Cal'Tech. California Institute of Technology, fondé en 1891 (à Pasadena, près de Los Angeles, en Californie) et dont dépend administrativement le JPL.

Ceinture de Kuiper. Kuiper Belt : zone située entre 30 et 55 UA dans laquelle circulent des petits reliquats de la formation du Système solaire.

Cellule de convection. Zone où un fluide circule en circuit fermé.

Colorado University. Université du Colorado, dite aussi Boulder University, fondée en 1876 (à Boulder, au Colorado).

Congrès. Congrès des États-Unis (United States Congress) regroupant le Sénat (United States Senate) et la Chambre des représentants (United States House of Representatives).

Cratère (d'impact). Dépression circulaire creusée à la surface d'un astre par la force de l'impact d'une météorite ou d'un corps plus gros. Pour les gros impacts, un rebond de matière apparaît parfois au centre, formant un pic central.

Cryovolcanisme. Volcanisme de glace : l'eau, l'ammoniac ou le méthane (ou des mélanges) jaillissent du sous-sol comme la lave sur Terre (parfois sous forme pâteuse), créent des cryovolcans, puis se solidifient.

Delta-V. Capacité de variations de vitesse, mesure exprimée en mètres par seconde.

DoD. Département de la Défense (Department of Defense) : ministère américain de la Défense.

DoE. Department of Energy : ministère américain de l'Énergie, qui gère des centres de recherche.

Écliptique. Plan sur lequel tournent les planètes.

Ergols. Mot désignant, dans leur ensemble, le carburant (kérosène, hydrogène, etc.) et le comburant (oxygène liquide, peroxyde d'azote, etc.) des fusées, qui sont injectés dans une chambre à combustion.

ESA. European Space Agency : Agence spatiale européenne, fondée en 1975 (siège à Paris, en France).

Exoplanète. Planète située en dehors de notre Système solaire (dite aussi : planète extrasolaire) et qui gravite autour d'une autre étoile que la nôtre.

Exosphère. Couche la plus externe de l'atmosphère d'un corps céleste, dont la partie inférieure se nomme exobase.

Graben. Fosse d'effondrement tectonique (signifie « fossé » en allemand) apparue à la suite de stress exercés sur une croûte planétaire.

GSFC. Goddard Space Flight Center : centre spatial Goddard de la NASA (à Greenbelt, au Maryland).

Hydrazine (N_2H_4). Ergol qui se suffit à lui-même (monergol) pour propulser un moteur-fusée. Facile d'utilisation, il est beaucoup employé dans les sondes spatiales.

Institut Max-Planck. Max-Planck-Gesellschaft : groupement de 81 instituts et laboratoires de recherche scientifique en Allemagne (siège à Munich).

JHU-APL. Johns Hopkins University-Applied Physics Laboratory, spécialisé dans les programmes militaires, créé en 1942 (université Johns-Hopkins, à Baltimore, dans le Maryland).

JPL. Jet Propulsion Laboratory : centre de recherche spécialisé en missions spatiales vers les planètes, créé en 1936 (à Pasadena, près de Los Angeles, en Californie).

KBO. Kuiper Belt Object (objet de la ceinture de Kuiper).

KSC. Kennedy Space Center : le centre de lancement de la NASA (à Cap Canaveral, en Floride).

LEISA (Ralph-LEISA). Linear Etalon Imaging Spectral Array : imageur/spectromètre infrarouge de la sonde New Horizons.

LORRI. LOng Range Reconnaissance Imager : télescope (pour la prise d'images noir et blanc) de la sonde New Horizons.

LPI. Lunar and Planetary Institute (Institut lunaire et planétaire, fondé en 1968 à Houston, au Texas).

MESSENGER. « MErcury Surface, Space ENvironment, GEochemistry and Ranging » : mission qui s'est placée en orbite autour de la planète Mercure en 2011.

MIT. Massachusetts Institute of Technology, fondé en 1861 (à Cambridge, au Massachusetts).

MPC. Centre des petites planètes (Minor Planet Center) du SAO.

MVIC (Ralph-MVIC). Multispectral Visible Imaging Component : imageur en lumière visible et dans le proche infrarouge de la sonde New Horizons.

NASA. National Aeronautics and Space Administration : administration américaine nationale de l'Air et de l'Espace, créée en 1958 (siège à Washington D. C.).

NEAR. « Near Earth Asteroid Rendezvous » : mission qui s'est placée en orbite autour de l'astéroïde Éros en 2000.

New Horizons (ou NH). Mission qui a survolé Pluton en 2015 (nom d'origine : « New Horizons : Shedding Light on Frontier Worlds »).

Newton (force). Unité de mesure d'une force (symbole N). À noter que le poids d'un corps s'exprime en newtons, car la gravité, dont il résulte, se mesure à la force s'exerçant entre deux objets. Le kilogramme (kg) est, quant à lui, l'unité de base de la masse.

NH2. Projet de sonde New Horizons 2.

Nœud vernal. Point, sur la sphère céleste d'une planète, qui correspond à la position du Soleil au moment où il traverse l'équateur céleste de cette planète, passant de son hémisphère sud à son hémisphère nord.

NRC (nucléaire). Nuclear Regulatory Commission : Commission américaine de réglementation nucléaire (autorité de sûreté nucléaire).

NRC (sciences). National Reseach Council : Conseil national de la recherche de l'Académie des sciences américaine.

Obliquité. Inclinaison de l'axe de rotation d'un corps céleste.

Observatoire de l'ESO. European Southern Observatory : Observatoire européen austral, fondé en 1962 (siège de l'organisation à Munich, en Allemagne).

Observatoire Lowell. Lowell Observatory, fondé en 1894 (à Flagstaff, en Arizona).

OMB. Office of Management and Budget : service du budget de la Maison-Blanche.

P-Alice. Ultraviolet Imaging Spectrograph : imageur/spectromètre ultraviolet de la sonde New Horizons.

PEPSSI. Pluto Energetic Particle Spectrometer Science Investigation : spectromètre d'analyse des particules énergétiques de la sonde New Horizons.

Périhélie. Point de l'orbite d'une planète où elle se trouve au plus près du Soleil.

PFF. Pluto Fast Flyby : projet de mission annulé en 1994.

PKB. Pluto Kuiper Belt : projet de mission avec deux concurrents retenus (POSSE et New Horizons).

PKE. Pluto-Kuiper Express : projet de mission annulé en 2000.

Planetary Society. Mouvement associatif prospatial, fondé en 1980 (à Pasadena, près de Los Angeles, en Californie).

Planète. Corps en orbite autour du Soleil qui dispose d'une gravité suffisante pour le rendre sphérique, et qui a capturé ou éloigné tous les autres corps célestes près de son orbite (cf. aussi la définition de l'UAI au chapitre 2 et à l'annexe VII).

Planète naine. Corps céleste répondant aux mêmes critères qu'une planète (voir ci-dessus) mais qui doit, en outre, être d'une taille plus petite que Mercure. Il doit avoir une forme sphérique et ne doit pas être le satellite d'une planète.

Planétoïde. Mot désignant de façon informelle un corps céleste plus gros qu'un petit astéroïde et plus petit qu'une planète, dont il possède certaines caractéristiques.

Point de Lagrange. Point dans l'espace où les champs de gravité de deux corps en orbite l'un autour de l'autre s'équilibrent : un objet de faible masse qui s'y trouve ne bouge plus et les accompagne dans leur mouvement orbital.

POSSE. « Pluto Outer Solar System Explorer » : mission non retenue dans le cadre du projet PKB.

Pression atmosphérique. Force (poids) qu'exercent les gaz de l'atmosphère sur une surface qui est en contact avec eux.

Principe de conservation de l'énergie. L'énergie ne peut être ni créée ni détruite (loi de conservation de l'énergie) : elle n'est que transformée d'une forme en une autre, ou transférée d'un endroit à un autre.

Proxima Centauri. Nom scientifique de Proxima du Centaure, l'étoile la plus proche du Soleil, située à 4,244 années-lumière de nous.

REX. Radio Science Experiment : système couplé aux télécommunications pour occultation et mesures radio de la sonde New Horizons.

Rose Center. Centre Sandra Priest Rose pour la Terre et l'Espace (Rose Center for Earth and Space, ville de New York, État de New York).

SAF. Société astronomique de France : association fondée en 1887 par l'astronome Camille Flammarion, et reconnue d'utilité publique (siège à Paris, en France).

SAO. Smithsonian Astrophysical Observatory : centre de recherche de la Smithsonian Institution, créé en 1846 (à Washington D. C.).

Space Telescope Science Institute. Institut des sciences du télescope spatial, qui gère les télescopes spatiaux Hubble et James Webb (STScI, au JHU, à Baltimore, dans le Maryland).

SWAP. Solar Wind Around Pluto : détecteur de particules de la sonde New Horizons.

SwRI. Southwest Research Institute, créé en 1947 (à San Antonio, au Texas).

Terminateur. La limite jour-nuit sur un corps céleste.

Tholins. Composés organiques azotés brun-rouge faits de diverses molécules, trouvés à la surface de nombreux objets tournant loin du Soleil.

TNO. TransNeptunian Object (objet transneptunien) : planète mineure qui tourne autour du Soleil, partiellement ou entièrement, au-delà de la planète Neptune.

UAI. Union astronomique internationale, ou International Astronomical Union (IAU), fondée en 1919 (siège à Paris, en France).

Unité astronomique. Abrégée UA (ou AU, pour « astronomical unit », en anglais) : unité de distance astronomique correspondant à la distance entre la Terre et le Soleil (150 millions de kilomètres).

USNO. United States Naval Observatory : observatoire naval des États-Unis, créé en 1830 (à Washington D. C.).

Vent solaire. Flux de particules éjectées depuis la haute atmosphère du Soleil vers l'espace et suivant son champ magnétique : il crée une bulle dans le milieu interstellaire et sa limite marque la fin de notre Système solaire.

Voyager. Sondes nommées d'après les deux missions « Mariner Jupiter-Saturn 1977 » du projet « Mini Grand Tour » : elles seront renommées Voyager 1 et Voyager 2 en 1977.

Références

Chapitre 1. Pluton : l'exploit des astronomes

La Planète X : la bonne solution aux hypothèses ?

- *Biography of Percival Lowell*, Abbott Lawrence Lowell, The Macmillan Company, New York, 1935.
- « Lowell Observatory, Significance and History », National Register of Historic Places and Buildings, United States Department of the Interior, 30 septembre 1964.
- « The Search for a Planet beyond Neptune », Morton Crosser, *Isis*, vol. 55, n° 2, p. 180, University of Chicago, 1964.

Pluton : le triomphe de la méthodologie

- « À la découverte de la petite neuvième », Olivier Sanguy, *Espace Magazine*, n° 18, Paris, janvier-février 2006, p. 20-24.
- « Les planètes extérieures », Michael Belton, in *Les Découvertes spatiales*, Bordas, « Encyclopédie visuelle », Paris, mai 1985, p. 168-179.
- « Pluton », Albert Ducrocq, in *D'une planète à l'autre*, Plon, Paris, 1986, p. 105.
- « Scientists Discovered an Image of Pluto Taken in 1925 », *Business Insider UK*, 10 juillet 2015.
- « Vesto Melvin Slipher 1875–1969. A Biographical Memoir », William Graves Hoyt, National Academy of Sciences, Washington D. C., 1980.
- « What Else Did V. M. Slipher Do ? », Joseph S. Tenn, in *Origins of the Expanding Universe: 1912-1932*, Michael J. Way, Deidre Hunter (éd.), ASP Conference Series, vol. 471, 31 janvier 2013.
- « Biography: Clyde Tombaugh Discoverer of Planet Pluto (February 4, 1906-January 17, 1997) », Academy of Achievement.
- « The Discovery of Pluto: Generally Unknown Aspects of the Story. Clyde Tombaugh (1906-1997) », *Astronomy Beat*, n° 23, Astronomical Society of the Pacific, 18 mai 2009.
- « The Early Development of Ideas Concerning the Transneptunian Region », John K. Davies, John McFarland, Mark E. Bailey, Brian G. Marsden, Wing-Huen Ip, in *The Solar System Beyond Neptune*, University of Arizona Press, 2008.
- *Pluto and Charon*, S. A. Stern, D. J. Tholen, University of Arizona Press, Tucson, 1997.

Quel nom pour la nouvelle planète ?

- « The Girl Who Named Pluto: an Interview with Venetia Burney Phair », NASA – Transcript, 17 janvier 2006.
- « Venetia Phair Dies at 90; as a Girl, She Named Pluto », William Grimes, The New York Times, 10 mai 2009 (www.nytimes.com/2009/05/11/world/europe/11phair.html?_r=3&).

Charon, la grosse lune de la petite planète

- « An interview with Jim Christy: How "defective" Images Revealed Pluto as a Double Planet », Eric Betz, *Astronomy magazine*, 9 juin 2015.
- « The View from Mars Hill: The discovery of Charon Has Flagstaff Roots », Kevin Schindler, *Arizona Daily Sun*, 6 juin 2015.
- *Pluto and Charon*, S. A. Stern, D. J. Tholen, University of Arizona Press, 1997.
- « 1978 P-1 », Brian G. Marsden, *IAU Circular*, n° 3241, Central Bureau for Astronomical Telegrams, 7 juillet 1978.
- « Satellites of Saturn and Pluto », Brian G. Marsden, *IAU Circular*, n° 4157, Central Bureau for Astronomical Telegrams, 3 janvier 1986.
- *Worlds Beyond: The Thrill of Planetary Exploration as Told by Leading Experts*, S. Alan Stern, Cambridge University Press, 2003.

Pluton possède une atmosphère !

- « NASA Space Vehicle Design Criteria. The Planets Uranus, Neptune and Pluto (1971) », NASA SP-8103, novembre 1972.
- *A History of Astronomy: from 1890 to the Present*, David Leverington, Springer Science & Business Media, 2012.
- « Occultation by Pluto on August 19, 1985 », N. Brosch, H. Mendelson, Wise Observatory, Israel, IAU Central Bureau for Astronomical Telegrams.
- « Nitrogen Ice Discovered on Pluto », NASA Release 93-142, 6 août 1993.
- « Pluto's Atmosphere », J. L. Elliot *et al.*, *Icarus*, vol. 77, 1989, p. 148-170.
- « Pluto is Undergoing Global Warming, Researchers Find », Williams College Press release, 9 octobre 2002.

Un monde plus petit et plus complexe que prévu

- « The Pluto-Charon System », S. A. Stern, *Annual Review of Astronomy and Astrophysics*, n° 30, 1992, p. 185-233.
- *Celestial Shadows: Eclipses, Transits, and Occultations*, J. E. Westfall, W. Sheehan, Springer-Verlag, New York, 2015.
- « Seasonal Nitrogen Cycles on Pluto », Candice J. Hansen, *Icarus*, vol. 120, 1996, p. 247-265.
- « Pluto's Light Curve in 1933-1934 », Bradley E. Schaefer, Marc W. Buie, Luke Timothy Smith, *Icarus*, vol. 197, 2008, p. 590-598.
- *Pluto and Charon*, S. A. Stern, D. J. Tholen, University of Arizona Press, 1997.
- « Evidence that Pluto's Atmosphere Does Not Collapse from Occultations Including the 2013 May 04 Event », C. B. Olkin, L. A. Young, D. Borncamp, A. Pickles, B. Sicardy, M. Assafin, F. B. Bianco, M. W. Buie, A. Dias de Oliveira, M. Gillon, R. G. French, A. Ramos Gomes Jr., E. Jehin, N. Morales, C. Opitom, J. L. Ortiz, A. Maury, M. Norbury, F. Braga-Ribas, R. Smith, L. H. Wasserman, E. F. Young, M. Zacharias, N. Zacharias, *Icarus*, n° 246, 2015, p. 220-225.
- « Bruno Sicardy, chasseur transneptunien », *Le Monde*, « Science & Médecine », 1er juillet 2015.

Quatre petits satellites de plus !

- « New Satellite of Pluto » (« S/2012 », Styx), Daniel W. E. Green, *IAU Circular*, n° 9253, Central Bureau for Astronomical Telegrams, 12 juillet 2012.
- « S/2005 P1 and S/2005 P2 » (« S/2005 P2 », Nix), Daniel W. E. Green, *IAU Circular*, n° 8625, Central Bureau for Astronomical Telegrams, 31 octobre 2005.
- « New Satellite of Pluto » (« S/2011 », Kerberos), Daniel W. E. Green, *IAU Circular*, n° 9221, Central Bureau for Astronomical Telegrams, 10 septembre 2011.
- « S/2005 P1 and S/2005 P2 » (« S/2005 P1 », Hydra), Daniel W. E. Green, *IAU Circular*, n° 8625, Central Bureau for Astronomical Telegrams, 31 octobre 2005.
- « Resonant Interactions and Chaotic Rotation of Pluto's Small Moons », M. R. Showalter, D. P. Hamilton, *Nature*, n° 522, 4 juin 2015.

Observer soi-même Pluton : les défis à relever

- https://theskylive.com/planetarium
- www.astrosurf.com
- http://unistellaroptics.com
- https://vaonis.com/fr/
- http://cosmicdiary.org/fmarchis/2017/09/17/seeing-pluto-with-your-own-eyes-from-your-backyard-with-unistellars-evscope/
- www.01net.com/actualites/on-a-essaye-le-telescope-numerique-d-unistellar-qui-voit-les-galaxies-en-plein-paris-1925828.html

Chapitre 2. Pluton, une planète d'un genre nouveau

Pluton : seule au monde... parmi les autres ?

- *Pluto Confidential: An Insider Account of the Ongoing Battles over the Status of Pluto*, L. A. Marschall, S. Maran, BenBella Books, 2009.
- « Pluto and the Developing Landscape of Our Solar System », IAU (www.iau.org/public/themes/pluto/).
- « The Origin and Evolution of the Solar System », K. E. Edgeworth, in *Monthly Notices of the Royal Astronomical Society*, vol. 109, 1949.
- « On the Origin of the Solar System », Gerard P. Kuiper (lu devant l'Académie des sciences américaine le 12 octobre 1950), *Proceedings of the National Academy of Sciences/PNAS*, vol. 37, n° 1, 15 janvier 1951.
- « Regarding the Criteria for Planethood and Proposed Planetary Classification Schemes », S. Alan Stern, Harold F. Levison, SWRi, Transactions of the IAU 2000, révisé le 11 novembre 2000.
- « The Size and Albedo of the Kuiper-Belt Object (20000) Varuna », David Jewitt, Herve Ausse, Aaron Evans, *Nature*, vol. 411, 24 mai 2001.
- « Direct Measurement of the Size of the Large Kuiper Belt Object Quaoar », Michael E. Brown, Chad Trujillo, Division of Geological and Planetary Sciences, California Institute of Technology, *Astronomical Journal*, 5 octobre 2002.
- « 1993 RO, 1993 RP, 1993 SB, 1993 SC », Brian G. Marsden, *IAU Circular*, n° 5983, Central Bureau for Astronomical Telegrams, 3 mai 1994.
- « When Is a Planet Not a Planet? Arguments for and Against Demoting Pluto », David H. Freedman, *The Atlantic*, février 1998.
- « Is Pluto a Giant Comet? », International Comet Quarterly, Department of Earth and Planetary Sciences, Harvard University, 2006.

- « Is Pluto a Planet ? », Jane Luu, Conference debate panel, Hayden Planetarium, American Natural History Museum, New York City, 24 mai1999.
- « No Starry-Eyed Astronomer », Vijaysree Venkatraman, Science Careers from the journal Science, 19 octobre 2012.
- « CCNet Special: Renewed Calls for Reclassification of Pluto's Status », Cambridge Conference Correspondence, 17/2001, 31 janvier 2001.
- *The Hunt for Planet X: New Worlds and the Fate of Pluto*, G. Schilling, Copernicus Books, Springer Science+Business Media, New York, 2009.
- « The Status of Pluto: A Clarification », Press Release from the General Secretary, IAU Press Release 01/99, 3 février 1999.
- « Editorial Notice » (« I approve [10000] Pluto » or « I do not approve [10000] Pluto »), Brian G. Marsden, M.P.E.C. 1999-C03, 4 février 1999.
- « Pluto's Not a Planet? Only in New York », Kenneth Chang, *The New York Times*, 22 janvier 2001.
- « Hate Mail From Third Graders », Susan K. Lewis, NOVA, 1er janvier 2010 (www.pbs.org/wgbh/nova/space/hate-mail-pluto.html).
- « Astronomer Responds to Pluto-Not-a-Planet Claim », Space.com staff, 2 fév. 2001.
- « The Discovery of ~~2003 UB313~~ Eris, the ~~10th planet~~ Largest Known Dwarf Planet », Mike Brown personal webpage (http://web.gps.caltech.edu/~mbrown/planetlila/) (*n.d.a. : Mike Brown a lui-même rayé les mots dans le titre de l'article*).
- *Atlas of Astronomical Discoveries*, G. Schilling, Springer, New York, 2011.
- « The Trans-Neptunian Object UB313 is Larger than Pluto », F. Bertoldi, W. Altenhoff, A. Weiss, K. M. Menten, C. Thum, *Nature*, vol. 439, 2 février 2006.
- « Satellites of the Largest Kuiper Belt Objects », M. E. Brown, M. A. van Dam, A. H. Bouchez, D. Le Mignant, R. D. Campbell, J. C. Y. Chin, A. Conrad, S. K. Hartman, E. M. Johansson, R. E. Lafon, D. L. Rabinowitz, P. J. Stomski, Jr., D. M. Summers, C. A. Trujillo, P. L. Wizinowich, *The Astrophysical Journal*, vol. 639, L43-L46, 1er mars 2006.
- « (134340) Pluto, (136199) Eris, and (136199) Eris I (Dysnomia) », Daniel W. E. Green, *IAU Circular*, n° 8747, Central Bureau for Astronomical Telegrams, 13 septembre 2006.
- *The Pluto Files: The Rise and Fall of America's Favorite Planet*, Neil deGrasse Tyson, W. W. Norton & Company, New York, 2014.

La grande bataille de Pluton

- « 79th Meeting of the Executive Committee », 24-26 mai 2004, Mexico City, Mexico, in *Information Bulletin*, n° 95, UAI, juin 2004.
- « Members of the Planet Definition Committee », IAU (www.iau.org/public/images/detail/iau0601g/).
- « Working Group on Extrasolar Planets », Alan P. Boss (Chairperson), R. Paul Butler, William B. Hubbard, Philip A. Ianna, Martin Kürster, Jack J. Lissauer, Michel Mayor, Karen J. Meech, Francois Mignard, Alan J. Penny, Andreas Quirrenbach, Jill C. Tarter, Alfred Vidal-Madjar, International Astronomical Union, Reports on Astronomy 2002-2005, Proceedings IAU Symposium n° XXVIA, 2006.
- « Astronomers to Decide what Makes a Planet », Jim Giles, *Nature*, 1er août 2005.
- « Definition Debate: Planets May Soon Get Adjectives », Robert Roy Britt, Space News Correspondent, Space.com, 21 septembre 2005.
- *Pluto Confidential. An Insider Account of the Ongoing Battles over the Status of Pluto*, Laurence Marschall, Stephen Maran, BenBella Books, 2009.
- « Definition of "Planet" Expected in September », Robert Roy Britt, Senior Science Writer, Space.com, 8 juin 2006.
- « Agreement on Definition of "Planet" Proves Elusive », Robert Roy Britt, Space News Correspondent, Space.com, 19 juin 2006.
- « Dissertatio Cvm Nvncio Sidereo III », Pragae, IAU, 12 août 2006.
- « Draft Resolution 5 for GA-XXVI: Definition of a Planet », IAU Press Release, 16 août 2006.
- « Planet Debate Heats Up », Richard Tresch Fienberg, *Sky & Telescope*, 18 août 2006.
- « Details Emerge on Plan to Demote Pluto », Robert Roy Britt, Space News Correspondent, Space.com, 19 août 2006.
- « For Science: Is Pluto a planet? », Scott Sutherland (www.theweathernetwork.com, 20 juillet 2015).
- « The Day We Lost Pluto », Richard Tresch Fienberg, *Sky & Telescope*, 22 août 2006.
- « Pluto Seems Poised to Lose Its Planet Status », Dennis Overbye, *The New York Times*, 22 août 2006.
- « Is Pluto a Planet? The Evolution of a Scientific Concept », in *International Handbook of Research in History, Philosophy and Science Teaching*, Michael R. Matthews, Springer, New York, 2014.
- « Nine Planets Become 12 with Controversial New Definition », Robert Roy Britt, Senior Science Writer, Space.com, 16 août 2006.
- « Pluto May Get Demoted After All », Robert Roy Britt, Senior Science Writer, Space.com, 18 août 2006.
- « Planetary Scientists Support Proposed Redefinition Of A Planet », Staff Writers, Space Daily, 18 août 2006.
- « On the Existence of a Comet Belt Beyond Neptune », J. A. Fernandez, Monthly Notices of the Spanish Royal Astronomical Society, Observatorio Astronomico Nacional, Madrid, vol. 192, août 1980.
- « Astronomers Sharply Divided on New Planet Definition », Robert Roy Britt, Senior Science Writer, Space.com, 18 août 2006.

Le jour où Pluton est devenue une planète naine

- « Dissertatio Cvm Nvncio Sidereo III », Pragae, IAU, 12 août 2006.
- « For Science: Is Pluto a Planet? », Scott Sutherland, 20 juillet 2015 (www.theweathernetwork.com).
- « Das IAU Komitee präsentierte heute in Prag die neuen Vorschläge zur Planeten-Definition » (aujourd'hui, le comité IAU présentait à Prague les nouvelles propositions de définition d'une planète), Günther Wuchterl, Verein Kuffner-Sternwarte (Association de l'observatoire Kuffner à Vienne), 22 août 2006.
- « IAU Planetendefinition entwickelt sich weiter-Entwurf c » (l'IAU développe un autre projet « c » de définition de planète), Günther Wuchterl, Verein Kuffner-Sternwarte (Association de l'observatoire Kuffner à Vienne), 23 août 2006.
- « The Day We Lost Pluto », Richard Tresch Fienberg, *Sky & Telescope*, 22 août 2006.
- « Is Pluto a Planet? The Evolution of a Scientific Concept », in *International Handbook of Research in History, Philosophy and Science Teaching*, Michael R. Matthews, Springer, New York, 2014.
- « Le déclassement de Pluton », François Lefebvre, in *La Porte des étoiles*, n° 26 – automne 2014, Groupement d'astronomes amateurs courriérois, 62128 Wancourt.
- « Goodbye, Pluto. Hello, "Dwarf Planets"! », Govert Schilling, *Sky & Telescope*, 24 août 2006.
- XXVIth IAU General Assembly (2006) – Minutes of Session II, Prague, Czech Republic, 24 août 2006 (www.iau.org/public/videos/detail/iau2006session2).
- « The Final IAU Resolution on the Definition of "Planet" Ready for Voting », iau0602 – Press Release, Prague, 24 août 2006.
- « IAU 2006 General Assembly: Result of the IAU Resolution Votes », iau0603 – Press Release, Prague, 24 août 2006.
- « Minutes of the Executive Committee, 81st Meeting », 13-23 août 2006, The Academy of Sciences of the Czech Republic (13 août), Prague Congress Center (14, 15, 23 et 24 août), UAI, Prague, Czech Republic.

Pluton et d'autres peuvent-elles remonter sur l'estrade ?

- « Dissertatio Cvm Nvncio Sidereo III », Pragae, IAU, 12 août 2006.
- « For Science: Is Pluto a Planet? », Scott Sutherland, 20 juillet 2015 (www.theweathernetwork.com).
- « Is Pluto a Planet? The Evolution of a Scientific Concept », in *International Handbook of Research in History, Philosophy and Science Teaching*, Michael R. Matthews, Springer, New York, 2014.
- « Pluto Is Demoted to "Dwarf Planet" », Dennis Overbye, *The New York Times*, 24 août 2006.
- « Pluto's Demotion Divides Astrologers, Troubles Scorpios », Jane Spenser, *Wall Street Journal*, 25 août 2006.
- « Pluto Vote "Hijacked" in Revolt », Paul Rincon, Science reporter, BBC News, 25 août 2006.
- « What Is a Planet? Nadine Barlow's Editorial », *Arizona Daily Sun newspaper*, Flagstaff, Tuesday, 29 août 2006.
- « (134340) Pluto, (136199) Eris, and (136199) Eris I (Dysnomia) », IAU Circular n° 8747, Daniel W. E. Green, Central Bureau for Astronomical Telegrams, 13 septembre 2006.
- « Scientists Debate Planet Definition and Agree to Disagree », Planetary Science Institute, Tucson, 19 septembre 2008.
- « One Week to Pluto: An Outcast World, In From the Cold », Ben Evans, 11 juillet 2015 (www.americaspace.com).
- « Pluto a Planet Again », Victoria Jaggard, *National Geographic News*, 11 mars 2009.
- « In Space, No One Can Hear You Protest », James Urton, Adaptive Radiation, https://adaptiveradiation.wordpress.com/, 13 mars 2010.
- « Is Pluto a Planet? The Votes Are In », Harvard-Smithsonian Center for Astrophysics, Release n° 2014-25, Monday, 22 septembre 2014.
- « The "Is Pluto a Planet?" Debate has Been Reignited », *Irish Examiner*, 23 septembre 2014.

- « A Vote for Pluto's Reinstatement as a Planet », Fred Barbash, *The Washington Post*, 02 octobre 2014.
- « Is Pluto a Planet Again? Harvard Reignites Debate », Ben Axelson, syracuse.com, 3 octobre 2014.
- « Pluto's Advocates Say Even Earth Would Not Count as a Planet if it Were in Pluto's Place », Anna Bruzgulis, 21 juillet 2015 (www.politifact.com).
- « Sad About Pluto? How About 110 Planets in the Solar System Instead? », Matt Williams, 27 février 2017 (www.universetoday.com).
- « A Geophysical Planet Definition ». K. D. Runyon, S. A. Stern, T. R. Lauer *et al.*, JHU/SWRi/NOAO/ George Mason U., 48th Lunar and Planetary Science Conference, 2017.
- « Scientists Make the Case to Restore Pluto's Planet Status », Johns Hopkins University, News Releases, 16 mars 2017.

Après Pluton, une neuvième planète ?

- « A Serendipitous All Sky Survey for Bright Objects in the Outer Solar System », M. E. Brown, M. E. Bannister, B. P. Schmidt, A. J. Drake, S. G. Djorgovski, M. J. Graham, A. Mahabal, C. Donalek, S. Larson, E. Christensen, E. Beshore, R. McNaught, Cornell University Library, Draft version, 5 janvier 2015.
- « The Small Numbers of Large Kuiper Belt Objects », Megan E. Schwamb, Michael E. Brown, Wesley C. Fraser, Cornell University Library, Draft version, 29 octobre 2013.
- « Discovery of a Binary Brown Dwarf at 2 Parsecs from the Sun », K. L. Luhman, *The Astrophysical Journal*, 12 mars 2013.
- « Where's Planet X? NASA Space Telescope Discovers Thousands of New Stars, But No "Nemesis" », Nola Taylor Tillman, Space.com, 8 mars 2014.
- « Search for Potential "Planet X" Far From Over », Nola Taylor Tillman, Space.com, 27 mars 2014.
- « A Search for a Distant Companion to the Sun with the Wide-Field Infrared Survey Explorer », K. L. Luhman, *The Astrophysical Journal*, 20 janvier 2014.
- « The AllWISE Motion Survey and the Quest for Cold Subdwarfs », J. Davy Kirkpatrick, Adam Schneider, Sergio Fajardo-Acosta, Christopher R. Gelino, Gregory N. Mace, Edward L. Wright, Sarah E. Logsdon, Ian S. McLean, Michael C. Cushing, Michael F. Skrutskie, Peter R. Eisenhardt, Daniel Stern, Mislav Balokovi´c, Adam J. Burgasser, Jacqueline K. Faherty, George B. Lansbury, J. A. Rich, Nathalie Skrzypek, John W. Fowler, Roc M. Cutri, Frank J. Masci, Tim Conrow, Carl J. Grillmair, Howard L. McCallon, Charles A. Beichman, and Kenneth A. Marsh, *The Astrophysical Journal*, 10 mars 2014.
- « New Planets in the Solar System – Uranus, Ceres and so On », Harald Gropp, University of Heidelberg, 2003, in *Electronic supplement to Dissertatio cum Nuncio Sidereo, Series Tertia*, IAU, Prague, 18 août 2006.
- « The Closest Known Flyby of a Star to the Solar System », Eric E. Mamajek, Scott A. Barenfeld, Valentin D. Ivanov, Alexei Y. Kniazev, Petri Vaisanen, Yuri Beletsky, Henri M. J. Boffin, *Astrophysical Journal Letters*, 16 février 2015.
- « Nomadic Planets Near the Solar System », T. Marshall Eubanks, *Planetary and Space Science*, 6 janvier 2015.
- « Evidence for a Distant Giant Planet in the Solar System », Konstantin Batygin, Michael E. Brown, *The Astronomical Journal*, vol. 155, n° 22, février 2016.
- « New Wrinkles in the Search for "Planet X" », Kelly Beatty, *Sky & Telescope*, 21 juin 2017.
- « Observational Bias and the Clustering of Distant Eccentric Kuiper Belt Objects », Michael E. Brown, arXiv/Cornell University Library, 14 juin 2017.
- « No Evidence for Orbital Clustering in the Extreme Trans-Neptunian Objects », K. J. Napier, D. W. Gerdes, Hsing Wen Lin, S. J. Hamilton, G. M. Bernstein, P. H. Bernardinelli, T. M. C. Abbott, M. Aguena, J. Annis, S. Avila, D. Bacon, E. Bertin, D. Brooks, D. L. Burke, A. Carnero Rosell, M. Carrasco Kind, J. Carretero, M. Costanzi, L. N. da Costa, J. De Vicente, H. T. Diehl, P. Doel, S. Everett, I. Ferrero, P. Fosalba, J. Garca-Bellido, D. Gruen, R. A. Gruendl, G. Gutierrez, D. L. Hollowood, K. Honscheid, B. Hoyle, D. J. James, S. Kent, K. Kuehn, N. Kuropatkin, M. A. G. Maia, F. Menanteau, R. Miquel, R. Morgan, A. Palmese, F. Paz-Chinchon, A. A. Plazas, E. Sanchez, V. Scarpine, S. Serrano, I. Sevilla-Noarbe, M. Smith, E. Suchyta, M. E. C. Swanson, C. To, A. R. Walker and R.D. Wilkinson, arXiv:2102.05601v3, 22 février 2021.
- « Un mauvais coup a été porté à la probabilité d'une Planète-9, mais ce n'est pas grave ! », Pierre Brisson, 12 juin 2021 (www.letemps.ch/blogs).

Avec une dixième planète ? Et des planètes nomades ?

- « The Curiously Warped Mean Plane of the Kuiper Belt », Kathryn Volk, Renu Malhotra, arXiv/Cornell University Library, 21 juin 2017.
- « OSSOS VI. Striking Biases in the Detection of Large Semi-Major Axis Trans-Neptunian Objects », Cory Shankman, J. J. Kavelaars, Michele T. Bannister, Brett J. Gladman, Samantha M. Lawler, Ying-Tung Chen, Marian Jakubik, Nathan Kaib, Mike Alexandersen, Stephen D. J. Gwyn, Jean-Marc Petit, and Kathryn Volk, arXiv/Cornell University Library, 20 juin 2017.
- « A New Inclination Instability Reshapes Keplerian Disks into Cones: Application to the Outer Solar System », Ann-Marie Madigan, Michael McCourt, arXiv/Cornell University Library, 1er octobre 2015.
- « A Terrestrial Planet Candidate in a Temperate Orbit Around Proxima Centauri », Guillem Anglada-Escudé, Pedro J. Amado, John Barnes, Zaira M. Berdiñas, R. Paul Butler, Gavin A. L. Coleman, Ignacio de la Cueva, Stefan Dreizler, Michael Endl, Benjamin Giesers, Sandra V. Jeffers, James S. Jenkins, Hugh R. A. Jones, Marcin Kiraga, Martin Kürster, María J. López-González, Christopher J. Marvin, Nicolás Morales, Julien Morin, Richard P. Nelson, José L. Ortiz, Aviv Ofir, SijmeJan Paardekooper, Ansgar Reiners, Eloy Rodríguez *et al.*, *Nature*, vol. 536, n° 7617, 25 août 2016, doi:10.1038/nature19106.
- « New Planet Detected Around Star Closest to the Sun », ESO 2202 – Science Release, 10 février 2022.

Chapitre 3. Une mission qui revient de loin

1960-1964 : plus vite et plus loin grâce aux mathématiques

- *On Mars. Exploration of the Red Planet. 1958-1978*, E. Clinton Ezell, L. Neuman Ezell, NASA SP-4212.
- « An Alternative Method for the Determination of Elliptic and Hyperbolic Trajectories », M. Minovitch, JPL, Technical Memo #312-118, 11 juillet 1961.

1965-1989 : première opportunité manquée

- « The Grand Tour. 1977 Presents a Rare Opportunity for a Single Spacecraft to Fly by Jupiter, Saturn, Uranus, and Neptune », William H. Pickering, *American Scientist*, vol. 58, n° 2, mars-avril 1970.
- *The Complete Rocket Scientist*, Charles E. Kohlhase, Independent Publisher, 9 sept. 2018.
- « Ambassadors from Earth: Pioneering Explorations with Unmanned Spacecraft », Jay Gallentine, University of Nebraska Press, 2009.
- « The Maths that Made Voyager Possible », Christopher Riley, Dallas Campbell, BBC Four/Science & Environment, 23 octobre 2012.
- « Fast Reconnaissance Missions to the Outer Solar System Utilizing Energy Derived from the Gravitational Field of Jupiter », Gary A. Flandro, California Institute of Technology, Pasadena, Californie, États-Unis, 1966. *Acta Astronautica*, vol. 12, p. 329-337.
- *Thermoelectric Outer Planets Spacecraft (TOPS) Advanced Systems Technology Project. Final Report*, NASA Technical Memorandum 33-589, 1973.
- « Who Killed the Grand Tour? A Case Study in the Politics of Funding Expensive Space Science », D. Rubashkin, *Journal of the BIS*, vol. 50, 1997, p. 177-184.

1989-2000 : Triton et la renaissance des projets

- « Voyager 2 at Neptune: Imaging Science Results », B. A. Smith, L. A. Soderblom, D. Banfield, C. Barnet, A. T. Basilevksy, R. F. Beebe, K. Bollinger, J. M. Boyce, A. Brahic, G. A. Briggs, R. H. Brown, C. Chyba, S. A. Collins, T. Colvin, A. F. Cook II, D. Crisp, S. K. Croft, D. Cruikshank, J. N. Cuzzi, G. E. Danielson, M. E. Davies, E. DeJong, L. Dones, D. Godfrey, J. Goguen, I. Grenier, V. R. Haemmerle, H. Hammel, C. J. Hansen, C. P. Helfenstein, C. Howell, G. E. Hunt, A. P. Ingersoll, T. V. Johnson, J. Kargel, R. Kirk, D. I. Kuehn, S. Limaye, H. Masursky, A. McEwen, D. Morrison, T. Owen, W. Owen, J. B. Pollack, C. C. Porco, K. Rages, P. Rogers, D. Rudy, C. Sagan, J. Schwartz, E. M. Shoemaker, M. Showalter, B. Sicardy, D. Somonelly, J. Spencer, L. A. Sromovsky, C. Stoker, R. G. Strom, V. E. Suomi, S. P. Synott, R. J. Terrile, P. Thomas, W. R. Thompson, A. Verbiscer, J. Veverka, *Science Magazine*, vol. 246, n° 4936, p. 1422-1449, 15 décembre 1989.
- « Color and Chemistry on Triton », W. Reid Thompson, Carl Sagan, *Science Magazine*, vol. 250, n° 4979, 19 octobre 1990, p. 415-418.
- « Triton's Geyser-Like Plumes: Discovery and Basic Characterization », L. A. Soderblom, S. W. Kieffer, T. L. Becker, R. H. Brown, A. F. Cook II, C. J. Hansen, T. V. Johnson, R. L. Kirk, E. M. Shoemaker, *Science Magazine*, vol. 250, n° 4979, 19 octobre 1990, p. 410-415.
- « Surface and Airborne Evidence for Plumes and Winds on Triton », C. J. Hansen, A. S. McEwen, A. P. Ingersoll, R. J. Terrile, *Science Magazine*, vol. 250, n° 4979, 19 octobre 1990, p. 421-421.
- « Chairmanship of the Neptune/Pluto Outer Planets Science Working Group », NASA-CR-191288, 1er novembre 1992.
- « Mars Together and Fire & Ice, Report of the Joint U.S./Russian Technical Working Groups », NASA-CR 198864, octobre 1994.
- « Detection of CO in Triton's Atmosphere and the Nature of Surface-Atmosphere Interactions », E. Lellouch, C. de Bergh, B. Sicardy, S. Ferron, and H.-U. Käufl, *Astronomy & Astrophysics*, 13 mars 2010.

- « Neptune and Triton: Essential Pieces of the Solar System Puzzle », A. Masters, N. Achilleos, C. B. Agnor, S. Campagnola, S. Charnoz, B. Christophe, A. J. Coates, L. N. Fletcher, G. H. Jones, L. Lamy, F. Marzari, N. Nettelmann, J. Ruiz, R. Ambrosi, N. Andre, A. Bhardwaj, J. J. Fortney, C. J. Hansen, R. Helled, G. Moragas-Klostermeyer, G. Orton, L. Ray, S. Reynaud, N. Sergis, R. Srama, M. Volwerk, *Science Magazine*, vol. 104, n° 3, 6 juin 2014.
- « Mission Controller. How Alan Stern's Tenacity, Drive, and Command Got a NASA Spacecraft to Pluto »/« Alan Stern's Worldly Ventures », Eric Hand, *Science Magazine*, vol. 348, n° 6242, 26 juin 2015, p. 1414-1419.
- « Constraints on the Structure and Seasonal Variations of Triton's Atmosphere from the 5 October 2017 Stellar Occultation and Previous Observations », J. Marques Oliveira, B. Sicardy, A. R. Gomes-Júnior, J. L. Ortiz, D. F. Strobel, T. Bertrand, F. Forget, E. Lellouch, J. Desmars, D. Bérard, A. Doressoundiram, J. Lecacheux, R. Leiva, E. Meza, F. Roques *et al.*, *Astronomy & Astrophysics*, 26 janvier 2022.

2000-2001 : mobilisation contre la Maison-Blanche

- « NASA Seeks Proposals for Pluto Mission. Plans to Restructure Outer Planet Program », Donald Savage, News Release 00-201, 20 décembre 2000.
- « Out to the Horizon of Sol », Bruce Moomaw, Space Daily, 12 décembre 2001.
- *The Politics of Space. A Survey*, Eligar Sadeh (éd.), Routledge Taylor & Francis Group, 2010 (ref. #30, publié le 5 octobre 2008 sur le site www.planetary.org).
- « Pushing Back the Frontier: How the Planetary Society Helped Send a Spacecraft to Pluto », Jason Davis, The Planetary Society, 7 juillet 2015.

2001 : une compétition ardue, mêlée d'arrière-pensées

- « The New Horizons Pluto Kuiper Belt Mission: An Overview with Historical Context », Alan Stern, *Space Science Reviews*, vol. 140, 2008, p. 3-21.
- « Mission: Pluto », Dale Keiger, *Johns Hopkins Magazine*, vol. 57, n° 5, novembre 2005.
- « First Mission to Pluto: Policy, Politics, Science, and Technology in the Origins of New Horizons, 1989-2003 », Michael J. Neufeld, *Historical Studies in the Natural Sciences*, vol. 44, n° 3, Smithsonian Institution, 2014.
- *Chasing New Horizons. Inside the Epic First Mission to Pluto*, Alan Stern, David Grinspoon, Picador, New York, mai 2018.

2002-2006 : dernière grande bataille avant le départ

- « The New Horizons Pluto Kuiper Belt Mission: An Overview with Historical Context », Alan Stern, *Space Science Reviews*, vol. 140, 2008, p.3-21.
- *New Frontiers in the Solar System. An Integrated Exploration Strategy*, National Research Council, Solar System Exploration Survey, 2002.
- « Planetary Science's Defining Moment », Andrew Lawler, *Science Magazine*, vol. 295, n° 5552, 4 janvier 2002, p. 32-37.
- « Johns Hopkins APL Teams with NASA JPL to Visit Jupiter's Moon, Europa », Press Release, JHU-APL, 19 juin 2015.
- « Mission of Daring: The General-Purpose Heat Source Radioisotope Thermoelectric Generator », Gary L. Bennett, James J. Lombardo *et al.*, 4th International Energy Conversion Engineering Conference and Exhibit (IECEC, San Diego, California), 26-29 juin 2006.

New Horizons 2 : voyage aux extrêmes limites... du lobbying !

- « New Horizons 2: A Journey to New Frontiers », presentation materials, A. Stern, Southwest Research Institute, 10 juin 2005.
- « New Horizons II Mission Design », presentation materials, Y. Guo, 16 juin 2004;
- « Final Report of the New Horizons II Review Panel, Executive Summary, The FY 2005 Omnibus Appropriations Conference Report for NASA », NASA Science Mission Directorate (SMD), 31 mars 2005, révisé le 5 mai 2005.
- « Leadership and Change at NASA: Sean O'Keefe as Administrator », W. Henry Lambright, *Public Administration Review*, vol. 68, n° 2, mars-avril 2008, p. 230-240.

Chapitre 4. Une mission complexe... car très simplifiée

Un design simplifié

- *The Sky at Night*, Chap. 9, Patrick Moore, Springer, New York, 2010, p. 35.
- « The New Horizons Spacecraft », David Y. Kusnierkiewicz, Thomas B. Coughlin, Deborah A. Clancy, S. Alan Stern *et al.*, *Space Science Reviews*, vol. 140, Springer Science+Business Media B.V., 2008.
- « Overview of the New Horizons Science Payload », H. A. Weaver, W. C. Gibson, M. B. Tapley, L. A. Young, S. A. Stern, *Space Science Reviews*, vol. 140, Springer Science+Business Media B.V., 2008.
- « New Horizons Mission Design for the Pluto-Kuiper Belt Mission », Y. Guo and R. W. Farquhar, JHU-APL, AIAA/AAS Astrodynamics Specialist Conference and Exhibit, 5-8 août 2002.
- « First Mission to Pluto: Policy, Politics, Science, and Technology in the Origins of New Horizons, 1989-2003 », Michael J. Neufeld, *Historical Studies in the Natural Sciences*, vol. 44, n° 3, Smithsonian Institution, 2014.
- « Mission: Pluto », Dale Keiger, *Johns Hopkins Magazine*, vol. 57, n° 5, novembre 2005.
- « What If Voyager Had Explored Pluto? », Alan Stern, New Horizons, Space Daily, 25 juin 2014. https://www.spacedaily.com/reports/What_If_Voyager_Had_Explored_Pluto_999.html

La meilleure trajectoire : contourner Jupiter

- « New Horizons Mission Design », Robert W. Farquhar, Yanping Guo, JHU-APL, 2006.
- « Into the Third Zone », Frank Morring Jr, in *Aviation Week and Space Technology*, New York, 6 juillet 2015, p. 64-5.
- « How to Plan the Ultimate Long-Term Project, from the Team Who Got Us To Pluto », Daniel Terdiman, Fast Company Progressive Business Media, 14 juillet 2015 (www.fastcompany.com/3048515/how-to-plan-the-ultimate-long-term-project-from-the-team-who-got-us-to-pluto).
- (« You know, we've got Alan as the PI on this thing, and thank God for that because if it hand't been for Alan Stern this mission would not exist ») « Watching the Pluto Flyby with the New Horizons Team », Sean O'Kane, The Verge, 16 juillet 2015 (www.theverge.com/2015/7/16/8975345/nasa-new-horizons-pluto-flyby-celebration-team-photos).

L'exploration de Jupiter : l'étape incontournable

- « Jupiter Cloud Composition, Stratification, Convection, and Wave Motion: A View from New Horizons », D. C. Reuter, A. A. Simon-Miller, A. Lunsford, K. H. Baines, A. F. Cheng, D. E. Jennings, C. B. Olkin, J. R. Spencer, S. A. Stern, H. A. Weaver, L. A. Young, *Science Magazine*, vol. 318, 12 octobre 2007.
- « Io's Atmospheric Response to Eclipse: UV Aurorae Observations », K. D. Retherford, J. R. Spencer, S. A. Stern, *et al.*, *Science Magazine*, vol. 318, 12 octobre 2007.
- « Io Volcanism Seen by New Horizons: A Major Eruption of the Tvashtar Volcano », J. R. Spencer, S. Alan Stern, *et al.*, *Science Magazine*, vol. 318, 12 octobre 2007.
- « New Horizons Mapping of Europa and Ganymede », W. M. Grundy, B. J. Buratti, A. F. Cheng, *et al.*, *Science Magazine*, vol. 318, 12 octobre 2007.
- « Clump Detections and Limits on Moons in Jupiter's Ring System », Mark R. Showalter, Andrew F. Cheng, Harold A. Weaver, S. Alan Stern, John R. Spencer, *et al.*, *Science Magazine*, vol. 318, 12 octobre 2007.

Uranus : une référence pour Pluton

- « The Voyager Uranus Travel Guide », Charles Kohlhase, the Voyager Mission Planning Office Staff, NASA/JPL D-2580, 15 août 1985.
- « The Voyager 2 Encounter With Uranus », E. C. Stone, *Journal of Geophysical Research*, vol. 92, 30 décembre 1987.
- « New Horizons 2: A Journey to New Frontiers », Alan Stern, NASA/JHU-APL/SWRi, février 2005.
- « Final Report of the New Horizons II Review Panel », The FY 2005 Omnibus Appropriations Conference Report for NASA, Outer Planets Assessment Group / OPAG, 31 mars 2005, révisé le 5 mai 2005.
- « New Horizons Mission Design », Robert W. Farquhar, Yanping Guo, JHU-APL, 2006.
- « The New Horizons Pluto Kuiper Belt Mission: An Overview with Historical Context », Alan Stern, *Space Science Reviews*, vol. 140, 2008.
- « New Horizons: Encountering Pluto and KBOs », Leslie A. Young and S. Alan Stern, Icy Bodies of the Solar System Proceedings IAU Symposium No. 263, 2009.
- « New Horizons: Anticipated Scientific Investigations at the Pluto System », Leslie A. Young, S. Alan Stern, *et al.*, *Space Science Reviews*, vol. 140, Springer Science+Business Media B.V., 2008.
- « The Discovery & New Frontiers News », vol. 14, n° 1, mai 2013, NASA/EPO.

L'incroyable succès du survol de Pluton

- « How Alan Stern's Tenacity, Drive, and Command Got a NASA Spacecraft to Pluto », Eric Hand, *Science Magazine*, 25 juin 2015.
- « Watching the Pluto Flyby with the New Horizons Team », Sean O'Kane, The Verge, 16 juillet 2015 (www.theverge.com/2015/7/16/8975345/nasa-new-horizons-pluto-flyby-celebration-team-photos).

- « Topography of Pluto and Charon : Impact Cratering », P. Schenk, K. N. Singer, S. J. Robbins, V. J. Bray, R. A. Beyer, J. M. Moore, W. B. McKinnon, J. R. Spencer, K. Runyon, S. A. Stern, L. A.Young, C. B. Olkin, K. Ennico, H. A. Weaver, New Horizons Science Team, 47th Lunar and Planetary Science Conference, 2016.
- « High-Resolution Topography of Pluto and Charon : Getting Down to Details », P. Schenk, R. A. Beyer, J. M. Moore, W. B. McKinnon, J. R. Spencer, S. A. Stern, L. A. Young, C. B. Olkin, K. Ennico, H. A. Weaver, New Horizons Science Team, 49th Lunar and Planetary Science Conference, 2018.

Après Pluton, un exploit de navigation spatiale

- « The New Horizons Spacecraft », Glen H. Fountain, David Y. Kusnierkiewicz, Christopher B. Hersman, Timothy S. Herder, Thomas B. Coughlin, William C. Gibson, Deborah A. Clancy, Christopher C. DeBoy, T. Adrian Hill, James D. Kinnison, Douglas S. Mehoke, Geffrey K. Ottman, Gabe D. Rogers, S. Alan Stern, James M. Stratton, Steven R. Vernon, Stephen P. Williams, *Space Science Reviews*, vol. 140, Springer Science+Business Media B.V., 2008.
- « New Horizons: Encountering Pluto and KBOs », Leslie A. Young, S. Alan Stern, Icy Bodies of the Solar System Proceedings IAU Symposium, n° 263, 2009.
- « Hubble to the Rescue! The Last Ditch Effort to Discover a Kuiper Belt Target for New Horizons », Emily Lakdawalla, The Planetary Society, 17 juin 2014.
- « Hubble to Proceed with Full Search for New Horizons Targets », Space Telescope Science Institute, News Release, 1er juillet 2014.
- « Finally! New Horizons Has a Second Target », Emily Lakdawalla, The Planetary Society, 15 octobre 2014.
- « NASA's Hubble Telescope Finds Potential Kuiper Belt Targets for New Horizons Pluto Mission », Space Telescope Science Institute, News Release, 15 octobre 2014.
- « Orbits and Accessibility of Potential New Horizons KBO Encounter Targets », S. B. Porter, A. H. Parker, M. Buie, J. Spencer, H. Weaver, S. A. Stern, *et al.*, 46th Lunar and Planetary Science Conference, Houston, mars 2015.
- « New Horizons Extended Mission Target Selected », Emily Lakdawalla, The Planetary Society, 1er septembre 2015.
- « New Horizons' Next Target Just Got a Lot More Interesting », Bill Keeter, NASA Press Release, 3 août 2017.
- « New Horizons Files Flight Plan for 2019 Flyby », Bill Keeter, NASA Press Release, 6 septembre 2017.
- « New Horizons Corrects Its Course in the Kuiper Belt », NASA/JHU-APL Press Release, 9 décembre 2017.
- « Does New Horizons' Next Target Have a Moon ? », Bill Keeter, NASA Press Release, 12 décembre 2017.

MU69 : la visite d'un corps très primitif

- « Great Expectations: Plans and Predictions for New Horizons Encounter With Kuiper Belt Object 2014 MU69 ("Ultima Thule") », Jeffrey M. Moore, William B. McKinnon, Dale P. Cruikshank, G. Randall Gladstone, John R. Spencer, S. Alan Stern, Harold A. Weaver, Kelsi N. Singer, Mark R. Showalter, William M. Grundy, Ross A. Beyer, Oliver L. White, Richard P. Binzel, Marc W. Buie, Bonnie J. Buratti, Andrew F. Cheng, Carly Howett, Cathy B. Olkin, Alex H. Parker, Simon B. Porter, Paul M. Schenk, Henry B. Throop, Anne J. Verbiscer, Leslie A. Young, Susan D. Benecchi, Veronica J. Bray, Carrie L. Chavez, Rajani D. Dhingra, Alan D. Howard, Tod R. Lauer, C. M. Lisse, Stuart J. Robbins, Kirby D. Runyon, Orkan M. Umurhan, *Geophysical Research Letters*, vol. 45, n° 16, 28 août 2018.
- « Initial Results from the New Horizons Exploration of 2014 MU69, a Small Kuiper Belt Object », S. A. Stern, H. A. Weaver, J. R. Spencer, C. B. Olkin, G. R. Gladstone, W. M. Grundy, J. M. Moore, D. P. Cruikshank, H. A. Elliott, W. B. McKinnon, J. Wm. Parker, A. J. Verbiscer, L. A. Young, *et al.*, *Science Magazine*, vol. 364, 17 mai 2019.
- « A pristine "Contact Binary" in the Kuiper Belt: Implications from the New Horizons Encounter with 2014 MU69 ("Ultima Thule")», William B. McKinnon, S. A. Stern, H. A. Weaver, J. R. Spencer, M. W. Buie, R. A. Beyer, C. J. Bierson, R. P. Binzel, D. Britt, D. P. Cruikshank, D. P. Hamilton, C. J. A. Howett, J. T. Keane, T. R. Lauer, J. J. Kavelaars, A. H. Parker, J. W. Parker, S. B. Porter, S. J. Robbins, P. M. Schenk, M. R. Showalter, K. N. Singer, O. M. Umurhan, O. L. White, J. M. Moore, W. M. Grundy, G. R. Gladstone, C. B. Olkin, A. J. Verbiscer, New Horizons Science Team, 50th Lunar and Planetary Science Conference, 2019.
- « Color, Composition, and Thermal Environment of Kuiper Belt Object (486958) Arrokoth », W. M. Grundy, M. K. Bird, D. T. Britt, J. C. Cook, D. P. Cruikshank, C. J. A. Howett, S. Krijt, I. R. Linscott, C. B. Olkin, A. H. Parker, S. Protopapa, M. Ruaud, O. M. Umurhan, L. A. Young, C. M. Dalle Ore, J. J. Kavelaars, J. T. Keane, Y. J. Pendleton, S. B. Porter, F. Scipioni, J. R. Spencer, S. A. Stern, A. J. Verbiscer, H. A. Weaver, R. P. Binzel, M. W. Buie, B. J. Buratti, A. Cheng, A. M. Earle, H. A. Elliott, L. Gabasova, G. R. Gladstone, M. E. Hill, M. Horanyi, D. E. Jennings, A. W. Lunsford, D. J McComas, W. B. McKinnon, R. L. McNutt Jr., J. M. Moore, J. W. Parker, E. Quirico, D. C. Reuter, P. M. Schenk, B. Schmitt, M. R. Showalter, K. N. Singer, G. E. Weigle II, A. M. Zangari, *Science Magazine*, vol. 367, 28 février 2020.
- « The Geology and Geophysics of Kuiper Belt Object (486958) Arrokoth », J. R. Spencer, *et al.*, *Science Magazine*, vol. 367, n° 6481, 28 février 2020.
- « The Solar Nebula Origin of (486958) Arrokoth, a Primordial Contact Binary in the Kuiper Belt », W. B. McKinnon, D. C. Richardson, J. C.Marohnic, J. T. Keane, W. M. Grundy, D. P. Hamilton, D. Nesvorný, O. M. Umurhan, T. R. Lauer, K. N. Singer, S. A. Stern, H. A.Weaver, J. R. Spencer, M. W. Buie, J. M. Moore, J. J. Kavelaars, C. M. Lisse, X. Mao, A. H. Parker, S. B. Porter, M. R. Showalter, C. B. Olkin, D. P. Cruikshank, H. A. Elliott, G. R. Gladstone, J. Wm. Parker, A. J. Verbiscer, L. A. Young, the New Horizons Science Team, *Science Magazine*, vol. 367, 28 février 2020.
- « New Horizons Observations of the Cosmic Optical Background », Tod R. Lauer, Marc Postman, Harold A. Weaver, John R. Spencer, S. Alan Stern, Marc W. Buie, Daniel D. Durda, Carey M. Lisse, A. R. Poppe, Richard P. Binzel, Daniel T. Britt, Bonnie J. Buratti, Andrew F. Cheng, W. M. Grundy, Mihaly Horanyi, J. J. Kavelaars, Ivan R. Linscott, William B. McKinnon, Jeffrey M. Moore, J. I. Nunez, Catherine B. Olkin, Joel W. Parker, Simon B. Porter, Dennis C. Reuter, Stuart J. Robbins, Paul Schenk, Mark R. Showalter, Kelsi N. Singer, Anne J. Verbiscer, and Leslie A. Young, *The Astrophysical Journal*, 10 janvier 2021.
- « On Kuiper Belt Object Arrokoth, New Horizons Team Puts Names to the Places », JHU-APL News Center, February 10, 2022.
- « Upper Limits on Ultraviolet Emission from (486958) Arrokoth using New Horizons Alice Approach Observations », J. A. Kammer, G. R. Gladstone, J. W. Parker, L. A. Young, J. R. Spencer, K. N. Singer, A. J. Verbiscer, H. A. Weaver, S. A. Stern, and the New Horizons Alice and PATM Teams, 54th Lunar and Planetary Science Conference, 2023.
- « Shape and Albedo of Cold Classical Kuiper Belt Object Arrokoth », Simon B. Porter, Kelsi N. Singer, Paul Schenk, and the New Horizons Geology, Geophysics, and Imaging Team, 54th Lunar and Planetary Science Conference, 2023.
- « On the Properties and Origin of Kuiper Belt Object Arrokoth's Large Mounds », S. A. Stern, O. L. White, W. M. Grundy, B. A. Keeney, J. D. Hofgartner, W. B. McKinnon, D. Nesvorný, D. C. Richardson, J. C. Marohnic, A. J. Verbiscer, S. D. Benecchi, P. M. Schenk, J. M. Moore, K. D. Runyon, 54th Lunar and Planetary Science Conference, 2023.

Chapitre 5. Pluton : un monde toujours actif !

Une géologie variée faite de glaces

- « The Pluto System: Initial Results from its Exploration by New Horizons », S. A. Stern, F. Bagenal, K. Ennico, G. R. Gladstone, W. M. Grundy, W. B. McKinnon, J. M. Moore, C. B. Olkin, J. R. Spencer, H. A.Weaver, L. A. Young, T. Andert, J. Andrews, M. Banks, B. Bauer, J. Bauman, O. S. Barnouin, P. Bedini, K. Beisser, R. A. Beyer, S. Bhaskaran, R. P. Binzel, E. Birath, M. Bird, D. J. Bogan, A. Bowman, V. J. Bray, M. Brozovic, C. Bryan, M. R. Buckley, M.W. Buie, B. J. Buratti, S. S. Bushman, A. Calloway, B. Carcich, A. F. Cheng, S. Conard, C. A. Conrad, J. C. Cook, D. P Cruikshank, O. S. Custodio, C. M. Dalle Ore, C. Deboy, Z. J. B. Dischner, P. Dumont, A. M. Earle, H. A. Elliott, J. Ercol, C. M. Ernst, T. Finley, S. H. Flanigan, G. Fountain, M. J. Freeze, T. Greathouse, J. L. Green, Y. Guo, M. Hahn, D. P. Hamilton, S. A. Hamilton, J. Hanley, A. Harch, H. M. Hart, C. B. Hersman, A. Hill, M. E. Hill, D. P. Hinson, M. E. Holdridge, M. Horanyi, A. D. Howard, C. J. A. Howett, C. Jackman, R. A. Jacobson, D. E. Jennings, J. A. Kammer, H. K. Kang, D. E. Kaufmann, P. Kollmann, S. M. Krimigis, D. Kusnierkiewicz, T. R. Lauer, J. E. Lee, K. L. Lindstrom, I. R. Linscott, C. M. Lisse, A. W. Lunsford, V. A.Mallder, N. Martin, D. J. McComas, R. L. McNutt Jr., D. Mehoke, T. Mehoke, E. D. Melin, M. Mutchler, D. Nelson, F. Nimmo, J. I. Nunez, A. Ocampo, W. M. Owen, M. Paetzold, B. Page, A. H. Parker, J. W. Parker, F. Pelletier, J. Peterson, N. Pinkine, M. Piquette, S. B. Porter, S. Protopapa, J. Redfern, H. J. Reitsema, D. C. Reuter, J. H. Roberts, S. J. Robbins, G. Rogers, D. Rose, K. Runyon, K. D. Retherford, M. G. Ryschkewitsch, P. Schenk, E. Schindhelm, B. Sepan, M. R. Showalter, K. N. Singer, M. Soluri, D. Stanbridge, A. J. Steffl, D. F. Strobel, T. Stryk, M. E. Summers, J. R. Szalay, M. Tapley, A. Taylor, H. Taylor, H. B. Throop, C. C. C. Tsang, G. L. Tyler, O. M. Umurhan, A. J. Verbiscer, M. H. Versteeg, M. Vincent, R. Webbert, S. Weidner, G. E. Weigle II, O. L. White, K. Whittenburg, B. G. Williams, K. Williams, S. Williams, W. W. Woods, A. M. Zangari, E. Zirnstein, *Science Magazine*, vol. 350, n° 6258, 16 octobre 2015.
- « Global Pluto Mosaic From New Hi Res Imagery Reveals Bewildering Diversity and Complexity », Ken Kremer, Universe Today, 14 septembre 2015.
- « "Top 10" Surprises from the Pluto Flyby », Alan Stern, *Sky & Telescope*, 29 octobre 2015.
- « Pluto Updates from AGU and DPS: Pretty Pictures from a Confusing World », Emily Lakdawalla, The Planetary Society, 21 décembre 2015.
- « Pluto: Close-Up of a Binary Dwarf Planet », J. Kelly Beatty, *Sky & Telescope*, janvier 2016.
- « The Geology of Pluto and Charon through the Eyes of New Horizons », Jeffrey M. Moore, William B. McKinnon, John R Spencer, Alan D. Howard, Paul M. Schenk, Ross A. Beyer, Francis Nimmo, Kelsi N. Singer, Orkan M. Umurhan, Oliver L. White, S. Alan Stern, Kimberly Ennico, Cathy B. Olkin, Harold A. Weaver,

Leslie A. Young, Richard P. Binzel, Marc W. Buie, Bonnie J Buratti, Andrew F. Cheng, Dale P. Cruikshank, Will M. Grundy, Ivan R. Linscott, Harold J. Reitsema, Dennis C. Reuter, Mark R. Showalter, Veronica J. Bray, Carrie L. Chavez, Carly J. A. Howett, Tod R. Lauer, Carey M. Lisse, Alex Harrison Parker, S. B. Porter, Stuart J. Robbins, Kirby Runyon, Ted Stryk, Henry B. Throop, Constantine C. C. Tsang, Anne J. Verbiscer, Amanda M. Zangari, Andrew L. Chaikin, Don E. Wilhelms, New Horizons Science Team, *Science Magazine*, vol. 351, n° 6279, 18 mars 2016, p. 1284-1293.
- « Geomorphological Mapping of the Encounter Hemisphere of Pluto », O. L. White, S. A. Stern, H. A. Weaver, C. B. Olkin, K. Ennico, L. A. Young, J. M. Moore, A. F. Cheng, New Horizons Geology, Geophysics and Imaging Theme Team, 47th Lunar and Planetary Science Conference, 2016.
- « Topography of Pluto and Charon: Impact Cratering », P. Schenk, K. N. Singer, S. J. Robbins, V. J. Bray, R. A. Beyer, J. M. Moore, W. B. McKinnon, J. R. Spencer, K. Runyon, S. A. Stern, L. A. Young, C. B. Olkin, K. Ennico, H. A. Weaver, New Horizons Science Team, 47th Lunar and Planetary Science Conference, 2016.
- « Topographic Mapping of Pluto and Charon Using New Horizons Data », P. Schenk, R. A. Beyer, J. M. Moore, J. R. Spencer, W. B. McKinnon, A. D. Howard, O. M. White, O. M. Umurhan, K. Singer, S. A. Stern, H. A. Weaver, L. A. Young, K. Ennico Smith, C. Olkin, New Horizons Geology and Geophysics Imaging Team, XXIII ISPRS Congress, Prague, Czech Republic, 12-19 juillet 2016.
- « The Tidal-Thermal Evolution of the Pluto-Charon System », Amirhossein Bagheri, Amir Khan, Frédéric Deschamps, Henri Samuel, Mikhail Kruglyakov, Domenico Giardini, *Icarus*, vol. 376, 12 janvier 2022.

Une grande diversité d'albédos et de couleurs
- « Surface Compositions Across Pluto and Charon », W. M. Grundy, R. P. Binzel, B. J. Buratti, J. C. Cook, D. P. Cruikshank, C. M. Dalle Ore, A. M. Earle, K. Ennico, C. J. A. Howett, A. W. Lunsford, C. B. Olkin, A. H. Parker, S. Philippe, S. Protopapa, E. Quirico, D. C. Reuter, B. Schmitt, K. N. Singer, A. J. Verbiscer, R. A. Beyer, M. W. Buie, A. F. Cheng, D. E. Jennings, I. R. Linscott, J. Wm. Parker, P. M. Schenk, J. R. Spencer, J. A. Stansberry, S. A. Stern, H. B. Throop, C. C. C. Tsang, H. A. Weaver, G. E.Weigle II, L. A. Young, New Horizons Science Team, *Science Magazine*, vol. 351, n° 6279, 18 mars 2016.
- « Pluto's Global Surface Composition Through Pixel-by-Pixel Hapke Modeling of New Horizons Ralph/LEISA Data », S. Protopapaa, W. M. Grundy, D. C. Reuter, D. P. Hamilton, C. M. Dalle Ore, J. C. Cook, D. P. Cruikshank, S. Philippe, E. Quirico, B. Schmitt, R. P. Binzel, A. M. Earle, K. Ennico, C. J. A. Howett, A. W Lunsford, C. B. Olkin, A. Parker, K. N. Singer, A. Stern, H. A. Weaver, L. A. Young, New Horizons Science Team, *Icarus*, vol. 287, 1er mai 2017, p. 218-228.
- « Highest Spatial Resolution New Horizons LEISA Spectral-Imaging Scan of Pluto », W. M. Grundy, R. P. Binzel, J. C. Cook, D. P. Cruikshank, C. M. Dalle Ore, A. M. Earle, K. Ennico, D. E. Jennings, C. J. A. Howett, I. R. Linscott, A. W. Lunsford, C. B. Olkin, A. H. Parker, J. Wm. Parker, S. Philippe, S. Protopapa, E. Quirico, D. C. Reuter, B. Schmitt, K. N. Singer, J. R. Spencer, J. A. Stansberry, S. A. Stern, C. C. C. Tsang, A. J. Verbiscer, H. A. Weaver, L. A. Young, K. L. Berry, New Horizons Science Team, 47th Lunar and Planetary Science Conference, 2016.
- « Icy Composition Measurements in Simulated Pluto Conditions », C. J. Ahrens, Z. M. McMahon, V. F. Chevrier, M. E. Elwood-Madden, 47th Lunar and Planetary Science Conference, 2016.
- « CH4-Rich Ices Distribution at the Surface of Pluto Evidenced by New Horizons », S. Philippe, B. Schmitt, W. M. Grundy, S. Protopapa, D. P. Cruikshank, E. Quirico, R. Côte, K. L. Berry, E. R. P. Binzel, J. C. Cook, C. M. Dalle Ore, A. M. Earle, K. Ennico, D. E. Jennings, C. J. A. Howett, I. R. Linscott, A. W. Lunsford, C. B. Olkin, A. H. Parker, J. Wm. Parker, D. C. Reuter, K. N. Singer, J. R. Spencer, J. A. Stansberry, S. A. Stern, C. C. C. Tsang, A. J. Verbiscer, H. A. Weaver, L. A. Young, New Horizons Science Team, 47th Lunar and Planetary Science Conference, 2016.
- « Mixing and Physical State of Pluto's Surface Materials from New Horizons LEISA Spectro-Images », B. Schmitt, S. Philippe, W. M. Grundy, S. Protopapa, D. P. Cruikshank, E. Quirico, R. Côte, J. C. Cook, K. L. Berry, E. R. P. Binzel, C. M. Dalle Ore, A. M. Earle, K. Ennico, D. E. Jennings, C. J. A. Howett, I. R. Linscott, A. W. Lunsford, C. B. Olkin, A. H. Parker, J. Wm. Parker, D. C. Reuter, K. N. Singer, J. R. Spencer, J. A. Stansberry, S. A. Stern, C. C. C. Tsang, A. J. Verbiscer, H. A. Weaver, L. A. Young, New Horizons Science Team, 47th Lunar and Planetary Science Conference, 2016.
- « Methane to Nitrogen Mixing Ratio Across the Surface of Pluto », S. Protopapa, K. L. Berry, R. P. Binzel, J. C. Cook, D. P. Cruikshank, C. M. Dalle Ore, A. M. Earle, K. Ennico, W. M. Grundy, D. E. Jennings, C. J. A. Howett, I. R. Linscott, A. W. Lunsford, C. B. Olkin, A. H. Parker, J. Wm. Parker, S. Philippe, E. Quirico, D. C. Reuter, B. Schmitt, K. N. Singer, J. R. Spencer, J. A. Stansberry, S. A. Stern, C. C. C. Tsang, A. J. Verbiscer, H. A. Weaver, L. A. Young, 47th Lunar and Planetary Science Conference, 2016.
- « Photometric Properties of Pluto », M. W. Buie, S. A. Stern, L. A. Young, C. B. Olkin, H. A. Weaver, K. Ennico, W. M. Grundy, J. M. Moore, R. A. Beyer, P. Schenk, New Horizons Science Team, 47th Lunar and Planetary Science Conference, 2016.
- « Pluto and Charon: the Non-Ice Surface Component », D. P Cruikshank, S. J. Clemett, W. M. Grundy, S. A. Stern, C. B. Olkin, R. P. Binzel, J. C. Cook, C. M. Dalle Ore, A. M. Earle, K. Smith-Ennico, D. E. Jennings, C. J. A. Howett, I. R. Linscott, A. W. Lunsford, A. H. Parker, J. Wm. Parker, S. Protopapa, D. C. Reuter, K. N. Singer, J. R. Spencer, C. C. C. Tsang, A. J. Verbiscer, H. A. Weaver, L. A. Young, C. K. Materese, S. A. Sandford, H. Imanaka, M. Nuevo, B. Schmitt, E. Quirico, S. Philippe, T. Hiroi, New Horizons Composition Team, 47th Lunar and Planetary Science Conference, 2016.
- « Hemispherical Pluto and Charon Color Composition from New Horizons », K. Ennico, A. Parker, C. A. J. Howett, C. B. Olkin, J. R. Spencer, W. M. Grundy, D. E. Reuter, D. P. Cruikshank, R. P. Binzel, M. W. Buie, S. A. Stern, H. A. Weaver, L. A. Young, New Horizons Surface Composition Theme Team, 47th Lunar and Planetary Science Conference, 2016.
- « Testing for a Compositional Difference Between Pluto and Charon », C. J. Bierson, F. Nimmo, W. B. McKinnon, 47th Lunar and Planetary Science Conference, 2016.
- « Distribution, Physical State and Mixing of Materials at the Surface of Pluto from New Horizons », Bernard Schmitt, Sylvain Philippe, Will Grundy, D. C. Reuter, Eric Quirico, Silvia Protopapa, Rémi Côte, Leslie Young, Richard Binzel, Jason C. Cook, Dale P. Cruikshank, Cristina M. Dalle Ore, Alissa M. Earle, Kimberly Ennico, Carly Howett, Donald Jenning, Ivan Linscott, A. W. Lunsford, Catherine B. Olkin, Joel Wm. Parker, Alex Parker, Kelsi N. Singer, John R. Spencer, John A Stansberry, S. Alan Stern, Constantine Tsang, Anne J. Verbiscer, Harold A. Weaver, New Horizons Science Team, DPS/Division for Planetary Sciences Conference #48, 16-21 octobre 2016.
- « Unveiling Pluto's Global Surface Composition Through Modeling of New Horizons Ralph/LEISA Data », W. M. Grundy, D. C. Reuter, D. P. Hamilton, Cristina M. Dalle Ore, Jason C. Cook, Dale P. Cruikshank, Sylvain Philippe, Eric Quirico, Bernard Schmitt, Alex Parker, Richard Binzel, Alissa M. Earle, Kimberly Ennico, Carly Howett, A. W. Lunsford, Catherine B. Olkin, Kelsi N. Singer, S. Alan Stern, Harold A. Weaver, Leslie Young, New Horizons Science Team, DPS/Division for Planetary Sciences conference #48, 16-21 octobre 2016.
- « Pluto's Nonvolatile Chemical Compounds », William M. Grundy, Richard Binzel, Jason C. Cook, Dale P. Cruikshank, Cristina M. Dalle Ore, Alissa M. Earle, Kimberly Ennico, Donald Jennings, Carly Howett, Ralf-Ingo Kaiser, Ivan Linscott, A. W. Lunsford, Catherine B. Olkin, Alex Harrison Parker, Joel Wm. Parker, Sylvain Philippe, Silvia Protopapa, Eric Quirico, D. C. Reuter, Bernard Schmitt, Kelsi N. Singer, John R. Spencer, John A Stansberry, S. Alan Stern, Constantine Tsang, Anne J. Verbiscer, Harold A. Weaver, G. E. Weigle, Leslie Young, New Horizons Science Team, DPS/Division for Planetary Sciences conference #48, 16-21 octobre 2016.
- « The Color and Surface Composition of Mountains on Pluto », Catherine B. Olkin, D. C. Reuter, S. Alan Stern, Leslie Young, Harold A. Weaver, Kimberly Ennico, Richard Binzel, Jason C. Cook, Dale P. Cruikshank, Cristina M., Dalle Ore, Alissa M. Earle, W. M. Grundy, Carly Howett, Alex Parker, Silvia Protopapa, Bernard Schmitt, Kelsi N. Singer, John R. Spencer, John A. Stansberry, Sylvain Philippe, New Horizons Science Team, DPS/Division for Planetary Sciences conference #48, 16-21 octobre 2016.
- « Carbon Monoxide – Nitrogen Ice Mixture Measurements in Simulated Pluto Conditions », C. J. Ahrens, M. Souza, Z. M. McMahon, V. F. Chevrier, 48th Lunar and Planetary Science Conference, 2017.
- « Physical State and Distribution of Materials at the Surface of Pluto from New Horizons LEISA Imaging Spectrometer », B. Schmitt, S. Philippe, W. M. Grundy, D. C. Reuter, R. Côte, E. Quirico, S. Protopapa, L. A. Young, R. P. Binzel, J. C. Cook, D. P. Cruikshank, C. M. Dalle Ore, A. M. Earle, K. Ennico, C. J. A. Howett, D. E. Jennings, I. R. Linscott, A. W. Lunsford, C. B. Olkin, A. H. Parker, J. Wm. Parker, K. N. Singer, J. R. Spencer, J. A. Stansberry, S. A. Stern, C. C. C. Tsang, A. J. Verbiscer, H. A. Weaver, New Horizons Science Team, *Icarus*, vol. 287, 1er mai 2017.
- « Global Albedos of Pluto and Charon from LORRI New Horizons Observations », B. J. Buratti, J. D. Hofgartner, M. D. Hicks, H. A. Weaver, S. A. Stern, T. Momary, J. A. Mosher, R. A. Beyer, A. J. Verbiscer, A. M. Zangari, L. A. Young, C. M. Lisse, K. Singer, A. Cheng, W. Grundy, K. Ennico, C. B. Olkin, *Icarus*, vol. 287, 1er mai 2017.
- « Pluto's Global Surface Composition Through Pixel-by-pixel Hapke Modeling of New Horizons Ralph/LEISA Data », S. Protopapa, W. M. Grundy, D. C. Reuter, D. P. Hamilton, C. M. Dalle Ore, J. C. Cook, D. P. Cruikshank, B. Schmitt, S. Philippe, E. Quirico, R. P. Binzel, A. M. Earle, K. Ennico, C. J. A. Howett, A. W. Lunsford, C. B. Olkin, A. Parker, K. N. Singer, A. Stern, A. J. Verbiscer, H. A. Weaver, L. A. Young, New Horizons Science Team, *Icarus*, vol. 287, 1er mai 2017, p. 218-228.
- « Global Correlation and Non-Correlation of Topography with Color and Reflectance on Pluto », Paul M. Schenk, Ross A. Beyer, Jeffrey M. Moore, Leslie Young, Kimberly Ennico, Catherine Olkin, Harold A. Weaver, S. Alan Stern,

New Horizons Geology and Geophysics Team, DPS/Division for Planetary Sciences Conference #49, 15-20 octobre 2017.
- « The Color of Pluto from New Horizons », Catherine Olkin, John R. Spencer, William M. Grundy, Alex Parker, Ross A. Beyer, Dennis Reuter, Paul M. Schenk, S. Alan Stern, Harold A Weaver, Leslie Young, Kimberly Ennico, Richard P Binzel, Marc W. Buie, Jason C. Cook, Dale P. Cruikshank, Cristina M. Dalle Ore, Alissa Earle, Carly Howett, Donald E. Jennings, Kelsi N. Singer, Ivan Linscott, Allen Lunsford, Silvia Protopapa, Bernard Schmitt, Eddie Weigleand, New Horizons Geology and Geophysics Team, DPS/Division for Planetary Sciences conference #49, 15-20 octobre 2017.
- « Thermal Expansion and Phase Changes in Methane and Nitrogen at Pluto Temperatures », H. E. A. Brand, H. E. Maynard-Casely, 49th Lunar and Planetary Science Conference, 2018.
- « Explaining Glaciers of Solid Methane and Nitrogen on Pluto », H. Maynard-Casely, H. Brand, J. Hester, ANSTO, *IUCrJ*, vol. 7, septembre 2020.
- « Equatorial Mountains on Pluto Are Covered by Methane Frosts Resulting from a Unique Atmospheric Process », Tanguy Bertrand, François Forget, Bernard Schmitt, Oliver L. White, William M. Grundy, *Nature Communications*, vol. 11, n° 5056, 2020.

Le cœur de glace qui nous fait fondre : Tombaugh Regio

- « The Geology of Pluto and Charon Through the Eyes of New Horizons », Jeffrey M. Moore, William B. McKinnon, John R Spencer, Alan D. Howard, Paul M. Schenk, Ross A. Beyer, Francis Nimmo, Kelsi N. Singer, Orkan M. Umurhan, Oliver L. White, S. Alan Stern, Kimberly Ennico, Cathy B. Olkin, Harold A. Weaver, Leslie A. Young, Richard P. Binzel, Marc W. Buie, Bonnie J. Buratti, Andrew F. Cheng, Dale P. Cruikshank, Will M. Grundy, Ivan R. Linscott, Harold J. Reitsema, Dennis C. Reuter, Mark R. Showalter, Veronica J. Bray, Carrie L. Chavez, Carly J. A. Howett, Tod R. Lauer, Carey M. Lisse, Alex Harrison Parker, S. B. Porter, Stuart J. Robbins, Kirby Runyon, Ted Stryk, Henry B. Throop, Constantine C. C. Tsang, Anne J. Verbiscer, Amanda M. Zangari, Andrew L. Chaikin, Don E. Wilhelms, New Horizons Science Team, *Science Magazine*, vol. 351, n° 6279, 18 mars 2016.
- « Pluto's Heart: Like a Cosmic "Lava Lamp" », Tricia Talbert, 1er juin 2016 (www.nasa.gov/feature/plutosheartlikeacosmiclavalamp).
- « Convection in a Volatile Nitrogen-Ice-Rich Layer Drives Pluto's Geological Vigour », William B. McKinnon, New Horizons Geology, Geophysics and Imaging Theme Team, *Nature*, vol. 534, n° 7605, 2 juin 2016.
- « Vigorous Convection As the Explanation for Pluto's Polygonal Terrain », A. J. Trowbridge, H. J. Melosh, J. K. Steckloff, A. M. Freed, *Nature*, vol. 534, n° 7605, 2 juin 2016.
- « Modeling Glacial Flow on and onto Pluto's Sputnik Planitia », O. M. Umurhan, A. D. Howard, J. M. Moore, A. M. Earle, R. P. Binzel, S. A. Stern, P. M. Schenk, R. A. Beyer, O. L. White, F. Nimmo, W. B. McKinnon, K. Ennico, C. B. Olkin, H. A. Weaver, L. A. Young, Elsevier, 27 janvier 2017.
- « Examining Scenarios for Glacial Flows of Volatile Ices onto Pluto's Sputnik Planum », O. M. Umurhan, A. D. Howard, J. M. Moore, P. Schenk, R. A. Beyer, O. L. White, R. P. Binzel, K. Singer, W. B. McKinnon, F. Nimmo, S. A. Stern, H. Weaver, L. A. Young, K. Ennico Smith, C. B. Olkin, New Horizons Geology and Geophysics Imaging Team, 47th Lunar and Planetary Science Conference, 2016.
- « Pluto Followed Its Heart : True Polar Wander of Pluto Due to the Formation and Evolution of Sputnik Planum », J. T. Keane, I. Matsuyama, 47th Lunar and Planetary Science Conference, 2016.
- « 205.04 – Sputnik Planum, Pluto: Composition, Geology, and Origin », William B. McKinnon, Jeffrey M. Moore, John R. Spencer, Kelsi N. Singer, Silvia Protopapa, Will Grundy, Oliver White, Paul M. Schenk, Catherine B. Olkin, Leslie Young, Kimberly Ennico, Harold A. Weaver, S. Alan Stern, DPS/Division for Planetary Sciences Conference #48, 16-21 octobre 2016.
- « 213.04 – The Structure and Temperature of Pluto's Sputnik Planum Using 4.2 Cm Radiometry », Ivan Linscott, Silvia Protopapa, David P. Hinson, Mike Bird, G. Leonard Tyler, William M. Grundy, William B. McKinnon, Catherine B. Olkin, S. Alan Stern, John A. Stansberry, Harold A. Weaver, DPS/Division for Planetary Sciences Conference #48, 16-21 octobre 2016.
- « 213.05 – Geomorphological Mapping of Sputnik Planum on Pluto », Oliver White, Jeffrey M. Moore, S. Alan Stern, Harold A. Weaver, Catherine B. Olkin, Kimberly Ennico, Leslie Young, Andrew F. Cheng, DPS/Division for Planetary Sciences Conference #48, 16-21 octobre 2016.
- « 213.06 – An Expanded Analysis of Nitrogen Ice Convection in Sputnik Planum », Orkan M Umurhan, Wladimir Lyra, Teresa Wong, William B. McKinnon, Francis Nimmo, Alan D. Howard, Jeffrey M. Moore, Richard Binzel, Oliver White, S. Alan Stern, Kimberly Ennico, Catherine B. Olkin, Harold A. Weaver, Leslie Young, DPS/Division for Planetary Sciences Conference #48, 1 6-21 octobre 2016.
- « The Rapid Formation of Sputnik Planitia Early in Pluto's History », D. P. Hamilton, S. A. Stern, J. M. Moore, L. A. Young, New Horizons Geology, Geophysics & Imaging Theme Team, *Nature*, vol. 540, n° 7631, 1er décembre 2016.
- « Underground Ocean Found on Pluto, Likely Slushy with Ice », Irene Klotz, Reuters, 16 novembre 2016.
- « Sputnik Planitia Made Pluto's "Heart" Wander », J. Kelly Beatty, Sky & Telescope, 16 novembre 2016.
- « Reorientation of Sputnik Planitia Implies a Subsurface Ocean on Pluto », F. Nimmo, D. P. Hamilton, W. B. McKinnon, P. M. Schenk, R. P Binzel, C. J. Bierson, R. A. Beyer, J. M. Moore, S. A. Stern, H. A. Weaver, C. B. Olkin, L. A. Young, K. E. Smith, New Horizons Geology, Geophysics & Imaging Theme Team, *Nature*, vol. 540, n° 7631, 1er décembre 2016.
- « Reorientation and Faulting of Pluto Due to Volatile Loading within Sputnik Planitia », James T. Keane, Isamu Matsuyama, Shunichi Kamata, Jordan K. Steckloff, *Nature*, vol. 540, n° 7631, 1er décembre 2016.
- « Convection in Sputnik Planitia, Pluto: Depth of the N2 Ice Layer and Possible Presence of Basal N2 Melt », T. Wong, W. B. McKinnon, P. M. Schenk, J. M. Moore, J. R. Spencer, C. B. Olkin, L. A. Young, K. Ennico, H. A. Weaver, S. A. Stern, New Horizons Geology, Geophysics, Imaging Theme Team, 48th Lunar and Planetary Science Conference, 2017.
- « Sublimation Pits Distribution Indicates Convection Cell Surface Velocity of ~10 Centimeters per Year in Sputnik Planitia, Pluto », P. B. Buhler, A. P. Ingersoll, 48th Lunar and Planetary Science Conference, 2017.
- « Impact Origin of Sputnik Planitia Basin, Pluto », William B. McKinnon, P. M. Schenk, X. Mao, J. M. Moore, J. R. Spencer, F. Nimmo, L. A. Young, C. B. Olkin, K. Ennico, H. A. Weaver, S. A. Stern, and the New Horizons Geology, Geophysics & Imaging Theme Team, 48th Lunar and Planetary Science Conference, 2017.
- « Preliminary Distribution and Statistics of "Bacilli" in the Southern Region of Sputnik Planitia », J. W. Conrad, N. Abu-Hashmeh, F. Nimmo, O. L. White, K. Singer, A. D. Howard, R. Lauer, R. P. Binzel, J. M. Moore, S. A. Stern, C. B. Olkin, H. A. Weaver, K. Ennico, L. A. Young, J. R. Spencer and the New Horizons Geology, Geophysics and Imaging Theme Team, 48th Lunar and Planetary Science Conference, 2017.
- « Modeling Glacial Flow on and onto Pluto's Sputnik Planitia », O. M. Umurhan, A. D. Howard, J. M. Moore, A. M. Earle, O. L. White, P. M. Schenk, R. P. Binzel, S. A. Stern, R. A. Beyer, F. Nimmo, W. B. McKinnon, K. Ennico, C. B. Olkin, H. A. Weaver, L. A. Young, *ArXiv*, 19 janvier 2017, *Icarus*, vol. 287, 1er mai 2017.
- « Preliminary Distribution and Statistics of "Bacilli" in the Southern Region of Sputnik Planitia », J. W. Conrad, N. Abu-Hashmeh, F. Nimmo, O. L. White, K. Singer, A. D. Howard, T. R. Lauer, R. P. Binzel, J. M. Moore, S. A. Stern, C. B. Olkin, H. A. Weaver, K. Ennico, L. A. Young, J. R. Spencer and the New Horizons Geology, Geophysics and Imaging Theme Team, 48th Lunar and Planetary Science Conference, 2017.
- « Convection in Sputnik Planitia, Pluto: Depth of the N2 Ice Layer and Possible Presence of Basal N2 Melt », T. Wong, W. B. McKinnon, P. M. Schenk, J. M. Moore, J. R. Spencer, C. B. Olkin, L. A. Young, K. Ennico, H. A. Weaver, S. A. Stern, and the New Horizons Geology, Geophysics and Imaging Theme Team., 48th Lunar and Planetary Science Conference, 2017.
- « Geological Mapping of Sputnik Planitia on Pluto », Oliver L. White, Jeffrey M. Moore, William B. McKinnon, John R. Spencer, Alan D. Howard, Paul M. Schenk, Ross A. Beyer, Francis Nimmo, Kelsi N. Singer, Orkan M. Umurhan, S. Alan Stern, Kimberly Ennico, Cathy B. Olkin, Harold A. Weaver, Leslie A. Young, Andrew F. Cheng, Tanguy Bertrand, Richard P. Binzel, Alissa M. Earle, Will M. Grundy, Tod R. Lauer, Silvia Protopapa, Stuart J. Robbins, Bernard Schmitt, the New Horizons Science Team, *Icarus*, vol. 287, 1er mai 2017.
- « 102.04 – Sputnik Planitia, Pluto Convection Cell Surface Velocities of ~10 Centimeters per Year Based on Sublimation Pit Distribution », Peter Benjamin Buhler, Andrew P. Ingersoll, DPS/Division for Planetary Sciences Conference #49, 15-20 octobre 2017.
- « 102.05 – Dunes as New Evidence of Recently Active Surface Processes on Pluto », Jani Radebaugh, Matthew Telfer, Eric Parteli, Ross A. Beyer, Tanguy Bertrand, Francois Forget, Francis Nimmo, William M. Grundy, Jeffrey M. Moore, S. Alan Stern, and the New Horizons Team, DPS/Division for Planetary Sciences Conference #49, 15-20 octobre 2017.
- « 221.01 – Chaotic Mountain Blocks in Pluto's Sputnik Planitia », Kelsi N. Singer, Katherine I Knight, S. Alan Stern, Catherine Olkin, William M. Grundy, William B. McKinnon, Jeffrey M. Moore, Paul M. Schenk, John R. Spencer, Harold A. Weaver, Leslie Young, Kimberly Ennico, and The New Horizons Geology, Geophysics and Imaging Science Theme Team, The New Horizons Surface Composition Science Theme Team, DPS/Division for Planetary Sciences Conference #49, 15-20 octobre 2017.
- « Preliminary Distribution and Statistics of "Bacilli" in the Southern Region of Sputnik Planitia », J. W. Conrad, N. Abu-Hashmeh, F. Nimmo, O. L. White, K. Singer, A. D. Howard, T. R. Lauer, R. P. Binzel, J. M. Moore, S. A. Stern,

C. B. Olkin, H. A. Weaver, K. Ennico, L. A. Young, J. R. Spencer and the New Horizons Geology, Geophysics and Imaging Theme Team, 48th Lunar and Planetary Science Conference, 2017.
- « Impact Origin of Sputnik Planitia Basin, Pluto », William B. McKinnon, P. M. Schenk, X. Mao, J. M. Moore, J. R. Spencer, F. Nimmo, L. A. Young, C. B. Olkin, K. Ennico, H. A. Weaver, S. A. Stern, and the New Horizons Geology, Geophysics & Imaging Theme Team, 48th Lunar and Planetary Science Conference, 2017.
- « Sublimation Pit Distribution Indicates Convection Cell Surface Velocity of ~10 Centimeters per Year in Sputnik Planitia, Pluto », P. B. Buhler, A. P. Ingersoll, 48th Lunar and Planetary Science Conference, 2017.
- « Downhill Sledding at 40 AU: Mobilizing Pluto's Chaotic Mountain Blocks », S. O'Hara, A. J. Dombard, 49th Lunar and Planetary Science Conference, 2018.
- « Pluto's Sputnik Planitia: Spectral Versus Geological Signature », F. Scipioni, O. White, C. M. Dalle Ore, D. P. Cruikshank, W. M. Grundy, R. P. Binzel, M. W. Buie, J. C. Cook, A. M. Earle, K. Ennico, D. E. Jennings, C. J. A. Howett, I. E. Linscott, A. W. Lunsford, J. M. Moore, W. B. McKinnon, C. B. Olkin, A. H. Parker, S. Protopapa, D. C. Reuter, B. Schmitt, K. N. Singer, J. R. Spencer, S. A. Stern, H. A. Weaver, A. J. Verbiscer, L.A. Young, and the New Horizons GGI team, 49th Lunar and Planetary Science Conference, 2018.
- « High-Resolution Topography of Pluto and Charon: Getting Down to Details », P. Schenk, R. A. Beyer, J. M. Moore, W. B. McKinnon, J. R. Spencer, S. A. Stern, L. A. Young, C. B. Olkin, K. Ennico, H. A. Weaver, New Horizons Science Team, 49th Lunar and Planetary Science Conference, 2018.
- « Observed Glacier and Volatile Distribution on Pluto From Atmosphere – Topography Processes », Tanguy Bertrand, François Forget, *Nature*, vol. 540, n° 7631, 19 septembre 2016.
- « Structure and Geophysical Evolution of Sputnik Basin on Pluto », S. A. Moruzzi, J. C. Andrews-Hanna, P. Schenk, 54th Lunar and Planetary Science Conference, 2023.

Un monde étonnant, à la surface très disparate

- « Surface Compositions Across Pluto and Charon », W. M. Grundy, R. P. Binzel, B. J. Buratti, J. C. Cook, D. P. Cruikshank, C. M. Dalle Ore, A. M. Earle, K. Ennico, C. J. A. Howett, A. W. Lunsford, C. B. Olkin, A. H. Parker, S. Philippe, S. Protopapa, E. Quirico, D. C. Reuter, B. Schmitt, K. N. Singer, A. J. Verbiscer, R. A. Beyer, M. W. Buie, A. F. Cheng, D. E. Jennings, I. R. Linscott, J. Wm. Parker, P. M. Schenk, J. R. Spencer, J. A. Stansberry, S. A. Stern, H. B. Throop, C. C. C. Tsang, H. A. Weaver, G. E.Weigle II, L. A. Young, New Horizons Science Team, *Science Magazine*, vol. 351, n° 6279, 18 mars 2016.
- « At Pluto, New Horizons Finds Geology of All Ages, Possible Ice Volcanoes, Insight into Planetary Origins », http://pluto.jhuapl.edu/News-Center/News-Article.php?page=20151109, 9 novembre 2015.
- « The Geology of Pluto and Charon Through the Eyes of New Horizons », Jeffrey M. Moore, William B. McKinnon, John R. Spencer, Alan D. Howard, Paul M. Schenk, Ross A. Beyer, Francis Nimmo, Kelsi N. Singer, Orkan M. Umurhan, Oliver L. White, S. Alan Stern, Kimberly Ennico, Cathy B. Olkin, Harold A. Weaver, Leslie A. Young, Richard P. Binzel, Marc W. Buie, Bonnie J. Buratti, Andrew F. Cheng, Dale P. Cruikshank, Will M. Grundy, Ivan R. Linscott, Harold J. Reitsema, Dennis C. Reuter, Mark R. Showalter, Veronica J. Bray, Carrie L. Chavez, Carly J. A. Howett, Tod R. Lauer, Carey M. Lisse, Alex Harrison Parker, S. B. Porter, Stuart J. Robbins, Kirby Runyon, Ted Stryk, Henry B. Throop, Constantine C. C. Tsang, Anne J. Verbiscer, Amanda M. Zangari, Andrew L. Chaikin, Don E. Wilhelms, New Horizons Science Team, *Science Magazine*, vol. 351, n° 6279, 18 mars 2016.
- « Geomorphological Mapping of the Encounter Hemisphere of Pluto », O. L. White, S. A. Stern, H. A. Weaver, C. B. Olkin, K. Ennico, L. A. Young, J. M. Moore, A. F. Cheng, and the New Horizons Geology, Geophysics and Imaging Theme Team. New Horizons Science Team, 47th Lunar and Planetary Science Conference, 2016.
- « Pluto's Putative Cryovolcanic Constructs », K. N. Singer, O. L. White, P. M. Schenk, J. M. Moore, W. B. McKinnon, A. D. Howard, J. R. Spencer, S. A. Stern, J. C. Cook, W. M. Grundy, D. P. Cruikshank, R. A. Beyer, F. Nimmo, O. Umurhan, C. J. A. Howett, A. H. Parker, S. Protopapa, T. R. Lauer, H. A. Weaver, L. A. Young, C. B. Olkin, K. Ennico, and The New Horizons Geology, Geophysics and Imaging Science Theme Team, The New Horizons Surface Composition Science Theme Team, The New Horizons MVIC Team, The New Horizons LORRI Team, 47th Lunar and Planetary Science Conference, 2016.
- « Geological Mapping of Pluto and Charon Using New Horizons Data », J. M. Moore, J. R. Spencer, W. B. McKinnon, A. D. Howard, O. M. White, O. M. Umurhan, P. M. Schenk, R. A. Beyer, K. Singer, S. A. Stern, H. A. Weaver, L. A. Young, K. Ennico Smith, C. Olkin, and the New Horizons Geology and Geophysics Imaging Teams, Commission IV, WG IV/8, The International Archives of the Photogrammetry, Remote Sensing and Spatial Information Sciences, Volume XLI-B4, 2016, XXIII ISPRS Congress, Prague, Czech Republic, 12-19 juillet 2016.
- « Sublimation As a Landform-Shaping Process on Pluto », Jeffrey M. Moore, Alan D. Howard, Orkan M. Umurhan, Oliver L. White, Paul M. Schenk, Ross A. Beyer, William B. McKinnon, John R. Spencer, Will M. Grundy, Tod R. Lauer, Francis Nimmo, Leslie A. Young, S. Alan Stern, Harold A. Weaver, Cathy B. Olkin, Kimberly Ennico, the New Horizons Science Team, *Icarus*, vol. 287, 24 août 2016.
- « 205.01 – Geology and Composition of Pluto and Charon from New Horizons », John R. Spencer, S. Alan Stern, Jeffrey M. Moore, W. M. Grundy, William B. McKinnon, Dale P. Cruikshank, Harold A. Weaver, Catherine B. Olkin, Leslie Young, Kimberly Ennico, and the New Horizons Science Team, DPS/Division for Planetary Sciences Conference #48, 16-21 octobre 2016.
- « 213.11 – Bladed Terrain on Pluto: Possible Origins and Evolutions », Jeffrey M. Moore, Alan D. Howard, Orkan M Umurhan, Oliver White, Paul M. Schenk, Ross A. Beyer, William B. McKinnon, John R. Spencer, Kelsi N. Singer, William M. Grundy, Francis Nimmo, Leslie Young, S. Alan Stern, Harold A. Weaver, Catherine B. Olkin, Kimberly Ennico, Geoffrey Collins, and the New Horizons Science Team, DPS/Division for Planetary Sciences Conference #48, 16-21 octobre 2016.
- « Penitentes at Tartarus Dorsa, Pluto », J. E. Moores, C. L. Smith, A. D. Toigo and S. D. Guzewich, 48th Lunar and Planetary Science Conference, 2017.
- « 213.12 – Impact Craters on Pluto and Charon Indicate a Deficit of Small Kuiper Belt Objects », Kelsi N. Singer, William B. McKinnon, Sarah Greenstreet, Brett Gladman, Alex Harrison Parker, Stuart J. Robbins, Paul M. Schenk, S. Alan Stern, Veronica Bray, John R. Spencer, Harold A. Weaver, Ross A. Beyer, Leslie Young, Jeffrey M. Moore, Catherine B. Olkin, Kimberly Ennico, Richard Binzel, William M. Grundy, and the New Horizons Geology Geophysics and Imaging Science Theme Team, The New Horizons MVIC and LORRI Teams, DPS/Division for Planetary Sciences Conference #48, 16-21 octobre 2016.
- « 224.05 – The Effect of Surface Ice and Topography on the Atmospheric Circulation and Distribution of Nitrogen Ice on Pluto », Scot C. R. Rafkin, Alejandro Soto, Timothy I. Michaels, New Horizons Science Team, DPS/Division for Planetary Sciences Conference #48, 16-21 octobre 2016.
- « 224.11 – A Search for Temporal Changes on Pluto and Charon », Jason Daniel Hofgartner, Bonnie J. Buratti, Spencer Devins, Ross A. Beyer, Kimberly Ennico, Catherine B. Olkin, S. Alan Stern, Harold A. Weaver, Leslie Young, New Horizons Geology, Geophysics and Imaging Science Theme Team, DPS/Division for Planetary Sciences Conference #48, 16-21 octobre 2016.
- « Icy Ridges Found on Pluto », ScienceDaily.com, 4 janvier 2017.
- « Penitentes as the Origin of the Bladed Terrain of Tartarus Dorsa on Pluto », John E. Moores, Christina L. Smith, Anthony D. Toigo, Scott D. Guzewich. *Nature*, vol. 541, n° 7636, 12 janvier 2017.
- « Investigating a Cryovolcanic Collapse Fearure in Cthulhu Region, Pluto », C. J. Ahrens, V. F. Chevrier, 48th Lunar and Planetary Science Conference, 2017.
- « Penitentes at Tartarus Dorsa, Pluto », J. E. Moores, C. L. Smith, A. D. Toigo, S. D. Guzewich, 48th Lunar and Planetary Science Conference, 2017.
- « 102.03 – Washboard Terrain on Pluto », Jeffrey M. Moore, Oliver L. White, Alan D. Howard, Orkan M. Umurhan, Paul M. Schenk, Ross A. Beyer, William B. McKinnnon, Kelsi N. Singer, Tod R. Lauer, Andrew F. Cheng, Leslie Young, S. Alan Stern, Harold A. Weaver, Catherine Olkin, Kimberly Ennico, DPS/Division for Planetary Sciences Conference #49, 15-20 octobre 2017.
- « Washboard and Fluted Terrains on Pluto: Evidence for Ancient Glaciation », L. White, J. M. Moore, A. D. Howard, P. M. Schenk, O. M. Umurhan, S. A. Stern, H. A. Weaver, C. B. Olkin, K. Ennico, L. A. Young, A. F. Cheng, and the New Horizons GGI team, 49th Lunar and Planetary Science Conference, 2018.
- « Detection of Ammonia on Pluto's Surface in a Region of Geologically Recent Tectonism », C. M. Dalle Ore, D. P. Cruikshank, S. Protopapa, F. Scipioni, W. B. McKinnon, J. C. Cook, W. M. Grundy, B. Schmitt, S. A. Stern, J. M. Moore, A. Verbiscer, A. H. Parker, K. N. Singer, O. M. Umurhan, H. A. Weaver, C. B. Olkin, L. A. Young, K. Ennico, New Horizons Surface Composition Science Theme Team, *Science Advances*, vol. 5, n° 5, 29 mai 2019.
- « Large-scale cryovolcanic resurfacing on Pluto », Kelsi N. Singer, Oliver L. White, Bernard Schmitt, Erika L. Rader, Silvia Protopapa, William M. Grundy, Dale P. Cruikshank, Tanguy Bertrand, Paul M. Schenk, William B. McKinnon , S. Alan Stern, Rajani D. Dhingra, Kirby D. Runyon, Ross A. Beyer, Veronica J. Bray, Cristina Dalle Ore, John R. Spencer, Jeffrey M. Moore, Francis Nimmo, James T. Keane, Leslie A. Young, Catherine B. Olkin, Tod R. Lauer, Harold A. Weaver & Kimberly Ennico-Smith, *Nature Communications*, 13, 1542, 29 March 2022.
- « Viscous Relaxation of Oort and Edgeworth Craters on Pluto: Possible Indicators of an Epoch of Early High Heat Flow, With Statistical and Energetic Considerations », William B. McKinnon, M. T. Bland, K. N. Singer, P. M. Schenk, S. J. Robbins, 54th Lunar and Planetary Science Conference, 2023.
- « The Mistery Behind Pluto's Hot Core », D. Loane-Billings, M. Paquin, J. Di Sciullo, K. Immer, R. J. Soare, 54th Lunar and Planetary Science Conference, 2023.
- « The role of Pluto's ocean's salinity in supporting nitrogen ice loads within the Sputnik Planitia basin ». A. L. Nguyen and P. J. McGovern, 54th Lunar and Planetary Science Conference, 2023.

– « Investigations of the Origins of Pluto's Surface Dark materials: Spectral Modeling », J. C. Cook, T. Bertrand, D. P. Cruikshank, C. M. Dalle Ore, A. Emran, W. M. Grundy, R. Mastrapa, T. L. Roush, F. Salama, D. H. Wooden, E. Sciamma-O'Brien, 54th Lunar and Planetary Science Conference, 2023.

Une atmosphère d'azote glaciale et surprenante

– « Large Changes in Pluto's Atmosphere as Revealed by Recent Stellar Occultations », B. Sicardy, T. Widemann, E. Lellouch, C. Veillet, J.-C. Cuillandre, F. Colas, F. Roques, W. Beisker, M. Kretlow, A.-M. Lagrange, E. Gendron, F. Lacombe, J. Lecacheux, C. Birnbaum, A. Fienga, C. Leyrat, A. Maury, E. Raynaud, S. Renner, M. Schultheis, K. Brooks, A. Delsanti, O. R. Hainaut, R. Gilmozzi, C. Lidman, J. Spyromilio, M. Rapaport, P. Rosenzweig, O. Naranjo, L. Porras, F. Díaz, H. Calderón, S. Carrillo, A. Carvajal, E. Recalde, L. Gaviria Cavero, C. Montalvo, D. Barría, R. Campos, R. Duffard, H. Levato, *Nature*, vol. 424, 10 juillet 2003, p. 168-170.

– « Pluto's Atmosphere from Stellar Occultations in 2012 and 2013 », A. Dias-Oliveira, B. Sicardy, E. Lellouch, R. Vieira-Martins, M. Assafin, J. I. B. Camargo, F. Braga-Ribas, A. R. Gomes-Junior, G. Benedetti-Rossi, F. Colas, A. Decock, A. Doressoundiram, C. Dumas, M. Emilio, J. Fabrega Polleri, R. Gil-Hutton, M. Gillon, J. Girard, G. K. T Hau, V. D. Ivanov, E. Jehin., J. Lecacheux., R. Leiva, C. Lopez-Sisterna, L. Mancini, J. Manfroid., A. Maury, E. Meza, N. Morales, L. Nagy, C. Opitom, J. L. Ortiz, J. Pollock, F. Roques, C. Snodgrass, J. F. Soulier, A. Thirouin, L. Vanzi, T. Widemann, D. E. Reichart, A. P. LaCluyze, J. B. Haislip, K. M. Ivarsen, M. Dominik, U. Jørgensen, J. Skottfelt, *The Astrophysical Journal*, vol. 811, n° 53, doi :10.1088/0004-637X/811/1/53, 2015.

– « Pluto's Atmosphere from the 29 June 2015 Ground-Based Stellar Occultation at the Time of the New Horizons Flyby », B. Sicardy, J. Talbot, E. Meza, J. I. B. Camargo, J. Desmars, D. Gault, D. Herald, S. Kerr., H. Pavlov, F. Braga-Ribas, M. Assafin, G. Benedetti-Rossi, A. Dias-Oliveira, A. R. Gomes-Jr., R. Vieira-Martins, D. Berard, P. Kervella, J. Lecacheux, E. Lellouch, W. Beisker, D. Dunham, M. Jelinek, R. Duffard, J. L. Ortiz, A. J. Castro-Tirado, R. Cunniffe, R. Querel, P. C. Yock, A. A. Cole, A. B. Giles, K. M. Hill, J. P. Beaulieu, M. Harnisch, R. Jansen, A. Pennell, S. Todd, W. H. Allen, P. B. Graham, B. Loader, G. McKay, J. Milner, S. Parker, M. A. Barry, J. Bradshaw, J. Broughton, L. Davis, H. Devillepoix, J. Drummond, L. Field, M. Forbes, D. Giles, R. Glassey, R. Groom, D. Hooper, R. Horvat, G. Hudson, R. Idaczyk, D. Jenke, B. Lade, J. Newman, P. Nosworthy, P. Purcell, P. F. Skilton, M. Streamer, M. Unwin, H. Watanabe, G. L. White, D. Watson, *The Astrophysical Journal Letters*, vol. 819, n° 2, L38, 10 mars 2016.

– « 3D Modelling of the Atmosphere of Pluto and Triton », François Forget, Mélanie Vangvichith, Tanguy Bertrand, Jeremy Leconte, Japanese-French model studies of planetary atmospheres, Kobe seminar, Japan, 11-15 mai 2015.

– « On the Provenance of Pluto's Nitrogen (N2) », Kelsi N. Singer, S. Alan Stern, *The Astrophysical Journal Letters*, 1er août 2015.

– « The Neutral Atmospheres of Pluto and Charon », M. E. Summers, G. R. Gladstone, S. A. Stern, K. Ennico, C. B. Olkin, H. A. Weaver, L. A. Young, D. F. Strobel, D. P. Hinson, J. A. Kammer, A. H. Parker, A. J. Steffl, I. R. Linscott, J. Wm. Parker, A. F. Cheng, C. M. Lisse, M. H. Versteeg, T. K. Greathouse, K. D. Retherford, W. W. Woods, K. N. Singer, C. C. C. Tsang, E. Schindhelm, M. L. Wong, Y. L. Yung, X. Zhu, P. Lavvas, M. Ewell, A. D. Jacobs, G. L. Tyler, the New Horizons Atmospheres Team, 47th Lunar and Planetary Science Conference, 2016.

– « Isotopic Constraints on the Source of Pluto's Nitrogen and the History of Atmospheric Escape », Kathleen E. Mandt, Olivier Mousis, Adrienn Luspay-Kuti, Elsevier, *Planetary and Space Science*, vol. 130, 2 octobre 2016, p. 104-109.

– « The Atmosphere of Pluto as Observed by New Horizons », G. Randall Gladstone, S. Alan Stern, Kimberly Ennico, Catherine B. Olkin, Harold A. Weaver, Leslie A. Young, Michael E. Summers, Darrell F. Strobel, David P. Hinson, Joshua A. Kammer, Alex H. Parker, Andrew J. Steffl, Ivan R. Linscott, Joel Wm. Parker, Andrew F. Cheng, David C. Slater, Maarten H. Versteeg, Thomas K. Greathouse, Kurt D. Retherford, Henry Throop, Nathaniel J. Cunningham, William W. Woods, Kelsi N. Singer, Constantine C. C. Tsang, Eric Schindhelm, Carey M. Lisse, Michael L. Wong, Yuk L. Yung, Xun Zhu, Werner Curdt, Panayotis Lavvas, Eliot F. Young, G. Leonard Tyler, New Horizons Science Team, *Science Magazine*, vol. 351, n° 6279, 18 mars 2016.

– « Pluto's Interaction with its Space Environment: Solar Wind, Energetic Particles, and Dust », F. Bagenal, M. Horányi, D. J. McComas, R. L. McNutt Jr., H. A. Elliott, M. E. Hill, L. E. Brown, P. A. Delamere, P. Kollmann, S. M. Krimigis, M. Kusterer, C. M. Lisse, D. G. Mitchell, M. Piquette, A. R. Poppe, D. F. Strobel, J. R. Szalay, P. Valek, J. Vandegriff, S. Weidner, E. J. Zirnstein, S. A. Stern, K. Ennico, C. B. Olkin, H. A. Weaver, L. A. Young, New Horizons Science Team, *Science Magazine*, vol. 351, n° 6279, 18 mars 2016.

– « Pluto's Atmosphere Confounds Researchers », J. Kelly Beatty, *Sky & Telescope*, 25 mars 2016.

– « The Photochemistry of Pluto's Atmosphere as Illuminated by New Horizons », Wong Michael L., Fan Siteng, Gao Peter, Liang Mao-Chang, Run-Lie Shia, Yung Yuk L., Joshua A. Kammer, Michael E. Summers, G. Randall Gladstone, Young Leslie A., Catherine B. Olkin, Kimberly Ennico, Harold A. Weaver, S. Alan Stern, New Horizons Science Team, *Icarus*, 16 mai 2016.

– « Constraints on the Microphysics of Pluto's Photochemical Haze from New Horizons Observations », Peter Gao, Siteng Fan, Michael L. Wong, Mao-Chang Liang, Run-Lie Shia, Joshua A. Kammer, Yuk L. Yung, Michael E. Summers, G. Randall Gladstone, Leslie A. Young, Catherine B. Olkin, Kimberly Ennico, Harold A. Weaver, S. Alan Stern, The New Horizons Science Team, *Icarus*, 6 octobre 2016.

– « Pluto's Perplexing Atmosphere », J. Kelly Beatty, *Sky & Telescope*, novembre 2016.

– « 205.02 – New Horizons: Gas and Plasma in the Pluto System », Leslie Young, Randy Gladstone, Michael Summers, Fran Bagenal, S. Alan Stern, Harold A. Weaver, Catherine B. Olkin, Kimberly Ennico, Jeffrey M. Moore, William M. Grundy, DPS/Division for Planetary Sciences conference #48, 16-21 octobre 2016.

– « 224.02 – Structure and Evolution of Pluto's Atmosphere from Ground-Based Stellar Occultations Between 2002 and 2015 », Erick Meza, Bruno Sicardy, Rio de Janeiro occultation team, Granada occultation team, International Occultation and Timing Association, DPS/Division for Planetary Sciences conference #48, 16-21 octobre 2016.

– « 224.03 – Radio Occultation Measurements of Pluto's Atmosphere with New Horizons », David P. Hinson, Ivan Linscott, Leslie Young, S. Alan Stern, Mike Bird, Kimberly Ennico, Randy Gladstone, Catherine B. Olkin, Martin Pätzold, Darrell F. Strobel, Michael Summers, G. Leonard Tyler, Harold A. Weaver, Will Woods, New Horizons Science Team, DPS/Division for Planetary Sciences conference #48, 16-21 octobre 2016.

– « 224.05 – The Effect of Surface Ice and Topography on the Atmospheric Circulation and Distribution of Nitrogen Ice on Pluto », Scot C.R. Rafkin, Alejandro Soto, Timothy I. Michaels, DPS/Division for Planetary Sciences conference #48, 16-21 octobre 2016.

– « 306.01 – Haze in Pluto's Atmosphere: Implications for Processes and Evolution », Andrew F. Cheng, Michael Summers, Randy Gladstone, Darrell F. Strobel, Leslie Young, Panayotis Lavvas, Joshua A. Kammer, Casey M. Lisse, Alex Harrison Parker, Eliot F. Young, S. Alan Stern, Harold A. Weaver, Catherine B. Olkin, Kimberly Ennico, DPS/Division for Planetary Sciences conference #48, 16-21 octobre 2016.

– « 306.02 – Stargazing from New Horizons: Ultraviolet Stellar Occultations by Pluto's Atmosphere », Joshua A. Kammer, S. Alan Stern, Harold A. Weaver, Leslie Young, Kimberly Ennico, Catherine B. Olkin, Randy Gladstone, Michael Summers, Andrew Steffl, Thomas K. Greathouse, Maarten Versteeg, Kurt D. Retherford, Joel Wm. Parker, Eric Schindhelm, Darrell F. Strobel, New Horizons ATM Theme Team, New Horizons Science Team, American Astronomical Society, DPS/Division for Planetary Sciences conference #48, 16-21 octobre 2016.

– « 306.03 – The photochemistry of Pluto's Atmosphere as Illuminated by New Horizons », Michael L. Wong, Siteng Fan, Peter Gao, Mao-Chang Liang, Run-Lie Shia, Yuk Yung, Joshua A. Kammer, Michael Summers, Randy Gladstone, Leslie Young, and the New Horizons Science Team, *Icarus*, 1er mai 2017.

– « Detection of CO and HCN in Pluto's Atmosphere with ALMA », E. Lellouch, M. Gurwell, B. Butler, T. Fouchet, P. Lavvas, D. F. Strobel, B. Sicardy, A. Moullet, R. Moreno, D. Bockelée-Morvan, N. Biver, L. Young, D. Lis, J. Stansberry, A. Stern, H. Weaver, E. Young, X. Zhu, J. Boissier, *Icarus*, 14 octobre 2016.

– « 3D Modeling of Organic Haze in Pluto's Atmosphere », Tanguy Bertrand, François Forget, *Icarus*, 1er mai 2017.

– « Some Problems in Interpretation of the New Horizons Observations of Pluto's Atmosphere », Vladimir A. Krasnopolsky, *Icarus*, vol. 301, n° 6279, 22 août 2017.

– « Structure and Composition of Pluto's Atmosphere from the New Horizons Solar Ultraviolet Occultation », Leslie A. Young, Joshua A. Kammer, Andrew J. Steffl, G. Randall Gladstone, Michael E. Summers, Darrell F. Strobel, David P. Hinson, S. Alan Stern, Harold A. Weaver, Catherine B. Olkin, Kimberly Ennico, David J. McComas, Andrew F. Cheng, Peter Gao, Panayotis Lavvas, IvanR. Linscott, Michael L. Wong, Yuk L. Yung, Nathanial Cunningham, Michael Davis, Joel Wm. Parker, Eric Schindhelm, Oswald H. W. Siegmund, John Stone, Kurt Retherford, Maarten Verstee, Icarus, 8 septembre 2017.

– « 105.06D – High Resolution 3D Global Climate Modeling of Pluto's Atmosphere to Interpret New Horizons Observations », Tanguy Bertrand, Francois Forget, New Horizons Science Team, DPS/Division for Planetary Sciences conference #49, 15-20 octobre 2017.

– « Pluto's Lower Atmosphere and Pressure Evolution from Ground-Based Stellar Occultations, 1988-2016 », E. Meza, B. Sicardy, M. Assafin, J. L. Ortiz, T. Bertrand, E. Lellouch, J. Desmars, F. Forget, D. Bérard, A. Doressoundiram, J. Lecacheux, J. Marques Oliveira, F. Roques, T. Widemann, F. Colas, F. Vachier, F. Braga-Ribas, M. W. Buie, C. B. Olkin, E. F. Young, L. A. Young, L. H. Wasserman, M. Devogèle, F. Marchis, *et al.*, *Astronomy & Astrophysics*, vol. 625, 7 mai 2019.

– « Modeling Pluto's Minimum Pressure: Implications for Haze Production », P. Johnson, L. Young, S. Protopapa, B. Schmitt, L. Gabasova, B. Lewis, J. Stansberry, K. Mandt, O. White, *Icarus*, vol. 356, Elsevier, 2019.
– « Evidence for a Rapid Decrease of Pluto's Atmospheric Pressure Revealed by a Stellar Occultation in 2019 », K. Arimatsu, G. L. Hashimoto, M. Kagitani, T. Sakanoi, Y. Kasaba, R. Ohsawa, S. Urakawa, ESO, *Astronomy & Astrophysics*, 20 mai 2020.
– « SwRI Scientists Confirm Decrease in Pluto's Atmospheric Density », Eliot Young, Leslie Young, 53rd American Astronomical Society Division for Planetary Sciences Annual Meeting, SwRI Press release, 4 octobre 2021.
– « A bimodal distribution of haze in Pluto's atmosphere », Siteng Fan, Peter Gao, Xi Zhang, Danica J. Adams, Nicholas W. Kutsop, Carver J. Bierson, Chao Liu, Jiani Yang, Leslie A. Young , Andrew F. Cheng & Yuk L. Yung, *Nature Communications*, January 11, 2022.

Un climat plus dynamique et changeant que prévu

– « The Obliquity of Pluto », Anthony R. Dobrovolskis, Alan W. Harris, *Icarus*, vol. 55, n° 2, août 1983, p. 231-235.
– « P22A-04 Dynamics of Pluto », Anthony R. Dobrovolskis, EOS, vol. 70, n° 15, 11 avril 1989.
– « Dynamics of Pluto and Charon », Anthony R. Dobrovolskis, *Geophysical Research Letters*, vol. 16, n° 11, 1er novembre 1989.
– « Seasonal Nitrogen Cycles on Pluto », Candice J. Hansen, David A. Paige, *Icarus*, vol. 120, n° 2, avril 1996, p. 247-265.
– « Pluto's Seasons: New Predictions for New Horizons », L. A. Young, *The Astrophysical Journal Letters*, vol. 766, n° 2, 19 mars 2013.
– « Pluto's Atmosphere Confounds Researchers », J. Kelly Beatty, *Sky & Telescope*, 25 mars 2016.
– « Pluto's Recent Past: Liquid Lakes and Thick Atmosphere ? », Nola Taylor Tillman, Space.com, 23 mars 2016.
– « 213.07D – Investigating the Present and Past Glacial and Frost Activity on Pluto with a Volatile Transport Model », Tanguy Bertrand, Francois Forget, American Astronomical Society, DPS/Division for Planetary Sciences conference #48, 16-21 octobre 2016.
– « 213.08 – Volatile Transport in Pluto's Super Seasons », Alissa M. Earle, Richard Binzel, Leslie Young, S. Alan Stern, Catherine B. Olkin, Kimberly Ennico, Jeffrey M. Moore, Harold A. Weaver, the NASA New Horizons Composition Team, The NASA New Horizons GGI Team, DPS/Division for Planetary Sciences conference #48, 16-21 octobre 2016.
– « Past Epochs of Significantly Higher Pressure Atmospheres on Pluto », S. A. Stern, R. P. Binzel, A. M. Earle, K. N. Singer, L. A. Young, H. A. Weaver, C. B. Olkin, K. Ennico, J. M. Moore, W. B. McKinnon, J. R. Spencer, New Horizons Geology and Geophysics and Atmospheres Teams, *Icarus*, vol. 287, 1er mai 2017, p. 47-53.
– « Climate Zones on Pluto and Charon », Richard P. Binzel, Alissa M. Earle, Marc W. Buie, Leslie A. Young, S. Alan Stern, Cathy B. Olkin, Kimberly Ennico, Jeffrey M. Moore, Will Grundy, Harold A. Weaver, Carey M. Lisse, Tod R. Lauer, the New Horizons Geology and Geophysics Imaging Team, *Icarus*, vol. 287, 1er mai 2017, p. 30-36.
– « Differentiation and Cryovolcanism on Charon: A View Before and After New Horizons », S. J. Desch, M. Neveu, *Icarus*, vol. 287, n° 5450, 1er mai 2017.
– « The Nitrogen Cycles on Pluto Over Seasonal and Astronomical Timescales », T. Bertrand, F. Forget, O. M. Umurhan, W. M. Grundy, B. Schmitt, S. Protopapa, A. M. Zangari, O. L. White, P. M. Schenk, K. N. Singer, A. Stern, H. A. Weaver, L. A. Young, K. Ennico, C. B. Olkin, *Icarus*, vol. 309, 15 mars 2018.

Des gaz qui migrent d'un monde à l'autre

– « Charon's Albedo and Pluto's Energy Budget », L. A. Young, S. A. Stern, 31st Lunar and Planetary Science Conference, 2000.
– « Phases of Charon », Marc W. Buie, Lowell Observatory (http://lasp.colorado.edu/education/outerplanets/lessons/grades6-8/Phases%20of%20Charon.pdf).
– « Charon's Size and an Upper Limit on its Atmosphere from a Stellar Occultation », B. Sicardy, A. Bellucci, E. Gendron, F. Lacombe, S. Lacour, J. Lecacheux, E. Lellouch, S. Renner, S. Pau, F. Roques, T. Widemann, F. Colas, F. Vachier, R. Vieira Martins, N. Ageorges, O. Hainaut, O. Marco, W. Beisker, E. Hummel, C. Feinstein, H. Levato, A. Maury, E. Frappa, B. Gaillard, M. Lavayssière, M. Di Sora, F. Mallia, G. Masi, R. Behrend, F. Carrier, O. Mousis, P. Rousselot, A. Alvarez-Candal, D. Lazzaro, C. Veiga, A. H. Andrei, M. Assafin, D. N. da Silva Neto, C. Jacques, E. Pimentel, D. Weaver, J. F. Lecampion, F. Doncel, T. Momiyama, G. Tancredi, *Nature*, vol. 439, n° 7072, 5 janvier 2006, p. 52-54.
– « Surface Compositions Across Pluto and Charon », W. M. Grundy, R. P. Binzel, B. J. Buratti, J. C. Cook, D. P. Cruikshank, C. M. Dalle Ore, A. M. Earle, K. Ennico, C. J. A. Howett, A. W. Lunsford, C. B. Olkin, A. H. Parker, S. Philippe, S. Protopapa, E. Quirico, D. C. Reuter, B. Schmitt, K. N. Singer, A. J. Verbiscer, R. A. Beyer, M. W. Buie, A. F. Cheng, D. E. Jennings, I. R. Linscott, J. Wm. Parker, P. M. Schenk, J. R. Spencer, J. A. Stansberry, S. A. Stern, H. B. Throop, C. C. C. Tsang, H. A. Weaver, G. E.Weigle II, L. A. Young, the New Horizons Science Team, *Science Magazine*, vol. 351, n° 6279, 18 mars 2016.
– « Charon & Company », J. Kelly Beatty, *Sky & Telescope*, décembre 2016.
– « New Horizons Constraints on Charon's Present Day Atmosphere », S. A. Stern, J. A. Kammer, G. R. Gladstone, A. J. Steffl, A. F. Cheng, L. A. Young. H. A Weaver, C. B. Olkin, K. Ennico, J. Wm. Parker, A. H. Parker, T. R. Lauer, A. Zangari, M. Summers, the New Horizons Atmospheres Team, *Icarus*, vol. 287, 29 septembre 2016, p. 124-130.
– « Rarefied Gas Dynamic Simulation of Transfer and Escape in the Pluto-Charon System with the DSMC Method », W. A. Hoey, S. K. Yeoh, L. M. Trafton, D. B. Goldstein, P. L. Varghese, 47th Lunar and Planetary Science Conference, 2016.
– « The Formation of Charon's Red Poles from Seasonally Cold-Trapped Volatiles », W. M. Grundy, D. P. Cruikshank, G. R. Gladstone, C. J. A. Howett, T. R. Lauer, J. R. Spencer, M. E. Summers, M. W. Buie, A. M. Earle, K. Ennico, J. Wm. Parker, S. B. Porter, K. N. Singer, S. A. Stern, A. J. Verbiscer, R. A. Beyer, R. P. Binzel, B. J. Buratti, J. C. Cook, C. M. Dalle Ore, C. B. Olkin, A. H. Parker, S. Protopapa, E. Quirico, K. D. Retherford, S. J. Robbins, B. Schmitt, J. A. Stansberry, O. M. Umurhan, H. A. Weaver, L. A. Young, A. M. Zangari, V. J. Bray, A. F. Cheng, W. B. McKinnon, R. L. McNutt, J. M. Moore, F. Nimmo, D. C. Reuter, P. M. Schenk, the New Horizons Science Team, *Nature*, vol. 539, n° 7627, 3 novembre 2016, p. 65-68.
– « Rarefied Gas Dynamic Simulation of Transfer and Escape in the Pluto-Charon System », William A. Hoey, Seng Keat Yeoh, Laurence M. Trafton, David B. Goldstein, Philip L. Varghese, *Icarus*, vol. 287, 1er mai 2017, p. 87-102.
– « Pluto–Charon Solar Wind Interaction Dynamics », J. P. M. Hale, C. S. Paty, *Icarus*, vol. 287, 1er mai 2017, p. 131-139.
– « Extreme Exospheric Dynamics at Charon: Implications for the Red Spot », Ben Teolis, Ujjwal Raut, Joshua A. Kammer, Caleb J. Gimar, Carly J. A. Howett, G. Randall Gladstone, Kurt D. Retherford, *Geophysical Research Letters*, vol. 49, n° 8, avril 2022.

Charon : une surface tourmentée

– « Surface Compositions Across Pluto and Charon », W. M. Grundy, R. P. Binzel, B. J. Buratti, J. C. Cook, D. P. Cruikshank, C. M. Dalle Ore, A. M. Earle, K. Ennico, C. J. A. Howett, A. W. Lunsford, C. B. Olkin, A. H. Parker, S. Philippe, S. Protopapa, E. Quirico, D. C. Reuter, B. Schmitt, K. N. Singer, A. J. Verbiscer, R. A. Beyer, M. W. Buie, A. F. Cheng, D. E. Jennings, I. R. Linscott, J. Wm. Parker, P. M. Schenk, J. R. Spencer, J. A. Stansberry, S. A. Stern, H. B. Throop, C. C. C. Tsang, H. A. Weaver, G. E.Weigle II, L. A. Young, New Horizons Science Team, *Science Magazine*, vol. 351, n° 6279, 18 mars 2016.
– « The Geology of Pluto and Charon Through the Eyes of New Horizons », Jeffrey M. Moore, William B. McKinnon, John R. Spencer, Alan D. Howard, Paul M. Schenk, Ross A. Beyer, Francis Nimmo, Kelsi N. Singer, Orkan M. Umurhan, Oliver L. White, S. Alan Stern, Kimberly Ennico, Cathy B. Olkin, Harold A. Weaver, Leslie A. Young, Richard P. Binzel, Marc W. Buie, Bonnie J. Buratti, Andrew F. Cheng, Dale P. Cruikshank, Will M. Grundy, Ivan R. Linscott, Harold J. Reitsema, Dennis C. Reuter, Mark R. Showalter, Veronica J. Bray, Carrie L. Chavez, Carly J. A. Howett, Tod R. Lauer, Carey M. Lisse, Alex Harrison Parker, S. B. Porter, Stuart J. Robbins, Kirby Runyon, Ted Stryk, Henry B. Throop, Constantine C. C. Tsang, Anne J. Verbiscer, Amanda M. Zangari, Andrew L. Chaikin, Don E. Wilhelms, New Horizons Science Team, *Science Magazine*, vol. 351, n° 6279, 18 mars 2016.
– « Charon & Company », J. Kelly Beatty, *Sky & Telescope*, décembre 2016.
– « Geological Mapping of Pluto and Charon Using New Horizons Data », J. M. Moore, J. R. Spencer, W. B. McKinnon, A. D. Howard, O. M. White, O. M. Umurhan, P. M. Schenk, R. A. Beyer, K. Singer, S. A. Stern, H. A. Weaver, L. A. Young, K. Ennico Smith, C. Olkin, New Horizons Geology and Geophysics Imaging Team, Commission IV, WG IV/8, The International Archives of the Photogrammetry, Remote Sensing and Spatial Information Sciences, Volume XLI-B4, 2016, XXIII ISPRS Congress, Prague, Czech Republic, 12-19 juillet 2016.
– « Charon's Light Curves, as Observed by New Horizons' Ralph Color Camera (MVIC) on Approach to the Pluto System », C. J. A. Howett, K. Ennico, C. B. Olkin, M. W. Buie, A. J. Verbiscer, A. M. Zangari, A. H. Parker, D. C. Reuter, W. M. Grundy, H. A. Weaver, L. A. Young, S. A. Stern, *Icarus*, vol. 287, 6 octobre 2016, p. 152-160.
– « 205.01 – Geology and Composition of Pluto and Charon from New Horizons », John R. Spencer, S. Alan Stern, Jeffrey M. Moore, W. M. Grundy, William B. McKinnon, Dale P. Cruikshank, Harold A. Weaver, Catherine B. Olkin, Leslie Young, Kimberly Ennico, New Horizons Science Team, DPS/Division for Planetary Sciences conference #48, 16-21 octobre 2016.
– « 213.10 – Landslides on Charon and not on Pluto », Ross A. Beyer, Kelsi N. Singer, Francis Nimmo, Jeffrey M. Moore, William B. McKinnon, Paul M. Schenk, John R. Spencer, Harold A. Weaver, Catherine B. Olkin, Leslie Young, Kimberly Ennico, S. Alan Stern, New Horizons Science Team, DPS/Division for Planetary Sciences conference #48, 16-21 octobre 2016.

– « 213.12 – Impact Craters on Pluto and Charon Indicate a Deficit of Small Kuiper Belt Objects », Kelsi N. Singer, William B. McKinnon, Sarah Greenstreet, Brett Gladman, Alex Harrison Parker, Stuart J. Robbins, Paul M. Schenk, S. Alan Stern, Veronica Bray, John R. Spencer, Harold A. Weaver, Ross A. Beyer, Leslie Young, Jeffrey M. Moore, Catherine B. Olkin, Kimberly Ennico, Richard Binzel, William M. Grundy, New Horizons Geology Geophysics and Imaging Science Theme Team, New Horizons MVIC and LORRI Teams, DPS/Division for Planetary Sciences conference #48, 16-21 octobre 2016.
– « 224.11 – A Search for Temporal Changes on Pluto and Charon », Jason Daniel Hofgartner, Bonnie J. Buratti, Spencer Devins, Ross A. Beyer, Kimberly Ennico, Catherine B. Olkin, S. Alan Stern, Harold A. Weaver, Leslie Young, New Horizons Geology, Geophysics and Imaging Science Theme Team, DPS/Division for Planetary Sciences conference #48, 16-21 octobre 2016.
– « 306.09 – Charon's, Hydra's, and Nix's Near IR Spectra as Seen by New Horizons », Cristina M. Dalle Ore, Jason C. Cook, Dale P. Cruikshank, Silvia Protopapa, William M. Grundy, Catherine B. Olkin, Kimberly Ennico, S. Alan Stern, Harold A. Weaver, Leslie Young, New Horizons Surface Composition Theme Team, DPS/Division for Planetary Sciences conference #48, 16-21 octobre 2016.
– « Differentiation and Cryovolcanism in the Pluto-Charon System », S. J. Desch, M. Neveu, 47th Lunar and Planetary Science Conference, 2016.
– « Pluto and Charon: The Non-Ice Surface Component », D. P Cruikshank, S. J. Clemett, W. M. Grundy, S. A. Stern, C. B. Olkin, R. P. Binzel, J. C. Cook, C. M. Dalle Ore, A. M. Earl, K. Smith-Ennico, D. E. Jennings, C. J. A. Howett, I. R. Linscott, A. W. Lunsford, A. H. Parker, J. Wm. Parker, S. Protopapa, D. C. Reuter, K. N. Singer, J. R. Spencer, C. C. C. Tsang, A. J. Verbiscer, H. A. Weaver, L. A. Young, C. K. Materese, S. A. Sandford, H. Imanaka, M. Nuevo, B. Schmitt, E. Quirico, S. Philippe, T. Hiroi, New Horizons COMPOSITION Team, 47th Lunar and Planetary Science Conference, 2016.
– « A Consensus Crater Catalog of Pluto, Charon and Nix », S. J. Robbins, K. N. Singer, V. J. Bray, P. Schenk, W. B. McKinnon, K. Runyon, H. A. Weaver, A. Zangari, L. A. Young, R. A. Beyer, S. Porter, T. R. Lauer, J. M. Moore, C. B. Olkin, K. Ennico, S. A. Stern, New Horizons GGI Theme Team, New Horizons Pluto Encounter Team, New Horizons LORRI Instrument Team, New Horizons MVIC Instrument Team, 47th Lunar and Planetary Science Conference, 2016.
– « Hemispherical Pluto and Charon Color Composition from New Horizons », K. Ennico, A. Parker, C. A. J. Howett, C. B. Olkin, J. R. Spencer, W. M. Grundy, D. E. Reuter, D. P. Cruikshank, R. P. Binzel, M. W. Buie, S. A. Stern, H. A. Weaver, L. A. Young, New Horizons Surface Composition Theme Team, 47th Lunar and Planetary Science Conference, 2016.
– « Testing for a Compositional Difference Between Pluto and Charon », C. J. Bierson, F. Nimmo, W. B. McKinnon, 47th Lunar and Planetary Science Conference, 2016.
– « Thermal Modeling of Cyrovolcanic Vents on Charon : Ascent vs. Freezing Timescales », C. P. Mount, S. J. Desch, 47th Lunar and Planetary Science Conference, 2016.
– « Topography of Pluto and Charon: Impact Cratering », P. Schenk, K. N. Singer, S. J. Robbins, V. J. Bray, R. A. Beyer, J. M. Moore, W. B. McKinnon, J. R. Spencer, K. Runyon, S. A. Stern, L. A. Young, C. B. Olkin, K. Ennico, H. A. Weaver, New Horizons Science Team, 47th Lunar and Planetary Science Conference, 2016.
– « Topographic Mapping of Pluto and Charon Using New Horizons Data », P. Schenk, R. A. Beyer, J. M. Moore, J. R. Spencer, W. B. McKinnon, A. D. Howard, O. M. White, O. M. Umurhan, K. Singer, S. A. Stern, H. A. Weaver, L. A. Young, K. Ennico Smith, C. Olkin, New Horizons Geology and Geophysics Imaging Team, XXIII ISPRS Congress, Prague, Czech Republic, 12-19 juillet 2016.
– « Geological Map of New Horizons' Encounter Hemisphere of Charon, III. », S. J. Robbins, J. R. Spencer, R. A. Beyer, P. Schenk, J. M. Moore, W. B. McKinnon, R. P. Binzel, M. W. Buie, B. J. Buratti, A. F. Cheng, W. M. Grundy, I. R. Linscott, H. J. Reitsema, D. C. Reuter, M. R. Showalter, G. L. Tyler, L. A. Young, C. B. Olkin, K. Ennico, H. A. Weaver, S. A. Stern, New Horizons GGI Theme Team, New Horizons Pluto Encounter Team, New Horizons LORRI Instrument Team, New Horizons MVIC Instrument Team, 48th Lunar and Planetary Science Conference, 2017.
– « Mapping Charon at 2.21 Microns », J. C. Cook, C. M. Dalle Ore, R. P. Binzel, D. P. Cruikshank, A. Earle, K. Ennico, W. M. Grundy, C. Howett, D. J. Jennings, A. W. Lunsford, C. B. Olkin, A. H. Parker, S. Philippe, S. Protopapa, D. Reuter, B. Schmitt, J. A. Stansberry, S. A. Stern, A. Verbiscer, H. A.Weaver, L. A. Young, New Horizons Surface Composition Theme Team, Ralph Instrument Team, 48th Lunar and Planetary Science Conference, 2017.
– « Geology of Vulcan Planum, Charon », Ross A. Beyer, John R. Spencer, William B. McKinnon, Jeffrey Moore, Stuart Robbins, Paul Schenk, Kelsi Singer, HalWeaver, Leslie Young, Kimberly Ennico, Cathy Olkin, Alan Stern, New Horizons Science Team, 48th Lunar and Planetary Science Conference, 2017.
– « Charon tectonics », Ross A. Beyer, Francis Nimmo, William B. McKinnon, Jeffrey M. Moore, Richard P. Binzel, Jack W. Conrad, Andy Cheng, K. Ennico, Tod R. Lauer, C. B. Olkin, Stuart Robbins, Paul Schenk, Kelsi Singer, John R. Spencer, S. Alan Stern, H. A. Weaver, L. A. Young, Amanda M. Zangari, *Icarus*, vol. 287, 1er mai 2017, p. 161-174.
– « Discovery of Layered Ejecta Craters on Charon, and Implications for Formation », S. J. Robbins, K. Runyon, K. N. Singer, V. J. Bray, P. Schenk, O. L. White, W. B. McKinnon, J. M. Moore, R. P. Binzel, M. W. Buie, B. J. Buratti, A. F. Cheng, W. M. Grundy, I. R. Linscott, H. J. Reitsema, M. R. Showalter, J. R. Spencer, G. L. Tyler, H. A. Weaver, L. A. Young, C. B. Olkin, K. Ennico, S. A. Stern, New Horizons GGI Theme Team, New Horizons Pluto Encounter Team, New Horizons LORRI Instrument Team, New Horizons MVIC Instrument Team, 8th Planetary Crater Consortium meeting, UGGS, Flagstaff, Arizona, 9-11 août 2017.
– « Geologic Landforms and Chronostratigraphic History of Charon as Revealed by a Hemispheric Geologic Map », Stuart J. Robbins, Ross A. Beyer, John R. Spencer, William M. Grundy, Oliver L. White, Kelsi N. Singer, Jeffrey M. Moore, Cristina M. Dalle Ore, William B. McKinnon, Carey M. Lisse, Kirby Runyon, Chloe B. Beddingfield, Paul Schenk, Orkan M. Umurhan, Dale P. Cruikshank, Tod R. Lauer, Veronica J. Bray, Richard P. Binzel, Marc W. Buie, Bonnie J. Buratti, Andrew F. Cheng, Ivan R. Linscott, Dennis C. Reuter, Mark R. Showalter, Leslie A. Young, Catherine B. Olkin, Kimberly S. Ennico, Harold A. Weaver, S. Alan Stern, *Journal of Geophysical Research: Planets*, vol. 124, 28 janvier 2019.
– « The Dark Side of Pluto », Tod R. Lauer, John R. Spencer, Tanguy Bertrand, Ross A. Beyer, Kirby D. Runyon , Oliver L. White, Leslie A. Young, Kimberly Ennico, William B. McKinnon, Jeffrey M. Moore, Catherine B. Olkin, S. Alan Stern, and Harold A. Weaver, *The Planetary Science Journal*, October 2021.

Quatre petits satellites nés d'un choc violent

– « On the Origin of the Pluto-Charon Binary », William B. McKinnon, *The Astrophysical Journal*, vol. 344, 1er septembre 1989.
– « A Giant Impact Origin of Pluto-Charon », Robin M. Canup, *Science Magazine*, vol. 307, n° 5709, 28 janvier 2005, p. 546-550.
– « On a Giant Impact Origin of Charon, Nix, and Hydra », Robin M. Canup, *The Astronomical Journal*, vol. 141, n° 2, février 2011.
– « Dynamical Capture in the Pluto-Charon System », P. M. Pires dos Santos, A. Morbidelli, D. Nesvorny, *Celestial Mechanics and Dynamical Astronomy*, vol. 114, 24 août 2012, p. 341-352.
– « The Formation of Pluto's Low Mass Satellites », Scott J. Kenyon, Benjamin C. Bromley, *The Astronomical Journal*, vol. 147, n° 1, 26 novembre 2013.
– « On the Origin of Pluto's Small Satellites by Resonant Transport », W. H. Cheng, S. J. Peale, Man Hoi Lee, *Icarus*, vol. 241, octobre 2014, p. 180-189.
– « The Orbits and Masses of Satellites of Pluto », Marina Brozović, Mark R. Showalter, Robert A. Jacobson, Marc W. Buie, *Icarus* (online), vol. 246 (2015), 24 mars 2014.
– « DPS 2015: Pluto's Small Moons Styx, Nix, Kerberos, and Hydra », Emily Lakdawalla, The Planetary Society, 10 novembre 2015.
– « The Small Satellites of Pluto as Observed by New Horizons », H. A. Weaver, M. W. Buie, B. J. Buratti, W. M. Grundy, T. R. Lauer, C. B. Olkin, A. H. Parker, S. B. Porter, M. R. Showalter, J. R. Spencer, S. A. Stern, A. J. Verbiscer, W. B. McKinnon, J. M. Moore, S. J. Robbins, P. Schenk, K. N. Singer, O. S. Barnouin, A. F. Cheng, C. M. Ernst, C. M. Lisse, D. E. Jennings, A. W. Lunsford, D. C. Reuter, D. P. Hamilton, D. E. Kaufmann, K. Ennico, L. A. Young, R. A. Beyer, R. P. Binzel, V. J. Bray, A. L. Chaikin, J. C. Cook, D. P. Cruikshank, C. M. Dalle Ore, A. M. Earle, G. R. Gladstone, C. J. A. Howett, I. R. Linscott, F. Nimmo, J. Wm. Parker, S. Philippe, S. Protopapa, H. J. Reitsema, B. Schmitt, T. Stryk, M. E. Summers, C. C. C. Tsang, H. H. B. Throop, O. L. White, A. M. Zangari, *Science Magazine*, vol. 351, n° 6279, 18 mars 2016.
– « The Fate of Debris in the Pluto-Charon System », Rachel A. Smullen, Kaitlin M. Kratter, MNRAS Preprint, 29 septembre 2016.
– « A Consensus Crater Catalog of Pluto, Charon and Nix », S. J. Robbins, K. N. Singer, V. J. Bray, P. Schenk, W. B. McKinnon, K. Runyon, H. A. Weaver, A. Zangari, L. A. Young, R. A. Beyer, S. Porter, T. R. Lauer, J. M. Moore, C. B. Olkin, K. Ennico, S. A. Stern, New Horizons GGI Theme Team, New Horizons Pluto Encounter Team, New Horizons LORRI Instrument Team, New Horizons MVIC Instrument Team, 47th Lunar and Planetary Science Conference, 2016.
– « Shapes and Poles of the Small Satellites of Pluto », S. B. Porter, M. R. Showalter, H. A. Weaver, J. R. Spencer, R. P. Binzel, D. P. Hamilton, T. R. Lauer, T. Stryk, A. J. Verbiscer, W. M. Grundy, S. A. Stern, L. A. Young, C. B. Olkin, K. Ennico, New Horizons Geology, Geophysics, and Imaging Team, 47th Lunar and Planetary Science Conference, 2016.
– « Obliquity Evolution of the Minor Satellites of Pluto and Charon », Alice C. Quillen, Fiona Nichols-Fleming, Yuan-Yuan Chen, Benoît Noyelles, *Icarus*, 1er septembre 2017.
– « 205.03 – Spectroscopy of Pluto's Small Satellites », Jason C. Cook, Dale P. Cruikshank, Cristina M. Dalle Ore, Kimberly Ennico, William M. Grundy,

Catherine B. Olkin, Sylvain Philippe, Silvia Protopapa, Bernard Schmitt, S. Alan Stern, Harold A. Weaver, Leslie Young, DPS/Division for Planetary Sciences conference #48, 16-21 octobre 2016.
- « 213.02 – The Pluto System At Small Phase Angles », Anne J. Verbiscer, Marc W. Buie, Richard Binzel, Kimberly Ennico, William M. Grundy, Catherine B. Olkin, Mark Robert Showalter, John R. Spencer, S. Alan Stern, Harold A. Weaver, Leslie Young, DPS/Division for Planetary Sciences conference #48, 16-21 octobre 2016.
- « 306.09 – Charon's, Hydra's, and Nix's Near IR Spectra as Seen by New Horizons », Cristina M. Dalle Ore, Jason C. Cook, Dale P. Cruikshank, Silvia Protopapa, William M. Grundy, Catherine B. Olkin, Kimberly Ennico, S. Alan Stern, Harold A. Weaver, Leslie Young, New Horizons Surface Composition Theme Team, DPS/Division for Planetary Sciences conference #48, 16-21 octobre 2016.
- « Composition of Pluto's Small Satellites: Analysis of New Horizons' Spectral Images », J. C. Cook, R. P. Binzel, D. P. Cruikshank, C. M. Dalle Ore, A. Earle, K. Ennico, W. M. Grundy, C. Howett, D. J. Jennings, A. W. Lunsford, C. B. Olkin, A. H. Parker, S. Philippe, S. Protopapa, D. Reuter, B. Schmitt, J. A. Stansberry, S. A. Stern, A. Verbiscer, H. A. Weaver, L. A. Young, New Horizons Surface Composition Theme Team and the Ralph Instrument Team, 48th Lunar and Planetary Science Conference, 2017.
- « Origin of the Pluto-Charon System: Constraints from the New Horizons Flyby », William B. McKinnon, S. A. Stern, H. A. Weaver, F. Nimmo, C. J. Bierson, J. C. Cook, W. M. Grundy, D. P. Cruikshank, A. H. Parker, J. M. Moore, J. R. Spencer, L. A. Young, C. B. Olkin, K. Ennico Smith, New Horizons Geology, Geophysics and Imaging and Composition Theme Teams, *Icarus*, vol. 287, 1er mai 2017, p. 2-11.
- « Craters of the Pluto-Charon System », Stuart J. Robbins, Kelsi N. Singer, Veronica J. Bray, Paul Schenk, Tod R. Lauer, Harold A. Weaver, Kirby Runyon, William B. McKinnon, Ross A. Beyer, Simon Porter, Oliver L. White, Jason D. Hofgartner, Amanda M. Zangari, Jeffrey M. Moore, Leslie A. Young, John R. Spencer, Richard P. Binzel, Marc W. Buie, Bonnie J. Buratti, Andrew F. Cheng, William M. Grundy, Ivan R. Linscott, Harold J. Reitsema, Dennis C. Reuter, Mark R. Showalter, G. Len Tyler, Catherine B. Olkin, Kimberly S. Ennico, S. Alan Stern, New Horizons LORRIMVIC Instrument Teams, *Icarus*, vol. 287, 1er mai 2017, p. 187-206.
- « 215.04 – Observational Limits for Rings and Debris at Pluto from New Horizons », Henry B. Throop, Tod R. Lauer, Mark R. Showalter, Harold A. Weaver, S. Alan Stern, John R. Spencer, Marc W. Buie, Douglas P. Hamilton, Simon Bernard Porter, Anne J. Verbiscer, Leslie Young, Catherine Olkin, Kimberly Ennico, New Horizons Science Team, DPS/Division for Planetary Sciences conference #49, 15-20 octobre 2017.

Les douze grandes découvertes de New Horizons

- « July 14, 2016. One Year Later: New Horizons' Top 10 Discoveries at Pluto », Bill Keeter (www.nasa.gov/feature/one-year-later-new-horizons-top-10-discoveries-at-pluto).
- « 312.02 – New Horizons at Pluto: Asking the Right Questions », Leslie Young, S. Alan Stern, Catherine B. Olkin, John R. Spencer, Andrew F. Cheng, Harold A. Weaver, Kimberly Ennico, Jeffrey M. Moore, William M. Grundy, Fran Bagenal, Randy Gladstone, Jonathan I. Lunine, New Horizons Science Team, DPS/Division for Planetary Sciences conference #48, 16-21 octobre 2016.
- « Reorientation of Sputnik Planitia Implies a Subsurface Ocean on Pluto », F. Nimmo, D. P. Hamilton, W. B. McKinnon, P. M. Schenk, R. P. Binzel, C. J. Bierson, R. A. Beyer, J. M. Moore, S. A. Stern, H. A. Weaver, C. Olkin, L. A. Young, K. E. Smith, New Horizons Geology, Geophysics and Imaging Theme Team, *Nature*, vol. 540, novembre 2016, p. 94-96.
- « The Pluto System After the New Horizons Flyby », Catherine B. Olkin, Kimberly Ennico, John Spencer, *Nature Astronomy*, vol. 1, octobre 2017, p. 663-670.
- « The Pluto System After New Horizons », S. Alan Stern, William Grundy, William B. McKinnon, Harold A. Weaver, Leslie A. Young, ArXiv, 15 décembre 2017.
- « Pluto's Heat Flow: A Mystery Wrapped in an Ocean inside an Ice Shell », William B. McKinnon, P. M. Schenk, M. T. Bland, K. N. Singer, O. L. White, J. M. Moore, J. R. Spencer, L. A. Young, C. B. Olkin, H. A. Weaver, S. A. Stern, the New Horizons Geology, Geophysics and Imaging Theme Team, 49th Lunar and Planetary Science Conference, 2018.
- « Geologically Diverse Pluto and Charon: Implications for the Dwarf Planets of the Kuiper Belt », Jeffrey M. Moore, William B. McKinnon, *Annual Review of Earth and Planetary Sciences*, vol. 49, mai 2021, p. 173-200.

Pluton : une « nouvelle Mars » ?

- « Pluto is the New Mars!», Jeffrey M. Moore, William B. McKinnon, John R. Spencer, Alan D. Howard, William M. Grundy, S. Alan Stern, Harold A. Weaver, Leslie A. Young, Kimberly Ennico, Cathy Olkin, GSA Geological Society of America Annual Meeting in Denver, Colorado, 25-28 septembre 2016.
- « Why Pluto "Is the New Mars" », Nola Taylor Redd, *Discover* (online), 20 octobre 2016.
- « Volcanoes on Pluto Look a Lot Like those on Earth and Mars », Eric Berger, Ars Technica, 11 novembre 2015 (http://arstechnica.co.uk/science).
- « Alan Stern on the Pluto Revolution, the Psychology of Persistence, and "Chasing New Horizons" », Corey S. Powell, Discover, 5 mai 2018.

Ouvrages de Philippe Coué

- *Cosmonautes de Chine*, L'Harmattan, 2003.
- *La Chine veut la Lune*, A2C Medias, 2007.
- *Étoiles noires de la guerre froide*, E-dite, 2011.
- *Neil Armstrong, un clin d'œil à la Lune*, avec Marie-Christine Bernelin, A2C Medias, 2012.
- *Dragons furieux – Les avions spatiaux chinois*, L'Harmattan, 2017.
- *Shenzhou : les Chinois dans l'espace*, Esprit du Temps, 2013.
- *Rêves de Mars – Les projets d'expéditions habitées vers la Planète rouge*, Esprit du Temps, 2018.
- *Le Legs du programme Apollo – La Lune en héritage*, L'Harmattan, 2019.

Index

L'auteur

Olivier de Goursac est membre de la SAF depuis cinquante ans, et de la Planetary Society depuis plus de quarante ans. En août 1989, il était au centre JPL de la NASA lors du survol de Neptune par la sonde Voyager II : la vision de son gros satellite Triton (présenté comme un jumeau possible de Pluton) l'a beaucoup impressionné. Depuis, et avec la Planetary Society, il a suivi tous les projets de missions vers Pluton. Il s'est fait aussi une spécialité de l'histoire de l'exploration planétaire (la Lune, Mars...) et du retraitement des images astronomiques. Avec la SAF, il a participé à la communication de nombreuses missions de la NASA en coorganisant régulièrement des évènements. Il est l'auteur d'ouvrages sur l'exploration spatiale : À la conquête de Mars *(Larousse, 2000),* Visions de Mars *(Éditions de La Martinière, 2004, traduit en trois langues),* La Conquête spatiale racontée à tous *(La Martinière Jeunesse, quatre éditions en quatre langues depuis 2006),* Lune *(Tallandier, 2009 et 2010),* Apollo *(Flammarion, 2019), et* Destination Mars en passant par la Lune *(La Martinière Jeunesse, 2023).*

Directeur éditorial : Michel Larrieu
Responsable éditoriale : Sophie Postollec
Édition et préparation : Bruno Porlier
Assistant d'édition : Joris Lautard
Conception graphique et mise en pages : Bruno Porlier, assisté par Christophe Porlier
Préparation de la bibliographie : Nord Compo, Villeneuve-d'Ascq
Relecture : Emmanuel de Saint Martin
Couverture : Nord Compo, Villeneuve-d'Ascq
Photogravure : AnR

Delachaux et Niestlé, Paris, 2023
ISBN : 978-2-603-02975-6
Dépôt légal : octobre 2023
Achevé d'imprimer en septembre 2023 sur les presses de Drukarnia Interak, Pologne

FSC www.fsc.org
MIXTE
Papier issu de sources responsables
FSC® C015559